王新生…………著

# 拨雾

## 联共（布）、共产国际与中国革命

中共党史出版社

图书在版编目（CIP）数据

拨雾：联共（布）、共产国际与中国革命 / 王新生著 . -- 北京：中共党史出版社，2024.10（2025.9 重印）

ISBN 978-7-5098-6259-9

Ⅰ.①拨… Ⅱ.①王… Ⅲ.①苏联共产党（布尔什维克）–关系–新民主主义革命–中国–文集②共产国际–关系–新民主主义革命–中国–文集 Ⅳ.①K260.7-53 ②D16-53

中国国家版本馆 CIP 数据核字（2023）第 037453 号

书　　名：拨雾——联共（布）、共产国际与中国革命
作　　者：王新生

出版发行：中共党史出版社
责任编辑：姚建萍
责任校对：申宁
责任印制：段文超
社　　址：北京市海淀区芙蓉里南街 6 号院 1 号楼　邮编：100080
网　　址：www.dscbs.com
经　　销：新华书店
印　　刷：北京中科印刷有限公司
开　　本：710mm × 1000mm　1/16
字　　数：310 千字
印　　张：23.75
版　　次：2024 年 10 月第 1 版
印　　次：2025 年 9 月第 3 次印刷
书　　号：ISBN 978-7-5098-6259-9
定　　价：60.00 元

此书如有印装质量问题，请联系中共党史出版社读者服务部　电话：010-83072535

# 目 录

自序 / 1

共产国际驻华机构——远东局 / 1

共产国际与朱德、毛泽东领导的红军 / 11

中央苏区时期共产国际与毛泽东的关系 / 30

共产国际与中国式建党道路 / 57

联共（布）、共产国际帮助中共六大确定中国革命性质 / 74

从全力支持武汉国民政府到举苏维埃旗帜

——1927年4月至9月联共（布）、共产国际指导中国革命方针探析 / 104

从主张“孙吴联合”到主张国共合作

——20世纪20年代初期苏俄对华策略选择 / 117

联共（布）、共产国际与南昌起义 / 130

联共（布）、共产国际与广州起义 / 141

长征前夕共产国际、中共中央与陈济棠的谈判 / 158

共产国际与中央红军战略转移的决策 / 174

中央红军长征前后中共中央与共产国际的电讯联系 / 191

共产国际与中国工农红军长征 / 204

共产国际与陕甘革命根据地 / 212

九一八事变后联共（布）、共产国际的对策及对中国共产党的影响 / 234

皖南事变前后共产国际关于中共同国民党关系的策略 / 262

共产国际与中国抗战时期的反托洛茨基派运动 / 287

1927年夏至1930年春联共（布）、共产国际与陈独秀的关系 / 311

南昌起义前夕张国焘传达共产国际指示析论 / 325

李德来华的身份及任务 / 333

关于盛世才秘密加入联共和中国共产党问题 / 354

**后记** / 367

# 自序

自中国共产党开始筹备建立始，联共（布）、共产国际就与中国革命结下了不解之缘。在中国革命各个历史阶段，联共（布）、共产国际都起着重要的作用，对中国共产党的理论、组织建设、关于革命性质和革命任务的认识、军队建设、根据地建设，都产生了很深的影响。联共（布）、共产国际既对中国革命作出了重大贡献，又曾因其错误的指导给中国革命造成过严重的损失。因此，研究中国革命史、中共党史，联共（布）、共产国际与中国革命是极重要的、也是绕不开的课题。

我最初知道并开始接触联共（布）、共产国际与中国革命这个课题是在 1984 年。这年，是我人生中第二次重大转折——考取了中山大学历史系中国现代史、中共党史专业的研究生，踏入了历史研究的门槛，实现了由一个中学历史教师到一个历史研究者的转变。这时，党和国家实行改革开放已进入到第六个年头，随着思想的解放，中共党史研究也进入一个空前繁荣的时期，原先是党史禁区，这时成为研究者关注的热点，取得了振聋发聩的研究新成果。联共（布）、共产国际与中国革命就是其中一个重要的领域，特别是联共（布）、共产国际与中国共产党的创立和大革命，随着 20 世纪 80 年代初《共产国际有关中国革命的文献资料》《维经斯基在中国的有关资料》《马林在中国的有关资料》《中国回忆录 1921—1927》《鲍罗廷在中国有关资料》《加伦在中国》《中国国民革命军的北伐》等一批关于联共（布）、共产国际和它们的代表在华活动的资料翻译出版，更是成为研究者的聚焦点。当时武汉大学和中山大学合作撰写中国大革命史，由于广东是大革命初期的中心，自然中山大学就承担了撰写大革命时期广东这一段的内容。负责我们这届研究生培养的马菊英老师，是承担者之一。因此，她对联共（布）、共产国际与中国大革命格外关注，并撰写论文参加过中国中共党史学会举办的“共产国际、苏联与中国革命学术研讨会”。她给我们开了共产国际与中国大革命的课程，并布置我们写一篇共产国际与中国大革命的文章。她告诉我们，有关单位要在上海召开一个共产国际、苏联与中国革命的学术研讨会，给她发了邀请书，她因有事不能去，我们谁的文章写得好，可以替代她参加学术研讨会。在那时，参加学术研讨会，踏入较高层次的学术殿堂，亲耳聆听仰慕的专家学者宣讲他们的研究成果，甚至有机会向他们请教有关学术问题，是我的梦想。我十分用心地写了一篇文章，是用钢笔一笔一画恭恭敬敬写的，有5000余字。但是，由于初入研究门槛，没有什么学术研究根基，马老师没有看中，另外一名同学代替她参加了上海的学术研讨会。尽管文章未能被马老师看中，但她还是给我很大鼓励，给我的分数仍不算低。由此开始，联共（布）、共产国际与中国革命在我的学术生涯中，打上了最初的印记。1985年春节后，我途经郑州准备返回中山大学，于2月27日在新华书店，购买了中国社会科学院近代史研究所翻译室编译的《共产国际有关中国革命的文献资料》第一辑和切列潘诺夫著的《中国国民革命军的北伐——一个驻华军事顾问的札记》两本书。这两本书现在仍在我的书架上。

研究生毕业后，我在《中共党史研究》杂志当编辑。工作性质的原因，从事研究的时间就少了。同时，我这时研究的主要精力放在抗日战争时期，写了几篇抗战时期的国民参政会和共产党与民主运动的文章。尽管如此，我还是收集了一些共产国际的资料，如购买《共产国际有关中国革命的文献资料》第二、三辑和《苏联〈真理报〉有关中国革命的文献资料选编》第一至三辑。

1997年春，经过多次要求之后，我终于实现了自己专门从事党史研究工作的愿望，转到中央党史研究室第一研究部工作。这时，恰逢第一研究部组织翻译、编辑的《共产国际、联共（布）与中国革命档案资料丛书》第一卷由北京图书馆出版社出版。为了推进对共产国际、苏联与中国大革命的深入研究，6月中旬，由中央党史研究室、中国中共党史学会主办，第一研究部承办的“共产国际、苏联与中国革命第八次学术研讨会”在北京召开。我向这次研讨会提交了一篇题为《从主张“孙吴联合”到主张国共合作——20世纪20年代初期苏俄对华策略选择》的论文。这篇论文依据《共产国际、联共（布）与中国革命档案资料丛书》第一卷的新材料，探讨了苏俄从主张孙中山和吴佩孚联合到主张国共合作的转变过程，指出这一过程的转变反映了苏俄、共产国际在指导中国革命的方针政策上，以苏俄的国家、民族利益为出发点。由于民族利己主义在作怪，苏俄、共产国际在促成国共合作的同时，也使中国革命内部存在着很大隐患。该文受到了与会学者的关注，在有关会议综述中，被作为重点论文进行介绍。从1984年冬按照马菊英老师布置写第一篇联共（布）、共产国际与中国革命文章算起，历时13年之后，我才在这个研究领域公开发表了第一篇论文！

我到第一研究部后，即参加了《中国共产党历史》第一卷的修订工作，并任第三编修订小组第二召集人。这项工作是中央党史研究室的重中之重，同时，我对所承担修订的土地革命战争时期过去也没有研究，要从头做起，因此，把自己所有的时间都投入到这项任务中去。五年多过去了，即2002年9月，该书经党中央批准后出版。在《中国共产党历史》第一卷修订期间，第一研究部翻译、编辑的《共产国际、联共（布）与中国革命档案资料丛书》第二至六卷在1998年8月、11月出版；第七至十二卷在2002年5月出版。

为了推动学术界利用这套档案资料丛书深入研究土地革命战争前期共产国际、苏联与中国苏维埃运动的关系，中国中共党史学会和海南省史志工作办公室于2003年4月上中旬在海南省召开“共产国际、苏联与中国革命关系第九次学术研讨会”。在此之前，叶挺后人曾向第一研究部寻找土地革命战争时期共产国际与叶挺的资料，部领导吩咐我，从新出版的《共产国际、联共（布）与中国革命档案资料丛书》第七至十二卷中查找与叶挺有关的资料，以便提供给叶挺后人。不料，这位叶挺后人因突发脑中风，未能到中央党史研究室来。由于查阅共产国际与叶挺的有关资料，我发现联共（布）、共产国际与广州起义远不是权威的党史著作所提到的那样。于是，我就以所查阅到的这部分资料为主，撰写了《对联共（布）、共产国际与广州起义再研究》的论文，提交给“共产国际、苏联与中国革命关系第九次学术研讨会”，发表在《中共党史研究》2003年第6期。这篇论文引起了学术界的关注，《中国社会科学文摘》摘了主要观点，中国人民大学书报资料中心《中国现代史》全文转载。这年，中共中央党史研究室首度评选优秀论文，我这篇文章被评为2002—2003年度优秀论文。这篇论文是我积19年研究功底的结果，也是五年多的参加《中国共产党历史》第一卷修订交出的答卷。

《对联共（布）、共产国际与广州起义再研究》的成功，给了我极大的信心，并决定自己以后把联共（布）、共产国际与中国土地革命战争作为研究主要领域。2005年，我撰写了《1927年夏至1930年春联共（布）、共产国际与陈独秀的关系》，获中共中央党史研究室2005年度优秀论文奖。

2006年是中国工农红军长征胜利70周年，这时第一研究部翻译、编辑的《共产国际、联共（布）与中国革命档案资料丛书》第十三至第十七卷已经进入出版阶段。在部领导的支持下，我利用最新公布的联共（布）、共产国际与中国革命档案资料，撰写了《共产国际与中央红军战略转移的决策》一文。《中国共产党历史》第一卷在叙述中共中央决定战略转移时只提了这么简单一句："5月，中央书记处作出决定，准备将中央红军主力撤离根据地，并将这一决定报告共产国际。不久，共产国际复电同意。"《共产国际与中央红军战略转移的决策》一文以翔实可靠的材料论证：其一，1934年5月，中共中央并没有作出中央红军主力战略转移的决定，只是提出了留在中央苏区打游击或将主力红军进行战略转移两个方案，供共产国际进行选择。其二，共产国际于6月16日复电，没有同意中央红军立即进行战略转移，而是指示中共中央采取新的战略方针，力争在夏季扭转中央苏区第五次反"围剿"斗争的不利形势，粉碎敌人的"围剿"；对于中央红军主力战略转移问题，只是同意眼前可以做些准备。真正提上日程，要看夏季以后形势是否改观，是一切努力都用尽之后，反"围剿"仍然不能取得胜利的最后一条路。其三，博古、李德执行了共产国际的指示精神，派红七军团北上闽浙皖赣、红六军团到湖南中部发展游击战争，把主要精力放在扭转反"围剿"局面上，把战略转移的准备放在次要的地位。当国民党军推进到中央苏区腹地时，仓促准备转移。9月17日，博古致电共产国际，告知战略转移计划。直到9月30日，共产国际才批准中央红军主力战略转移。中共中央率领中央红军仓促转移，受到严重损失，共产国际有不可推卸的责任。这篇论文获"全军纪念红军长征胜利70周年学术研讨会"一等奖和中共中央党史研究室2006年度优秀论文奖，主要内容由新华社通稿播发，在红军长征胜利70周年纪念活动中产生了广泛的影响。

2007年之后，我又撰写了《共产国际与朱德、毛泽东领导的红军》《李德来华的身份及任务新探》《对联共（布）、共产国际帮助中共六大确定中国革命性质问题再研究》《共产国际与中国抗战时期的反托洛茨基运动》《试析皖南事变前后共产国际关于中共同国民党关系的策略》《中央苏区时期共产国际与毛泽东的关系》等十几篇论文，其中六篇获中共中央党史研究室优秀论文奖，《中央苏区时期共产国际与毛泽东的关系》入选中共中央宣传部、中共中央文献研究室、中共中央党史研究室等七家部委联合举办的“全国纪念毛泽东同志诞辰120周年学术研讨会”。2014年8月退休后，我又相继撰写了《试论长征前夕共产国际、中共中央同陈济棠的谈判》《共产国际与陕甘革命根据地》等四篇论文。

自1997年发表第一篇联共（布）、共产国际与中国革命的论文起，22年过去了。22年间，我在这个领域里艰苦耕耘，共发表了21篇文章，30多万字。近日抽出时间，将这些文章收集在一起，进行整理，个别文章标题作了修改，以《拨雾——联共（布）、共产国际与中国革命》为题结集出版，算是阶段性学术小结，献给学界同人和读者，敬请批评指正。

35年的学术生涯，把一个满头乌发的青年变成了白发如雪的老者。回顾走过来的路程，如一个登山者，一直在险峭的崖壁上攀爬，其间既有寻不到路径的苦恼，又有筋疲力尽的劳累，甚至产生过想放弃的念头，但是最终总能抛开烦恼，鼓足勇气，开动脑筋，征服各种险阻，登上新的山峰。一路走来，苦着、累着，却又甜着、快乐着！回首往事，不后悔自己的选择。

朝未来望去，路漫漫其修远兮，仍然是绵延无际一个接一个的学术山峰，我将一如既往，坚定地向上攀登！

王新生

2019年4月18日

# 共产国际驻华机构——远东局

## 一、联共（布）中央政治局在上海设立共产国际远东局

中国共产党是在共产国际的帮助下建立的。中共一大通过的《中国共产党第一个决议》中规定："党中央委员会应每月向第三国际报告工作。在必要时，应派一特命全权代表前往设在伊尔库茨克的第三国际远东书记处。"[①] 这说明，自中共一大开始，中共就开始将自己置于共产国际指导下工作。

共产国际对幼年时期的中国共产党的指导是直接的，但通过什么方式比较合适，有一个变化的过程。最初，共产国际是以向中共中央派代表的方式，马林、维经斯基先后担任过此职。鲍罗廷到中国后，任国民党的首席政治顾问，同时指导中共广东党组织的工作，起着共产国际代表的部分职能。但到了 1926 年 3 月，联共（布）中央政治局决定在上海建立共产国际远东局，以加强对中共以及朝鲜、日本共产党的直接领导。4 月 29 日，联共（布）中央政治局会议决定，共产国际远东局由维经斯基、拉菲斯、格列尔、福京和中朝日三国共产党代表组成，以维经斯基为主席。上述组成人员除中朝日三国共产党代表外，称远东局俄国代表团，是核心组织。

---

① 中央档案馆编：《中共中央文件选集》第 1 册，中共中央党校出版社 1989 年版，第 8 页。

6月19日，远东局的俄国代表团在上海召开会议，决定中共中央选派一名常任代表和一名常任副代表参加远东局工作，维经斯基作为共产国际执委会代表进入中央委员会，参加中共中央的日常工作；中共中央的代表定期向远东局报告工作，必要时就主要的政治问题同远东局预先进行协商；远东局俄国代表团帮助中共中央工作，为其部分工作部门提供咨询；拉菲斯参加中共中央机关报《向导》编辑部工作。由此看来，远东局和中共中央是你中有我，我中有你，远东局虽说是领导中朝日三国共产党的机构，实际上主要是领导中国共产党。

## 二、远东局成立后维经斯基与鲍罗廷的冲突

维经斯基为首的共产国际远东局开始工作后，便和广东的鲍罗廷在一些重大策略问题产生了分歧。9月22日，共产国际远东局甚至写信给联共（布）驻共产国际代表团，要求撤换鲍罗廷，“立即任命一位认真负责的政工人员来接替这个岗位”。[①] 然而，共产国际远东局要求召回鲍罗廷的建议没有被联共（布）中央政治局接受。

从1926年10月起，联共（布）中央政治局对共产国际远东局的工作感到失望。由于北伐军的胜利进军，1926年10月中旬，革命已发展至长江流域。维经斯基认为，摆在共产党和国民党左派面前一个尖锐的问题是“不能让资产阶级和豪绅一起利用南方军队的胜利果实”。他向共产国际执行委员会建议：“现在在南方军队占领的地区必须进行坚决的斗争，使革命民主群众联合起来反对地主和豪绅，反对

① 《共产国际执行委员会远东局委员给联共（布）驻共产国际代表团的信》（1926年9月22日于上海），中共中央党史研究室第一研究部译：《共产国际、联共（布）与中国革命档案资料丛书》第3卷，北京图书馆出版社1998年版，第530页。

上述资产阶级倾向。”[①] 联共（布）中央政治局认为维经斯基的建议“在现阶段是为时过早的和极其危险的”[②]。11月11日，联共（布）中央政治局会议在听取了中国委员会提交的中国问题报告以后，认为远东局在一些问题上犯有错误，向远东局提出“警告”，并“责成远东局在就对华总的政策问题、国民党问题和军事政治工作问题作出任何决议和采取任何措施时都必须同鲍罗廷同志协商”[③]。这表明远东局在联共（布）中央政治局天平上的砝码已经变轻，鲍罗廷变得越来越重。

1926年11月下旬至12月上旬，共产国际执行委员会进行第七次扩大全会。斯大林在会上作了《论中国革命前途》的报告。全会根据斯大林的报告，通过《关于中国问题决议案》，着重指出：帝国主义已采取分化革命阵营的新策略，大资产阶级将不可避免地脱离革命；目前，中国民族革命运动的发展重点是土地革命；中国革命的前途有可能向非资本主义即社会主义的方向发展等一系列激进方针。全会结束不久，共产国际就即将召开的中共五大的若干问题作出决定，成立出席中共五大的共产国际代表团，同时接受中国共产党出席这次全会的代表谭平山的建议，派罗易到中国，取代维经斯基任共产国际驻中国共产党代表。旋即，谭平山又找罗易，认为中国党内的冲突是维经斯基和鲍罗廷之间冲突的反映，建议共产国际撤销远东局并召回维经斯基。此事重大，罗易自然不能表态，便给斯大林写信反映情况，建议斯大林亲自找谭平山谈谈。虽然没有资料显示斯大林接受罗易的建议找谭平山谈话，但维经斯基在斯大林的心中肯定是更加暗淡了。

---

① 《维经斯基给共产国际执行委员会的电报》（1926年10月22日于上海），中共中央党史研究室第一研究部译：中共中央党史研究室第一研究部译：《共产国际、联共（布）与中国革命档案资料丛书》第3卷，第589页。

② 《联共（布）中央政治局会议第65号（特字第48号）记录（摘录）》（1926年10月29日于莫斯科），中共中央党史研究室第一研究部译：《共产国际、联共（布）与中国革命档案资料丛书》第3卷，第604页。

③ 《联共（布）中央政治局会议第67号（特字第50号）记录（摘录）》（1926年11月11日于莫斯科），中共中央党史研究室第一研究部译：《共产国际、联共（布）与中国革命档案资料丛书》第3卷，第623—624页。

## 三、联共（布）中央政治局将远东局大换班，新远东局未工作便宣告结束

斯大林的报告和共产国际第七次全会决议传到中国后，以维经斯基为首的远东局一方面承认是正确的，另一方面又认为执行决议是困难的。远东局的观点自然影响到以陈独秀为首的中共中央。这时蒋介石同武汉方面的矛盾愈加激化，共产国际关于中国革命的策略方针也转为更加激进，维经斯基领导的远东局的状况当然不能令联共（布）、共产国际决策层满意。因此，联共（布）中央政治局在1927年3月3日的秘密会议上提出“以新的有威信的同志取代远东局现有成员的问题”①。由此看来，这时联共（布）中央政治局认为远东局根本适应不了新形势，采取了“大换马”的方式，以推行新方针。

3月10日，联共（布）中央政治局讨论了远东局人员组成问题，决定由列普谢任远东局书记，委员由鲍罗廷、罗森贝格、罗易和中国、朝鲜及日本三国共产党各派一名代表组成。但新的远东局没有成立起来，4月9日，共产国际出席中共五大的代表团作出决定，解散远东局。这样，以维经斯基为首的远东局结束了在中国的使命。维经斯基在中共五大结束后离开了中国。

## 四、罗易与鲍罗廷之间发生冲突，共产国际新机构胎死腹中

罗易在4月初到达武汉，到后不久，就发生了四一二反革

① 《联共（布）中央政治局秘密会议第89号（特字第67号）记录（摘录）》（1927年3月3日于莫斯科），中共中央党史研究室第一研究部译：《共产国际、联共（布）与中国革命档案资料丛书》第4卷，北京图书馆出版社1998年版，第136页。

命政变。这时，是先进行土地革命还是继续北伐，罗易和鲍罗廷发生了意见分歧。结果是鲍罗廷继续北伐的意见得到了中共中央的支持。不久，罗易又同鲍罗廷发生了关于与国民党左派关系问题的争论，结果又是鲍罗廷拉拢唐生智的意见占了上风。罗易于5月25日曾给斯大林和联共（布）中央政治局发电报，指责鲍罗廷的主张是“将意味着实际取消共产党”，要求“莫斯科应赶紧进行干预”。[①] 5月28日，罗易给共产国际和斯大林写出书面报告，比较详细地介绍了中国的情况和鲍罗廷的主张，抱怨说：“目前党经常违背自己的意志，受鲍罗廷的左右”。并认为“鲍罗廷想使共产国际代表成为他的下属，并根据他的指示去领导党”。罗易要求得到斯大林“对共产国际代表机构问题，以及它同国民党和鲍罗廷关系问题的明确答复”[②]。

罗易给联共（布）、共产国际高层反映他与鲍罗廷矛盾和分歧的意见引起了重视，5月30日，联共（布）中央政治局决定，在给鲍罗廷、罗易和驻汉口领事柳克斯的电报中要求：“请不要扣押罗易和其他负责同志的电报。”[③] 为了解决罗易和鲍罗廷之间的矛盾，6月9日，联共（布）中央政治局接受布哈林的建议，决定组建共产国际中国局。五天后，联共（布）中央政治局又决定由罗易、鲍罗廷和加伦组成共产国际驻中国代表机构。然而，在6月3日发生了罗易幻想依靠汪精卫挽救革命而冒冒失失将共产国际五月指示给他看的事情。罗易此举引起了鲍罗廷、柳克斯和中共中央的不满，并报告给联共（布）中央政治局。尽管罗易连电斯大林和布哈林、联共（布）中央政治局，就此事作出解释，共产国际执行委员会政治书记处还是

① 《罗易给某人的电报》（1927年5月25日于汉口），中共中央党史研究室第一研究部译：《共产国际、联共（布）与中国革命档案资料丛书》第4卷，第274页。

② 《罗易就中国形势给共产国际执行委员会政治书记处和斯大林的书面报告》（1927年5月28日于汉口），中共中央党史研究室第一研究部译：《共产国际、联共（布）与中国革命档案资料丛书》第4卷，第292、293页。

③ 《1927年5月30日征询政治局委员意见》，中共中央党史研究室第一研究部译：《共产国际、联共（布）与中国革命档案资料丛书》第4卷，第300页。

在6月22日作出“立即将罗易同志从共产国际执委会代表职位上召回”[①]的决议。这样，随着罗易的离去，联共（布）中央政治局6月14日决定成立的由罗易、鲍罗廷、加伦三人组成的共产国际驻中国代表机构未开始工作，便胎死腹中。罗易离开后，留在中国的鲍罗廷也没有找到挽救大革命失败的妙方，形势急剧朝着恶化的方向发展。7月14日，即汪精卫决定“分共”的前一天，联共（布）中央政治局秘密会议决定，鲍罗廷立即动身回莫斯科。随着鲍罗廷的离去，联共（布）、共产国际指导中国大革命的代表和机构，全部结束了使命。

## 五、远东局的重建与改组

1927年7月下旬，共产国际新任驻华代表罗米纳兹到达武汉。罗米纳兹到中国后，帮助中共召开八七会议，制定了实行土地革命和武装起义的方针。不久，罗米纳兹又向共产国际力主放弃国民党的旗号，开始建立苏维埃的斗争。应该说，罗米纳兹到华之初是作出了贡献的。但是罗米纳兹的“无间断革命论”对瞿秋白等中国共产党人有很大影响，是中共发生“左”倾盲动错误的重要原因之一。

1928年6至7月召开的中共六大期间，共产国际鉴于以往派驻中国的代表屡犯错误和中国白色恐怖严重的情况，决定不派代表到中国，而采取在莫斯科设中共驻共产国际代表团，协助共产国际指导中国革命的新措施。中共六大结束后，以瞿秋白为团长的中共驻共产国际代表团开始工作。但这种情况并没有持续多久。1928年12月10

---

① 《共产国际执行委员会政治书记处秘密会议第30号记录（摘录）》（1927年6月22日于莫斯科），中共中央党史研究室第一研究部译：《共产国际、联共（布）与中国革命档案资料丛书》第4卷，第344页。

日，共产国际执行委员会东方书记处远东部给斯大林、莫洛托夫、布哈林和皮亚特尼茨基写信，认为中共中央“有很大的政治摇摆性”，“同时犯了许多右的、机会主义性质的错误。”由此建议：“绝对有必要尽快派来一名共产国际执行委员会有威信的代表，长期同中国共产党中央委员会一起工作。”这封信还建议：“成立共产国际执行委员会远东局，以便指导中国、日本、朝鲜、菲律宾和印度支那共产党的工作”①。共产国际接受了这个建议，于1929年春在上海成立了新的远东局，成员有埃斯勒、雷利斯基、哈迪、别斯帕洛夫。埃斯勒为共产国际驻华代表、远东局负责人。

从1929年12月起，中共中央同远东局在如何看待中国的富农、改组派、游击战争、赤色工会问题上发生了激烈争论。共产国际执行委员会政治书记处在1930年7月29日听取了周恩来和雷利斯基、别斯帕洛夫关于双方分歧的报告后，一方面作出决定肯定远东局基本上是正确的，一方面根据东方书记处的建议改组了远东局，任命米夫为远东局书记，成员有雷利斯基、埃斯勒、斯托利亚尔、别斯帕洛夫和米林。米林是苏联红军参谋部第四局人员盖利斯的化名。他不仅是远东局的成员，而且是中共中央军事顾问组的负责人。

在远东局增加负责军事的成员，主要是这时共产国际对中国革命的指导方针已开始从城市转向农村，重视中国农村革命根据地和红军的建设。派盖利斯作为远东局成员，自然是为了加强对中共的军事指导。盖利斯在1930年9月底到达上海，同时和他一起到达的还有军事顾问组成员马雷舍夫、费尔德曼。盖利斯到后，即参与了中共中央军事部制定中国工农红军的编制和组织序列的工作。马雷舍夫和费尔德曼参与了开办无线电学校和军事政治学校工作。此后，盖利斯和马

---

① 《共产国际执行委员会东方书记处远东部给斯大林、莫洛托夫、布哈林和皮亚特尼茨基的信》（1928年12月10日于莫斯科），中共中央党史研究室第一研究部译：《共产国际、联共（布）与中国革命档案资料丛书》第8卷，中央文献出版社2002年版，第50页。

雷舍夫曾随王稼祥一起乘日本轮船到中央苏区去，但在上船时遇到日本方面的盘查而被船长拒绝登船，只好返回。王稼祥则顺利到达中央苏区。

1930 年 10 月，米夫到上海任远东局书记。米夫在中国做的事情就是召开中共六届四中全会，使自己在莫斯科中山大学任校长时的得意门生王明进入中央政治局，开始了王明“左”倾教条主义错误在中共中央的统治。

## 六、两位共产国际军事顾问给中国革命带来的灾难

1931 年 4 月下旬，由于白色恐怖的原因，米夫和盖利斯一起离华。12 月，博古负责的中共临时中央请求共产国际再派一个代表来。但一直到 1932 年 3 月 4 日，共产国际执行委员会才决定派东方书记处副主任埃韦特为驻华代表、远东局书记，但没有给远东局委派军事人员。1932 年 6 月，中共临时中央又致电共产国际执行委员会，要求派军事专家帮助中共中央。过去学术界曾对李德是否共产国际派来的军事顾问有争议，一些学者说，李德是苏联情报人员，他任中共中央军事顾问是博古邀请的。近年来俄罗斯公布的档案资料充分证明，李德是在 1932 年 12 月由苏联红军参谋部第四局派到远东局工作的。苏军参谋部第四局的确是情报部门，但它同共产国际有密切的关系，一直负责对中国共产党的军事指导，中共中央军事顾问多由苏军参谋部第四局人员担任。李德到远东局工作后，远东局书记埃韦特是报告过共产国际的。因此，李德的共产国际军事顾问身份不是假的。但李德只是中共中央军事顾问组成员，总顾问另有其人，是远在美国的弗雷德，一时还没有到位。

弗雷德是在 1933 年 4 月下旬或 5 月上旬到位的。这时，中央苏区取得了第四次反“围剿”胜利，正是向外发展扩大根据地、准备第

五次反“围剿”的好时机。弗雷德到任后，在6月中旬向中共临时中央建议采取“两个拳头打人”的方针，主张将红一方面军主力分为两部分作战。博古等接受了弗雷德的建议，将红一方面军的“铁拳头”一、三军团分开，红三军团为东方军，入闽西北作战；红一、五军团为中央军，在北面原地作战。结果是东方军疲惫不堪，中央军无仗可打，白白浪费了扩大根据地、准备反“围剿”的好时机。

1933年9月下旬，国民党军队对中央苏区发动第五次军事“围剿”。李德在9月底到中央苏区后，博古即将红军指挥权交给他。在国民党军采取“堡垒主义”新战略之下，李德指挥红军打正规战、阵地战、堡垒战，同敌人拼消耗。结果，红军苦战一年，也没有打破敌人的“围剿”，只得放弃中央苏区，进行战略转移。

两个共产国际军事顾问的错误作战方针、瞎指挥，给中国革命带来了严重的灾难。

## 七、远东局悄然结束

共产国际军事总顾问弗雷德到远东局任职后，和远东局书记埃韦特时有摩擦发生。两人都向共产国际写信或发电报，报告他们之间的争吵。埃韦特认为弗雷德总是越权，在政治方面指手画脚，在他身边碍手碍脚，决定将弗雷德派到中央苏区去工作，建议共产国际执行委员会另派军事代表参加远东局。弗雷德则指责埃韦特“对地下工作的起码要求漫不经心”，对待不同意见者“采用各种手段”，“很像小政客伎俩”。弗雷德提出到川陕根据地工作，但未得埃韦特同意。埃韦特和弗雷德之间的矛盾令共产国际执行委员会很头疼，多次回电要他们在中国党面前不要暴露分歧，但未见效。1934年3月下旬，弗雷德回莫斯科。同年4月，中共中央通过中共上海中央局向共产国际执行委员会建议，要弗雷德再次赴华，到川陕根据地任军事顾问，并再派一军事顾问到上海，但未见共产国际有下文。1934 年 7 月上旬，埃韦特因在对待《中国论坛》杂志编辑艾萨克斯问题上受到远东局内部和中共上海中央局的指责。共产国际执行委员会于 8 月初将埃韦特召回。埃韦特走后，远东局成员只剩下赖安和赤色工会驻华代表贝克。这时，赖安实际上起着共产国际代表的作用，共产国际国际联络部驻上海代表格伯特则等于参加了远东局的工作。同年 10 月，中共上海中央局书记盛忠亮被捕叛变。由于赖安和格伯特同盛忠亮接触频多，在上海存不下身，先后撤回了莫斯科，远东局在无形中结束。贝克在 1935 年 2 月下旬被共产国际召回。

共产国际两度设立远东局事实上都是不成功的。这说明，对中国共产党实行直接指导，如果说开始还能起到作用的话，而在中共已经成长起来以后，这样会压缩中国共产党从实际出发自主领导革命的空间，使中国革命遭到严重挫折和失败。只有对中共实行间接指导，即用路线、方针指导，让中共自主地从实际出发工作，才能使中国革命事业顺利发展。自遵义会议后中国革命历史的发展清楚地证明了这一点。

（本文原载《北京日报》2012 年 12 月 24 日）

# 共产国际与朱德、毛泽东领导的红军

1927 年 7 月大革命失败后，中国共产党开始创建人民军队，开展武装斗争和土地革命。朱德、毛泽东率领的红军在反对敌人的“进剿”“会剿”和“围剿”中不断发展壮大，引起了共产国际的密切关注。共产国际与朱德、毛泽东领导的红军的关系，对中国革命产生了很大影响。笔者认为，共产国际与朱德、毛泽东领导的红军的关系，是研究马克思主义中国化的一个重要课题。目前，史学界对这个课题研究比较薄弱，发表的论著尚不多见，笔者依据俄罗斯新公布的档案资料，试对这一课题进行探讨。

## 一

进入土地革命战争时期后，中国共产党先后领导了南昌起义、湘赣边界秋收起义和广州起义以及各地的一系列起义。在这些起义中，联共（布）、共产国际最关心的是南昌起义和广州起义，并给予了大力指导和支持。但是，在以城市为中心的方针下，联共（布）、共产国际指导的南昌起义和广州起义先后失败。而不被联共（布）、共产国际重视的毛泽东领导的湘赣边界秋收起义，在起义受挫后及时转向井冈山，建立了井冈山革命根据地，并在 1928 年 2 月打破了江西国民党军队的第一次“进剿”。井冈山革命根据地的建立，表明以毛泽东为代表的中国共产党人，根据中国革命斗争实际，坚持把马克思主义中国化，迈出了探索农村包围城市道路的最初的步伐，代表了当时的革命发展方向。

当时，联共（布）、共产国际了解中国革命情况的方式，主要是通过他们的驻华机构和代表发回去的报告，以及中共中央发给他们的报告。这些报告有些是通过电报发去的，有些是通过秘密信使送去的。而中共中央关于各地党组织和军事斗争的状况，则来自地下交通系统送来的各地报告。中共中央再把这些报告送给共产国际驻华代表机构或直接报给联共（布）和共产国际。这种信息传递方式，就使联共（布）、共产国际所了解的中国革命情况呈现出这样的特点：其一，关于中国革命的报告经过层层的传递，颇费时日，所得到的信息往往是过时的。其二，所得到的信息往往是当时的中共中央领导人根据自己的认识经过筛选后上报的。因此，联共（布）、共产国际得到的中国的信息往往与实际情况有很大距离。

从俄罗斯新公布的档案来看，从1927年7月至12月，联共（布）、共产国际有大量的文件涉及南昌起义和广州起义，而提到毛泽东和朱德领导的部队则很晚，且不符合实际情况。

最早明确提到朱德、毛泽东领导的部队的情况是1928年1月红色工会国际驻华代表米特凯维奇写给共产国际执行委员会的信。信中写道：“在湖南，农民暴动正在茶陵、宁乡、醴陵以及湖南南部进行。”“在江西，苏维埃政权已在永新、临川、莲花、万安建立。”“红军的力量在发展……朱德——1200人，700枝枪。在湖南，毛泽东的军队正在扩充。”①

井冈山革命根据地是毛泽东在改造袁文才、王佐绿林武装的基础

① 《米特凯维奇给共产国际执行委员会的信》（1928年1月于上海），中共中央党史研究室第一研究部译：《共产国际、联共（布）与中国革命档案资料丛书》第7卷，中央文献出版社2002年版，第281—282页。

上建立起来的，由于不了解情况，共产国际对毛泽东领导的部队评价不高。1928 年 2 月 29 日，共产国际执行委员会国际联络部部长阿尔布列赫特在给共产国际执委会的信中说：毛泽东的队伍是“半土匪出身”，“他们随着时间的推移，开始瓦解并遭到农民的反对。”①

这时，联共（布）、共产国际曾寄予很大希望的广州起义失败，起义军余部 1400 余人编为红军第四师转入海陆丰地区，与此前转入这里的南昌起义军部分部队编成的红二师会师。一时间，海陆丰地区集中了正规红军 2000 余人，并有许多黄埔军校毕业生在这里任指挥人员，比毛泽东、朱德及其他地区的部队力量都强。于是，共产国际又把希望寄托于海陆丰。1928 年 4 月 6 日，时任共产国际执行委员会东方书记处副主任的米夫致信联共（布）中央政治局委员、共产国际执行委员会委员布哈林，建议中共中央“占领能够作为运动根据地的某个地区并在那里巩固下来。最好是东江地区，并首先向湖南边境扩大。”“争取以最快的速度将所有革命部队集结在上述根据地。同时可将贺龙的新编部队调到该地区。”“将共产党员和共青团员（特别是军事人员）集中在这一地区。”“把从国民革命军里收罗来的左派指挥人员吸引到自己方面来并集中在该地区。”② 米夫致布哈林的这封信表明了共产国际当时指导中国共产党军事斗争方面的战略设想。他们重视海陆丰地区，主张中国共产党把所有部队调到该地区，当然就不会重视朱德和毛泽东领导的部队了。

共产国际的战略设想很快就被证明是脱离实际的。海陆丰地区的地理条件不利，靠近敌人统治中心和海边，山不太大，东临平原背靠海，自身回旋余地很小，不是建立大块根据地的理想地

① 《阿尔布列赫特给共产国际执委会的信》（1928 年 2 月 29 日于莫斯科），中共中央党史研究室第一研究部译：《共产国际、联共（布）与中国革命档案资料丛书》第 7 卷，第 357 页。

② 《米夫给布哈林的信》（1928 年 4 月 6 日于莫斯科），中共中央党史研究室第一研究部译：《共产国际、联共（布）与中国革命档案资料丛书》第 7 卷，第 397 页。

区。在红四师和红二师会合后不久，广东国民党当局即派两个军前来“进剿”。红二师和红四师及赤卫队分头防御，虽然打得很英勇，仍抵挡不住敌人的优势兵力的进攻。1928 年 2 月 29 日和 3 月 1 日，陆丰和海丰两县城相继丢失，红二师和红四师撤到大南山。3 月中旬、下旬，红二师、红四师虽两次打下惠来城，却都没有保持住。4 月下旬，红军又反攻海丰县城，结果伤亡重大，不得不撤到普宁县的三坑山地区。自此，海陆丰地区的革命斗争进入极其艰苦时期。

在海陆丰地区的红军遭到挫折的同时，朱德和毛泽东领导的队伍于 4 月下旬在井冈山会师，壮大了井冈山地区的革命力量。这时，中共中央负责人陆续赴苏联莫斯科参加中国共产党第六次全国代表大会，国内由李维汉等负责留守中央的工作。中共留守中央重视农村武装斗争，尤其是重视会师后的毛泽东、朱德的部队，认为：“毛泽东、朱德率领的部队在政治上、军事上都有很好的基础。”[①]5 月 25 日，李维汉在给中共驻共产国际代表团的信中兴奋地报告：“湘赣的形势相当好。朱（德）和毛（泽东）到了赣西南，并且报告说，他们占领了永新和宁冈，之后向赣南发展直至吉安。朱培德部的第九师被彻底击溃，一部分已转到朱毛方面。还在朱毛入赣之前，赣南的寻邬、雩都、南康、信丰等县就爆发了自发的农民暴动。虽然万安的农民遭到了非常惨重的失败，但是在朱毛入赣之后，这里的农民又揭竿而起。现在我们有希望顺利占领赣南地区。”[②] 这是中国共产党通过驻共产国际代表团第一次向共产国际传递关于朱德、毛泽东部队的正确信息。

鉴于海陆丰地区红军遭到挫折，从中国传来关于朱德、毛泽东会师后并打破江西国民党军“进剿”，井冈山革命根据地发展和壮大的

---

① 李维汉：《回忆与研究》（上），中共党史资料出版社 1985 年版，第 250 页。

② 《李维汉给中共驻共产国际执行委员会代表团的信》（1928 年 5 月 25 日），中共中央党史研究室第一研究部译：《共产国际、联共（布）与中国革命档案资料丛书》第 7 卷，第 459—460 页。

消息，不能不引起共产国际的注意。1929 年 1 月 19 日，共产国际执行委员会东方书记处远东部召开会议，讨论援助朱德、毛泽东红军问题。会议决定：1. “以中共中央名义派一名有威望的专员同志到朱毛地区去。” 2. “要从总的形势和今后运动发展前景出发，弄清在继续开展朱毛运动是否适宜问题上的方针。” 3. “请革命军事委员会弄清向朱毛提供实际援助的可能性。”[①] 这几项决定说明，共产国际虽然注意到了朱德、毛泽东领导的红军发展潜力，但又对支持这支红军处于犹豫不定的状况。

由于这时共产国际对中国革命的指导方针仍是以城市为中心，把注意力集中于在城市发展和扩大党组织、建立赤色工会、领导城市工人罢工上，对朱德、毛泽东领导的红军的援助也就未付诸行动。这对于朱毛红军来说反而是一件好事，减少了干扰，有了继续发展、探索农村包围城市的中国式革命道路的空间。

## 二

在莫斯科召开的中共六大上，布哈林代表共产国际作政治报告。他对中国苏维埃和红军运动的估计很悲观，认为：“红军只能分散存在，如果集中，则会妨害老百姓的利益，会把他们的最后一只老母鸡吃掉，老百姓是不会满意的。”[②] 指示“不要将红军聚到一个地方，最好将他分成几个部分，三部分，四部分”[③]。中共中央回到国内后，根据布哈林的意见，于 1929 年 2 月指示红四军实行分散行动，要朱德、毛泽东离开红军，到中共中央工作。

---

① 《共产国际执行委员会东方书记处远东部会议第 8 号记录》（1929 年 1 月 29 日于莫斯科），中共中央党史研究室第一研究部译：《共产国际、联共（布）与中国革命档案资料丛书》第 8 卷，第 59、60 页。

② 《周恩来选集》（上卷），人民出版社 1980 年版，第 184 页。

③ 中共中央党史研究室第一研究部编：《共产国际、联共（布）与中国革命档案资料丛书》第 11 卷，中央文献出版社 2002 年版，第 180 页。

这时，毛泽东、朱德、陈毅率红四军主力离开井冈山根据地出击赣南，正转战至东固。在这里，毛泽东等得知井冈山根据地失守的消息，原定的内外线结合打破湘赣两省国民党军对井冈山根据地“会剿”的计划已无法实现。鉴于这种情况，毛泽东、朱德等遂于2月下旬率红四军向闽赣边界挺进，在3月中旬攻占福建长汀县城。3月20日，红四军前委决定率部在赣南、闽西开展游击战争，创建新的根据地。4月3日，红四军在回师瑞金后的第三天，才接到了中共中央的“二月来信”。4月5日，毛泽东以中共红四军前敌委员会的名义复信中共中央，认为“中央此信对客观形势及主观力量的估量都太悲观了”。对于中共中央按照共产国际意见要红四军分散行动、朱德和毛泽东离开队伍的指示，毛泽东在信中表示了不同意见，说：“我们从前年冬天就计划起，而且多次实行都是失败的。因为：（一）红军不是本地人，与地方武装的赤卫队来说完全不同。湘赣边界宁冈各县的农民只愿在本县赤卫队当兵，不愿加入红军，因此红军简直寻不出几个湘赣边界的农民。红军成分是老的国民革命军、浏平、湘南农军和迭次战役的俘虏兵。（二）分开则领导机关不健全，恶劣环境中应付不来，容易失败。（三）容易被敌人各个击破。五军在平、浏，四军在边界的湘南，因分兵而被敌人击破者共有五次之多。（四）愈是恶劣环境，部队愈须集中，领导者愈须坚强奋斗，方能应付敌人。”毛泽东还特意说明：只有在好的环境里才好分兵游击，领导者在恶劣环境时刻不能离开。“此次离开井冈山向赣南闽西，因为我们部队是集中的，领导机关（前委）和负责人（朱、毛）的态度是坚决奋斗的，所以不但敌人无奈我何，而且敌人的损失大于他们的胜利，我们的胜利则大于我们的损失。”[①] 毛泽东在信中还分析了赣闽浙湘粤五省国民党的统治情况，主张利用蒋桂两派军阀争夺江西的时机，采取“争取江西，同时兼及闽西、浙西”[②] 的战略方针。

---

① 《毛泽东军事文集》第一卷，军事科学出版社、中央文献出版社1993年版，第59、60—61页。

② 《毛泽东军事文集》第一卷，第63页。

在朱德、毛泽东的率领下，1929 年 5 月至 10 月间，红四军乘福建军阀到广东参加粤桂战争造成的闽西空虚时机，先后两次进入闽西，歼灭当地军阀陈国辉旅和卢新铭旅。到 1930 年春，红四军先后开辟了包括兴国、雩都（今于都）、宁都、瑞金、赣县、安远、寻邬（今寻乌）、信丰、南康等县的赣南根据地和包括龙岩、永定、上杭、武平、长汀、连城等县的闽西根据地。

毛泽东、朱德领导的红四军没有教条式地执行共产国际要求红军分散行动的指示，坚持利用当时的有利形势集中行动，开辟了赣南、闽西根据地，红四军得到发展壮大，以无可辩驳的事实向共产国际证明了自己的决策是完全正确的。与此同时，毛泽东还总结了井冈山斗争以来尤其是进军赣南、闽西以来的经验，写成《星星之火，可以燎原》一文[①]，深刻论述了在农村地区开展游击战争，深入进行土地革命，建立和发展红色政权，待条件成熟时再夺取全国政权的思想。这篇文章标志着毛泽东农村包围城市、武装夺取政权的中国式革命新道路的思想的形成，是马克思主义中国化的突破性进展。

朱德、毛泽东领导的红军及中国其他红军部队发展的事实，使原先眼睛一直盯着城市工人运动的共产国际逐渐开始关注农村的武装斗争。1930 年 2 月，共产国际执行委员会远东局在给共产国际执行委员会的报告中说："最近华南和华北游击队取得了辉煌的战绩。""红军成长为一支人数不下 3 万的大部队。闽西、赣西、粤北和粤东、湘南、鄂西成了游击队的活动地区。游击队的影响也波及到四川和河南。在游击队的活动区和巩固区都没收土地，建立苏维埃政权。现在中国已有 10 多个苏区（据中央委员会给全会[②]的报告说有 19 个苏区）。"报告还特别提到："朱德、毛泽东和彭德怀、黄公略部队中的

① 这是毛泽东 1930 年 1 月为答复林彪而写的一封对红军前途究竟应该如何估计的信。

② 指中共六届二中全会。

支部活动最出色。”①

同年 4 月 15 日，大革命时期曾任苏联驻华顾问的马马耶夫，在共产国际执行委员会东方书记处处务委员会扩大会议上专门作了《中国的游击运动》的报告。马马耶夫在介绍中国红军的斗争情况时，把着重点放在朱德、毛泽东领导的红四军上，全面介绍了朱毛红军的情况：

第一，介绍了朱德、毛泽东领导的红四军的简要历史。报告首先介绍了朱德率领南昌起义军余部在粤北坚持斗争的情况和毛泽东率领秋收起义部队在湘赣边界井冈山坚持斗争的情况，认为朱德部和毛泽东部在宁冈地区会师，“构成了第四军的基本核心”。“稍后所谓的湘南农军也参加进来。”“因此，湘南军、前张发奎警卫团和朱德团一起组成了中国工农红军第四军”②。对于红四军建立后的作战情况，马马耶夫也作了简要介绍，认为在 1928 年 8 月以前的时期，“第四军经历了许多曲折，打了许多仗，有时打胜仗，也打了许多败仗。不管怎么说，第四军在这些战斗中经受了锻炼。应该说，这一时期一些战斗有时打得十分英勇。”他最推崇的是朱德、毛泽东等率红四军下井冈山出击赣南后在瑞金以北大柏地进行的战斗，认为是“第四军战斗生活中光辉的一页”。马马耶夫肯定了朱德和毛泽东率领红四军进军赣南、闽西的行动，说：“在 1929 年间第四军多次在江西、福建两省来回运动。”“现在该军的影响已遍及赣南、湘东、赣西南和粤东。”③

第二，介绍了红四军的编制和装备情况。报告认为朱德、毛泽东“把部队改编为正规军，基本上采取了过去国民革命军的编制”，即

---

① 《共产国际执行委员会远东局给共产国际执行委员会的报告》（1930 年 2 月于上海），中共中央党史研究室第一研究部译：《共产国际、联共（布）与中国革命档案资料丛书》第 9 卷，中央文献出版社 2002 年版，第 63 页。

② 《马马耶夫在共产国际执行委员会东方书记处处务委员会扩大会议上的报告》（1930 年 4 月 15 日于莫斯科），中共中央党史研究室第一研究部译：《共产国际、联共（布）与中国革命档案资料丛书》第 9 卷，第 107、108 页。

③ 《马马耶夫在共产国际执行委员会东方书记处处务委员会扩大会议上的报告》（1930 年 4 月 15 日于莫斯科），中共中央党史研究室第一研究部译：《共产国际、联共（布）与中国革命档案资料丛书》第 9 卷，第 109 页。

“一个连有3个排，排又有3个班，团有3个营，1个军有6到8个团”。“这些编制是适合战区的条件的。”“他们做得很对。”并认为，“朱德的那个军就其组织和装备来说接近于过去国民革命军的一个军”，“比现在分散驻扎在华南各省的地方部队差不了多少”。不同的是，这些省的国民党军队有正常的供应，而红四军却没有[①]。

第三，介绍了红四军的成分。报告认为，“农民运动的实力取决于由哪些人参加这些队伍。”“只有不断扩大地域，吸收越来越多的农民参加，才能保证取得成功”。马马耶夫这个看法无疑是正确的。但他认为红四军“绝大部分骨干仍由士兵[②]组成”，只有“第二十九团完全是由农民补充编成的”。但“这个团很不稳定，在一次战斗中被击溃逃散了”。据此，马马耶夫判断红四军“农民成分比较小。这个问题应该抓紧解决”。[③]马马耶夫关于红四军成分的判断明显是错误的。

第四，介绍了红四军指挥员的选拔和培养。报告说，红四军“指挥员基本上是从政府军中下级军官中选拔。也曾尝试在井冈山开办军校来培养自己的干部。”马马耶夫不赞同这样的选拔指挥员办法，主张“应该贯彻从工人中培养指挥员的明确方针”，建议把在苏联“学习的军事骨干派往那里去”。[④]马马耶夫的主张显然是脱离实际的。

第五，介绍了红四军党组织的状况。马马耶夫在报告中说，由于中共向联共（布）、共产国际报送的关于红四军党的组织现状的材料“不很鲜明，不很明确”，他对红四军党的组织结构不太清楚，但

---

① 《马马耶夫在共产国际执行委员会东方书记处处务委员会扩大会议上的报告》(1930年4月15日于莫斯科)，中共中央党史研究室第一研究部译:《共产国际、联共（布）与中国革命档案资料丛书》第9卷，第111页。

② 马马耶夫这里所指的士兵是原先在中国旧军队里靠当兵吃粮拿饷的职业军人。

③ 《马马耶夫在共产国际执行委员会东方书记处处务委员会扩大会议上的报告》(1930年4月15日于莫斯科)，中共中央党史研究室第一研究部译:《共产国际、联共（布）与中国革命档案资料丛书》第9卷，第111、112页。

④ 《马马耶夫在共产国际执行委员会东方书记处处务委员会扩大会议上的报告》(1930年4月15日于莫斯科)，中共中央党史研究室第一研究部译:《共产国际、联共（布）与中国革命档案资料丛书》第9卷，第113页。

知道领导这支部队的是总前委，“毛泽东是这个委员会的主席。这个总前委由中共中央军事部任命。”“军部有政治部”。但他认为红四军党的组织还没有完全形成体系，觉得“政治部和支部为士兵委员会制度取代了”。他认为：“士兵委员会作为瓦解敌军的手段是好的，但士兵委员会作为组建新红军的手段则不太好。”“党越是迅速掌握士兵群众，士兵委员会越是尽快取消，变成普通的、起提高士兵政治水平作用的社会团体就越好。”因此，他的结论是：“我们在给中共中央的指示中应特别强调指出，党应在军队中建立严密的党组织体系，党不能消失在群众之中。应该把我们的军队中建党的经验告诉他们。”①在这里，马马耶夫强调在军队中建立党的组织体系是对的，对处理好连队党的支部与士兵委员会关系的见解也有一定的道理，但由于不了解情况，便下结论说红四军党的组织系统不完善，则不免失之武断。实际上不但在毛泽东的领导下，红四军建立了党的组织系统，而且其他红军也建立了党的组织系统，红军完全是中国共产党领导下的人民军队。同时，毛泽东等从中国的实际情况出发，创造性地在红军中进行了党的建设。

第六，介绍了红四军与根据地问题。报告认为，正规红军是农民运动的骨干和胜利的保证。组建正规红军，“应该给这支正规军一个根据地。”报告指出，“井冈山根据地是最强大的根据地之一”，“朱德和毛泽东的那个军在这样的根据地里可以进行训练，真正成为一支正规军，在根据地里壮大起来，向不同方向夺取新的地域。”②

第七，对红四军和其他红军开展的土地革命给予了肯定。报告

---

① 《马马耶夫在共产国际执行委员会东方书记处处务委员会扩大会议上的报告》(1930年4月15日于莫斯科)，中共中央党史研究室第一研究部译：《共产国际、联共（布）与中国革命档案资料丛书》第9卷，第114、115页。

② 《马马耶夫在共产国际执行委员会东方书记处处务委员会扩大会议上的报告》(1930年4月15日于莫斯科)，中共中央党史研究室第一研究部译：《共产国际、联共（布）与中国革命档案资料丛书》第9卷，第114、119—120页。

说："朱德和毛泽东那个军以及其他正规部队，是进行土地革命的武力表示。"并认为："这支力量之所以存在，所以发展壮大，所以不可能被摧毁，是因为它依靠农民运动中奋起完成土地革命任务的广大群众。"[①]

报告还介绍了朱德、毛泽东领导的红四军的其他一些情况。

马马耶夫的报告虽然有一些不正确的地方，但从总体上看，有以下两个方面值得注意：其一，肯定了中国共产党在农村领导武装斗争的成绩。其二，肯定了朱德、毛泽东领导的红四军无论在各方面都是中国工农红军中发展得最好的一支队伍。马马耶夫的报告无疑对共产国际此后的决策产生了很大影响。

朱德、毛泽东等领导的红军和农村根据地勃兴，土地革命轰轰烈烈开展。但与此同时的城市的工人运动却频频受挫。

早在1929年8月30日，共产国际执行委员会政治秘书处作出了《关于中国职工运动的决议案》，认为"中国工人运动的新高潮是在成熟起来"，错误地提出："必须实行坚决的斗争，反对党内对于赤色工会的取消主义的倾向——这是纯粹机会主义的右倾危险的表现。"[②]同年9月25日，苏联《真理报》发表了社论《中国即将出现新的革命高潮》。这个社论错误地估计：中国"工人运动正处于发展和高潮之中，这是无可辩驳的事实。""这些事实确实证明，出现这种巨大高潮的前提条件正在以越来越快的速变形成。转折的时刻已经到来。"[③]一个月之后，也就是10月26日，共产国际执行委员会致信中共中央，就中国时局的估量，给中国共产党的"最重要任务"发出指示。这封指示信判断："中国进到了深刻的全国危机的时期。"认为

---

① 《马马耶夫在共产国际执行委员会东方书记处处务委员会扩大会议上的报告》(1930年4月15日于莫斯科)，中共中央党史研究室第一研究部译:《共产国际、联共（布）与中国革命档案资料丛书》第9卷，第117页。

② 《共产国际执委政治秘书处关于中国职工运动的决议案》(1929年8月30日)，中共中央党史研究室第一研究部编:《共产国际、联共（布）与中国革命档案资料丛书》第11卷，第567页。

③ 《中国即将出现新的革命高潮（社论）》(1929年9月25日)，中共中央党史研究室第一研究部编:《共产国际、联共（布）与中国革命档案资料丛书》第11卷，第576页。

中国“日益生长的高潮的象征”，“是工人运动的复兴”。“无产阶级的罢工经济斗争，是在发展着的斗争，表现着转变到政治斗争，游行示威的倾向。”指示信批评中国共产党：“思想上政治上的影响，以及工人阶级的组织程度，还是比群众不满意的生长，比积聚起来的革命能力的生长，比自发运动的生长，来得落后。赤色工会的大多数，还不是群众的组织。国民党黄色工会的影响还是很大。”“共产党在国民党黄色工会里的工作，还没有认真的实行。共产党还没有能够在生产里，把主要的革命工人干部，团结在自己的周围。争取工人阶级大多数的任务，共产党当然是更加没有解决。”由此，指示信提出：中国共产党“现在第一等重要的任务，是要争取无产阶级自发的经济政治斗争的领导”。“应当特别的注意工人的罢工斗争。配合经济斗争和政治斗争的时候，必须用全部力量，去发展政治罢工，立定准备总同盟的政治罢工的方针；应当在一切地方，只要那地方的国民党反革命政权削弱而革命斗争生长就要做革命的工会运动，走出秘密状态的尝试。”指示信虽然也提出了“巩固并扩大游击战争”，但是把它作为“革命潮流之中的一个支流”来对待的。①

在共产国际对中国革命形势过高估计和“左”倾冒险错误的方针指导下，中共中央先后在1929年12月14日、12月20日和1930年1月作出了《接受国际对于中国职工运动的决议案》《中国共产党接受共产国际第十次全体会议决议的决议》和《接受国际一九二九年十月二十六日指示信的决议》，将发动城市的同盟罢工作为党的重要工作。在此方针下，1930年初，上海、唐山、青岛、武汉、厦门等大城市的中国共产党地下组织领导了同盟罢工或飞行集会。这些“左”倾错误又继续发展，到1930年6月中旬，最终形成了在党中央占统治地位的李立三的“左”倾冒险错误。由于当时国民党强化对工人区

① 《共产国际执委致中共中央委员会的信——论国民党改组派和中国共产党的任务》(1929年10月26日国际政治秘书处通过)，中共中央党史研究室第一研究部编：《共产国际、联共（布）与中国革命档案资料丛书》第11卷，第578、582、584页。

域的统治，其戒严条例规定禁止集会、罢工，违者处死；并派军警驻厂，以密探、工头监视工人，党不顾条件用冒险的方式开展工人运动非常困难，并受到严重损失，一些党组织和赤色工会组织遭到破坏，共产党员和工人积极分子被敌人杀害。时任中共江苏省委书记的李维汉回忆，在1930年4月至9月的半年中，仅江苏省被国民党杀害的党员和群众就有3130人，1480人被捕[①]。与此同时，党在国民党统治区的满洲、顺直、河南、山西、陕西、山东、福建、浙江、广东、湖南等十几个省委机关先后被破坏，武汉、南京等城市的党组织几乎全部瓦解[②]。

城市工人运动受到严重挫折，而在农村根据地坚持斗争，并从实际出发，抵制李立三“左”倾冒险错误的朱德、毛泽东等领导的红军及其他红军却得到巩固、壮大。在这样的事实面前，共产国际指导方针也不得不开始发生重大转变。

1930年7月上旬，共产国际执行委员会致电中共中央，指示：“在苏区成立有权威的中央局，采取一切措施最大限度地加强红军。现在就必须最大限度地集中和保证党对红军的领导。”[③]7月23日，共产国际执行委员会又给中共中央发出电报，表示“坚决反对在目前条件下在南京、武昌举行暴动以及在上海进行总罢工”。要求中共中央根据共产国际最近的电报指示开展工作，“特别要加强群众性工作和组建红军。”[④]7月29日，共产国际执行委员会就红军建设和游击运动问题给中共中央发出指示信。信中除了对红军中党的建设、红军和苏维埃等问题作出指示，还特别强调要建立根据地，指示要“牢牢占领并保持具有巩固和进一步扩大苏维埃政权的足够政治经济前提的根

① 见李维汉：《回忆与研究》（上），第310页。

② 见中共中央党史研究室著：《中国共产党历史》（第一卷）（上册），中共党史出版社2002年版，第383页。

③ 《共产国际执行委员会给中共中央的电报》（早于1930年7月10日于莫斯科），中共中央党史研究室第一研究部译：《共产国际、联共（布）与中国革命档案资料丛书》第9卷，第216页。

④ 《共产国际执行委员会给中共中央的电报》（1930年7月23日于莫斯科），中共中央党史研究室第一研究部译：《共产国际、联共（布）与中国革命档案资料丛书》第9卷，第225页。

据地”。“越是迅速地具有这样的根据地，越是迅速地把武装斗争从各种独特的游击战形式转变为正规军作战形式，我们就越能迅速地保证从组织上掌握农民革命运动，就越能迅速地保证无产阶级对农民的领导，从而保证革命的胜利。”[①]8月8日，共产国际执行委员会致电中共中央政治局，更明确地指示：“建立一支坚强的、组织严密的、政治上坚定的、有充分供应保障的红军，是中共工作中目前的中心环节”。为此，共产国际提出：“必须选择和开辟能保证组建和加强这种军队的根据地。对根据地的基本要求是：相当程度的农民运动，从容组建的可能性，获得武器的前景和保证今后能夺取一个有足够工人居民的大的行政政治中心的发展前景。目前显然赣南、闽南、粤东北地区首先能够成为这样的根据地。”[②]

从上述共产国际一系列指示可以明确看出其方针的重大转变，而且朱德、毛泽东领导的红军和创建的赣南、闽西根据地，在共产国际的新方针中占据重要的位置。

## 三

为了贯彻共产国际1930年7月下旬到8月上旬的一系列指示，共产国际远东局与六届三中全会后的中共中央政治局决定在毛泽东、朱德创建的赣南、闽西苏区成立中央局，“由项英、少先队员[③]、毛泽东、工会和青年代表组成”。并决定中共苏区中央局还要“再加上几位外国同志”。尽管当时共产国际代表进入中央苏区比较困难，远东

① 《共产国际执行委员会就红军建设和游击运动问题给中共中央的指示信》（1930年7月29日于莫斯科），中共中央党史研究室第一研究部译：《共产国际、联共（布）与中国革命档案资料丛书》第9卷，第241—242页。

② 《共产国际执行委员会给中共中央政治局的电报》（1930年8月8日于莫斯科），中共中央党史研究室第一研究部译：《共产国际、联共（布）与中国革命档案资料丛书》第9卷，第278页。

③ 指的是关向应。

局表示："哪怕有 10% 的把握"，也要"把几位非中国同志送到那里去"。[①] 由此可见，共产国际远东局决定在朱、毛红军创建的赣南、闽西苏区设立中共苏区中央局时，对中国同志的独立能力不放心，还要派几位代表前去指导。

不久，共产国际远东局改变了决定，关向应没有被派往朱德、毛泽东领导的红军，而被派往贺龙的红二军团。派共产国际代表进入赣南苏区也遇到了很大困难。因为外国人进入中央苏区比中国人困难得多，他们容易引起国民党警察、便衣侦探和特务的注意，共产国际远东局曾尝试了几次，均未成功。当时，共产国际远东局委员、中共中央军事顾问组负责人盖利斯为自己不能进入赣南苏区而懊恼。他在 1930 年 10 月 20 日给苏联红军参谋部第四局局长别尔津的信中说，进入赣南苏区问题"简直使我绝望了"。他认为赣南苏区"极其需要领导"，"在那里只要有稍微正确一点的军事领导，就可以有所作为。"同时，他认为"苏区在很大程度上需要有财经政策和执行土地政策等方面的政治领导。"表示"即使中央局和我在那里，也需要有一些熟悉这些问题的人。"建议共产国际执行委员会在弄清前往赣南苏区具有可能性之后，"再往那里派去一位政治上经过很好培训的同志"，并提议"可以从我们局派一个人去"。[②] 盖利斯这封信说明，共产国际虽然认为朱德、毛泽东领导的红军是中国最强的一支红军部队，赣南、闽西苏区是建设得最好的苏区，作为重点发展的红军根据地，并把领导中国各地红军的中共苏区中央局放在这里，但是，在他们仍然轻视毛泽东、朱德的军事指挥艺术，看重俄国革命经验和自己代表的能力。

1930 年 10 月，历时近半年的蒋介石、阎锡山、冯玉祥中原大战

---

① 《共产国际执行委员会远东局给共产国际执行委员会的信》（1930 年 10 月 20 日），中共中央党史研究室第一研究部译：《共产国际、联共（布）与中国革命档案资料丛书》第 9 卷，第 396 页。

② 《盖利斯给别尔津的信》（1930 年 10 月 20 日于上海），中共中央党史研究室第一研究部译：《共产国际、联共（布）与中国革命档案资料丛书》第 9 卷，第 418 页。

结束。获胜后的蒋介石立即部署10万余兵力，准备对朱德、毛泽东领导的红一方面军发动第一次大规模军事“围剿”。国民党重兵来势汹汹，同年10月来华后接任共产国际远东局书记的米夫认为，在国民党军的优势兵力下，赣南、闽西苏区的处境恶化，因而对朱德、毛泽东能否指挥红一方面军打破国民党军的“围剿”信心不足。在12月2日给共产国际执行委员会的信中，米夫一方面认为反“围剿”胜利“并不是没有希望”，另一方面又说“也不排除这样的可能，即在敌人优势兵力的压力下，我们将暂时撤离这个地区。”至于“是保卫苏区直到最后一个红军战士，还是挽救红军”，米夫认为“比较合适的作法，当然是后者”。为此，他要共产国际考虑：“我们撤退到什么地方为好，在这种情况下，选择什么样的地区作为新的根据地，并继续解决组建红军的问题。”他的意见是：“老的地区位于三省交界处，朱德和毛泽东已在那里坚持了两年多，这个地区未必合适。……以前朱德和毛泽东率领一支不大的队伍能够在这个山区作战，而现在，当谈到要形成一个有力的红军拳头的时候，该地区以前的优势就会成为完成这项任务的障碍。另一方面，远离发达的群众运动的地区也是不合适的。”然而，究竟哪里建立新的根据地合适，米夫也拿不出个意见来，所以，他最后又表示：“我们要尽一切努力不撤离这个地区。我们要集中党的一切力量去完成这项任务。”[①] 米夫的这封信充分表现了他对朱德、毛泽东领导的红一方面军能否取得第一次反“围剿”胜利心存疑问和惊慌的心理。

红一方面军在毛泽东、朱德的指挥下，采取了正确的战略战术，从1930年11月初开始至1931年1月止，消灭了国民党军1.3万余人，干脆利索地打破了国民党军的第一次“围剿”，又一次以胜利的事实向共产国际证明中国共产党独立自主地领导军事斗争的能力和高超的军事指挥艺术。在得知红一方面军第一次反“围剿”胜利的消息后，

---

① 《米夫给共产国际执行委员会的信（摘录）》（1930年12月2日于上海），中共中央党史研究室第一研究部译：《共产国际、联共（布）与中国革命档案资料丛书》第9卷，第501—502页。

盖利斯于 1931 年 2 月 10 日向别尔津报告："朱德、毛泽东、彭德怀几乎收复了自己原有的阵地"，"粉碎了对我们的第一次大规模进攻，这是无可争辩的事实。蒋介石关于消灭苏维埃运动的种种期限都已成为泡影。"盖利斯还兴奋地说：反"第一次围剿的结果，我们的部队大大增强了。……上海的情绪也高涨了"。"第一、三军团大大改善了自己的物质状况"。[①]

红一方面军第一次反"围剿"的胜利，使共产国际远东局加快了成立中共苏区中央局的步伐。1931 年 1 月，项英奉命到达中央根据地，成立中共苏区中央局。中共苏区中央局原定以周恩来为书记，但他因工作需要一时无法离开，由项英任代理书记，毛泽东、朱德等为中央局委员；并成立了由中共苏区中央局领导的中央革命军事委员会，项英任主席，朱德、毛泽东任副主席。4 月，被任命为中共苏区中央局成员的任弼时、王稼祥、顾作霖到达中央根据地。

这时，虽然由项英担任中央革命军事委员会主席，但他缺乏军事经验，主要做中共苏区中央局的工作，而中央苏区的军事工作实际上仍是毛泽东、朱德主持。在毛泽东、朱德的指挥下，红一方面军又连续取得了第二、第三次反"围剿"的胜利。1931 年 11 月 7 日，经共产国际批准的中华苏维埃共和国临时中央政府在中央苏区的瑞金成立，毛泽东任中央执行委员会主席、人民委员会主席，朱德任中央革命军事委员会主席、军事人民委员。与此同时，朱德、毛泽东领导的红一方面军也改称中央红军。

然而，伴随着中共苏区中央局和中华苏维埃共和国临时中央政府的建立，中央苏区的领导层也发生了变化，中共苏区中央局通过中革军委来指挥原先由朱德、毛泽东指挥的红军。毛泽东从战争实际出发，运用灵活机动的战略战术，发挥军事指挥艺术的空间日渐狭小，至 1932 年 10 月的宁都会议，完全被排斥出中央红军的领导岗位。到

---

① 《盖利斯给别尔津的信》（1931 年 2 月 10 日于上海），中共中央党史研究室第一研究部译：《共产国际、联共（布）与中国革命档案资料丛书》第 10 卷，中央文献出版社 2002 年版，第 56、57、58 页。

了 1933 年 1 月，坚持“左”倾教条主义的中共临时中央在上海不能立足迁到中央苏区后，临时中央的负责人博古掌握了指挥中央红军的大权。在第五次反“围剿”开始后不久，共产国际远东局多次尝试派代表到中央苏区终于有了结果，共产国际军事顾问李德到达了中央苏区。在博古的支持下，李德掌握了中央红军的军事指挥大权，这无疑使中央苏区面临着一场严重的灾难。

通过上述分析论述，笔者认为：

第一，共产国际对朱德、毛泽东领导的红军有一个从不重视到重视的过程。这个过程表现为共产国际在中国套用俄国革命经验与毛泽东等坚持从中国实际出发、把马克思主义中国化的碰撞。毛泽东、朱德率领红四军及其后的红一方面军，坚持从中国的实际出发，把马克思主义中国化，探索农村包围城市、最后夺取全国政权的中国式革命道路，创建了中国最强大的一支红军和最大的根据地。而共产国际以俄国革命经验指导中国革命，结果严重碰壁。朱德、毛泽东领导的红军在农村发展壮大的事实，使共产国际也不得不承认，其指导中国革命的方针也由以城市为中心开始转变为以组建红军、建立巩固的根据地为中心。

第二，共产国际重视朱德、毛泽东领导的红军，在朱毛红军创建的根据地成立中共苏区中央局和中华苏维埃共和国临时中央政府，加强对全国红军的统一指挥，无疑是起了重要作用的。同时，共产国际重视朱德、毛泽东领导的红军，对于提升毛泽东、朱德在红军中的地位和威望，也是起了一定作用的。这对于此后中国革命产生了深刻的影响。

第三，共产国际重视和加强朱德、毛泽东领导的红军，在方式上有失误。共产国际对朱德、毛泽东领导的红军重视，正确的方式应该是重视他们建设根据地、红军的经验和反“围剿”斗争的军事指挥艺术，增大他们发挥作用的空间，同时给他们派去一批军事政治骨干，充实中层力量。但是，共产国际只是在朱德、毛泽东领导的红军增加决策层干部。一批没有实际斗争经验，只会背诵一些马列词句的同志到达中央苏区后，改变了那里原先的决策层，毛泽东、朱德的领导和指挥作用受到严重束缚，毛泽东后来甚至完全被排斥出红军领导岗位，结果使中央红军受到严重挫折。

第四，共产国际虽然承认朱德、毛泽东领导的红军是中国建设得最好的一支红军，但仍不信任中国同志，认为自己的军事顾问比毛泽东、朱德更胜一筹，把派遣共产国际代表到中央苏区作为加强朱毛红军的一项重要措施。这是极大的失误。李德到了中央苏区后，博古依靠李德指挥军事，致使第五次反“围剿”遭到失败，中央红军主力不得不撤离根据地进行长征，便是有力的证明。

（本文原载《中共党史资料》2007 年第 4 期，获中共中央党史研究室 2007 年度优秀论文奖）

# 中央苏区时期共产国际与毛泽东的关系

毛泽东等领导创建的中央苏区是土地革命战争时期最大的革命根据地，是中华苏维埃共和国中央政府、中国工农红军的指挥中枢机关所在地。1933 年年初，中共临时中央在上海不能立足，也迁到中央苏区。中央苏区在中国革命中的历史地位是无可替代的。近年来俄罗斯方面公布的档案资料表明，中央苏区时期，共产国际与毛泽东的关系，对中央苏区的创建、巩固和发展产生了重要影响，对毛泽东在党内的地位也有着非常重要的影响。

## 一、毛泽东领导创建的赣南、闽西根据地与共产国际指导中国革命战略方针的调整

大革命失败后，中国共产党开始独立承担起领导中国革命的重任。八七会议通过的《中国共产党中央执行委员会告全党党员书》号召“找着新的道路”[①]。如何找着这条新的道路，全党将面临着无比艰辛的探索。中国是一个半殖民地半封建国家，世界上尚未有无产阶级领导资产阶级民主革命胜利先例，因此，以城市为中心的俄国革命模式自然就成为共产国际和中国共产党的选择。在八七会议前后组织

① 中央档案馆编：《中共中央文件选集》第 3 册，中共中央党校出版社 1989 年版，第 290 页。

的南昌起义、秋收起义和广州起义中，共产国际、联共（布）最看重的是广州起义，由四名共产国际和联共（布）代表指导起义，他们是共产国际代表诺伊曼，中共中央军事部苏联顾问谢苗诺夫，苏联驻广州总领事波赫瓦林斯基、副领事哈西斯。广州起义是诺伊曼报请联共（布）最高领导机关，并经过斯大林亲自批准后才举行的①。可见，当时联共（布）、共产国际对于占领广州这个南方最大的城市的重视程度。

1928年6月9日，中共六大在莫斯科召开前夕，斯大林在同周恩来、瞿秋白等中共领导人的谈话中虽然正确地指出：中国革命是“两个革命高潮”的“中间时期”，“广州暴动不是革命高涨之开始，而是革命退后之结束”。但又认为“大城市都在反革命手里”，“假使我们（掌）握住主要城市，此时才可说高涨。”“游击战争能从为土地革命（作）斗争（的）分子中集中军队的力量，其意义在为工人用。假使我们能从农运中吸收几万军队，集中到一个或几个城市，其意义将更重大。无论在何时，农民不会指导工人，不会指导革命，而需要工人阶级指导他。”②可见，斯大林的谈话把占领主要城市作为革命高涨的标志，强调了中心城市在中国革命中的决定性作用。在他看来，在农村中实行土地革命、开展游击战争中建立起来的军队，其意义也在于集中到城市，为工人阶级之用，接受工人阶级的领导，服从占领中心城市的需要。

根据斯大林的谈话精神，中共六大通过的《政治议决案》虽然也认为：“农民斗争，则至今保存的苏维埃政权的根据地（南方各省）及其少数工农革命军，更要成为这一新的高潮的重要成分。”但强调“城市领导作用的重要，和无产阶级群众的高潮，都将要表现他的决

---

① 见中共中央党史研究室第一研究部译：《共产国际、联共（布）与中国革命档案资料丛书》第7卷，第169—171、173页。

② 《周恩来对斯大林同瞿秋白和中共其他领导人会见情况的记录》（1928年6月9日于莫斯科），中共中央党史研究室第一研究部译：《共产国际、联共（布）与中国革命档案资料丛书》第7卷，第477、479—480、482页。

定胜负的力量”。[①]

中共六大以后，中国共产党把主要精力放在城市，尤其是在产业工人比较集中的大城市开展工人运动。由于中心城市是反动统治力量最强的地方，国民党当局以严重的白色恐怖打击党领导下的工人运动，因此，城市工人运动成就与预期目标相差甚远。1929 年 8 月 1 日前夕，共产国际指示中国共产党开展“八一国际红色日”活动，希望在全国范围，“首先应该在像哈尔滨、武汉、奉天、北京[②]、天津、香港和广州这些工业中心区域进行。”然而，令在中国直接指导中共中央的共产国际执行委员会远东局失望的是：“党在这些地方（上海除外）很少做工作，8 月 1 日几乎是在劳苦群众中无声无息的情况下度过的。整个党的工作仅限于散发党的传单。无论中央还是我们都没有得到关于在这些地方（上海除外）要举行集会、群众大会、示威游行或罢工的消息。”远东局认为“出现这种情况，完全是党的过错”。“八一运动的这个主要不足，不能用警察和技术条件来作解释。这里暴露出了那个可悲的情况，即中共在中国还没有牢固的有工作能力的中心。”[③] 那么上海举行了罢工行动，情况怎样呢？7 月 14 日，有 5000 多名工人群众进行了游行示威行动。然而，从 7 月 14 日起，上海国民党当局加紧了防范行动，“上海逐渐变成了军营。警察徒步和骑马巡逻队不断地在城里转来转去。工人区以至一些工厂还有专门的巡逻队。开始进行大逮捕和搜查。”就是在这样严重的白色恐怖下，党组织又于 7 月 26 日在英日领事馆领导 1000 多人进行示威活动。示威活动遭到了当局的残酷镇压，逮捕了 500 多人，其中有 50 名党员。共产国际远东局对参加示威活动的人数少非常不满意，认为“出现了个别的机会主义”，“在铁路员工、自来水

① 中央档案馆编：《中共中央文件选集》第 4 册，中共中央党校出版社 1989 年版，第 313 页。

② 当时称北平。下同。

③《共产国际执行委员会远东局关于中国开展八一国际红色日情况的决议》（1929 年 8 月于上海），中共中央党史研究室第一研究部译：《共产国际、联共（布）与中国革命档案资料丛书》第 8 卷，第 151 页。

工人那里，在兵工厂和电车工人那里表现非常明显，在这些最重要的中心区域，我们的同志以各种借口（会开枪射击，会指责我们搞破坏活动，群众不愿意，等等）拒绝率领群众上街，回避号召群众举行罢工。”上海罢工、示威活动不理想，远东局不认为是严重的白色恐怖的结果，仍然认为重要的原因是“我们党同广大工人群众联系不够，省委和中央未能扩大工厂支部网，未能对工厂里的党员进行教育”。①

1930年的五一国际劳动节，党又领导了各大城市的罢工示威活动，遭到国民党反动当局的残酷镇压，情况比1929年搞的“八一国际红色日”更糟糕。1930年5月18日，共产国际远东局给共产国际执行委员会东方书记处的信中报告：“5月1日前几天，正当反动派策划的反革命行动猖獗一时之际，上海总罢工委员会召开代表会议，几百名代表（约700人）前往租界的一座大楼，但由于出现错误，来到这座大楼的只有一部分代表（约120人），他们当场全部被捕。遗憾的是，被捕者中正好有沪西38家工厂的代表。5月1日前夕上海被捕的积极分子和同情者约400人，而沪西企业中我们的积极分子有四分之三被捕。全国工人联合会的印刷厂被暴露，被捕者在狱中惨遭毒刑拷打。”“我们在5月1日只组织了几个规模不大的示威游行，这些游行队伍立即就被警察驱散了。”其他中心城市的五一行动损失更惨重。远东局在信中说：“武汉代表会议100名代表均遭逮捕，北京80名代表被捕。天津、青岛、哈尔滨等地的情况也大致如此。据全国大致统计，光是各城市五一行动中被捕者约1000人，主要是积极分子。湖北省委书记惨遭杀害，四川省委全体成员均遭逮捕，3人遭处决，新组建的满洲省委也遭逮捕，据说有几名已被处决。福建省委被破坏。”对此，远东局也承认，这些地方的党组织“没有

---

① 《共产国际执行委员会远东局关于中国开展八一国际红色日情况的决议》（1929年8月于上海），中共中央党史研究室第一研究部译：《共产国际、联共（布）与中国革命档案资料丛书》第8卷，第154、155页。

充分估计到敌人的力量，我们可以说是不断地把代表送到警察的手里”。①

城市工人运动屡屡受挫的情况表明，以城市为中心的方针是完全脱离中国革命实际的。

与城市工人运动沉闷情况相反，农村革命根据地和红军却迅速得到发展，其中以毛泽东领导创建的井冈山根据地及其后创建的赣南、闽西根据地为代表。

共产国际注意到毛泽东创建的根据地是在1929年1月。共产国际执行委员会东方书记处远东部在1月19日开会，决定（1）“以中共中央名义派一名有威望的专员同志到朱毛地区去。”（2）“要从总的形势和今后运动发展前景出发，弄清在继续开展朱毛运动是否适宜问题上的方针。”（3）“请革命军事委员会弄清向朱毛提供实际援助的可能性。”②共产国际远东部作出这个决定时，毛泽东与朱德、陈毅等已率领红四军主力下井冈山出击赣南，从现有资料看，未见中共中央将共产国际这个决定付诸行动。但这对毛泽东来说，反而是件好事，减少了干扰，有了在赣南、闽西继续探索农村包围城市的中国式革命道路的空间。

毛泽东等率领红四军出击赣南后，利用国民党新军阀混战的有利时机，经过一年多的艰苦努力，创建了赣南、闽西革命根据地。更重要的是，毛泽东还总结了井冈山斗争以来尤其是进军赣南、闽西以来的经验，于1930年1月在给时任红四军第一纵队司令员林彪的信③中论述了在农村地区开展游击战争，深入进行土地革命，建立和发展红色政权，待条件成熟时再夺取全国政权的思想。这篇文章标志着毛泽

① 《共产国际执行委员会远东局给共产国际执行委员会东方书记处的信》（1930年5月18日于上海），中共中央党史研究室第一研究部译：《共产国际、联共（布）与中国革命档案资料丛书》第9卷，第148、149页。

② 《共产国际执行委员会东方书记处远东部会议第8号记录》（1929年1月29日于莫斯科），中共中央党史研究室第一研究部译：《共产国际、联共（布）与中国革命档案资料丛书》第8卷，第59—60页。

③ 即《毛泽东选集》第一卷中《星星之火，可以燎原》一文。

东农村包围城市、武装夺取政权的中国式革命新道路思想的形成。可以说，毛泽东经过艰难探索，实现了党的八七会议“找着新的道路”号召。

毛泽东领导创建赣南、闽西革命根据地的事实，以及其他革命根据地创建和发展的事实，使原先眼睛一直盯着城市工人运动的共产国际开始关注农村的武装斗争。1930 年 2 月，共产国际执行委员会远东局在给共产国际执行委员会的报告中说：“最近华南和华北游击队取得了辉煌的战绩。”“红军成长为一支人数不下 3 万人的大部队。闽西、赣南、粤北和粤东、湘南、鄂西成了游击队的活动地区。游击队的影响也波及到四川和河南。在游击队的活动区和巩固区都没收土地，建立苏维埃政权。现在中国已有 10 多个苏区（据中央委员会给全会[①]的报告说有 19 个苏区）。”报告还特别指出毛泽东等的“部队中的支部活动最出色”。[②]

4 月 15 日，共产国际执行委员会东方书记处召开处务委员会扩大会议，听取大革命时期曾任驻华军事顾问的马马耶夫作《中国的游击运动》报告。

马马耶夫在报告中虽然认为：“1929 年，不仅在上海，而且在中国所有工业中心城市罢工斗争都加强了。”“经济斗争迅速发展成为政治斗争”，但又认为：“应该指出，与农民运动相比，工人运动的发展速度还是缓慢的。”[③]这句话很能说明东方书记处处务委员会召开这次扩大会议的目的所在。

马马耶夫的报告虽然提到多支红军部队，但重点是讲毛泽东、朱德领导的红四军。主要有以下内容：

---

① 指中共六届二中全会。

② 《共产国际执行委员会远东局给共产国际执行委员会的报告》（1930 年 2 月于上海），中共中央党史研究室第一研究部译：《共产国际、联共（布）与中国革命档案资料丛书》第 9 卷，第 63、67 页。

③ 《马马耶夫在共产国际执行委员会东方书记处处务委员会扩大会议上的报告》（1930 年 4 月 15 日于莫斯科），中共中央党史研究室第一研究部译：《共产国际、联共（布）与中国革命档案资料丛书》第 9 卷，第 105 页。

第一，简要回顾了毛泽东、朱德领导的红四军的历史。报告首先介绍了毛泽东率领秋收起义部队在井冈山坚持斗争的情况和朱德领导南昌起义军余部在粤北地区坚持斗争的情况，认为毛泽东部和朱德部在宁冈地区的会师“构成了第四军的基本核心”。“稍后所谓的湘南农军也参加进来”。报告肯定了红四军的战法，认为第四军在战斗中经受了锻炼，“一些战斗有时打得十分英勇”。他最推崇毛泽东、朱德率领红四军出击赣南后在瑞金大柏地进行的战斗，认为是“第四军战斗生活中光辉的一页”。马马耶夫肯定了毛泽东等率领红四军在赣南、闽西的行动，说：“在1929年间第四军多次在江西、福建两省来回运动。”“现在该军的影响已遍及赣南、湘东、赣西南和粤东。”①

第二，肯定了红四军的组织形式。中共中央曾在1929年2月指示红四军编成小部队分散行动。毛泽东没有机械地执行中央指示，坚持利用当时有利形势集中行动，不仅开辟了赣南、闽西根据地，而且也使红四军得到发展壮大。莫斯科出版的《中国问题》杂志于1930年第2期刊登了维什尼亚科娃的文章《1929年的农民运动》，其中提到中国党在农村“组建了一些小的部队、大的部队、中的部队”。马马耶夫在报告中说：“现在毛泽东和朱德放弃了这种组织形式，他们做得很对。他们把部队改编为正规军，基本上采取了过去国民革命军的编制。这些编制是适合战区的条件的。”②很明显，马马耶夫认为红四军的组织形式适合中国工农红军正规化的方向，适合新的作战形式，值得向其他红军推广。

---

①《马马耶夫在共产国际执行委员会东方书记处处务委员会扩大会议上的报告》，（1930年4月15日于莫斯科），中共中央党史研究室第一研究部译：《共产国际、联共（布）与中国革命档案资料丛书》第9卷，第107、109页。

②《马马耶夫在共产国际执行委员会东方书记处处务委员会扩大会议上的报告》，（1930年4月15日于莫斯科），中共中央党史研究室第一研究部译：《共产国际、联共（布）与中国革命档案资料丛书》第9卷，第111页。

第三，肯定了毛泽东创建井冈山根据地的经验。报告认为，“井冈山根据地是最强大的根据地之一”[①]。毛泽东通过建立根据地得到了粮食、款子，建立了红军的战地医院，建立了赤卫队，作战时得到根据地人民群众的支持。部队减员时，从根据地得到兵员补充。由此，报告认为，组建正规红军是游击运动的“骨干和胜利的保证，那么应该给这支正规军一个根据地”。“朱德和毛泽东的那个军在这样的根据地里可以进行训练，真正成为一支正规军，在根据地里壮大起来，向不同方向夺取新的地域。”[②]

第四，介绍了红四军内党组织和政治工作机关的若干情况。报告中说：“领导朱德和毛泽东身边的部队的是总前委，毛泽东是这个委员会的主席。这个总前委由中共中央军事部任命。政工机关和党的机关是如何组建的，我不太清楚。他们的军部有政治部，但是团里有没有政治部，我不知道。”“在毛泽东的军里有政治委员，但其他部队有无政治委员我不清楚。”马马耶夫主张在中国红军中实行苏军模式的政治委员制度，提出“我们应该告诉党，政治委员是一把指向指挥员太阳穴的手枪。政治委员是党和革命政权的代表。应该特别有力地向党强调指出对政治委员作用的这种理解。”[③]

在听取了马马耶夫的报告后，共产国际东方书记处处务扩大会议决定，成立由马马耶夫、瞿秋白、萨法罗夫、黄平、郭绍棠等人组成的委员会，“制定党对游击运动、红军工作和苏区工作的指示。”并要

---

① 《马马耶夫在共产国际执行委员会东方书记处处务委员会扩大会议上的报告》（1930 年 4 月 15 日于莫斯科），中共中央党史研究室第一研究部译：《共产国际、联共（布）与中国革命档案资料丛书》第 9 卷，第 113 页。

② 《马马耶夫在共产国际执行委员会东方书记处处务委员会扩大会议上的报告》（1930 年 4 月 15 日于莫斯科），中共中央党史研究室第一研究部译：《共产国际、联共（布）与中国革命档案资料丛书》第 9 卷，第 119—120 页。

③ 《马马耶夫在共产国际执行委员会东方书记处处务委员会扩大会议上的报告》（1930 年 4 月 15 日于莫斯科），中共中央党史研究室第一研究部译：《共产国际、联共（布）与中国革命档案资料丛书》第 9 卷，第 115、116 页。

求“委员会应在5日内提出决议草案”。[①]

笔者目前尚未查到由马马耶夫、瞿秋白等5人组成的委员会提出的决议草案，但从查到的资料看，从当年6月中旬起，共产国际东方书记处给中共中央的指示开始强调苏区和红军的建设问题。6月16日，共产国际东方书记处给中共中央的电报稿指示：“现在必须最大限度地集中并保证党对红军的领导。红军中在保持坚强的工人骨干的同时，农民应占多数。党在苏区应普遍实行平分土地，尽可能在分地上不损害中农的利益。”[②]6月19日，共产国际东方书记处给中共中央的电报进一步指示：“根据军事政治形势的发展，必须将注意力和力量集中在夺取这样一个据点上。因此，请在苏区成立有权威的中央局，采取一切措施尽可能加强红军。”[③]7月10日，共产国际执行委员会在中共中央的电报中，重申了东方书记处关于在中国苏区建立中央局的决定[④]。7月29日，共产国际执行委员会就红军建设和游击运动问题给中共中央发出指示信。信中除了对红军中党的建设、红军和苏维埃问题作出指示，特别强调要建立根据地。指示信指出：要“牢牢占领并保持具有巩固和进一步扩大苏维埃政权的足够经济前提的根据地”。“越是迅速地有这样的根据地，越是迅速地把武装斗争从各种独特的游击战形式转变为正规军作战形式，我们就越能迅速地保证从组织上掌握农民革命运动，就能迅速地保证无产阶级对农民的领导，从而保证革命的胜利。”[⑤]

① 《共产国际执行委员会东方书记处处务委员会扩大会议第14号记录（摘录）》（1930年4月15日于莫斯科），中共中央党史研究室第一研究部译：《共产国际、联共（布）与中国革命档案资料丛书》第9卷，第98页。

② 《共产国际执行委员会书记处给中共中央的电报稿》（1930年6月于莫斯科），中共中央党史研究室第一研究部译：《共产国际、联共（布）与中国革命档案资料丛书》第9卷，第173页。

③ 《共产国际执行委员会东方书记处给中共中央的电报》（1930年6月19日于莫斯科），中共中央党史研究室第一研究部译：《共产国际、联共（布）与中国革命档案资料丛书》第9卷，第175页。

④ 见《共产国际执行委员会给中共中央的电报》（1930年7月10日于莫斯科），中共中央党史研究室第一研究部译：《共产国际、联共（布）与中国革命档案资料丛书》第9卷，第216页。

⑤ 《共产国际执行委员会就红军建设和游击运动问题给中共中央的指示信》（1930年7月29日于莫斯科），中共中央党史研究室第一研究部译：《共产国际、联共（布）与中国革命档案资料丛书》第9卷，第241—242页。

8月8日，共产国际执行委员会致电中共中央政治局，更明确地指示："建立一支坚强的、组织严密的、政治上坚定的、有充分供应保障的红军，是中共工作中目前的中心环节。"为此，"必须选择和开辟能保证组建和加强这种军队的根据地。"共产国际执行委员会还认为："目前显然赣南、闽南、粤东北地区首先能够成为这样的根据地。"[①]

## 二、中央苏区第一至三次反"围剿"斗争期间共产国际对毛泽东在中央苏区领导地位的支持

共产国际关于建设红军和根据地的一系列指示到达中国时，正是李立三"左"倾冒险错误发展到顶点，因而没有得到重视和执行。1930年8月中下旬，奉共产国际之命先后回国的周恩来、瞿秋白相继到达上海。9月下旬，在瞿秋白、周恩来的主持下，召开了中共六届三中全会，传达共产国际的指示，结束了李立三的"左"倾冒险错误。共产国际远东局和六届三中全会后的中共中央经过商定，决定在毛泽东、朱德领导的红军活动区域建立中共苏区中央局，"由项英、少先队员[②]、毛泽东、工会和青年代表组成"[③]。

1930年10月24日，中共中央政治局根据共产国际"关于苏维埃区域工作的指示和决议"，通过《关于苏维埃区域目前工作计划》，提出"我们现在确定湘鄂赣联接到赣西南为一大区域，要巩

① 《共产国际执行委员会给中共中央政治局的电报》（1930年8月8日于莫斯科），中共中央党史研究室第一研究部译：《共产国际、联共（布）与中国革命档案资料丛书》第9卷，第278页。

② 指关向应。后来关向应没有派往中央苏区，被派到贺龙领导的湘鄂西革命根据地。

③ 《共产国际执行委员会远东局给共产国际执行委员会的信》（1930年10月20日于上海），中共中央党史研究室第一研究部译：《共产国际、联共（布）与中国革命档案资料丛书》第9卷，第396页。

固和发展它成为苏区的中央根据地。"[①]这说明，将毛泽东、朱德领导的红军活动的主要区域设定为各苏区的中央根据地是根据共产国际的指示。

就在中共中央设定中央苏区之时，历时近半年的国民党新军阀蒋介石、阎锡山、冯玉祥中原大战结束。获胜后的蒋介石立即部署10万余兵力，对毛泽东等领导的中央苏区发动第一次大规模的军事"围剿"。国民党重兵来势汹汹，时任共产国际远东局书记的米夫对毛泽东领导的中央苏区能否打破国民党军的"围剿"缺乏信心。他在给共产国际执行委员会的信中认为国民党军队"拥有强大的武装力量、良好的（就中国的条件而言）技术装备、集中的指挥等等"优势条件，指责"由于在苏区采取了一系列愚蠢的作法，我们的处境恶化了"，提出了"不排除这样的可能，即在敌人优势兵力的压力下，我们将暂时撤离这个地区"的问题。为此，他要共产国际考虑："我们撤退到什么地方为好，在这种情况下，选择什么样的地区作为新的根据地，并继续解决组建红军的问题。"他的意见是："老的地区位于三省交界处，朱德和毛泽东已在那里坚持了两年多，这个地区未必合适。""以前朱德和毛泽东率领一支不大的队伍能够在这个山区作战，而现在，当谈到要形成一个有力的红军拳头的时候，该地区以前的优势就会成为完成这项任务的障碍。另一方面，远离发达的群众运动的地区也是不合适的。"然而，哪里适合建立新根据地，对中国情况两眼一抹黑的米夫也没拿出个意见。因此，米夫在给共产国际的信中又无奈地说："所以只好保卫这个开阔地区。至少，我们要尽一切努力不撤离这个地区。我们要集中党的一切力量去完成这项任务。"[②]话语中透出一种听天由命的

① 中央档案馆编：《中共中央文件选集》第6册，中共中央党校出版社1989年版，第428、429页。

② 《米夫给共产国际执行委员会的信（摘录）》（1930年12月2日于上海），中共中央党史研究室第一研究部译：《共产国际、联共（布）与中国革命档案资料丛书》第9卷，第501、502页。

感觉。

米夫的悲观态度影响到共产国际，1931年1月7日，马马耶夫给负责指导中国军事的苏联红军总参谋部第四局局长别尔津写信，建议“给中央发去指示，让他们采取一切措施使红军不至受到白军的打击和被歼灭。”[①]1月11日，共产国际执行委员会政治书记处政治委员会给远东局和中共中央的电报稿中指示：“考虑到因蒋介石讨伐行动而出现的军事形势的严重性”，“宜将各军（特别是第1、2军和第3军）[②]的主要核心撤到较为安全的地区，从中组织有坚固根据地的正规军骨干力量，无论如何将其保护好，使其不至于在敌集中优势兵力围剿时所进行的冒险行动中遭到被歼灭的危险。关于根据地问题，同意必须进行顽强的斗争，把赣南基本的最主要的根据地保持在我们手里。但考虑到军队的主要核心力量在敌人压迫下有被迫撤退的可能性，我们认为，现在就采取措施在湘西南和黔桂交界地区筹建辅助区是适宜的。同时务必更加重视在鄂湘川交界地区建立第二个主要根据地。”[③]

共产国际的指示电在1月18日以后才发出，这时红一方面军在毛泽东、朱德的指挥下，已经取得了第一次反“围剿”胜利。2月10日，共产国际远东局军事组负责人盖利斯向别尔津兴奋地报告：“朱德、毛泽东、彭德怀几乎收复了自己原有的阵地。”“粉碎了对我们的第一次大规模进攻，这是无可争辩的事实。蒋介石关于消灭苏维埃运动的种种期限都已成为泡影。”反“第一次围剿的结果，我们的部队大大增强了”。“上海的情绪也高涨了。……第1、3军团大大改善了自己的物质状况。”“毛[泽东]把7000士兵和大约200

① 《马马耶夫给别尔津的书面报告》（1931年1月7日于莫斯科），中共中央党史研究室第一研究部译：《共产国际、联共（布）与中国革命档案资料丛书》第10卷，第22页。

② 这里说的军当时为军团。

③ 《共产国际执行委员会政治书记处政治委员会给共产国际执行委员会远东局和中共中央的电报稿》（1931年1月11日），中共中央党史研究室第一研究部译：《共产国际、联共（布）与中国革命档案资料丛书》第10卷，第23—24页。

名下级军官放了……工兵和全部技术兵都留下使用。”[①] 毛泽东等领导中央苏区第一次反“围剿”取得出人意料的胜利，不能不使共产国际以及驻华的远东局刮目相看。

中央苏区第一次反“围剿”胜利后，共产国际远东局和中共中央加紧了召开中华苏维埃第一次全国代表大会和成立临时中央政府的筹备工作。在酝酿临时中央政府成员时，中共中央政治局决定：“苏区局的全体成员都列入政府成员”，“向[忠发]、张国焘、陈郁、陆宗泽（音）[②]、明大英（音）[③] 等以个人身份参加。”张国焘建议“任命共产国际代表为政府主席或首脑”，没有得到共产国际远东局的同意。远东局成员雷利斯基表示：“外国同志在党内是共产国际执委会的代表，在广大群众面前是外国同志，无论如何不是来帮助中国工人和农民进行斗争的俄国人。”[④]

中央苏区第三次反“围剿”胜利后，10 月 27 日，共产国际执行委员会政治书记处政治委员会会议听取了关于召开中华苏维埃第一次代表大会问题的报告。11 月 3 日，共产国际执行委员会书记处政治委员会会议“批准中共[中央]政治局关于任命毛泽东同志为苏区[中央局]的书记”[⑤]。11 月 7 日至 20 日中华苏维埃第一次全国代表大会在瑞金举行，宣告成立中华苏维埃共和国临时中央政府。11 月 27 日，中央执行委员会第一次会议选举毛泽东为中央执行委员会主席、人民委员会主席。笔者虽然没有找到共产国际批准任命中华苏维埃临时中央政府成员的文件，但从共产国际执行委员会政治

① 《盖利斯给别尔津的信》（1931 年 2 月 10 日于上海），中共中央党史研究室第一研究部译：《共产国际、联共（布）与中国革命档案资料丛书》第 10 卷，第 56、57、58 页。

② 原文如此，何人不详。

③ 根据音，可能指恽代英。

④ 《雷利斯基同向忠发、周恩来谈话记录》（1931 年 2 月 19 日于上海），中共中央党史研究室第一研究部译：《共产国际、联共（布）与中国革命档案资料丛书》第 10 卷，第 88—89 页。

⑤ 《共产国际执行委员会政治书记处政治委员会会议第 192（Б）号记录》（1931 年 11 月 3 日于莫斯科），中共中央党史研究室第一研究部译：《共产国际、联共（布）与中国革命档案资料丛书》第 13 卷，中共党史出版社 2007 年版，第 65 页。

书记处政治委员会10月27日、11月3日两会议及其决定推断，毛泽东任中华苏维埃临时中央政府主席共产国际肯定是知道并且同意的。

上述分析论述表明，从中央苏区第一次反“围剿”到第三次反“围剿”期间，毛泽东坚持正确的作战方针，领导反“围剿”斗争取得胜利，得到了共产国际的肯定。因此，共产国际支持毛泽东在中央苏区的领导地位。毛泽东任中共苏区中央局代理书记、中华苏维埃共和国临时中央政府主席便是证明。

## 三、毛泽东与“左”倾教条主义错误方针执行者发生意见分歧时，共产国际不同意他们对毛泽东采取激烈斗争的方式，坚持要用同志式的态度对待毛泽东

中央苏区第三次反“围剿”胜利后，赣南、闽西两块根据地连成一片，并扩大到20余县，红一方面军发展到6万余人。中央苏区和红军虽然有了较快的发展，武器装备也有所改善，但同国民党军比起来，无论从人数上还是从武器弹药上仍然有很大的差距，不具备条件攻打敌人重兵防守、工事坚固的中心城市。

然而，共产国际却对中央苏区第三次反“围剿”胜利后的形势作了过高的估计。米夫在给斯大林的信中认为，“我们曾建议中国红军在开始时期不要占领大城市”，“现在形势有所不同”，“击退敌人精心准备的第三次进攻（这意味着粉碎了南京对中国苏区所能投入的主要力量）后，我们不能就此停留，而应该从防御转入进攻，乘胜追击，以便巩固我们的胜利，这就要求占领一些中心城市（现在可能谈得上的是吉安、南昌，而在将来则是汉口和长沙）。”“把零散的苏区联结起来，把分散作战的红军军团集结起来，以及成立中央苏维埃政府和广泛开展它的活动，也要求我们占领中心城市。”“红军现在占

领一两个中心城市，将会促进全中国土地革命和反帝革命的进一步开展。”他建议通过以下决议：“（1）中国共产党人不应把过去关于中国红军不宜过早夺取大城市的方针看作是教条。这个问题应该根据一般政治形势和具体的军事战略形势来加以解决，中国共产党应仔细考虑形势的一切变化。（2）同时，国民党对苏区第三次进攻的被粉碎，把一些苏区和红军部队连结起来的必要性，以及苏维埃运动进一步发展的要求，目前已把夺取中心城市的任务提上了日程，只要有可能保住它们，至少能保住比较长的时间，那么夺取中心城市就是适宜的。”①

笔者没有发现斯大林对米夫的建议回复的文件，但中共中央的文件可以说明米夫的建议是被联共（布）、共产国际的高层所接受了。1932 年 1 月 9 日，中共中央通过的《关于争取革命在一省与数省首先胜利的决议》中提出：“过去正确的不占取大城市的策略，现在是不同了；扩大苏区，将零星的苏区联系成整个的苏区，利用目前顺利的政治与军事的条件，占取一二个重要的中心城市，以开始革命在一省数省的首先胜利是放到党的全部工作与苏维埃运动的议事日程上面了。”② 这个文件同米夫给斯大林的信中所表达的精神是一致的，甚至有些词句完全一样。

1931 年 1 月的中共六届四中全会开始了王明“左”倾教条主义错误在中央的统治。同年 4 月，随着六届四中全会后派出的中央代表团的到来，“左”倾教条主义开始在中央苏区推行。在第三次反“围剿”胜利后，“左”倾教条主义错误开始在中央苏区进一步推行。11 月上旬在瑞金召开的苏区党的第一次代表大会（即赣南会议），对毛泽东等中央革命根据地领导人在实践中形成的一整套正确的路线和方针进行了批评和指责。同年底，中共苏区中央局召开会议，讨论中央苏区

① 《米夫给斯大林的信》（1931 年 11 月 20 日于莫斯科），中共中央党史研究室第一研究部译：《共产国际、联共（布）与中国革命档案资料丛书》第 13 卷，第 79、80、81 页。

② 中央档案馆编：《中共中央文件选集》第 8 册，中共中央党校出版社 1991 年版，第 42 页。

扩大方向和红军作战行动时，毛泽东提出“沿福建、广东、江西和湖南边界上的三山建立苏区的计划”。苏区中央局的一个成员反对这一计划，指责“在目前的政治形势下，这是规避占领大城市”。他提出：“我们应该在赣江两边之间建立联系并在它的上游占领最重要的城市。”认为：“目前的形势对我们有利。我们应该同过分害怕攻占大城市的右倾机会主义作斗争。”[①] 这个意见得到了苏区中央局的其他成员的赞同，决定打赣州。

1932 年 1 月 7 日，周恩来到达瑞金，就任苏区中央局书记。他到中央苏区后，毛泽东向他建议红军向苏区东北方向发展，反对攻打赣州。周恩来到中央苏区前，曾主张攻打赣州，同毛泽东交换了意见后，致电上海的中共临时中央，明确表示：进攻中心城市有困难。中共临时中央复电：至少要在抚州、吉安、赣州中选一个城市打[②]。在这种情况下，毛泽东的意见遭到苏区中央局的否定，红军开始准备攻打赣州。事实很快证明毛泽东反对攻打赣州的意见是正确的，红军攻打赣州 33 天，不仅没有攻下，还伤亡 3000 多人。

赣州撤围后，苏区中央局在江口开会，毛泽东批评攻打赣州城的行动是“李立三路线的继续”。主张应在“东北方向扩大苏区”，再次建议“在福建、江西、浙江和安徽的边界地区建立大片苏区”。毛泽东认为：“今年年内不可能占领大城市，必须向其他的农村推进。”毛泽东的主张和关于苏区发展方向的建议被批评为“百分之百的右倾机会主义”政治路线，“低估了目前的形势，完全背离了共产国际和 [中共] 中央的指示。”[③]

---

① 《周恩来、王稼祥、任弼时和朱德给中共中央的电报》（1932 年 5 月 3 日于瑞金），中共中央党史研究室第一研究部译：《共产国际、联共（布）与中国革命档案资料丛书》第 13 卷，第 146 页。

② 见中共中央文献研究室编：《周恩来传（1898—1949）》（修订本）上，中央文献出版社 1998 年版，第 304 页。

③ 《周恩来、王稼祥、任弼时和朱德给中共中央的电报》（1932 年 5 月 3 日于瑞金），中共中央党史研究室第一研究部译：《共产国际、联共（布）与中国革命档案资料丛书》第 13 卷，第 147 页。

很明显，中共苏区中央局贯彻共产国际和中共中央的指示，把攻打大城市以扩大苏区、争取一省数省首先胜利作为红军的主要任务。毛泽东则根据实际情况，主张在敌人力量薄弱的福建、江西、浙江、安徽等省的边界地区的农村建立大片苏区，反对攻打大城市。两者之间存在严重的分歧。

江口会议决定红军主力“夹赣江而下”，以红一、五军团组成中路军，红三军团、十六军等组成西路军，毛泽东率领中路军行动。当时，福建国民党军事力量薄弱，毛泽东主张向闽西发展，得到红一军团领导人的赞同。3 月 27 日至 28 日，苏区中央局会议同意将红军中路军改东路军，由毛泽东率领攻打闽西龙岩，并向东南方向进军。但苏区中央局同意红军东路军的行动是“解决资金问题”，“在漳州募集资金后”，再“回过头来进攻广东来犯福建和江西之敌”。①

4 月 11 日，中共临时中央常委会听取中共苏区中央局委员项英关于赣南会议前后的情况汇报时，就认为赣南会议批评毛泽东的“狭隘经验论”是远远不够的，必须上升到反对“机会主义”路线的高度②。4 月 14 日，中共临时中央发出《中央为反对帝国主义进攻苏联瓜分中国给各苏区党部的信》，认为“右倾机会主义的危险是各苏区党目前的主要危险”，要求对“右倾作最坚决无情的争斗”。③

根据中共临时中央的指示，在 4 月下旬召开的中共苏区中央局会议认为，“毛泽东的错误是机会主义的”，“决定同毛泽东的错误进行斗争，并在党的机关报上进行批评”。由于毛泽东在漳州前线，没有参加会议，苏区中央局决定“当毛泽东回来时，将召开［中共苏区］

① 《周恩来、王稼祥、任弼时和朱德给中共中央的电报》（1932 年 5 月 3 日于瑞金），中共中央党史研究室第一研究部译：《共产国际、联共（布）与中国革命档案资料丛书》第 13 卷，第 147 页。

② 见中共中央文献研究室编：《毛泽东传（1893—1949）》（上），中央文献出版社 1996 年版，第 290 页。

③ 中央档案馆编：《中共中央文件选集》第 8 册，第 201 页。

中央局会议”。[①]

中共苏区中央局将同毛泽东存在严重分歧的情况报告中共临时中央后，中共临时中央又转报共产国际。5月15日，共产国际执行委员会政治书记处委员会会议讨论了毛泽东同中共苏区中央局的分歧问题，并向中共临时中央作出有关指示。5月27日，中共临时中央致电共产国际执行委员会政治书记处委员会，表示：“对毛泽东的态度，我们完全同意你们的指示，你们的意见将转告给[中共苏区]中央局。”[②]那么，共产国际关于毛泽东与中共苏区中央局分歧的指示的具体内容是什么呢？在俄罗斯方面公布的档案中没有这份文件，但笔者认为，从中共临时中央1932年10月7日给中共苏区中央局的电报中可以看到其基本内容。这份电报中说：“至于同毛泽东同志的分歧，我们再重复一遍：请尝试用同志式的态度争取他赞成积极斗争的路线。”“不进行反对毛泽东的公开讨论。”[③]同4月14日指示信和5月20日《中央给苏区中央局的指示电》都要求反对“右倾机会主义”相比，中共临时中央这个电报要求中共苏区中央局对待毛泽东的态度发生很大变化，答案就是共产国际要求中共中央和苏区中央局以同志式的态度对待毛泽东。由此可以看出，共产国际指示的主要内容为：1. 肯定了中共临时中央的“积极斗争的路线”，但没有把毛泽东的主张定性为“右倾机会主义”；2. 要求对毛泽东要采取同志式的态度，反对在党报上进行公开批评。

6月初，毛泽东从前线返回。中共苏区中央局召开会议，传阅了共产国际指示信。会议“一致同意中央的指示，坚决揭露了以前的错误，进行了深刻的自我批评，确定了当前政治工作的积极进攻方针和

---

① 《周恩来、王稼祥、任弼时和朱德给中共中央的电报》（1932年5月3日于瑞金），中共中央党史研究室第一研究部译：《共产国际、联共（布）与中国革命档案资料丛书》第13卷，第147—148页。

② 《中共中央给共产国际执行委员会政治书记处委员会的电报》（1932年5月27日于上海），中共中央党史研究室第一研究部译：《共产国际、联共（布）与中国革命档案资料丛书》第13卷，第156—157页。

③ 《中共中央给中共苏区中央局的电报》（1932年10月7日于上海），中共中央党史研究室第一研究部译：《共产国际、联共（布）与中国革命档案资料丛书》第13卷，第213、214页。

在江西省取得首先胜利的行动方针”。毛泽东“深刻承认了自己以前的错误，完全放弃了自己向东北扩张的意见”。会后，中共苏区中央局给临时中央报告情况的电报中说：“所有问题都迎刃而解了”，“我们的讨论是在同志式的气氛中进行的，只限于中央局委员之间。这并不妨碍毛泽东的领导工作。目前我们正齐心协力地执行中央的指示，不会再有任何冲突。”①

由此可以看出，共产国际指示的效果还是明显的。中共苏区中央局原定等毛泽东从前线回来后召开会议，准备对他的“机会主义”展开无情斗争，由于有了共产国际的指示，会议变成了“在同志式的气氛中进行”，毛泽东还能继续进行“领导工作”。当然，由于共产国际肯定了中共临时中央的“积极进攻”方针，毛泽东也放弃了向苏区东北方向发展的意见。这次会议后，毛泽东同苏区中央局关于苏区发展方向和红军作战行动的分歧和争论暂时平息。中共苏区中央局派毛泽东“去前线策划军事行动”，他本人“也希望去前线”。这时，毛泽东身体不好，“失眠，胃口也不好。但他和部队一起活动，在主持作战行动时精力充沛，富有才华。”②6 月 10 日周恩来给中共中央的电报反映了会后毛泽东的精神状态。

1932 年 8 月中旬到下旬，红一方面军在周恩来、毛泽东、朱德、王稼祥指挥下取得了乐安、宜黄战役的胜利。乐安、宜黄战役后，在如何应敌的战略指导上，苏区中央局在前方与后方的负责人之间发生了严重分歧。前方负责人周恩来、毛泽东、朱德、王稼祥从战场实际出发，没有按照苏区中央局原定计划西取吉安或北攻抚州，而是挥师东进，以求打开赣东局面。但苏区中央局在后方的负责人不同意前方

---

① 《中共苏区中央局给中共中央的电报》（1932 年 6 月 9 日于瑞金），中共中央党史研究室第一研究部译：《共产国际、联共（布）与中国革命档案资料丛书》第 13 卷，第 164 页。

② 《周恩来给中共中央的电报》（1932 年 6 月 10 日于瑞金），中共中央党史研究室第一研究部译：《共产国际、联共（布）与中国革命档案资料丛书》第 13 卷，第 166 页。

负责人的意见，一再催促红一方面军继续向北出击，威胁南昌，认为只有这样才能减轻国民党军队对鄂豫皖、湘鄂西、湘鄂赣苏区的压力。9 月 23 日、25 日，前方负责人先后两次致电苏区中央局后方负责人陈述己见。9 月 26 日，朱德和毛泽东以红一方面军总司令、总政委名义发出红一方面军向北工作一个时期的训令：在目前敌军坚守据点、向中央苏区游击进扰与迅速布置大举进攻的情况下，“决心在宜（黄）、乐（安）、南丰之间以战备姿势布置目前战场。”[①] 苏区中央局对这个训令十分恼火，于 9 月 29 日复电前方负责人，指责这个训令“完全是离开了原则，极危险的布置”，决定“暂时停止行动，立即在前方开中局全体会议”。[②]

中共苏区中央局后方负责人认为，前后方出现意见分歧主要是毛泽东的原因，在 9 月 30 日给中共临时中央的电报中说：“毛泽东同志对扩大中央苏区、占领中心城市和争取 [ 革命 ] 在一省或数省首先胜利的斗争表现动摇。他的扩大苏区到……东部山区的机会主义路线仍在继续，他常常试图加以实施，忽视党的领导”。认为：“虽然莫斯克文同志[③] 在那里，但他实际上很难贯彻 [ 苏区中央 ] 局的意见，从根本上改变他们的活动。”表示：“为了军事领导人观点的一致，我们坚决而公开地批评毛 [ 泽东 ] 同志的错误，并想把他召回到后方 [ 中央 ] 苏维埃政府中工作。”[④] 中共苏区中央局又回到了 4 月份对待毛泽东的态度。

10 月 3 日至 8 日，中共苏区中央局全体会议在宁都小源召开。《苏区中央局宁都会议经过简报》称：这次会议“开展了中央局从未有过的反倾向斗争”。“批评了泽东同志过去向赣东发展路线与不尊重党领导机关与组织观念的错误，批评到前方同志对革命胜利估计不足，特

① 转引自中共中央文献研究室编：《毛泽东传（1893—1949）》（上），第 296 页。

② 转引自中共中央文献研究室编：《毛泽东传（1893—1949）》（上），第 296 页。

③ 指周恩来。

④ 《中共苏区中央局给中共中央的电报》（1932 年 9 月 30 日于瑞金），中共中央党史研究室第一研究部译：《共产国际、联共（布）与中国革命档案资料丛书》第 13 卷，第 210 页。

别指示［出］泽东同志等待观念的错误”，强调“要及时和无情的打击一切对革命胜利估计不足，对敌人大举进攻的恐慌动摇失却胜利信心、专去等待敌人进攻的右倾主要危险”。[①]宁都会议是对毛泽东算总账的会议，把憋了半年的对毛泽东的恼怒全都发了出来。苏区中央局原定将毛泽东召到后方，但周恩来不同意，朱德、王稼祥也不同意。会议最后通过了周恩来提议毛泽东“仍留前方助理”的意见，但又同时批准毛泽东“暂时请病假，必要时到前方”[②]。这就实际上解除了毛泽东在红军中的职务。

在宁都会议举行期间，临时中央常委会于10月6日讨论苏区中央局9月30来电报告的问题。第二天，临时中央致电苏区中央局，在肯定了“积极进攻路线”后，重申“请尝试用同志式的态度争取他赞成积极斗争的路线”，“不进行反对毛泽东的公开讨论”。[③]表示“现在我们反对将他从军队中召回，如果他服从党的纪律的话。目前采取这一步骤，会给红军和政府造成严重的后果。要保证领导的一致。这是斗争成功的前提”。要求苏区中央局“速发给我们补充信息，不要等到［一切］事实既成之后”。[④]

10月8日，共产国际远东局书记埃韦特向共产国际执行委员会书记皮亚特尼茨基报告了中央苏区领导层的分歧情况。他的意见是：“毛泽东的总方针是错误的”，“江西领导采取进攻策略的政治方针是正确的。必须保证对这一方针的普遍承认。必须说服毛泽东相信这一方针的正确性，并尽可能采取和善的方式。”他批评苏区中央局“在［事先］未做准备和未告知我们的情况下，做出了撤销职务

① 中央档案馆编：《中共中央文件选集》第8册，第530页。

② 中央档案馆编：《中共中央文件选集》第8册，第530页。

③ 中央档案馆编的《中共中央文件选集》第8册中第543页为“公开讨论泽东的观点”，但对照1932年10月8日共产国际远东局书记埃韦特给皮亚特尼茨基的报告中有“这里的中央主张进攻策略，但反对撤销和公开批评［毛泽东］（［1932年］10月7日交换的电报你们已经收到）”之语，“公开讨论泽东的观点”不是临时中央的原意。

④《中共中央给中共苏区中央局的电报》（1932年10月7日于上海），中共中央党史研究室第一研究部译：《共产国际、联共（布）与中国革命档案资料丛书》第13卷，第213—214页。

和公开批评的决定”。认为：“不用说，对问题的这种态度在目前会向敌人暴露我们的弱点，不用尽所有其他可能解决问题的办法，不认真做准备［更不用说得到您的同意］，是不能作出这种决定的。毛泽东迄今还是有声望的领袖，因此为实行正确路线而与他进行斗争时必须谨慎行事。所以我们反对决定的这一部分。要求消除领导机关中的意见分歧，反对目前撤销毛泽东的职务。我们要使他改变观点。”①

中共临时中央和共产国际在对待毛泽东的态度上是一致的，说明他们就此事进行过沟通。临时中央的指示电发给苏区中央局时，宁都会议已经结束。可以说，宁都会议解除毛泽东在红一方面军的领导职务，将他召到后方，是在没有得到共产国际远东局和临时中央指示的情况下，造成的一个既成事实，不符合组织程序，是严重错误的。

10 月 16 日，临时中央在同共产国际远东局书记埃韦特协商后，致电共产国际执行委员会，请示：“为了帮助中央苏区贯彻［中共］中央的方针，并消除那里的冲突，应派一名政治局委员去那里一段时间督查他们的工作。”②10 月 27 日，共产国际执行委员会政治书记处政治委员会给临时中央复电，要求“请详细告知中央苏区的意见分歧”，并说：“我们一无所知，因此不可能对派政治局委员去那里的事表示意见。”③11 月 2 日，王明给联共（布）驻共产国际执行委员会代表团写信，简要报告了毛泽东与苏区中央局关于进一步扩大苏区方向的意见分歧。王明将毛泽东的主张和苏区中央局的主张分别概括为“防御性策略”和“积极的进攻策略”，说：“对此

① 《埃韦特给皮亚特尼茨基的报告》（1932 年 10 月 8 日于上海），中共中央党史研究室第一研究部译：《共产国际、联共（布）与中国革命档案资料丛书》第 13 卷，第 217—218 页。

② 《中共中央给共产国际执行委员会的电报》（1932 年 10 月 16 日于上海），中共中央党史研究室第一研究部译：《共产国际、联共（布）与中国革命档案资料丛书》第 13 卷，第 222 页。

③ 《共产国际执行委员会政治书记处政治委员会给中共中央的电报》（1932 年 10 月 27 日于莫斯科），中共中央党史研究室第一研究部译：《共产国际、联共（布）与中国革命档案资料丛书》第 13 卷，第 223 页。

问题，中共需要并期待你们的指示。”[①]11 月 11 日，临时中央向共产国际执行委员会报告了宁都会议的结果，称会议“同意中共中央的指示。莫斯克文负责前线的一切军事问题，毛泽东因病已回到了后方”。[②]笔者认为，这里说毛泽东因病回到后方是苏区中央局和临时中央怕因解除毛泽东的军事指挥权而受到共产国际的批评找的搪塞理由。

1933 年 2 月 19 日，共产国际执行委员会政治书记处政治委员会讨论 C. 茨维伊奇和王明关于中国形势的报告后，责成东方书记处起草给中共中央的指示。2 月 21 日，政治委员会基本通过了指示草案，经皮亚特尼茨基批准，交共产国际执行委员会政治书记处成员。这封指示电于 3 月中旬末到下旬初发给中共中央，表示“总体上同意 [ 中共 ] 中央 [19]32 年 10 月 16 日转发给中央苏区的指示”[③]，但又指出：“对于中央苏区来说特别重要的是要保持红军的机动性，不要以巨大损失的代价把红军束缚在领土上。”“应避免与敌大量兵力发生不利遭遇，要采取诱敌深入、各个击破、涣散敌人军心和使敌人疲惫的战术，还要最大限度地运用游击斗争方法。我们的主要任务是：保护和巩固我军的有生力量”。“对于大城市，在有足够兵力和可能性的情况下要采取包围战术，以瓦解敌人并将其赶出苏区，但不能以我们有生力量的巨大损失为代价。”强调：“对于毛泽东，必须采取最大限度的克制态度和施加同志式的影响，为他提供充分的机会在中央或中央局领导下担任当负责工作。”[④]这个指示电表明：1. 肯定了毛泽东过去

① 《王明给联共（布）驻共产国际执行委员会代表团的信》(1932 年 11 月 2 日于莫斯科)，中共中央党史研究室第一研究部译:《共产国际、联共（布）与中国革命档案资料丛书》第 13 卷，第 224 页。

② 《中共中央给共产国际执行委员会的电报》(1932 年 11 月 11 日)，中共中央党史研究室第一研究部译:《共产国际、联共（布）与中国革命档案资料丛书》第 13 卷，第 228 页。

③ 即前面提到的 1932 年 10 月 7 日中共临时中央给中共苏区中央局的电报，共产国际在 10 月 16 日收到这个电报。

④ 《共产国际执行委员会政治书记处给中共中央的电报》(1933 年 3 月 19—22 日于莫斯科)，中共中央党史研究室第一研究部译:《共产国际、联共（布）与中国革命档案资料丛书》第 13 卷，第 353—354 页。

行之有效的诱敌深入、保存有生力量的作战方针；2. 攻打大城市要看条件，不要硬打；3. 对毛泽东要采取同志式的态度，要他继续担任负责工作。

远东局书记埃韦特认为：中央苏区的“社会分布为毛泽东的策略主张（避免大的战役，退到山区，分散军队等）建立了基础”，“但这种策略早已过时”。① 收到共产国际执行委员会政治书记处的电报后，埃韦特不同意采取诱敌深入的方针，认为：“苏区还是太小了。如果我们失败，当地老百姓就会对我们失望，我们就会丧失补充红军队伍的可靠来源。”② 他虽然把共产国际执行委员会政治书记处的电报转给临时中央和中央苏区，但又认为，“当前它不应该对我们的军事战术作出根本性的修改”。他按共产国际关于对待毛泽东态度的口径表示“我们请你们与毛泽东密切合作”，但要求苏区中央局“要注意完成我们的军事工作，使之不受大辩论和摇摆的干扰”。③4 月 3 日，埃韦特在给共产国际执行委员会政治书记处政治委员会的电报中，虽然表示“我们同意你们关于毛泽东问题和一般政治问题的指示”，却认为“存在着这样一种危险，即你们的意见可能在领导层中引起分歧，并影响 [ 协同 ] 工作”。④4 月 8 日，埃韦特在给共产国际执行委员会的报告中抱怨：“正当取得一系列胜利的时候，你们的电报被立刻转给了党和中央苏区，结果在大发动之时出现了大辩论的危险。”他要求共产国际执委会“再不要对当时过于笼统的指示发表什么意

① 《埃韦特给皮亚特尼茨基的第 2 号报告》（1932 年 12 月初于上海），中共中央党史研究室第一研究部译：《共产国际、联共（布）与中国革命档案资料丛书》第 13 卷，第 257 页。

② 《共产国际执行委员会远东局给共产国际执行委员会政治书记处政治委员会的电报》（1933 年 4 月 3 日于上海），中共中央党史研究室第一研究部译：《共产国际、联共（布）与中国革命档案资料丛书》第 13 卷，第 374 页。

③ 《共产国际执行委员会远东局给中央苏区的电报》（1933 年 3 月 28 日于上海），中共中央党史研究室第一研究部译：《共产国际、联共（布）与中国革命档案资料丛书》第 13 卷，第 357 页。

④ 《共产国际执行委员会远东局给共产国际执行委员会政治书记处政治委员会的电报》（1933 年 4 月 3 日于上海），中共中央党史研究室第一研究部译：《共产国际、联共（布）与中国革命档案资料丛书》第 13 卷，第 375 页。

见”。[①] 此后一段时间内，在中共中央、远东局同共产国际往来的电报中，未再讨论毛泽东的问题。

1933 年 1 月，临时中央在上海不能立足，迁到中央苏区。临时中央一到中央苏区，就于 2 月在福建开展反“罗明路线”斗争；3 月，又在江西开展反对邓（小平）、毛（泽覃）、谢（唯俊）、古（柏）的斗争，亦即反对“江西罗明路线”的斗争。这些斗争，实际上反对的是以毛泽东为代表的正确主张。9 月下旬，国民党军发动了对中央苏区的第五次“围剿”。博古将红军指挥大权交给对中国国情完全不了解的共产国际军事顾问李德，结果使红军连战受挫。从第五次反“围剿”准备阶段开始，毛泽东就不同意博古、李德的军事指挥方针，不断提出自己的意见，但屡被拒绝采纳。毛泽东在中央苏区毕竟是一个有影响的领导人，博古等将他视为推行“左”倾方针的障碍，于 1934 年 3 月下旬以“毛泽东长时间患病”，“已停止工作”为由，向共产国际执行委员会书记皮亚特尼茨基请示，派毛泽东去莫斯科“作为出席代表大会[②] 的代表”[③]。4 月 3 日，共产国际执行委员会政治书记处政治委员会会议听取了中共中央关于毛泽东因病是否适宜去苏联的电报，决定：“认为他不宜来莫斯科。必须尽一切努力在中国苏区将他治好。只有在中国苏区绝对不能医治时，他才可以来苏联。”[④]4 月 9 日，共产国际执行委员会政治书记处政治委员会致电埃韦特：“[我们] 反对毛泽东出行，因为我们不认为能够使他在旅途中免遭危险。即使需要大笔开支，也绝对需要在苏区组织对他的治疗。只有在完全不可能在当地医治和有病死危险的情况下，我们才同意他来

---

① 《埃韦特给共产国际执行委员会的报告》（1932 年 4 月 8 日于上海），中共中央党史研究室第一研究部译：《共产国际、联共（布）与中国革命档案资料丛书》第 13 卷，第 393 页。

② 指共产国际第七次代表大会。

③ 《李竹声给皮亚特尼茨基的电报》（1934 年 3 月 27 日于上海），中共中央党史研究室第一研究部译：《共产国际、联共（布）与中国革命档案资料丛书》第 14 卷，中共党史出版社 2007 年版，第 101 页。

④ 《共产国际执行委员会政治书记处政治委员会会议第 367（Б）号记录》（1934 年 4 月 3 日于莫斯科），中共中央党史研究室第一研究部译：《共产国际、联共（布）与中国革命档案资料丛书》第 14 卷，第 102 页。

莫斯科。”①

共产国际不同意毛泽东到苏联治病，这个决定是完全正确的。就算毛泽东能安全到达莫斯科，那么对中国革命造成的损失也是不可估量的。毛泽东留在中央苏区，即使他被排挤出红军的指挥岗位，也能以他的正确主张影响人。事实也会证明他是正确的，从而使原先追随“左”倾错误的同志觉醒。有了毛泽东的存在，才会有遵义会议的召开，纠正博古、李德军事指挥错误，并改变中央领导特别是军事领导，解决了当时迫切需要解决的组织问题和军事问题，实现伟大的历史转折。若毛泽东离开中央苏区到莫斯科，历史将会是另外一个样子。

通过考察分析中央苏区时期毛泽东与共产国际的关系，笔者的结论是：共产国际对中共有实际工作经验、有能力的领导干部还是重视的。谁能领导革命力量发展，开辟新的天地，谁就能得到共产国际的承认。毛泽东在开辟赣南、闽西根据地，领导中央苏区三次反“围剿”中表现的卓越才能和采取的正确方针，得到了共产国际的肯定，被认为是“有声望的领袖”。因此，共产国际不同意“左”倾教条主义者将毛泽东同他们的意见分歧视为“右倾机会主义”进行激烈的斗争，而是要求以同志式的态度对待毛泽东，与毛泽东密切合作。由于共产国际的直接干预，尽管“左”倾教条主义者排挤毛泽东，毛泽东仍能在中共六届五中全会上由四中全会时的中央政治局候补委员当选为政治局委员，在中华苏维埃共和国第二次全国代表大会上继续当选为中央政府主席。尽管毛泽东这时没有了红军的指挥权，原先的中华苏维埃共和国人民委员会主席由张闻天接任，在政府中的职权已被架空，但他的地位和威望是存在的。这也是中央红军战略转移时博古不能够把毛泽东留在中央苏区的原因。遵义会议后的中共中央得到共产

① 《共产国际执行委员会政治书记处政治委员会给埃韦特的电报》（1934 年 4 月 9 日于莫斯科），中共中央党史研究室第一研究部译：《共产国际、联共（布）与中国革命档案资料丛书》第 14 卷，第 104 页。

国际的承认；1938 年王稼祥回国，带回共产国际负责人季米特洛夫指示，中共内部应支持毛泽东的领导地位，王明缺乏实际工作经验，不应争当领袖，中央苏区时期毛泽东与共产国际的关系，有其重要的历史原因。

（本文原载《中国延安干部学院学报》2013 年第 6 期，获中共中央党史研究室 2013 年度优秀论文奖）

# 共产国际与中国式建党道路

土地革命战争开始后，共产国际在指导中国共产党进行自身建设时，采取了教条主义的方针，要求中国共产党按照欧美资本主义国家发展党员的模式，在中心城市和大工业中心发展工人党员。实践证明这是行不通的。古田会议，毛泽东从农村游击战争环境的实际出发，总结过去党的建设经验，开创了一条中国式的党的建设道路。研究古田会议，对加强新的历史时期党自身的建设，实现历史赋予的新任务、新使命，都有着十分重要的借鉴意义。

## 一、土地革命战争初期共产国际指导中国共产党自身建设的教条主义方针

研究古田会议对中国共产党自身建设的历史作用，首先要对土地革命战争初期共产国际指导下的中国共产党的自身建设进行回顾，分析探讨其历史教训。

1927 年中国大革命的失败，联共（布）、共产国际领导人认为，中国共产党本身不坚强是重要的原因，他们一方面批评中共中央犯了“机会主义错误”，要求采取措施进行纠正，“从政治上纯洁党的

领导成分”[①]；另一方面提出要加强中国共产党的建设，使其“成为坚强的、经受过锻炼的党”。在当时中国共产党处于艰难的困境下，斯大林甚至担心，中国共产党有可能被分化瓦解，成为“一个或几个小宗派”的危险，因而提出“党的问题是中国革命的主要问题”[②]。在8月7日在汉口召开的中共中央紧急会议上，共产国际新任代表罗米纳兹认为，“指导党的工农分子是很少的”，“因此党发生许多奇怪的理论。我们可以说上海工人领袖的意识比中央的意识高百倍，他们的理论比中央的正确得多。工人阶级的经济斗争，无论如何都不及由工人出身的人来领导的正确。”[③] 从这个认识出发，会议选举轮船水手出身、大革命时期曾任湖北省总工会委员长、国民党河口市党部工人部部长、中华全国总工会执行委员会委员的向忠发和曾任上海总工会纠察部部长兼上海工人武装纠察队总指挥的顾顺章为中央临时政治局委员。

八七会议正确制定了实行土地革命和武装起义的方针，但由于受共产国际及罗米纳兹“左”倾思想和党内“左”倾情绪的影响，在反对右倾错误时没有注意和纠正“左”的错误，对在革命处于低潮形势下党应当组织必要的退却缺乏认识。八七会议后，党领导在各地起义。这些起义，有的由于条件不具备失败了；有的由于领导者不懂军事，指挥错误，受到严重挫折；只有少数由于条件成熟，领导实行了正确的方针，取得了成功。面对这些挫折，罗米纳兹指导下的中央临时政治局，没有清楚地认识到在革命处于低潮的情况下，需要认真地总结经验教训，制定出复兴中国革命的策略，而是认为：党领导的多次农民暴动失败的主要原因，是“党内仍有小资产阶级的

① 《共产国际执行委员会关于中国革命当前形势的决议》（1927年7月），中国社会科学院近代史研究所翻译室编译：《共产国际有关中国革命的文献资料（1919—1928）》第1辑，中国社会科学出版社1981年版，第338—339页。

② 《斯大林给莫洛托夫和布哈林的信》（1927年7月9日于索契），中共中央党史研究室第一研究部译：《共产国际、联共（布）与中国革命档案资料丛书》第4卷，第406页。

③ 《罗明纳兹在八・七会议上的报告》（1927年8月7日），中共中央党史研究室第一研究部编：《共产国际、联共（布）与中国革命档案资料丛书》第11卷，第8页。

机会主义之遗毒”，主要表现在“本党领导干部并非工人，甚至于并非贫农而是小资产阶级智识分子的代表”。“一部分革命的小资产阶级分子，仅仅受着最初一时期革命高潮的冲动，并未经过马克思列宁主义理论的锻炼，并不知道国际无产阶级运动的经验，并且是站在工人贫民的阶级斗争之外的，他们不但没有能改造（成）澈底的无产阶级革命家，反而将自己在政治上不坚定，不澈底，不坚决的态度，不善于组织的习性，以及其他种种非无产阶级的小资产阶级革命者所特有的习性，习气，成见，幻想，……带到中国共产党里来。”为此，中央临时政治局提出“党的改造”问题，“将工农分子的新干部替换非无产阶级的智识分子之干部”，“使党的指导干部之中无产阶级及贫农的成份占最大多数。”规定：“支部书记，区委，县委，市委，省委的成份，各级党部的巡视指导员的成份，尤其是农民中党的工作员的成份，必须大多数是工人同志或贫农同志。工会机关的干部，则须全部换成工人。”要求：“各省在第六次全党代表大会以前，要召开省党部代表大会，或者省委扩大会议，在这个过程中，澈底新造各级党的指导机关。”“各地群众党部的工作，譬如组织部，农民运动委员会，军事部，要由最靠得住最坚决的工人同志担负”。在乡村中“由贫农同志担负。工会中的指导干部，也要立刻换工人分子”。①

1927年12月1日，中央临时政治局发出《中央通告第十七号——关于党的组织工作》，具体规定了各级党组织领导机关的成分：

“(一) 省委

大省——执委十一人至十七人，工人贫农成分须占半数，常委五人至七人，至少须有工人贫农分子二人或三人。

小省——执委七人至十一人，至少须有工人贫农分子三分之一，

① 中央档案馆编：《中共中央文件选集》第3册，中共中央党校出版社1989年版，第466、469、470、471、472页。

常委三人至五人，至少须有一工人或贫农分子。

（二）县委

大县——执委七人至十一人，须有工人贫民分子占半数，常委五人，至少须有一贫农分子，工人区还须有一工人分子。

小县——执委五人至七人，至少须有工人贫农分子二人；常委三人。

（三）市委

执委九人至十三人，工人分子须过半数，常委五人，至少须有二个工人分子。

（四）区委

大区——执委七人至十一人，城市须有工人过半数，乡村须贫农分子过半数，常委五人，城市至少须工人分子占三人，乡村至少贫农分子占过半数。

（五）有支分部或有小组之支部，设干事会由三人至五人组织之，工农支部的书记干事会应尽可能由工人贫农分子充当。”

这个通告还要求：“从斗争中发展党员，特别努力在工人贫民军队中发展党的支部。”[①]

中央临时政治局实行改造党和指导机关工农化的方针，虽在某些地方有正确的部分，但在总体上是脱离当时斗争实际的，因而产生了一种错误现象，即在党的各级领导机关中凡是知识分子出身的干部就受到排挤。对此，中央临时政治局也认识到了。1928 年 1 月 30 日发出中央通告第 32 号，解释说，党的指导机关工农化方针，“决不是要造成党中的工学界限，因为过去党的负责机关的指导人多系知识分子，因而不问工作的积极，工作的能力与是否坚决执行党的新政策，去攻击现在负责机关的知识分子出身的同志”，认为这些倾向影响党的工作进行，“须立刻纠正”。提出：“讨论与批评过去党的机会

① 中央档案馆编：《中共中央文件选集》第 3 册，第 537—538 页。

主义，要根据新的政策，新的指挥与讨论批评，不要杂以无意识的个人闹意气的成分；批评与讨论现在的负责的机关或负责机关的某一同志，应当依据他是否执行新的策略，积极领导工农群众直接的斗争，是否将过去机会主义的余毒纯全洗尽；批评某一个同志尤其不应去从他是知识分子出身或在责任尚未判定之前即加机会主义，盲动主义，军事投机等名字。”[①] 这个通告虽对排挤知识分子领导干部的现象有一定遏制作用，但在当时把党内的知识分子作为机会主义来源的情况下，是不能正确地解决党的组织建设问题的，而且后来愈演愈烈。

这时，党还面临着党的队伍发展的问题。大革命时期，党员成分是工人居多，据 1926 年 12 月 5 日《中央局报告》（十、十一月），广东区工人党员占 42.68%，农民党员占 30.14%，知识分子及其他成分党员占 27.4%；北方区工人党员占 63.7%，农民党员占 2.4%，知识分子及其他成分党员占 33.8%；上海区工人党员占 84.33%，知识分子及其他成分党员占 15.3%；湖南区工人党员占 46.9%，农民党员占 14.4%，知识分子占 11.75%。这几个地区平均工人成分党员约占 60%，农民成分党员占 11.75%，知识分子及其他成分党员占 27.35%[②]。土地革命开始后，尽管共产国际、中共中央临时政治局把工作重点放在城市，但是，随着农村武装斗争的开展，革命根据地的建立，党的队伍在农村中得到较快发展，农民党员占全部党员的 70% 以上，而城市工人党员却增加缓慢。中共中央认为“这种现象极有动摇无产阶级指导的危险性”[③]。

中共六大于 1928 年 6 月中旬在莫斯科召开，这时，党内农民党员又有所发展，达到 76%，工人党员下降至仅占 10%[④]。对此，共产国

① 中央档案馆编：《中共中央文件选集》第 4 册，中共中央党校出版社 1989 年版，第 82 页。

② 见中央档案馆编：《中共中央文件选集》第 2 册，中共中央党校出版社 1989 年版，第 504 页。

③ 《中央通告第四十七号——关于在白色恐怖下党组织的整顿，发展和秘密工作》（1928 年 5 月 18 日），中央档案馆编：《中共中央文件选集》第 4 册，第 206 页。

④ 见中央档案馆编：《中共中央文件选集》第 4 册，第 442 页。

际组织部代表瓦西里耶夫为中共六大起草的《中国共产党组织决议案草案》中关于《党内的主要组织任务》部分，认为“党内这样现象不是应当有的”，要求“在最近的将来，所有党的努力都是应当走向大工业中（纺织工业，金属工业，铁路，海上交通，矿山，市政等等）而在那里巩固我们的组织”。[①]他在给中共中央的信中对此解释说，“各国共产党组织建设的全部国际经验表明，只有依靠各大工业企业中的强大的工厂支部，才能称得上真正的共产党”[②]。瓦西里耶夫起草的组织决议案草案还专门把《关于干部的工人化》作为一个部分，肯定“1927年八七会议及十一月中央会议对于吸收工人积极分子到党的指导机关问题的决议是完全正确的”。提出：“党应当把从工人中造成干部人材的任务，不要看成是一个过渡时期的宣传工作，而要看成是一个为改良自己指导的长期的坚决的有系统的工作。在这件事上，党内的任何动摇是不容许的。”[③]

瓦西里耶夫起草的《中国共产党组织决议案草案》基本内容得到了中共六大认可，大会通过的《关于组织问题草案之决议》将瓦西里耶夫的草案“作为组织问题的决议的基础”，并“委托新中央与共产国际组织部共同执行”[④]最后的修改。

为了贯彻干部工人化的方针，中共六大代表和大会选出的领导机构，片面追求“工人化”，要求工人占多数。在有选举权的84名代表中，工人占41人。六大选举出的23名中央委员和13名候补中央委员中，工人占了21人。第六届中央政治局第一次会议选举工人出身的向忠发为中央政治局主席兼中央政治局常委会主席，实际上他没能够起到应有的作用。对此，周恩来曾评价说：六大“太重视工人成分。工人代表要占多数，这是可以的。但是，大革命中

① 中央档案馆编：《中共中央文件选集》第4册，第442页。

② 《瓦西里耶夫给中共中央的信》（1928年4月10日于莫斯科），中共中央党史研究室第一研究部译：《共产国际、联共（布）与中国革命档案资料丛书》第7卷，第411页。

③ 中央档案馆编：《中共中央文件选集》第4册，第449页。

④ 中央档案馆编：《中共中央文件选集》第4册，第441页。

工人干部牺牲很多，有些做实际工作的领导同志又调不出来，所以很多是从支部中找来的代表。大革命后，支部负责人都是新的，老的都牺牲或离开了，所以许多是很弱的。七十五个代表中，工人有四十一人，经过大革命锻炼的人不多”。“在选举中，有多选工人为中央委员的倾向。三十六个中央委员中就有二十一个是工人。过去大革命中涌现出来的工人领袖虽然不少，但党对他们的教育不够，而知识分子干部中有许多是五四运动涌现出来的，做了许多实际工作，有经验的不少。由于太强调工人成分，很多较好的知识分子干部参加中央工作就受到了限制……这和后来中央很弱是有关系的。”①

中共六大闭幕后，中共中央于 1928 年 10 月 17 日发出了贯彻六大组织路线的第 7 号通告。通告列举了党的组织有离开无产阶级危险的 11 种表现，其中第一种是：“党的工人成分减少农民数量超过工人同志七倍以上”。第二种是：“党的指导机关极少工人的积极分子参加，仍然保有不少小资产阶级的动摇分子在党内和指导机关。”通告提出，“在创造党的无产阶级基础的意义上，我们便要选择工作的中心。”“所谓工作中心，主要的是指产业区域和重要城市”，即上海、武汉、天津、唐山、香港、广州和一些省的省会及大中城市。“因为这些工人中心，同时即是政治中心，只有在这些工人中心，才能建立党的无产阶级基础，同时只有这些中心区域的工作做出基础，才能实现无产阶级政治上的领导。”通告要求：“引进积极的工农分子，到各级指导机关，工农同志参加指导机关必须实际的工作……绝对打破挂名的恶习。”“中央以至省市县委的技术工作须尽可能由工人同志担任，增加指导机关生活的无产阶级精神。”②

尽管在共产国际的党建方针指导下，中共中央一直努力增加工人

① 《周恩来选集》（上卷），人民出版社 1984 年版，第 185—186 页。

② 中央档案馆编：《中共中央文件选集》第 4 册，第 641、643、644、651、652 页。

成分的党员和使领导机关工人化，但到六届二中全会，没有取得成绩，反而工人成分的党员又下降到“仅占全党百分之七”，而且“从斗争中吸收进来的积极分子还不见多，党的干部缺乏尤其是工人干部缺乏”。[①]

那么，共产国际的党建指导方针误区在哪里呢？笔者认为有以下几个方面：

第一，把完成现阶段革命的任务和党的建设相割开。中国大革命失败后，共产国际坚持认为中国仍然是半殖民地半封建社会，中国革命在现阶段的性质是资产阶级民主革命，革命的对象是帝国主义和封建主义，革命的主要内容是实行土地革命，废除封建土地制度。这是正确的。但是，共产国际在指导中国共产党进行自身建设时，却是按照西方资本主义国家的模式，忽视中国是半殖民地半封建国家的特点。它要求中国共产党在中心城市和产业区发展党的组织，通过在城市做工人运动，以此领导乡村，希图中国像俄国一样，工人在中心城市发动武装起义，乡村农民进行配合，一举取得国家政权。这是脱离中国社会实际的。当时中国社会各阶级的情况是，工业无产阶级和大地主大资产阶级、民族资产阶级的人数都比较少，农民、小资产阶级居于人口的绝大多数。要推翻帝国主义和封建主义，完成资产阶级民主革命，必须实行土地革命，废除封建土地制度。而进行土地革命，虽然工人阶级是革命的领导阶级，但主力军是农民。不动员农民参加革命，革命是不能成功的。因此，党必须把工作重心放在农村，党的建设的重点集中在农村，壮大党的队伍，领导土地革命斗争。共产国际的党建指导方针不是放在农村，而是放在城市，这样就使完成现阶段的革命任务与党的建设重心相脱节。其结果是，由于在城市反动统治力量的强大和实行白色恐怖，党的力量发展受到很大限制，并且因“左”的错误而受到很大损失；而党又不能集中力量在农村发展，使

① 中央档案馆编：《中共中央文件选集》第5册，中共中央党校出版社1990年版，第215页。

农村的革命斗争也受到很大限制。

第二，将知识分子出身的领导成员和“左”、右倾错误画上等号。在大革命后期和土地革命战争初期，党的领导机关先后犯了右倾和“左”倾盲动错误。共产国际简单地将出现这些错误归之于知识分子领导者的原因。实际上，当时党犯错误，原因是多方面的，关键是党不成熟，理论水平不高，没有形成坚强的成熟的党中央领导集体，对中国革命道路还处于初步探索阶段，没有掌握住规律，并非是知识分子的原因。从国际共产主义运动的导师和领导人看，马克思、恩格斯、列宁都不是出身于工人阶级家庭。马克思出身于一个律师家庭，恩格斯出身于纺织资本家家庭，列宁出身于教育工作者家庭。德国和国际工人运动著名活动家、德国社会民主党创始人之一威廉·李卜克内西，出身于一个知识分子家庭。德国共产党创始人之一罗莎·卢森堡出身于波兰犹太商人家庭。而根据共产国际的指示，充实到中共中央的向忠发、顾顺章、徐锡根等，不仅没有起到作用，反而成为可耻的叛徒。充实到中共中央的其他工人成员，工作能力也不够理想。再从以毛泽东同志为核心的党中央第一代领导集体的成员看，知识分子是占了绝对的多数。由此可以看出，将知识分子出身的领导成员与右的和“左”的错误画上等号是不正确的。

第三，对中国工农本身的优缺点认识不足。在半殖民地半封建的中国，无产阶级身受帝国主义、本国资产阶级和封建主义的压迫，同西方资本主义国家的无产阶级比起来，革命性更强，但大多数来自破产农民，又有自身的不足之处。刘少奇指出，中国工人阶级的特点是:“(一)由于半殖民地的经济，中国工人生活过于恶劣，使得中国大多数工人除开工资之外，还要依靠一些不正当的收入来维持生活，如轮船铁路工人运私货做生意，工厂工人、码头工人偷东西、作弊，电车工人揩油等；(二)中国工人(中国人民同样)没有法律神圣的观念，他们看惯了法律只是统治阶级压迫被压迫者的工具；(三)中国工人运动的历史还太短，工人文化程度很低；(四)平常资本家与反动政权对于工人的压迫太严，存在封建式的压迫；（五）革命工会领导与教育不够；（六）中国资本家软弱。”另外，“流氓组织，在工人中的长期存在，也影响工人运动”。[①] 中国农民虽是小生产者，不是先进阶级，但在帝国主义和封建主义的压迫下，革命性比西方农民强得多。中国历史上多次发生大规模农民起义，其影响程度要远远超过西方农民。同时，由于有组织的农民战争、大规模的治水和参加各种徭役，中国农民比较容易组织起来。近代以来的救国和政治翻身的强烈要求，使中国农民易接受革命道理，其优秀分子在革命斗争中经过锻炼，不断接受无产阶级革命理论教育，能够成为无产阶级政党的成员。共产国际正是对中国工农本身的优缺点缺乏正确的分析，因而片面重视工人轻视农民。而实际上，在半殖民地半封建的中国，工人参加革命斗争，并不是天然的先锋战士，无论是工人还是农民的优秀分子，都要进行思想政治教育，不断纠正各种非无产阶级思想和各种不良习气，才能成为无产阶级先锋战士。

## 二、古田会议开创了中国式的党的建设道路

1927 年八七会议前后，中国共产党在各地领导了一系列武装起义，开始了创建人民军队的伟大历程。毛泽东领导的湘赣边界秋收起义部队在受到挫折后，于 9 月 29 日转移到江西省永新县三湾村。在这里，毛泽东对部队进行了改编，其中最主要的内容是建立党的各级组织和党代表制度，党的支部建在连上，班、排有小组，连以上设党代表，营、团建立党委。三湾改编从组织上确立了党对军队的领导。这是一个重要制度，但在农村游击战争的环境中实行起来却面临着新的问题。即根据地要建立要发展，红军要不断地扩大，确保党对军

① 《刘少奇自述》，解放军文艺出版社 2007 年版，第 53、54 页。

队的领导，需要大量发展党员。在农村中，几乎没有产业工人，若按照共产国际和中共中央的指示，发展党员以产业工人为主，那么就没有多少人可以成为党员。而没有相当数量的党员，就无法在红军中建立各级党的组织，党对军队的领导就成为一句空话。若坚持从实际需要出发发展党员，必然是农民成分占绝大多数。这就带来另外一个问题，即大量农民涌入党内，同时也将各种非无产阶级思想带入党内。而这些非无产阶级思想则严重地妨碍着党的路线的贯彻执行，共产国际担心大量农民涌入党内将使中共变为“农民党”并非没有道理。看来，按共产国际的方针，中国共产党的自身建设将形成一个无法解开的死结。笔者将此称之为中共党建难题。

如何破解这个党建难题，毛泽东等一直在努力进行探索。根据1929年6月1日《红军第四军前委书记毛泽东给中央的报告》，当时红四军全军共有党员1329人，其中工人311，农民626，小商人106，学生192，其他95[①]。同年9月1日，陈毅在上海给中共中央写的《关于朱毛红军的党务概况报告（二）》中提到，红四军共有党员1400人，其成分为：“兵夫约十分之七，手工业工人占十分之二，学商占十分之一，军队中产业工人成分极其低微。”[②]比较这两个报告，可以看出，陈毅的报告中，红四军党员人数比毛泽东报告中略有增加。毛泽东报告中所说的工人成分的党员，实际上并不是共产国际和中共中央所要求的产业工人，而是手工业工人。产业工人成分的党员，根本占不到比例数上。对于红四军党内农民成分的党员占绝大多数，毛泽东感到十分忧虑。在井冈山时，毛泽东就提出：“无产阶级思想领导的问题，是一个非常重要的问题。边界各县的党，几乎完全是农民成分的党，若不给以无产阶级的思想领导，其趋向是会要错误的。”[③]到赣南、闽西后，毛泽东针对红四军党内非无产阶级思想更加

① 中央档案馆编：《中共中央文件选集》第5册，第685页。

② 中央档案馆编：《中共中央文件选集》第5册，第747页。

③《毛泽东选集》第一卷，人民出版社1991年版，第77页。

严重的情况，提出加强党对军队的领导，加强思想政治工作，实行民主集中制，发动群众，建立巩固的根据地等主张。可以说，毛泽东这时已经找到了破解中国党建难题的基本思路。但是，由于红四军党内存在着意见分歧，毛泽东的正确主张未能被多数同志所认识和接受。

1929 年 12 月 28 日，根据中共中央 9 月 28 日给红四军前委的指示信（即九月来信）精神，红四军党的第九次代表大会在上杭古田召开（即古田会议）。会议一致通过了毛泽东主持起草的《中国共产党红军第四军第九次代表大会决议案》（即著名的古田会议决议）。古田会议决议表明，毛泽东等经过艰苦的探索，找到了中国式的党的建设道路。

第一，古田会议决议制定了符合中国农村武装斗争实际的发展新党员的条件。

古田会议决议规定："党员发展的路线，以战斗兵为主要对象，同时对非战斗兵如夫子勤务兵亦不应忽视。"入党具体条件是："1. 政治观念没有错误的（包括阶级觉悟）。2. 忠实。3. 有牺牲精神，能积极工作。4. 没有发洋财的观念。5. 不吃鸦片，不赌博。"①

笔者认为，古田会议制定的党员发展路线和入党条件体现了以下几个特点：其一，在红四军，党的大门是向着基层士兵敞开着的。这和三湾改编时确定班、排设党小组是一致的。这就使党的力量渗入到班、排单位，从而保证在军队最小的单位中，中共党员起着中坚作用，形成军队中党的组织系统的坚实塔基，以确保这支军队在党的绝对领导之下，成为忠实执行党的纲领、路线、方针、政策的人民军队。其二，在红四军，发展党员，不是以工人出身或贫雇农出身而论，而是以思想政治觉悟、能否忠实地为党积极工作、能否在战斗中不怕牺牲、勇敢作战、道德品行好不好为标准。换句话说，在红四军中，能否成为共产党员，应是能够吸引团结广大士兵于自己的周围，

① 中央档案馆编：《中共中央文件选集》第 5 册，第 811、813 页。

为人民利益为党的事业而战的楷模和先进分子，而不是出身成分。与此相应，古田会议决议还肯定了以前红四军采取干部党员和一般党员、知识分子出身的党员和劳动阶级出身的党员混编为一个党小组的办法，认为这种办法“是很对的”，并指出：“还缺乏有计划的将各种出身不同的分子很好的混合编起来，以后此点要多加注意。”① 在当时党中央的文件中把知识分子作为是产生机会主义的根源的情况下，古田会议决议不歧视知识分子，而是把知识分子党员和劳动阶级出身的党员混编在一起，相互沟通，增进了解，相互帮助，加强团结，取长补短，形成合力，增强了党的战斗力。

古田会议决议关于发展新党员的条件，冲破了唯成分论的桎梏，符合了党在农村开展武装斗争、建立根据地、实现党对军队的绝对领导、建立一支新型的人民军队的需要，是积极探索中国式的无产阶级政党建设道路的重大成果。

第二，古田会议决议找到了解决错误的思想问题的方式。

红四军党内存在的各种非无产阶级思想，是属于革命队伍和党的队伍中存在的错误思想问题。思想问题必须主要用思想政治教育的方式才能解决，其他只能作为辅助手段。在古田会议决议中，毛泽东用大量的篇幅列举了红军中存在的各种非无产阶级思想的表现，深刻细致剖析产生的原因，并针对每一种错误思想提出了具体的解决办法。在这些办法中，最主要的是从党内教育入手，提高党员的政治素质，树立无产阶级世界观。

古田会议决议中规定的党员教育材料有：“（一）政治分析；（二）上级指导的通告讨论；（三）组织常识；（四）红军党内八个错误思想的纠正；（五）反对机会主义及托洛斯基主义及反对派问题的讨论；（六）群众工作的策略和技术；（七）游击区域社会经济的调查和研究；（八）马克思列宁主义的研究；（九）社会经济科

① 中央档案馆编：《中共中央文件选集》第5册，第811页。

学的研究；（十）革命的目前阶段和他的前途的研究。”[①]从决议规定的这些党内教育材料看，可以分成马克思列宁主义理论，党的纲领、路线、方针、政策，对各种非无产阶级思想的批判与斗争，组织工作和群众工作，社会经济调查和研究等类别，具有以下几个特点：1. 普及与提高相结合；2. 理论学习、研究与实际工作相结合；3. 目前斗争目标和革命发展前途相结合。决议还具体规定了哪些材料适合领导干部学习，哪些材料适合一般党员学习。以笔者之见，决议规定的材料，覆盖了红四军党员思想政治教育的方方面面，构成了一个教材体系。

关于党内思想教育的方法，决议规定：“（一）党报；（二）政治简报；（三）编制各种教育同志的小册子；（四）训练班；（五）有组织的分配看书；（六）对不认字党员读书报；（七）个别谈话；（八）批评；（九）小组会；（十）支部大会；（十一）支部委联席会议；（十二）纵队为单位组长以上活动分子会议；（十三）全军支书以上活动分子大会；（十四）纵队为单位党员大会；（十五）纵队为单位书、宣、组联席会议；（十六）全军支书以上书、宣、组联席会；（十七）政治讨论会；（十八）适当地分配党员参加实际工作。”[②]很明显，决议规定的党内思想教育方法是多层次、多样化的，其中有舆论导向、读书学习、集中培训、开展批评与自我批评、个别谈心与各级党组织会议、政治讨论会等，形成了一套可操作性很强的适应不同文化水平、不同职务的党员和各级党组织的思想教育方法。由此可以说明，毛泽东在如何进行党内思想教育方面，殚精竭虑，作出了艰辛细致的探索。

事实证明，决议规定的这套思想教育方法是十分有效的。如红四军中规定每个支部都要按时上党课，党课内容除了讲解党的组织常识外，着重进行古田会议决议中提出的纠正党内八种错误思想以

① 中央档案馆编：《中共中央文件选集》第5册，第817页。
② 中央档案馆编：《中共中央文件选集》第5册，第817—818页。

及革命任务、革命前途教育。此外，如何发动群众、组织群众，如何进行社会经济调查，也是党课的主要内容。同时，各支队党委还经常开办短期训练班，训练党员和党的基层干部。“这样，就使思想工作走到了一切工作的前面。干部、战士的觉悟提高了，思想领先了，大家便自觉遵守纪律，积极地完成任务，主动地进行自我改造。”①

毛泽东以对党员进行思想政治教育为抓手，找到了在党员以农民为主要成分的情况下，如何保持党的无产阶级先锋队性质的锁钥。加强党的思想建设，是以毛泽东为代表的中国共产党人，在半殖民地半封建的国度里灵活运用马克思列宁主义的建党学说的独特创造，不仅在红四军推行，而且在其他根据地也进行了推广，并成为党的建设的重要原则和基本经验。

第三，紧紧围绕党的政治任务建设党。

古田会议一个非常重要的历史经验，就是明确了党的建设必须围绕党的政治任务来进行。中共中央在给红四军前委的九月来信中指出：“目前红军的基本任务主要有以下几项：一、发动群众斗争，实行土地革命，建立苏维埃政权；二、实行游击战争，武装农民，并扩大本身组织；扩大游击区域及政治影响于全国。”并要求“红军四军的同志务要明了自己的任务的重大”。②九月来信虽然说的是红军的基本任务，但这些任务是靠党领导军队去完成的，实际上就是党的基本任务。古田会议坚决执行九月来信精神，并有以下发展：

首先，从思想上批判单纯军事观点，进一步明确了党的政治任务。当时红四军的党内，不少党员对党的政治任务是不明确的，存在着单纯军事观点。单纯军事观点表现在认为军事和政治是对立的，军事不要服从政治，甚至认为“军事好，政治自然会好，军事不好，政治也不会好”；红军的任务是单纯打仗；在组织上把政治机关隶属于

① 赖传珠：《古田会议前后》，《星火燎原》（选编之二），战士出版社1979年版，第41页。

② 《周恩来选集》（上卷），第33页。

军事机关，提出“司令部对外”的口号；忽视宣传队工作的重要任务；忽视士兵会组织及工农群众组织；等等。单纯的军事观点是妨碍红四军执行党的政治任务的大敌，不肃清单纯的军事观点，就不能使党的政治任务在广大党员的思想上扎下根。古田会议决议在分析了单纯军事观点的危害性后，指出：红军“是一个执行阶级的政治任务的武装集团”，“决不是单纯打仗”，“除了打仗一件工作之外，还要担负宣传群众，组织群众，武装群众，帮助群众建立政权等重大任务。红军之打仗不是为打仗而打仗，乃是为了宣传群众，组织群众，武装群众，帮助群众建设政权才去打仗的。离了宣传组织武装政权等目标，就完全失了打仗的意义，也就根本失了红军存在的意义。”①

其次，提出制定法规，以保证执行党的政治任务。古田会议不仅要求广大党员在思想上明确党的政治任务，而且提出要以法规来保证执行。会议决议提出：要编制法规，“明白地规定红军的任务”②。决议还具体规定：政治部负责宣传群众、组织群众、建立政权；“凡没有建立政权的地方，红军政治部代替地方政权机关，至地方政权机关（建立）为止”③。同时，政治部还负责地方武装与发动。但地方武装的军事训练及战时的作战指挥，则由红军司令部负责。依靠法规、制度，红四军使党的政治任务得到有效的执行。

第三，党要努力向广大人民群众宣传自己的政治任务。古田会议决议把宣传党的政治任务放在重要的位置，要求党员要广泛向群众进行宣传，把宣传党的政治任务作为一项重要工作来抓。会议决议指出：“红军宣传工作的任务，就是扩大政治影响，争取广大群众。由这个宣传任务之实现，才可以达到组织群众，武装群众，建立政权，消灭反动势力，促进革命高潮等红军的总任务。所以红军的宣传工作是红军第一个重大的工作。若忽视了这个工作，就是放弃了红军的主

① 中央档案馆编：《中共中央文件选集》第5册，第801页。

② 中央档案馆编：《中共中央文件选集》第5册，第803页。

③ 中央档案馆编：《中共中央文件选集》第5册，第833页。

要任务，实际上就是等于帮助统治阶级削弱红军的势力。”因此，决议提出“发布一个具体的政纲”①，向广大群众公开宣传。决议对宣传党的政治任务所采取具体形式作出了明确的规定。

由上可见，古田会议通过思想上明确、法规制度保证、扩大宣传等手段，使党的政治任务成为红四军党的工作核心。红四军党的一切工作，都围绕着这个核心来进行。广大党员不仅每人都要明确党的政治任务，而且是执行者、宣传者，以自己的模范行动带领红军战士、革命群众去完成党的政治任务，从而保证了红四军正确的发展方向。

古田会议紧紧围绕党的政治任务进行党的建设，从而使党的政治任务与党的建设相互促进、共同发展，形成了党的建设一个重要规律。

由上可见，古田会议决议规定发展党员不唯成分，重在思想表现，着重从思想上建设党，紧紧围绕党的政治任务进行党的建设，从而破解了半殖民地半封建的社会条件下的无产阶级政党建设难题，开创了中国式的党的建设道路。

（本文原载《党史研究与教学》2010 年第 5 期）

---

① 中央档案馆编:《中共中央文件选集》第 5 册，第 818 页。

# 联共（布）、共产国际帮助中共六大确定中国革命性质

过去，党史界比较一致地肯定了联共（布）、共产国际帮助中共六大正确确定大革命失败后中国革命仍然是资产阶级民主革命的贡献。但是，对于联共（布）、共产国际关于中国社会的性质、中国革命的性质为什么能够作出正确判断，其理论依据是什么？有什么局限性？这种局限性的症结所在，对此后中国革命的发展有什么影响？却没有进一步的研究。笔者以为，对这些问题开展研究，对于深入探讨马克思主义中国化的历史进程有着重要的意义。

## 一

1927 年 4 月 12 日，蒋介石发动了反革命政变。蒋介石集团的叛变，引起了联共（布）、共产国际高层内斯大林、布哈林等与托洛茨基、季诺维也夫等反对派之间关于中国革命问题的争论。这种争论必然涉及对中国资产阶级革命性的判断，进而涉及对中国革命性质的判断。因此，研究联共（布）、共产国际帮助中共六大确定中国革命性质问题，必须还要对蒋介石叛变革命后联共（布）、共产国际高层关于中国革命问题的争论进行研究。

在这场争论中，季诺维也夫和托洛茨基指责了斯大林、布哈林指

导中国共产党与国民党合作的政策和策略，基本一致地认为国共合作后的国民党不是“四个阶级的联盟”或“四个阶级的联合”，资产阶级在国民党中占据了领导地位；共产党员参加了国民党后，没有保持自己的独立性，成了国民党附属品和尾巴。

针对蒋介石叛变后存在的武汉和南京两个中心的情况，季诺维也夫虽然主张：“中国共产党可以和必须留在国民党内，但为的只是积聚力量、立即将群众引到他们的旗帜下、对国民党右派进行无情的斗争并竭力将他们赶出去和消灭掉。我们的口号暂时并不是退出国民党，而是立即宣布和实现中国共产党在政治上和组织上完全地和绝对地对国民党的独立性，也就是说，中国共产党在政治上和组织上完全独立。”但他又告诫说：“如果共产党不惜一切代价留在国民党内，那么这不仅会导致毫无批评地颂扬国民党、掩饰国民党中的阶级斗争、隐瞒枪杀工农和使工人的物质状况恶化这些无法无天的事实，而且还会导致共产国际内各政党，包括中国共产党，迷失方向。”①托洛茨基反对斯大林“武汉国民党和武汉政府是资产阶级民主革命运动的中心”②的观点，表示：“我们不愿对武汉政府和国民党领导集团负责，哪怕是承担一点点责任，我们殷切地奉劝共产国际要拒绝对其负责。”他认为汪精卫集团靠不住，会不可避免地背叛革命，“将以十倍的努力同蒋介石联合起来，反对工农。”③

可以明显看出，季诺维也夫和托洛茨基在对待武汉国民党问题上意见虽略有不同，但都不对与武汉国民党合作抱有幻想。他们认为，要将中国革命发展到更高阶段，应建立苏维埃。季诺维也夫认为：“今天，当国民政府支配着拥有2亿人口和广大的工人中心地区，在

① 季诺维也夫：《关于中国革命的提纲（摘录）》（1927年4月14日），中共中央党史研究室第一研究部编：《共产国际、联共（布）与中国革命档案资料丛书》第6卷，北京图书馆出版社1998年版，第21页。

② 《斯大林全集》第9卷，人民出版社1954年版，第279页。

③ 《托洛茨基关于中国问题的第二次发言》，中共中央党史研究室第一研究部编：《共产国际、联共（布）与中国革命档案资料丛书》第6卷，第238页。

规模巨大的工人罢工唤起了农民运动以后，可以和必须提出建立苏维埃这个口号的时候来到了，这个口号是建立工人、农民和手工业者苏维埃，其中也必须有国民军士兵的特别代表。”“共产国际第二次代表大会已经谈到有必要在东方也宣传关于苏维埃的思想，并一有机会就成立苏维埃。在中国这一时刻已经来到。只有建立和巩固苏维埃才能真正保证防止中国民族运动按照‘基马尔主义’发展。只有建立苏维埃才能保证和准备中国走上非资本主义的发展道路。只有建立苏维埃才会给整个运动以必要的推动力量，因为这使民族运动注入社会的内容。只有建立苏维埃才能为工人阶级领导整个中国民族解放运动创造一个较好的形式。只有苏维埃才能摧毁旧的资产阶级的政府机构和开始建立新的政府”。“中国革命只有在转向为争取苏维埃而斗争的时候，它才能取得国际无产阶级的最大限度的同情和支持。‘拥护中国苏维埃’——这一口号比‘拥护国民党’这个口号更能得到国际无产阶级的理解和支持。”①

托洛茨基认为：“群众所需要的只是革命的大纲和从自己队伍中组织与群众发生密切关系的为保证自己内部的战争机关，上层份子所组成的武汉政府是放弃这使命的，担负这种使命的只有工农兵苏维埃和劳苦群众的苏维埃才有可能”。“我们过去的经验证明：中国革命只有渡到广大群众基础之上，建立工农兵代表苏维埃，加深革命的社会大纲，才能够纷乱外国的军队及唤起士兵的同情，与苏维埃真正保证革命于外来打击之下。”并强调：如果中国的资产阶级民主革命“不在最近的将来过渡到社会主义革命，则工农代表苏维埃将要从舞台上退出而代以资本主义的制度。再等到世界革命在历史的路程上开一新阶段，则替资本主义制度以无产阶级专政方能

① 季诺维也夫：《关于中国革命的提纲（摘录）》（1927 年 4 月 14 日），中共中央党史研究室第一研究部编：《共产国际、联共（布）与中国革命档案资料丛书》第 6 卷，第 24、28 页。

实现”。[①]

需要指出的是，季诺维也夫和托洛茨基的上述主张是建立在中国民族资产阶级没有革命性的基础上的。季诺维也夫认为：中国“城市商业资产阶级相当多的阶层（至于道道地地的大地主则不用说了）在这场战争中今天已经站在革命街垒的对立面”。并提出：“我们必须同时帮助中国革命坚定地向前迈进，并提高到更高的阶段，不害怕把中国资产阶级推向反动阵营。”[②]托洛茨基更是认为：“中国资产阶级在其对帝国主义的态度同对工人农民的态度上，并不见得比俄国资产阶级对沙皇同工人农民的态度上要革命些，或者也可以说中国资产阶级比俄国资产阶级还要反动，还要下贱。”“斯大林布哈林宣称殖民地资产阶级的‘内在’革命性之绝对错误的论调，这不过是将孟雪维克主义翻译成中文用到中国政治上去，其结果只是在中国被压迫的地位上，帮助中国资产阶级，于国内政治舞台上更增一重力量，以反对受三重压迫的中国无产阶级。”[③]因而，托洛茨基提出：“现在所有的斗争，不单是反对以前与帝国主义有密切关系的军阀，并且反对那些因为我们的政策错误而占领所有的军事机关和大部分的军队的‘民族资产阶级’。”[④]

针对反对派的责难和提出的建立苏维埃的主张，斯大林认为反对派的基本错误在于“不懂得中国革命的意义和性质”[⑤]。他认为：“决定中国革命性质的基本事实是：（甲）中国的半殖民地地位和帝国主义财政经济的统治；（乙）军阀和官僚的压迫而加重的封建残余的压

① 托洛茨基：《中国革命与斯大林大纲》（1927年5月7日），中共中央党史研究室第一研究部编：《共产国际、联共（布）与中国革命档案资料丛书》第6卷，第96、101、104页。

② 季诺维也夫：《关于中国革命的提纲（摘录）》（1927年4月14日），中共中央党史研究室第一研究部编：《共产国际、联共（布）与中国革命档案资料丛书》第6卷，第3、29页。

③ 托洛茨基：《中国革命的回顾及其前途——它给东方各国及共产国际的教训》（1928年6月8日），中共中央党史研究室第一研究部编：《共产国际、联共（布）与中国革命档案资料丛书》第6卷，第311页。

④ 托洛茨基：《中国革命与斯大林大纲》（1927年5月7日），中共中央党史研究室第一研究部编：《共产国际、联共（布）与中国革命档案资料丛书》第6卷，第95页。

⑤ 《斯大林全集》第9卷，第259页。

迫；（丙）千百万工农群众日益发展的反封建官僚压迫、反军阀、反帝国主义的革命斗争；（丁）民族资产阶级在政治上的软弱性，它对帝国主义的依赖性，它对革命运动的畏惧性；（戊）无产阶级日益增长的革命积极性，无产阶级在千百万劳动群众中的威信的增长；（己）中国邻邦无产阶级专政的存在。”[①]因此，斯大林指出，“中国目前正经历着资产阶级民主革命”，而“土地革命正是资产阶级民主革命的基础和内容”，“中国的资产阶级民主革命不仅反对封建残余，同时也反对帝国主义。”[②]他批评托洛茨基“看见资产阶级，看见无产阶级，而看不见农民，不了解农民在资产阶级民主革命中的作用，——正是这个特点构成了反对派在中国问题上的基本错误”。“托洛茨基和反对派在中国革命性质问题上的‘半孟什维主义’也正是在这里。”“从这个基本错误中产生了反对派的其他一切错误，产生了反对派在中国问题提纲中的一切糊涂观念。”[③]

斯大林对季诺维也夫把武汉国民党估计为1920年的土耳其基马尔派的政府和托洛茨基否认武汉是革命运动的中心的观点进行了驳斥，坚持认为现时中国有两个中心，即南京是中国国内反革命的中心，武汉是中国革命运动的中心。他认为武汉的国民党是“左派国民党”，是集中中国革命分子的“一个特殊的革命组织”，“只有瞎子才会否认左派国民党有革命斗争机关的作用，有反对中国封建残余和帝国主义的起义机关的作用。”武汉的左派国民党“适合于中国条件的特点，并已证明自己适合于中国资产阶级民主革命的进一步发展”。[④]而“为了保证无产阶级及其政党和国民党党内和国民党党外的领导作用，就必须支持武汉国民党，共产党人必须参加武汉国民党及其革命政府”。并认为武汉政府虽然暂时还不是无产阶级和农民的革命民主

① 《斯大林全集》第9卷，第199页。
② 《斯大林全集》第9卷，第260页。
③ 《斯大林全集》第9卷，第266—267页。
④ 《斯大林全集》第9卷，第274页。

专政的机关，而且也不会很快就成为这样的机关，“但是在革命进一步发展时，在这一革命取得胜利时，它是有一切机会发展成这样的机关的。”[①]

对于反对派提出的建立工农兵苏维埃的主张，斯大林明确表示反对。他认为：“工农兵代表苏维埃并不只是组织革命运动的中心。它们首先而且是反对现存政权的起义机关，是建立新的革命政权的机关。”如果现在要成立工农兵代表苏维埃，“就是造成苏维埃和武汉政府这两重政权，而且必不可免要提出推翻武汉政府的口号”。[②]斯大林反对在中国现阶段成立苏维埃的理论依据是共产国际第二次代表大会所通过的三个决议，即列宁论在落后国家成立非无产阶级的农民苏维埃的提纲，罗易论在中国、印度这样国家里成立工农苏维埃的提纲和“在什么时候和在什么条件下可以建立工人苏维埃”的特别提纲。他认为列宁的提纲所说的苏维埃，是在几乎没有工业无产阶级的中亚国家成立“农民的”、“人民的”、非无产阶级的苏维埃。列宁在自己的提纲中没有一句提到在这样的国家里成立“工人代表苏维埃”。并且苏联无产阶级的直接帮助是在这些国家建立并发展“农民的”“人民的”苏维埃的必要条件之一。由此，斯大林认为列宁的提纲指的不是中国或印度，因为这些国家有一定数量工业无产阶级，并且在这些国家里建立工人苏维埃在一定条件下是成立农民苏维埃的先决条件。罗易的提纲主要指的是已有工业无产阶级中国和印度。这个提纲建议在一定条件下，在从资产阶级革命到无产阶级革命的过渡时期，成立工农代表苏维埃。而标题“在什么时候和什么条件下可以建立苏维埃”的特别提纲，斯大林认为是根据俄国和德国革命经验说明了“工人代表苏维埃”的作用。提纲中“没有无产阶级革命的苏维埃不可避免地会变成对苏维埃的讽刺”的断言，在讨论立即在中国成立苏维埃问题时值得考虑。他力图用这三个提纲说明：工人苏维埃在“只有具

---

① 《斯大林全集》第9卷，第267页。

② 《斯大林全集》第9卷，第271—272页。

备了从资产阶级民主革命直接过渡到无产阶级革命的顺利条件，也就是只有具备了从资产阶级政权过渡到无产阶级专政的顺利条件时”，“才能存在和进一步发展”。依据此，他指责托洛茨基“把资产阶级民主革命和无产阶级混淆起来了”。因为“中国的资产阶级民主革命不仅没有完结，不仅没有胜利，而且只处在它发展的第一阶段，……拒绝支持武汉政府，提出两重政府的口号，现在用立即成立苏维埃的办法来推翻武汉政府，就是给蒋介石和张作霖以直接的和明显的援助”。[①]

布哈林除了在中国革命性质问题和建立工农兵代表苏维埃问题批驳反对派外，还重点对托洛茨基关于中国民族资产阶级对待革命态度的判断进行了批驳。托洛茨基在《中国革命与斯大林提纲》中认为：中国买办资产阶级和民族资产阶级没有根本的不同，两个阶级之间的关系比资产阶级和工人、农民之间的关系不知要亲密多少倍！资产阶级在民族战争的营垒中犹如一个内部障碍。它无时不在敌视工人群众和农民群众，并随时准备向帝国主义妥协。民族资产阶级领导着国民党，它基本上是买办阶级和帝国主义的工具。布哈林认为，托洛茨基这个观点是无视各个不同阶段和社会的发展，绝对不允许与资产阶级实行联合。在中国，“部分资产阶级即所谓的民族资产阶级用军事手段反对买办阶级和帝国主义者，这是客观存在的事实。”“民族资产阶级进行了反对买办阶级和帝国主义者的军事斗争，从这个意义上，资产阶级与买办阶级是根本不同的。由于群众的压力，另一方面由于帝国主义者的压力，又出现了另一种阶级划分；因此所谓根本不同不是一成不变的。”“我们不能断言，民族资产阶级在各个发展阶段都是买办阶级和帝国主义者的帮凶。”[②] 布哈林还以列宁《关于民族和殖民地问题的提纲初稿》中关于共产国际必须与殖民地和落后国家的资产阶

① 《斯大林全集》第 9 卷，第 272—273 页。

② 《布哈林的报告》，中共中央党史研究室第一研究部编：《共产国际、联共（布）与中国革命档案资料丛书》第 6 卷，第 121 页。

级民主派达成协议甚至可以结成临时联盟的论述为依据，认为中国无产阶级在某些情况下与民族资产阶级联合是正确的，北伐战争促进了工农运动的发展就充分证明了这一点[①]。

可以看出，在蒋介石四一二反革命政变后联共（布）、共产国际高层发生的这场争论中，斯大林、布哈林在理论上相对来说比对方完备。他们立足于中国是一个半殖民地半封建的国家，属于被压迫民族，坚持认为中国革命性质是资产阶级民主革命，把解决农民的土地问题作为革命的主要内容和基础，这些无疑是正确的。他们反对立即建立工农兵代表苏维埃，形成与武汉政府并立的双重政权，暂时避免在蒋介石叛变后中共又与武汉的国民党处于敌对状态，从策略上讲是对的。但是，他们把工农兵代表苏维埃视为由资产阶级民主革命向无产阶级社会主义革命过渡的政权机关，把武汉国民政府视为适合中国资产阶级民主革命进一步发展的政权，从而形成了建立工农兵代表苏维埃——无产阶级社会主义革命、支持武汉国民党和改造武汉国民政府为工农革命民主专政——推进中国资产阶级民主革命进一步发展的公式，却是不符合当时武汉地区的政治军事情况的。这个公式使联共（布）、共产国际过分看重国民党这个组织形式，迟迟不愿放弃国民党的旗帜；而在放弃了国民党的旗帜代之以苏维埃的旗帜后，容易使一些共产党人对中国革命性质问题产生错误的认识和判断。同时，斯大林、布哈林虽然没有像反对派那样，将民族资产阶级基本等同于买办资产阶级，认为他们能够在中国资产阶级民主革命的第一阶段同革命一道前进。但又认为随着革命的发展，工农运动的猛烈开展，民族资产阶级必然离开革命营垒，同帝国主义勾结起来反对革命。他们把蒋介石看作是民族资产阶级的代表人物，认为蒋介石的叛变是民族资产阶级退出革命，蒋介石建立的南京政权是民族资产阶级政权。这样，他们同反对派一样，认为民族资产阶级没有革命性

---

① 参见中共中央党史研究室第一研究部编：《共产国际、联共（布）与中国革命档案资料丛书》第6卷，第122—123页。

了，是反革命。实际上，蒋介石这时已从民族资产阶级右翼转变为大地主、大资产阶级的代表，斯大林、布哈林仍把他看成民族资产阶级的代表是错误的。民族资产阶级的一些上层人物虽然附和了蒋介石，并没有在南京政权中占主导地位。斯大林、布哈林对中国民族资产阶级对待革命态度的错误判断，也容易使当时马克思主义理论水平还很低的中国共产党人以此为依据判断中国革命性质，出现认识上的混乱。

## 二

1927 年 7 月 15 日，随着汪精卫集团控制的武汉国民党中央决定“分共”，国共合作发动的一度轰轰烈烈的大革命宣告失败。

对于这个失败的估计，斯大林认为：“可能是近乎长期的失败，像俄国 1905 年发生过的那样，革命中断了整整 12 年，然后在 1917 年 2 月以新的力量爆发起来，推翻专制政体，为新的苏维埃的革命扫清道路。”[①] 但他从反革命还没有联合起来，新旧军阀的战争的爆发，反革命力量的削弱等情况判断，这种可能性很小。他认为也“可能类似布尔什维克在 1917 年 7 月遭到的失败，那时候孟什维克——社会革命党人的苏维埃背叛了布尔什维克，布尔什维克不得不转入地下，经过了几个月，革命又重新走上了街头，来扫除俄国的帝国主义政府了”。他认为“这个前途的可能性较大”。并说：“如果这个前途成为现实，如果在最近时期（不一定是经过两个月，也许经过半年、一年）新的革命高涨成为事实[②]，那末，成立工农代表苏维埃的问题就会提到日程上来，成为当前口号，以与资产阶级政府相对立。”[③] 斯大

① 《斯大林全集》第 9 卷，第 321 页。
② 斯大林在“新的革命高涨成为事实”一句下面加了着重号。
③ 《斯大林全集》第 9 卷，第 322 页。

林把“新的革命高涨”作为成立苏维埃的一个必要条件。他认为在中国目前新的革命高涨还没有到来，中国共产党的策略应是“除了争取以革命的领导代替目前的国民党领导之外，还应当在广大劳动群众中间极广泛地宣传建立苏维埃的思想，不要冒进，不要立即成立苏维埃，要记住只有在强大的革命高涨的条件下苏维埃才能兴盛起来”[①]。

可以明显地看出，斯大林对中国大革命失败后革命形势的判断，是拿俄国1905年资产阶级革命和1917年资产阶级民主革命来类比的。尽管他认为中国新的革命高涨不会像俄国十月革命那样来得那么快，“放宽”了时间，但也只有半年到一年的时间。他所说的中国“新的革命高涨”显然是指像俄国十月革命那样的革命形势。由此看来，斯大林认为中国现在仍然是资产阶级民主革命，苏维埃目前只是宣传阶段，只有具备从资产阶级民主革命向社会主义革命过渡的条件即“革命高涨”时才能建立苏维埃。

既然目前仍是资产阶级民主革命，还不能建立苏维埃，而国民党蒋介石集团、汪精卫集团又相继叛变革命，中国共产党应采取什么策略呢？斯大林提出，“以革命的领导代替目前的国民党领导”，即仍然举国民党的旗帜。早在1927年5月，针对当时中国共产党内有人提出退出国民党的要求，共产国际执行委员会第八次会议《关于中国问题的决议》指示：“国民党的旗帜，即民族解放斗争的旗帜，绝不能拱手让给这个斗争的背叛者。”决议认为中国共产党应留在国民党内，争取领导权。为此，决议要求中国共产党尽力“把国民党发展成为一个真正广泛的、真正贯彻选举制度的、真正群众性的和真正民主革命的组织”。[②]从这个思路出发，在1927年7月汪精卫即将叛变之际，共产国际执行委员会在《关于中国革

① 《斯大林全集》第9卷，第322—323页。

② 中国社会科学院近代史研究所翻译室编译：《共产国际有关中国革命的文献资料（1919—1928）》第1辑，中国社会科学出版社1981年版，第327、328页。

命当前形势的决议》中，一方面指示“中国共产党人毫不迟疑地退出武汉政府，以示抗议”；另一方面指示中国共产党“不退出国民党。尽管国民党领导大肆排除共产党人，仍要留在国民党内。更密切地联系国民党基层，由基层作出坚决抗议国民党中央倒行逆施的决议，要求撤换国民党领导，以及在此基础上准备召开国民党代表大会”。[①] 这就是大革命失败后联共（布）、共产国际要中国共产党采取的使国民党革命化、民主化的方针（即建立左派国民党的方针）。

为了贯彻这个方针，1927年8月8日，斯大林给共产国际新任驻华代表罗米纳兹和加伦发去电报说，“关于苏维埃的最近指示是这样：发动国民党左派群众起来反对上层；如果不能争得国民党，而革命将走向高潮，那就必须提出苏维埃的口号并着手建立苏维埃；现在就开始宣传苏维埃”[②]。然而，罗米纳兹等将这个指示电的开始宣传苏维埃理解为在中国立即实行工农兵苏维埃[③]。于是，8月12日，斯大林致电罗米纳兹，指示：“您没有理解指示的意思。我们没有建议成立苏维埃，我们只是讲宣传苏维埃的思想。我们的具体口号是与共产党人一起重建革命的国民党和在这样的国民党周围组建可靠的军队。要尽一切努力使国民党革命化和民主化。只有当重建革命国民党的尝试明显无望和明显失败，而随着这种失败出现新的革命高潮时……才走上建立苏维埃的道路。”斯大林还强调：“现在无论在叶挺的军队里还是在农村都不要建立苏维埃。”[④]8月13日，联共（布）中央政治局决定

① 中国社会科学院近代史研究所翻译室编译：《共产国际有关中国革命的文献资料（1919—1928）》第1辑，第339页。

② 中共中央党史研究室第一研究部译：《共产国际、联共（布）与中国革命档案资料丛书》第7卷，第18—19页。

③ 毛泽东在1927年8月20日代中共湖南省委写给中共中央的信中曾提到：“某同志来湘道及国际新训令主张在中国立即实行工农兵苏维埃”。这个“某同志”指的是共产国际的代表之一马也尔。由此判断，很有可能是马也尔在武汉从罗米纳兹那里得知斯大林8月8日的电报，到湖南后向毛泽东和中共湖南省委进行了传达。这说明罗米纳兹对斯大林这个电报的理解是立即实行苏维埃。

④ 《致汉口苏联领事伯纳》（1927年8月12日），中共中央党史研究室第一研究部译：《共产国际、联共（布）与中国革命档案资料丛书》第7卷，第22页。

给罗米纳兹和加伦发出电报，表示政治局批准了前一日斯大林关于使国民党革命化的电报，进一步指示：我们认为跟国民党结盟必须不是从外部，而是从内部；如果国民党革命化在实践上毫无指望，同时出现新的巨大的革命高潮，只有在这种情况下才建立苏维埃；在目前阶段只限于在共产党报刊上宣传苏维埃，决不能迫使国民党左派支持这种宣传。联共（布）中央政治局强调，南昌起义军到广东后，“应成立真正革命的国民党政府”，并同意“立即预先成立革命委员会的一套做法”。①

根据斯大林和联共（布）中央政治局的指示，中共中央常委会通过了《中国共产党的政治任务与策略的议决案》，指示各地党组织：“应当组织工农暴动于革命的左派国民党旗帜之下。”理由是“国民党是一种民族解放运动之特别的旗帜”。尽管中国共产党出了机会主义，但“下级党部群众的行动与宣传，使中国国民党在城市小资产阶级的群众，以至一部分工业群众之中，已经很有革命的威信。中国共产党现在不应当让出这个旗帜，使一般叛徒篡夺国民党的名号，而做军阀及反动资产阶级掌握里的玩物”；同时，也是为了“吸引小资产阶级的革命分子”。议决案在“政权”部分中指出：“工农兵代表苏维埃，是一种革命的政权形式，即是保证工农民权独裁制直接进于无产阶级的社会主义独裁制；这种形式之下，最容易完成从民权革命生长而成社会主义革命的转变，而且是保证中国之非资本主义发展的唯一方式。”但“本党现时不提出组织苏维埃的口号——城市、乡村、军队之中都是如此。只有到了组织革命的国民党之计划，完全失败，同时，革命又确不[在]高涨之中，那时本党才应当实行苏维埃”。《议决案》同时又说：“如果组织革命的国民党的计划能够成功（如果资产阶级军阀的反动还来不及完全消灭国民党），那末，本党就应当在革命超越资产阶级民权主义的范围时，使苏维

① 《征询政治局委员意见》（1927年8月13日），中共中央党史研究室第一研究部译：《共产国际、联共（布）与中国革命档案资料丛书》第7卷，第21页。

埃制度得以从新的革命政权之中生长出来。”[①] 这个议决案一方面贯彻了斯大林和联共（布）中央政治局的关于苏维埃问题的指示，另一方面却又和斯大林、联共（布）中央的指示不同，认为组织革命的国民党能够成功后，可以超越资产阶级民主革命范围，建立苏维埃。这反映了罗米纳兹及其指导下的中共中央当时对苏维埃问题的理解。

联共（布）、共产国际关于国民党革命化、民主化方针很快在实践中证明是行不通的。8 月 20 日，在湖南准备秋收起义的毛泽东致信中共中央，提出“工农兵苏维埃完全与客观环境适合”，“我们不应再打国民党的旗子了。……只有共产党旗子才是人民的旗子。”“我们则应立刻坚决的树起红旗”。[②] 毛泽东的主张反映了在蒋介石、汪精卫叛变革命后仍打着国民党的旗号，国民党已经臭名昭著，成为反革命的代名词的情况下，中国共产党地方党组织强烈要求放弃国民党旗帜建立苏维埃的呼声。一个月后，即 9 月 19 日，中共中央政治局根据南昌起义和湖南、湖北、广东等地的秋收起义打国民党旗帜的经验教训，认为“中央以前复兴左派国民党的估计不能实现。资产阶级军阀的反动已经很快的把国民党变成政治的尸首”，“以前国民党在群众中的革命威信，已因资产阶级军阀之到处利用国民党的旗帜实行流血屠杀，恐怖与压迫而消灭了。”“现在群众看国民党的旗帜是资产阶级地主反革命的象征”。“土地革命的急剧的发展，已经使一切动摇犹豫的上层小资产阶级脱离革命的战线。彻底的民权革命——扫除封建制度的土地革命，已经不用国民党做自己的旗帜。”“以后关于组织群众的革命斗争，当然无论如何说不上再在国民党的旗帜下进行。”“现在的任务不仅宣传苏维埃的思想，并且在革命斗争新的高潮中应成立苏维埃。”[③] 并认为苏维埃首先应当在广州、长沙等中心城市

---

① 中央档案馆编：《中共中央文件选集》第 3 册，第 336、337—338 页。

② 中央档案馆编：《中共中央文件选集》第 3 册，第 354 页。

③ 中央档案馆编：《中共中央文件选集》第 3 册，第 369、370 页。

建立。

这时，共产国际内部也有人开始认识到不能再打国民党的旗帜了。9月20日，大革命时期曾在中国工作过的沃林，在给共产国际执行委员会的书面报告中说：关于重建左派国民党的问题，“听起来是完全缺乏活力和不现实的东西。左派国民党目前不仅不存在，而且在阶级斗争日益尖锐的现实条件下和在向革命更高阶段过渡的情况下，不可能重建成为一支真正革命的力量。”“现在国民党的旗帜确确实实地染满了成千上万优秀的和忠于革命事业的工农的鲜血”。鉴于此，沃林提出：“叶挺和贺龙的运动应当在共产党的旗帜下进行。”南昌起义军在广东所建立的政权应以“苏维埃作为暴动机关和革命政权形式”。①

来自中国共产党和共产国际内部的意见，使联共（布）、共产国际的决策层开始改变使国民党革命化、民主化的方针。9月22日，联共（布）中央政治局会议在听取了关于中国问题的报告后，决定以共产国际名义给罗米纳兹发出电报，指示：“根据共产国际执委会指示和中央最近一次全会的决议可以得出在左派国民党的思想确实遭到失败和存在新的革命高潮的情况下有必要建立苏维埃。”但“建立苏维埃和扩大苏维埃地区的时机由共产国际执委会执行局和中共中央来决定”。②9月27日，斯大林在共产国际执行委员会和监察委员会联席会议上讲话，反驳了托洛茨基就南昌起义军南下广东问题对他的指责，说：“国民党人不会再参加国民党了，即使革命的国民党再次出现舞台上。只有愚昧无知的人才会设想既可成立苏维埃，同时共产党人又可参加国民党。把这两个不能相容的东西合在一起，就是不懂得苏维埃的本性和使命。”“就让我们的中国

---

① 《沃林给共产国际执行委员会的书面报告》（1927年9月20日于莫斯科），中共中央党史研究室第一研究部译：《共产国际、联共（布）与中国革命档案资料丛书》第7卷，第80、81、84、85页。

② 《联共（布）中央政治局会议第125号（特字第103号）记录（摘录）》（1927年9月22日于莫斯科），中共中央党史研究室第一研究部译：《共产国际、联共（布）与中国革命档案资料丛书》第7卷，第88页。

同志自己去进行把苏维埃移植到中国的工作吧！”[①]9月29日，联共（布）中央政治局致电罗米纳兹，指示：“认为有必要在广东的工业城市里建立工人、士兵和手工业者代表苏维埃。”“认为同左派、革命的国民党实行内部结盟的政策是不行的”。[②]至此，联共（布）、共产国际正式改变了使国民党革命化、民主化的方针，代之以建立苏维埃的方针。

如前所述，按照斯大林、布哈林同托洛茨基、季诺维也夫等反对派的争论，工农兵代表苏维埃应在由资产阶级民主革命向社会主义革命（无产阶级革命）过渡时才能建立。斯大林、联共（布）中央政治局和共产国际改变了使国民党革命化、民主化的方针，同意中国共产党领导的暴动后建立苏维埃政权，这无疑是向前进了一步。但是，由此产生了另一个问题，即中国革命性质的判断问题。在中国的共产国际代表罗米纳兹和中共中央对建立工农兵代表苏维埃的理解，是依据斯大林、联共（布）中央政治局、共产国际执行委员会的历次指示精神，因此，他们在联共（布）、共产国际同意中国建立工农兵代表苏维埃之后，对中国革命性质的判断自然也发生了变化。

罗米纳兹是在中国建立工农兵代表苏维埃的积极推进者。前面已经提到，在接到1927年8月8日电报时，罗米纳兹就将宣传苏维埃理解为立即实行苏维埃。他对斯大林、联共（布）中央政治局关于苏维埃问题的指示有不同意见，对于中国共产党内建立工农兵代表苏维埃的要求，罗米纳兹给予了积极支持，并在9月13日给联共（布）

---

① 《斯大林在共产国际执行委员会和监察委员会联席会议上的讲话（摘录）》（1927年9月27日于莫斯科），中共中央党史研究室第一研究部译：《共产国际、联共（布）与中国革命档案资料丛书》第7卷，第92—93页。

② 《联共（布）中央政治局会议第126号（特字第104号）记录（摘录）》（1927年9月29日于莫斯科），中共中央党史研究室第一研究部译：《共产国际、联共（布）与中国革命档案资料丛书》第7卷，第97—98页。

中央政治局就建立苏维埃问题发去专电[①]。罗米纳兹为什么积极主张中国建立苏维埃，第一，是建立在对中国革命形势的乐观估计上。他认为："据一般的客观形势看来，资产阶级军阀的反动，其胜利是极不巩固的，而革命之重新高涨，不但在最近期内是可能的，而且是不可免的。""工农之革命的群众运动，虽然受着失败，然而还（没）有大破坏，还没有因为受了镇压简直不能够重新高涨。"第二，是将中国各阶级分为两个完全独立互相仇视而不可调和的营垒，即"一是资产阶级军阀的反动营垒；一是工农的革命营垒"。认为"工农民权独裁的胜利"，"只能在反对民族资产阶级的斗争中去达到。"这就把民族资产阶级作为革命主要对象。第三，建立在资产阶级民主转变到社会主义革命所谓"无间断的革命"论上。认为："无产阶级农民来实行的资产阶级民权革命，反抗中外的资产阶级的革命，能够而且应当直接的生长而成社会主义的革命，无产阶级及农民，也不能不进而没收一切外国工业及一般反革命党财产，这就要超过资产阶级制度的范围。如果无产阶级及农民，怕超过资本主义式的关系，怕进于社会主义式的道路，那么，就是民权革命也不能得到胜利的完成。"[②]

罗米纳兹在推动放弃国民党的旗帜、建立苏维埃方面是作出了贡献的，但其对中国革命形势的乐观估计和"无间断的革命"论，企图把超越资产阶级民主革命的范围作为彻底完成民主革命任务和"直接的生长而成社会主义的革命"（避免资本主义前途）的必要条件，混淆了资产阶级民主革命和社会主义革命两个不同历史阶段的革命任务，在中国革命性质问题上犯了"左"的错误。在联共（布）、共产国际由举国民党旗帜转变为建立工农兵苏维埃后，罗米纳兹的上述错

① 1927年9月22日，联共（布）中央政治局会议决定以共产国际执行委员会的名义给罗米纳兹发电报，同意在条件具备的情况下可以建立苏维埃，就是对罗米纳兹9月13日专电的答复。联共（布）中央政治局在接到罗米纳兹的电报后近10天才作出答复，说明对这个问题经过了慎重的研究。详见中共中央党史研究室第一研究部译：《共产国际、联共（布）与中国革命档案资料丛书》第7卷，第87—88页。

② 《中国共产党的政治任务与策略的议决案》（1927年8月21日中央常委通过），《中共中央文件选集》第3册，第332—333、328、331页。

误与斯大林此前关于工农兵代表苏维埃理论中的缺陷互为结合与促进，得到了更大的发展空间。

罗米纳兹作为共产国际驻华代表具体指导中共中央的工作，许多文件都是由他起草或指导起草的，其关于中国革命性质的“左”倾错误判断通过文件在各级党的组织得到贯彻。处于幼年时期的中国共产党，还搞不清“什么叫革命性质？革命性质是什么来决定的？”[①]，自然以斯大林、联共（布）中央政治局、共产国际及其驻华代表的理论为理论，产生对革命性质问题的模糊认识是必然的。

1927年10月至11月，湖北、广东、江西、陕西、河南、直隶（今河北省）等省的党组织领导发动了多次武装起义。这些起义并不表明革命形势在高涨。从全局来看，革命力量还很弱小，革命形势仍然处于低潮。但是，罗米纳兹指导下的中共中央，对革命形势作了过高的估计。10月24日发刊的中共中央机关刊物《布尔塞维克》，在《发刊露布》中认为，“中国的革命已经走到了极高的发展”[②]。10月底，中央临时政治局常委会议认为，当前的革命潮流是高涨的，中国革命客观条件已经具备，党应当汇合各种暴动发展成为总暴动[③]。11月1日，中共中央临时政治局常委通过《中央通告第十五号——关于全国军阀混战局面和党的暴动政策》。通告认为，在全国军阀混战的局面下，广东、湖北、湖南、江西、江苏、浙江、山东及北方的工人和农民群众急剧革命化，“客观上有一触即发，起来推翻一切豪绅军阀政权的趋势。”[④]

基于上述判断，11月9日至10日，由瞿秋白主持，罗米纳兹参加，中共中央临时政治局召开了扩大会议。在这次会议上通过的《中

---

① 《周恩来选集》（上卷），人民出版社1984年版，第153页。

② 《布尔塞维克》第1期，第1页，1927年10月24日出版。

③ 见中共中央党史研究室著：《中国共产党历史》（第一卷）（上册），中共党史出版社2002年版，第316页。

④ 中央档案馆编：《中共中央文件选集》第3册，第435页。

国现状与党的任务决议案》中，罗米纳兹的“无间断的革命”论又有了新的发展，在这里，笔者着重探讨一下它的误区究竟在哪里。

第一，否认了资产阶级民主革命向社会主义革命转变有一个过渡时期。马克思主义坚持的是不断革命论和革命发展阶段论。认为在革命主要是反对大土地占有者和封建残余的落后国家，无产阶级应先进行资产阶级民主革命，然后进行社会主义革命。无产阶级参加资产阶级民主革命，同资产阶级争夺革命领导权，在革命斗争中不断提高本阶级的思想觉悟，不断壮大自己的队伍和力量，建立无产阶级领导下的人民革命政权，取得民主革命的彻底胜利，然后过渡社会主义革命，建立社会主义制度。陈独秀的“二次革命论”将中国革命分为资产阶级民主革命和无产阶级社会主义革命两个阶段，却认为资产阶级是中国民主革命的领导者，革命胜利后自然是资产阶级掌握政权。无产阶级参加资产阶级民主革命，只是处于帮助的地位。在资产阶级取得民主革命成功后，再进行无产阶级革命。可见陈独秀只承认革命阶段论，否认了不断革命论。“无间断的革命”论在反对“二次革命论”时，走上了另一个极端，认为既然中国民族资产阶级软弱，“没有能力实行推翻封建军阀的民权革命”，领导革命的重任历史地落在中国无产阶级肩上，那么，“中国革命进展的过程中决不能有民权革命自告一段落的局势（所谓二次革命的理论）；这一革命必然是急转直下从解决民权革命的责任进于社会主义的革命。”[①]“无间断的革命”论的误区，在于认为无产阶级领导的民主革命的任务与社会主义革命的任务必须同时进行，认为只有如此才能保证革命的非资本主义前途，否则革命就会是资本主义的前途。从而否认了资产阶级民主革命向社会主义革命转变有一个过渡时期。可见，“无间断的革命”论实际上是把资产阶级民主革命和社会主义革命“毕其功于一役”，否认了革命发展阶段论。

---

① 中央档案馆编:《中共中央文件选集》第3册，第453页。

第二，企图以大革命失败后各地此起彼伏的农民暴动来证明“中国革命之无间断性”。罗米纳兹认为：“中国革命的进展虽然受着历次的挫折，但是他始终继续不断的发展，因为统治者阶级之间自身的冲突矛盾非常剧烈，他们的统治不能稳定，民众革命斗争，尤其是农民暴动自发的到处爆发，而有汇合起来成为工农民众的暴动推翻军阀豪绅资产阶级统治之趋势。这种继续不断的革命爆发，显然证明中国革命之无间断性。”[①]罗米纳兹这里的误区，其一是把国民党内部的纷争和新军阀之间发生的混战看成统治阶级已经十分脆弱，成为“无间断的革命”的条件，即可以由民主革命急转直下进入社会主义革命的好时机。其二是将中国共产党领导的以土地革命为主要内容的工农（主要是农民）武装暴动，看成是反对“军阀豪绅资产阶级”的斗争。这样，他就把中国革命反对帝国主义和封建主义的任务变成了反对资产阶级和封建主义。其三，把各省的农民暴动看作是“革命的高涨”。而“高涨”一词，在联共（布）、共产国际领导人那里往往是资产阶级民主革命向社会主义革命过渡的代名词。实际上，这时在各地举行的起义中，多数是失败的，只有少数起义，由于领导者在起义受挫的情况下审时度势，及时率领队伍撤退到山区，才坚持下来。这种情况与大革命时期两湖的工农运动蓬勃发展的情况相去甚远，根本谈不上“高涨”。罗米纳兹对形势的判断，远远脱离实际情况。

“无间断的革命”论在中国共产党内产生了很大影响，11 月政治局扩大会议后不久，中央临时政治局负责人瞿秋白就在《布尔塞维克》杂志上发表了《中国革命是什么革命？》一文。文章一方面认为，国民党背叛革命，“中国工农民众的革命潮流立刻便向着推翻国民党政权的道路”，但这不是说“中国的国民革命完结了，从此开始了第二次的纯粹社会主义的革命”；另一方面，又认为“中国革命中民权主义的任务，要在工农反对豪绅资产阶级的革命的阶级斗争之

---

① 中央档案馆编：《中共中央文件选集》第 3 册，第 453 页。

中，方能实现”。“中国革命要彻底推翻旧社会关系（半封建的资本主义前期的社会关系），也就不能不超越资产阶级的民权革命的范围。所以中国当前的革命，显然是由解决民权主义任务急转直下到社会主义革命。”“中国革命，不论是在速度上或是在性质上，都是无间断性的革命。”① 瞿秋白的这篇文章反映了当时中国共产党人对“无间断的革命”论的接受与理解。

中国共产党人为什么易于接受罗米纳兹的“无间断的革命”论，发生土地革命战争时期第一次“左”倾错误呢？过去党史界一般认为：一是出于对国民党屠杀政策的愤怒，党内普遍存在着一种急躁拼命情绪；二是一些犯过右倾错误的人，怕重犯右倾错误，认为“左”比右好；三是党对大革命失败后中国革命面临的各种迫切问题还不可能都作出正确的分析，找出解决的办法，并缺乏党内斗争经验，不懂得在反右的同时必须防“左”②。笔者认为，这样的分析有道理，但不够全面深入，还应当更深入地分析。

第一，列宁的民族和殖民地问题理论提出了殖民地和落后国家在先进国家无产阶级帮助下避免资本主义前途的设想。1926 年 12 月 16 日共产国际执行委员会第七次扩大全会通过的《关于中国形势问题的决议》，根据北伐胜利进军和国民革命联合战线内部的斗争情况，向中国共产党提出“应该竭尽全力最终实现过渡到非资本主义发展轨道的这种革命前途”③ 的任务。但是，如何实现非资本主义前途，需要在实践中去探索。从蒋介石发动四一二反革命政变起，联共（布）、共产国际和中国共产党内普遍地认为，在工农运动不断发展的情况下，中国民族资产阶级走入了反革命阵营，必须反对资产阶级才能彻底完成资产阶级民主革命的任务，争取非资本主义的前途。大革命失

① 《布尔塞维克》第五期，第 129、130、131 页，1927 年 11 月 21 日出版。

② 见中共中央党史研究室著：《中国共产党历史》（第一卷）（上册），第 319 页。

③ 中国社会科学院近代史研究所翻译室编译：《共产国际有关中国革命的文献资料（1919—1928）》第 1 辑，第 278 页。

败后，中国共产党内部在批判陈独秀“二次革命论”错误时，将其理解为主张先进行“纯粹的”资产阶级民主革命，后进行“纯粹的”社会主义革命。认为这是违背联共（布）、共产国际关于中国革命的非资本主义前途的指示的。中国共产党人认为，帝国主义和封建主义作为敌人，已经是不说自明的事，而民族资产阶级却在中国人民中有很大的欺骗性。民族资产阶级叛变革命，掌握了中国政权，虽仍喊革命口号，但企图使中国走上资本主义发展的道路，它同帝国主义和封建主义妥协，使中国资产阶级民主革命不彻底。民族资产阶级已成为中国革命走向非资本主义前途的严重障碍。因此，以瞿秋白为负责人的中共中央临时政治局认为，必须揭穿民族资产阶级真正面目，使革命超越资产阶级民主革命的范围，并急转直下进入社会主义革命，这才是保证中国革命通向非资本主义正确道路。这种认识，使中国共产党人易于接受“无间断的革命”论，即认为中国革命要争取非资本主义的前途，既不能进行“纯粹的”民族资产阶级革命，也不能进行“纯粹的”社会主义革命，只能是“无间断的革命”。

第二，如前所述，在联共（布）、共产国际领导人的言论中，总是把“高涨”作为资产阶级民主革命向社会主义革命过渡的代名词。处于幼年期的中国共产党，在革命经验还不足的情况下，往往跟在联共（布）、共产国际领导人后面，把中国大革命的失败，看作类似于1917年7月俄国布尔什维克党的失败。俄国在“七月失败”后三个月后即出现了高涨的革命形势，布尔什维克领导人民取得十月革命的胜利。中国共产党人在大革命失败后虽然没有把中国革命形势的重新高涨看得来得那么快，但从中国社会主要矛盾仍然没有得到解决，阶级斗争依然尖锐的判断出发，认为中国革命的高涨不会等很久才会到来。因此，当他们看到农民暴动蜂起的时候，就会认为中国革命已经高涨，并且认为统治者不堪一击，很快就会被农民暴动的巨流冲垮，中国就要走上非资本主义的革命前途了。

第三，中共中央的不少领导人都到过苏联，亲眼看到了苏联自十月革命后社会风貌发生的翻天覆地的变化。他们对苏联非常羡慕，把苏联视为中国未来的模板。因此，他们总是希望中国革命迅速胜利，建立像苏联一样的社会，走上独立、富强的社会主义大道。这样，他们就不可避免地犯革命的急性病。

以上种种原因，使中国共产党人易于接受“无间断的革命”论。也可以说，这是中国共产党人为探索中国革命非资本主义前途道路付出的痛苦代价。

## 三

土地革命开始后，联共（布）、共产国际对中国的情况非常关心，他们派往中国的代表，不断从中国发回各种各样的信息。

1927 年 11 月，佩佩尔从上海发给共产国际执行委员会的信，报告：“除了以前的机会主义危险外，在中共党内越来越明显地出现盲动主义危险。”“中国革命的主要问题一个也没有解决。中国没有统一。土地革命依然摆在议事日程上。”“中国的资产阶级越来越不能领导中国革命。中国资本主义的发展已经停止。中国本土的资本主义正处在两个磨盘之间，一个是外国帝国主义，一个是在中国经济深处仍居主导地位的亚细亚生产方式，所以不可能发展。不仅在全国范围内建立国内市场，而且建立一般的资本主义市场都遇到了不可逾越的障碍。土地革命、工农群众夺取政权的问题在中国革命目前的状况下依然是迫切需要解决的问题。”关于工农运动的状况，佩佩尔报告说：“最近三个月来，上海所有的罢工都以失败告终，广大工人阶层因此充满消极情绪。”“9 月和 10 月各地农民暴动是孤立的，不能向广度发展，在较短的一段时间内被镇压下去了。”因此，他认为：“工农运动的浪潮彼此隔绝，不能汇合起来，因此比较容易化为乌有。共产党不能对农民暴动者给予必要的领导，农民暴动不能通过占领比较重要的城市来保证自己有巩固的中心。”[①] 可以看出，佩佩尔除了坚持以城市为中心的观点外，对中国的政治、经济状况以及工农运动的评价，对中国共产党内出现的盲动主义危险的担忧，都是正确的。

佩佩尔的报告引起了共产国际的注意。联共（布）中央候补委员、红色工会国际总书记、共产国际执行委员会委员洛佐夫斯基看到佩佩尔的信后，于 1928 年 1 月 10 日给红色工会驻华代表米特凯维奇和琼森写信，表示“同意说中共目前存在两种危险：盲动主义和机会主义”。并认为：“在目前情况下，先锋主义更加危险。”“危险就在于，先锋主义，即盲动主义会造成党和群众之间的裂缝。只要这种裂缝一形成，那么它就会自动地发展和扩大。”[②] 在发出这封信后，洛佐夫斯基又给米特凯维奇和琼森写了一封信，作为上一封信的补充。这封信主要是批评中共中央十一月政治局扩大会议决议中的错误，尤其是其中关于“无间断的革命”内容。信中说，“我认为关于不断革命的一整段话是非常冒险和混乱的”，“马克思的不断革命和托洛茨基的不断革命是两种不同的东西”。[③]

罗米纳兹在中国推行“无间断的革命”论以及中国共产党内对革命性质问题认识的混乱及发生的盲动错误，使共产国际认识到了问题的严重性，觉得这些问题已经到了非解决不可的地步了。在共产国际执行委员会政治书记处委员皮亚特尼茨基的主持下，共产国际执行委员会于 1928 年 1 月 17 日、24 日和 31 日召开了讨论中国问题会议。会议听取了前不久在中国指导工作的罗米纳兹、佩佩尔、牛曼、谢苗诺夫的报告，并进行了讨论。共产国际执行委员会负责人布哈林在

---

① 《佩佩尔给共产国际执行委员会的信》（1927 年 11 月于上海），中共中央党史研究室第一研究部译：《共产国际、联共（布）与中国革命档案资料丛书》第 7 卷，第 142、143、145 页。

② 《洛佐夫斯基给米特凯维奇和琼森的信》（1928 年 1 月 10 日于莫斯科），中共中央党史研究室第一研究部译：《共产国际、联共（布）与中国革命档案资料丛书》第 7 卷，第 196、198 页。

③ 《洛佐夫斯基给米特凯维奇和琼森的信》（1928 年 1 月 10 日于莫斯科），中共中央党史研究室第一研究部译：《共产国际、联共（布）与中国革命档案资料丛书》第 7 卷，第 206 页。

31日作了发言和结束语。

布哈林在发言中着重批驳了罗米纳兹的“无间断的革命”论。布哈林将“无间断的革命”论归结为“一方面是没有资产阶级民主革命的过渡阶段”，“另一方面是中国革命具有不断的性质。”认为这样的论断“是错误的”，“在分析中国革命的性质及前途时忽略了最主要的东西，即中国的殖民地性质或半殖民地性质。”他认为，判断中国革命的性质，应该以“革命的具体内容”，而“不是革命的动力”。“民族资产阶级掌握政权，而与此同时革命的经济任务尚未解决”，不能说资产阶级革命已经结束。“中国资产阶级民主革命的核心是土地革命。土地革命本身无论如何不是某种社会主义的东西。它只能是中国进一步发展的社会主义特点的某种前提和出发点。但中国的土地革命本身具有资产阶级民主性质。”针对罗米纳兹在报告中认为中国“现在进行的是工农革命”，无论就其形式，就其内容和阶级动力来判断，“中国革命现在已经不具有资产阶级民主性质”的论断，布哈林认为罗米纳兹混淆了资产阶级革命、资产阶级民主革命和无产阶级革命的区别，三者之间的区别在于：“资产阶级政权适应于资产阶级革命，无产阶级专政适应于无产阶级革命，而无产阶级和农民的专政则适应于资产阶级民主革命；它与无产阶级专政不同，它也可能是无产阶级专政的初级阶段，在革命初步发展过程中应该是这样一个阶段，但它本身只体现资产阶级民主革命的顶点。”他认为按照罗米纳兹的判断，中国资产阶级民主革命已不复存在的话，中国现阶段就只能是无产阶级革命。而中国现阶段建立的苏维埃政权，不是无产阶级专政，是工农民主专政，“苏维埃政权不仅仅是无产阶级革命中的国家政权形式”。[①]

布哈林在发言和结束语中，还批评了“左”倾盲动错误，认为这

① 见《布哈林在共产国际执行委员会讨论中国问题会议上的发言和结束语》（1928年1月31日），中共中央党史研究室第一研究部译：《共产国际、联共（布）与中国革命档案资料丛书》第7卷，第220—247页。

种倾向是“危险的”，“造成了这样的局面：在作为无产阶级先锋队的我们党和群众之间出现了某种裂缝。”现在我们应该提的口号是：“更接近群众”“争取群众”“说服群众”，在“宣传工作的基础上把群众组织和动员起来以便组织胜利的起义”。①

布哈林在这次会议上的发言和结束语，也就是为共产国际执行委员会第九次全会准备的材料。

1928 年 2 月 9 日至 28 日，共产国际执行委员会第九次全会在莫斯科举行。参加会议的有来自 27 个国家的 92 名代表。中国共产党代表向忠发、李震瀛出席了会议。经过激烈的争论，会议通过了《关于中国问题的决议》。这个决议草案名义上是由苏联及中国共产党代表团斯大林、布哈林、向忠发、李震瀛共同提出的，实际上是代表斯大林、布哈林的观点。

关于中国革命的性质，决议指出：“目前中国革命所处的时期是资产阶级民主革命时期，这个革命无论从经济上看（土地革命和消灭封建关系），或是从反帝民族斗争上看（统一中国和民族独立），或是从政权的阶级本质上看（无产阶级和农民的专政），都还没有完成。认为现阶段的中国革命已经转变为社会主义革命的看法是不正确的。同样地，认为现阶段的革命是‘不断革命’的看法，（这是共产国际执委会驻中国代表的观点②），也是不正确的。想要跳过资产阶级民主革命阶段而同时认为这个革命是‘不断革命’，这种倾向是错误的，这个错误与托洛茨基在 1905 年所犯错误相似。这样地提出问题，也就取消了中国革命所具有的作为半殖民地革命的最大民族特点，因而这个错误就更为有害了。”

关于中国革命的形势，决议认为：“波澜壮阔的工农革命运动，

① 《布哈林在共产国际执行委员会讨论中国问题会议上的发言和结束语》（1928 年 1 月 31 日），中共中央党史研究室第一研究部译：《共产国际、联共（布）与中国革命档案资料丛书》第 7 卷，第 235 页。

② 这里明显是指罗米纳兹。决议之所以在括号里注明，是表明“无间断的革命”论只是罗米纳兹个人的观点，不代表共产国际的意见。

基本上是在共产党的口号下，在很大程度上还是在共产党的领导下进行的。这场革命运动的第一个浪潮已经过去。”“目前，在全国范围内还没有出现群众革命运动的新高潮。”但决议同时又认为：“有许多征兆表明，工农革命正在酝酿这种新高潮。”还认为：“资产阶级不仅同反革命封建势力和军阀彻底勾结起来，而且实际上还同加紧抢夺经济地盘和扩大政治影响的外国帝国主义达成了妥协。这三个主要的反革命势力联合起来反对工农、反对革命。”

关于盲动主义，决议提出：“必须坚决反对工人阶级某些阶层中的盲动主义，反对在城市和农村采取无准备、无组织的行动，反对把起义当儿戏。不去组织群众性的工农起义，而把起义当作儿戏，这是必然断送革命的做法。”①

共产国际执行委员会第九次全会关于中国问题的决议于1928年4月下旬传到中国。4月28日，中共临时政治局讨论这个决议。权威的中共党史著作认为：“与会者基本同意共产国际决议对中国性质的看法，认识到中国革命仍是资产阶级民主革命，承认中国革命形势不是高潮，革命发展不平衡，同意把工作重点放在争取群众、积蓄力量上。但此时中央一些领导人还没有完全认清‘左’倾盲动的错误。”②笔者认为，从中共中央发出的接受共产国际执行委员会二月会议中国问题决议案的第44号通告来看，这种说法是有些勉强的。首先，关于中国革命性质问题，通告虽认为托洛茨基1905年的“革命无间断说”是不正确的，但认为“中央政治局向来明白的认清中国革命还是资产阶级的民权革命（土地革命）”。并辩解：“中央政治局去年十一月扩大会议的政治决议案，指出中国革命是无间断的革命，只是要指出：中国之反对帝国主义豪绅资产阶级统治的‘资产阶

---

① 《共产国际执行委员会第九次全会关于中国问题的决议》（1928年2月），中国社会科学院近代史研究所翻译室编译：《共产国际有关中国革命的文献资料（1919—1928）》第1辑，第350、351、352页。

② 中共中央党史研究室著：《中国共产党历史》（第一卷）（上册），第330页。

级民权革命'是有确定的生长而成社会主义革命的趋势与前途。"其次，关于革命形势问题，通告的判断仍是乐观的，认为"但帝国主义军阀国民党之内部有许多矛盾冲突，而且财政上经济上很明显的趋于更大的崩溃"，"反动政权是不能稳定"。"同时工农斗争极普遍的发展，扩大到许多新的省区，引进农民中的新成份，日进于更高的阶段（土地革命之深入）"。因此，通告认为"不但要切实的准备城市与乡村之间邻近省区之间相配合相适用（应）的发动，而且要加紧的领导自发的农民暴动，加紧的执行城市工人中之群众工作及宣传，加紧的执行兵士运动"。第三，关于盲动主义，通告认为中央临时政治局过去的工作，正是一面与机会主义余毒奋斗，一面即尽自己的力量指正党内各地所表现出来的盲动主义"。[①]很明显，中共中央临时政治局没有承认自己对中国革命性质问题的认识有错误，对革命形势的判断依然过高，只是认为地方有盲动主义错误，而中央则没有。

由于对共产国际执行委员会第九次全会的决议不理解，中共中央政治局会议决定提出五条意见，交参加中共六大的政治局委员带到莫斯科，要求共产国际务必作出解释。这五条意见是："1. 关于革命形势。如果我们认为，中国革命的浪潮不是在消退，也不是与间歇时期相适应的沉寂或停滞，那我们仍然应该认为革命浪潮的高涨是现有的事实。当然我们没有说，中国革命形势已经变成全国范围内的胜利浪潮。2. 共产国际的决议对统治阶级没有政治和经济稳定的情景说得太少。3. 关于革命性质。共产国际的决议对资产阶级民主革命具有真正发展为和转变为社会主义革命的趋势和前途指出得不够。4. 共产国际的决议没有明确指出农民中的情绪的危险性（原文如此——引者注）。5. 领导农村暴动和城市暴动的协调工作只应在各种可能范围内进行。但是，不能仅仅因为这种协调而阻碍业已成熟的农民

① 中央档案馆编：《中共中央文件选集》第4册，第177、176、174页。

暴动。”①

这说明，中共中央临时政治局还不知道斯大林、布哈林等对罗米纳兹的批评，因而对共产国际执行委员会第九次全会关于中国问题的决议内容想不通。

正是中国共产党的领导人在中国革命性质等问题上有错误的认识，斯大林在1928年6月9日召集前来参加中共六大的瞿秋白、苏兆征、李立三、向忠发、周恩来等谈话，指出，“中国革命是资产阶级民主革命，不是‘不断革命’，也不是社会主义革命”②。针对瞿秋白认为中国革命已高涨了的观点，斯大林认为：“诚然，有些地方城市工作已起来，有些地方农民暴动已高涨，而统治阶级不能稳定，人民不满意资产阶级的统治。但这不能说，革命已高涨了。广州暴动不是革命高涨之开始，而是革命退后之结束。”他还认为，盲动主义是“看轻了资产阶级背后的帝国主义势力”，“帝国主义的力量是主要的，如忘记了是什么革命问题”，就会得出“革命高涨是革命进攻，而反革命退让”的结论。至于判断高涨标准是什么，斯大林认为：“握住主要城市，此时才可说高涨。”但又认为中国革命“两个高潮中的时间，当然不像俄国那样长”。③

为了使中国共产党人明了革命的性质，布哈林在中共六大作的《中国革命与中共的任务》政治报告中，第三部分专门讲中国革命的性质及前途。他从推翻帝国主义及土地革命是目前的两大任务，建立的政权是工农专政等，对中国革命现阶段是资产阶级性的民主主义革命，将来发展必然转变到社会主义的前途进行了长篇而又通俗的论述。他认为，即使推翻了资产阶级政权后，向社会主义革命转变也需

① 《中共中央政治局关于共产国际执行委员会第九次全会关于中国问题决议案的决定》(1928年4—5月于上海)，中共中央党史研究室第一研究部译：《共产国际、联共（布）与中国革命档案资料丛书》第7卷，第420—421页。

② 《周恩来选集》(上卷)，第158页。

③ 《周恩来对斯大林同瞿秋白和中共其他领导人会见情况的记录》(1928年6月9日于莫斯科)，中共中央党史研究室第一研究部译：《共产国际、联共（布）与中国革命档案资料丛书》第7卷，第477、478、480、479页。

要一个很长的时间。在政治报告的结论中，布哈林论述了“无间断的革命”论究竟错在哪里。他说：“为什么不断的革命理论是不正确的呢？因为这种理论只是指出了革命的向上路线；现在对于中国党之最危险的地方，就是中国党不看见许多失败后的低落。”“无间断的革命”论的错误在于“观察事件，只是站在一个抽象的名词的观点上”。“这种理论不适合于我们应当认的很清的具体事实。”①

斯大林、布哈林作为联共（布）、共产国际的领导人，以列宁的民族和殖民地问题的理论为依据，认为大革命失败后中国依然是半殖民地半封建国家，现阶段中国革命的性质是资产阶级民主主义革命，革命的任务是推翻帝国主义在中国的统治和实行土地革命，革命的发展前途是必然社会主义，这对于清除罗米纳兹“无间断的革命”论在中国共产党内的影响，纠正对中国革命性质认识上的混乱，统一思想，开好中共六大起了积极的作用。

如前所述，大革命失败后中国共产党人对革命性质的认识出现了混乱，与斯大林、布哈林关于中国革命的理论缺陷有关。斯大林、布哈林虽然帮助中共六大正确确定了中国革命仍然是资产阶级民主革命，但他们本身原先存在的理论缺陷依然没有解决，出现相互矛盾状况：

第一，错误地把实际上仍是大地主、大资产阶级的南京国民党政府认为是民族资产阶级政权，把民族资产阶级作为最危险的敌人加以反对。这样，在反对中国革命的敌人时，除了帝国主义和封建主义之外，又多出一个反对民族资产阶级。而且，由于强调民族资产阶级的危险性，在实践中不可避免地会导致把反对民族资产阶级放到主要的地位，从而对中国社会阶级之间的关系产生错误的认识，把应当争取和可能争取的广大中间阶级、阶层推到敌人的一边。

第二，虽然认为中国革命现阶段是两个革命高潮中间，却又不认

① 《国际代表在中国共产党第六次全国代表大会上关于政治报告的结论（节录）》，中共中央党史研究室第一研究部译：《共产国际、联共（布）与中国革命档案资料丛书》第11卷，中央文献出版社2002年版，第156、157页。

为这个时间又很长；把高潮的来临看作是由民主革命向社会主义革命过渡的来临，而又把占领主要城市作为革命高潮的标志。这样，就把高潮，资产阶级民主革命向社会主义过渡，占领中心城市，混同为一个含义。这种观点使中国共产党人往往在革命形势稍有好转和发展时，就急于占领中心城市，并提出“左”的政策。

第三，对于苏维埃政权的职能作用解释不清。蒋介石发动反革命政变后，斯大林在同反对派的论战中是把苏维埃当作反对现存政权和向社会主义过渡的政权来看的。在大革命失败前后斯大林形成的关于中国革命的“三阶段”论中，建立苏维埃是属于第三阶段的，并且认为苏维埃只有在革命高涨的条件下才能建立。因此，土地革命战争初期，斯大林让中国共产党仍举国民党的旗子。然而，举国民党的旗帜在实践中碰壁后，包括斯大林在内的联共（布）、共产国际领导同意放弃国民党旗帜，改举苏维埃旗帜。这时举苏维埃的旗帜，在反对现存政权的意义上和斯大林原先所说的是一致的，但和他说的在革命高涨或高潮时建立苏维埃的意思是相矛盾的。因为正如斯大林在中共六大前会见中共领导人时所说，中国革命这时处于低潮。那么，这时中国建立的苏维埃政权是否原先斯大林所说的从资产阶级民主革命向无产阶级社会主义革命的过渡机关呢？斯大林没有新的解释。如前所述，布哈林则将其解释为工农民主专政的政权，以与资产阶级革命建立的资产阶级专政和无产阶级社会主义革命建立的无产阶级专政相区别。这与斯大林原先对建立苏维埃的解释是不一致的。联共（布）、共产国际关于苏维埃政权职能解释的矛盾情况，容易使中国共产党制定苏维埃政府的各项政策时，出现“左”的错误。

斯大林、布哈林关于中国革命理论的缺陷，是中国共产党在中共六大后又连续出现“左”倾错误的重要原因。

（本文原载《中共党史资料》2008年第3期，获中共中央党史研究室2008年度优秀论文奖）

# 从全力支持武汉国民政府到举苏维埃旗帜

## ——1927年4月至9月联共（布）、共产国际指导中国革命方针探析

1927 年 4 月到 9 月，联共（布）、共产国际指导中国革命的方针有一个从全力支持武汉政府到举苏维埃旗帜的转变。在这个转变过程中，联共（布）、共产国际的方针对中国革命产生了什么影响，是需要深入研究的重要课题。

## 一

1927 年 4 月，蒋介石发动了四一二反革命政变后，引发了联共（布）、共产国际内部高层关于中国共产党同国民党合作问题的争论。

季诺维也夫认为：在国民党内，左派分子虽然在人数上占绝对多数，“但是这个左派多数不领导党。领导党的是资产阶级右派少数”。“蒋介石是右派……是会背叛中国革命的人。”他认为中国共产党同国民党合作后，没有自己的报纸，不能批评国民党的政治主张，“变成了国民党的附属品”，在这种现状下：“中国共产党留在国民党内，是根本违背在国民党（应为共产国际——引者注）第二次代表大会上通过的列宁的提纲的。……这是彻头彻尾的孟什维主义

观点。”①

托洛茨基批判了斯大林关于国共合作后国民党是“四个阶级联合”的“民族统一战线”说法，认为国民党“没有体现出‘四个阶级的联合’，而是体现了资产阶级对人民群众（其中包括无产阶级和共产党）的领导作用”②，蒋介石在上海发动的四一二反革命政变，已经很明显、很完全地证明了，“完全是由四个阶级联合政策发生出来的。”③“中共在过去以及现在实际上并不是和一部分小资产阶级相联合，而是服从了将军和政权都握在自己手中的大资产阶级所领导的国民党”，成为“自由民族资产阶级领导的政党的下层组成部分”。④他讥讽斯大林和布哈林说：“若共产党没有理论上政治和组织上独立的保障”，所谓非资本主义前途，“简直是布尔塞维克空前绝后的一种笑话。”⑤

从上述季诺维也夫和托洛茨基的主张看，两人的观点虽有一定差别，但基本一致地认为：国共合作后的国民党不是“四个阶级的联合”，资产阶级在国民党中占据了领导地位；联共（布）、共产国际指导中国共产党与国民党合作后，中共没有保持自己的独立性，成了国民党的附属品。

那么，今后应该如何对待国民党呢？季诺维也夫虽主张中国共产党暂时留国民党内，但告诫说：“如果共产党不惜一切代价留在国民党内，那么这不仅会导致毫无批评地颂扬国民党、掩饰国民党中的阶级斗争、隐瞒枪杀工农和使工人的物质状况恶化这些无

---

① 季诺维也夫：《关于中国革命的提纲（摘录）》（1927年4月14日），中共中央党史研究室第一研究部编：《共产国际、联共（布）与中国革命档案资料丛书》第6卷，北京图书馆出版社1998年版，第4、6—7、16—17页。

② 中共中央党史研究室第一研究部编：《共产国际、联共（布）与中国革命档案资料丛书》第6卷，第144页。

③ 托洛茨基：《中国革命与斯大林大纲》（1927年5月7日），中共中央党史研究室第一研究部编：《共产国际、联共（布）与中国革命档案资料丛书》第6卷，第88页。

④ 托洛茨基：《中国与斯大林大纲》（1927年5月7日），中共中央党史研究室第一研究部编：《共产国际、联共（布）与中国革命档案资料丛书》第6卷，第92、第145页。

⑤ 托洛茨基：《中国革命与斯大林大纲》（1927年5月7日），中共中央党史研究室第一研究部编：《共产国际、联共（布）与中国革命档案资料丛书》第6卷，第92页。

法无天的事实，而且还会导致共产国际内各政党，包括中国共产党，迷失方向。”[①] 托洛茨基也主张共产党留在国民党内工作，但强调要保持批评同盟者的自由，“注意到自己的组织，注意自己的武装和力量”。认为只有这样，“才不是仅仅与动摇的而可以开倒车的上层分子联合，而是共产党与国民党之真正革命分子联合”。[②] 他认为汪精卫集团靠不住，“将以十倍的努力同蒋介石联合起来，反对工农。”[③]

关于如何将中国革命发展到更高阶段，避免资本主义前途，季诺维也夫认为：“只有建立和巩固苏维埃才能真正保证防止中国民族运动按照‘基马尔主义’发展。只有建立苏维埃才能保证和准备中国走上非资本主义的发展道路。”[④] 托洛茨基也主张立即建立工农兵苏维埃，认为如果中国资产阶级民主革命“不在最近的将来过渡到社会主义革命，则工农代表苏维埃将要从舞台上退出而代以资本主义的制度。再等到世界革命在历史的路程上开一新阶段，则替资本主义制度以无产阶级专政方能实现”[⑤]。

面对反对派的指责，斯大林进行了反驳，认为在蒋介石制造中山舰事件后，联共（布）中央制定了“必须执行把共产党保留在国民党内的路线”。北伐军迫近长江后，“农村中农民运动的猛烈发展以及农民协会和农民委员会的建立，城市里汹涌的罢工浪潮以及工会委员会的成立，国民革命军向帝国主义海陆军包围着的上海的胜利推进——

① 季诺维也夫：《关于中国革命的提纲（摘录）》（1927 年 4 月 14 日），中共中央党史研究室第一研究部编：《共产国际、联共（布）与中国革命档案资料丛书》第 6 卷，第 21 页。

② 季诺维也夫：《关于中国革命的提纲（摘录）》（1927 年 4 月 14 日），中共中央党史研究室第一研究部编：《共产国际、联共（布）与中国革命档案资料丛书》第 6 卷，第 103 页。

③ 《托洛茨基关于中国问题的第二次发言》，中共中央党史研究室第一研究部编：《共产国际、联共（布）与中国革命档案资料丛书》第 6 卷，第 238 页。

④ 季诺维也夫：《关于中国革命的提纲（摘录）》（1927 年 4 月 14 日），中共中央党史研究室第一研究部编：《共产国际、联共（布）与中国革命档案资料丛书》第 6 卷，第 24 页。

⑤ 托洛茨基：《中国革命与斯大林大纲》（1927 年 5 月 7 日），中共中央党史研究室第一研究部编：《共产国际、联共（布）与中国革命档案资料丛书》第 6 卷，第 104 页。

诸如此类的事实都说明当时所采取的路线是唯一正确的路线。”[①] 斯大林还认为，1927 年 2 月发生蒋介石要求迁都南昌之争后，联共（布）中央指导中国革命的方针也是正确的。1927 年 3 月，联共（布）中央向中国共产党指出，“现在由于阶级力量的重新结合和帝国主义军队的集中，中国革命正处于危急关头，它进一步的胜利只有在发展群众运动这一坚定的方针之下才有可能”；“必须坚持武装工农、把各地方的农民委员会变为拥有武装自卫力量的实际政权机关的方针”；“共产党不应隐瞒国民党右派的背叛的和反动的政策，应当用揭穿右派的办法把群众动员到国民党和中国共产党的周围”。[②] 他认为事情正是按照联共（布）中央所预见那样发展的。可以看出，斯大林认为联共（布）、共产国际指导中国共产党同国民党合作的方针是完全正确的。蒋介石发动四一二反革命政变，联共（共）、共产国际不存在任何决策方面的失误。

那么，在蒋介石叛变后，应该如何对待国民党和武汉国民政府呢？在斯大林看来，“蒋介石的政变表示民族资产阶级退出革命，国内反革命中心已经产生，国民党右派已同帝国主义勾结起来反对中国革命”，中国革命由此进入发展的第二阶段，“开始从全民族联合战线的革命转变为千百万工农群众的革命，转变为土地革命，这个革命将加强和扩大反帝国主义、反土豪劣绅和封建地主、反军阀和蒋介石反革命集团的斗争。”斯大林还认为，蒋介石的政变使中国南部出现了两个中心，即武汉的革命中心和南京的反革命中心。而“武汉的革命的国民党既然与军阀制度和帝国主义作坚决斗争，事实上将逐渐变成无产阶级和农民的革命民主专政机关”[③]。在这种判断的基础上，斯大林认为原先“保持国民党的统一的政策，在国民党内孤立右派并为了革命目的而利用右派的政策，已不能适应革命的新任务了”。应

① 《斯大林全集》第 9 卷，第 201 页。
② 《斯大林全集》第 9 卷，第 202 页。
③ 《斯大林全集》第 9 卷，第 203 页。

当“代之以坚决把右派逐出国民党的政策，和右派作坚决斗争乃至在政治上把他们消灭干净的政策，把国家全部政权集中于革命的国民党、没有右派分子的国民党、作为左派国民党人和共产党人联盟的国民党手中的政策”。[①] 针对托洛茨基主张“我们不愿对武汉政府和国民党领导集团负责，哪怕是承担一点点责任，我们殷切地奉劝共产国际要拒绝对其负责”[②]。斯大林认为武汉的国民党是“左派国民党”，是集中中国革命分子的“一个特殊的革命组织”，“只有瞎子才会否认左派国民党有革命斗争机关的作用，有反对中国封建残余和帝国主义的起义机关的作用。”武汉的左派国民党“适合于中国条件的特点，并已证明自己适合于中国资产阶级民主革命的进一步发展”。[③] 而为了保证无产阶级及其政党在国民党党内和国民党党外的领导作用，“就必须支持武汉国民党，共产党人必须参加武汉国民党及其革命政府。”并认为武汉政府虽然暂时还不是无产阶级和农民的革命民主专政的机关，而且也不会很快就成为这样的机关，“但是在革命进一步发展时，在这一革命取得胜利时，它是有一切机会发展成这样的机关的。”[④]

对于反对派提出的建立工农兵苏维埃的主张，斯大林明确表示反对，认为：“工农代表苏维埃并不只是组织革命运动的中心。它们首先而且主要是反对现存政权的起义机关，是建立新的革命政权的机关。”如果现在要成立工农代表苏维埃，“就是造成苏维埃和武汉政府这两重政权，而且必不可免要提出推翻武汉政府的口号”。[⑤] 他指责托洛茨基“把资产阶级民主革命和无产阶级革命混淆起来了”。因为“中国的资产阶级民主革命不仅没有完结，不仅没有胜利，而且只处

① 《斯大林全集》第9卷，第204页。

② 《托洛茨基关于中国问题的第二次发言》，中共中央党史研究室第一研究部编：《共产国际、联共（布）与中国革命档案资料丛书》第6卷，第238页。

③ 《斯大林全集》第9卷，第274页。

④ 《斯大林全集》第9卷，第267页。

⑤ 《斯大林全集》第9卷，第271—272页。

在它发展的第一阶段。……拒绝支持武汉政府，提出两重政权的口号，现在用立即成立苏维埃的办法来推翻武汉政府，就是给蒋介石和张作霖以直接的和明显的援助”。[①]

共产国际执行委员会第八次全会接受了斯大林的意见，在《关于中国问题的决议》中指示中国共产党“坚决地反对退出国民党的要求”，并认为季诺维也夫、托洛茨基主张“暂时不必退出国民党的”而又不支持武汉政府的态度，“同提出退出国民党的口号一样蠢”。“实际上就是让右派夺去国民党的旗帜”。“国民党的旗帜，即民族解放斗争的旗帜”，绝不能拱手让给蒋介石[②]。决议要求中国共产党“把国民党发展成为一个真正广泛的、真正贯彻选举制的、真正群众性的和真正民主革命的组织”[③]。

决议认为：“在中国革命发展的现阶段，立即成立工农兵代表苏维埃的口号，意味着必然要建立双重政权，必然要实行推翻武汉政府的方针，必然要越过国民党这个群众组织形式和国家政权形式，直接在中国建立作为无产阶级专政形式的苏维埃政权。”只有当革命进一步发展，“开始由民主革命向社会主义革命过渡的时候，才必须建立工农兵代表苏维埃”。而“在当前形势下，提出工农兵代表苏维埃的口号是欠妥当的”。[④]

分析这场争论，笔者认为，第一，在如何对待国民党问题上，托洛茨基和季诺维也夫看不到国共合作推动了大革命高潮的到来和北伐战争的胜利进军，完全否定联共（布）、共产国际关于中国共产党同国民党实行党内合作的策略，是不正确的。斯大林对联共（布）、共

---

① 《斯大林全集》第9卷，第272—273页。

② 《共产国际执行委员会第八次全会关于中国问题的决议》（1927年5月），中国社会科学院近代史研究所翻译室编译：《共产国际有关中国革命的文献资料（1919—1928）》第1辑，中国社会科学出版社1981年版，第327页。

③ 《共产国际执行委员会第八次全会关于中国问题的决议》（1927年5月），中国社会科学院近代史研究所翻译室编译：《共产国际国际有关中国革命的文献资料（1919—1928）》第1辑，第328页。

④ 《共产国际执行委员会第八次全会关于中国问题的决议》（1927年5月），中国社会科学院近代史研究所翻译室编译：《共产国际国际有关中国革命的文献资料（1919—1928）》第1辑，第331页。

产国际指导中国共产党与国民党建立合作关系以来的策略给予了完全肯定，也是不正确的。事实上，联共（布）、共产国际的策略有正确的地方，也有失误的地方。

第二，托洛茨基和季诺维也夫认为不应对武汉的汪精卫等抱有幻想，这是正确的。斯大林对武汉政府的阶级构成和作用作了脱离实际的估计。实际上，武汉政府并不是“国民党左派的政府”。在武汉政府内部，只有宋庆龄、邓演达、陈友仁等少数人是坚定的国民党左派，其他如汪精卫之流，是望风使舵的投机政客，真正有话语权的是拥有军队的唐生智。因此，斯大林要求中国共产党全力支持武汉政府，并希冀武汉政府将来发展成为无产阶级和农民专政的政权，这个策略是严重的失误。

第三，托洛茨基和季诺维也夫提出立即在中国成立苏维埃的主张是不现实的。在蒋介石叛变后，中国共产党立即在武汉成立苏维埃，势必引起武汉政府汪精卫等人的恐惧，过早地同武汉的国民党分裂。这会使革命力量在没有一定时间喘息的情况下，又遭到严重打击。斯大林反对立即在武汉地区建立苏维埃是正确的，避免了中国共产党在遭到“四一二”重创之后又立即与武汉国民党处于对立状态，但没有把工作重心放在防止汪精卫集团叛变，组织中国共产党进行有效的退却上。

## 二

1927 年 7 月 15 日汪精卫集团的叛变，表明联共（布）、共产国际全力支持武汉政府的策略失败。共产国际执行委员会在《关于中国革命当前形势的决议》中也不得不表示：“如果说，在一定的革命发展阶段，中国共产党必须支持武汉政府，那么现在，支持武汉政府的方针就会断送中国共产党，就会把党拖进机会主义的深渊。”决议指示中国共产党“毫不迟疑地退出武汉政府，以示抗议”。但又要求“不退出国民党。尽管国民党领导大肆排除共产党人，仍要留在国民党内。更密切地联系国民党基层，由基层作出坚决抗议国民党中央倒行逆施的决议，要求撤换国民党现领导，以及在此基础上准备召开国民党代表大会”。①

1927年8月8日，斯大林给共产国际新任驻华代表罗米纳兹以及加伦发去电报指示：“关于苏维埃的最近指示是这样：发动国民党左派群众起来反对上层；如果不能争得国民党，而革命将走向高潮，那就必须提出苏维埃的口号并着手建立苏维埃；现在就开始宣传苏维埃”②。然而，罗米纳兹等将这个指示电的开始宣传苏维埃理解为在中国立即实行工农兵苏维埃，并派马也尔到湖南长沙传达共产国际关于建立苏维埃的指示。于是，8月12日，斯大林再次致电罗米纳兹，指示：“您没有理解指示的意思。我们没有建议成立苏维埃，我们只是讲宣传苏维埃的思想。我们的具体口号是与共产党人一起重建革命的国民党和在这样的国民党周围组建可靠的军队。要尽一切努力使国民党革命化和民主化。只有当重建革命国民党的尝试明显无望和明显失败，而随着这种失败出现新的革命高潮时……才走上建立苏维埃的道路。”③8月13日，联共（布）中央政治局决定给罗米纳兹和加伦发出电报，表示政治局批准了前一日斯大林关于使国民党革命化的电报，进一步指示：我们认为跟国民党结盟必须不是从外部，而是从内部；如果国民党革命化在实践上毫无指望，同时出现新的巨大的革命高潮，只有在这种情况下才建立苏维埃；在目前阶段只限于在共产党

① 《共产国际执行委员会关于中国革命当前形势的决议》（1927年7月），中国社会科学院近代史研究所翻译室编译：《共产国际国际有关中国革命的文献资料（1919—1928）》第1辑，第337、339页。

② 《联共（布）中央政治局会议第119号（特字第97号）记录（摘录）》（1927年8月11日于莫斯科），中共中央党史研究室第一研究部译：《共产国际、联共（布）与中国革命档案资料丛书》第7卷，第18—19页。

③ 《联共（布）中央政治局会议第120号（特字第98号）记录（摘录）》（1927年8月18日于莫斯科），中共中央党史研究室第一研究部译：《共产国际、联共（布）与中国革命档案资料丛书》第7卷，第22页。

报刊上宣传苏维埃，决不能迫使国民党左派支持这种宣传。

根据斯大林和联共（布）中央政治局的指示，中共中央常委会通过了《中国共产党的政治任务与策略的议决案》，指示各地党组织："应当组织工农暴动于革命的左派国民党旗帜之下。"议决案指出："工农兵代表苏维埃，是一种革命的政权形式，即是保证工农民权独裁制直接进于无产阶级的社会主义独裁制；这种形式之下，最容易完成从民权革命生长而成社会主义革命转变，而且是保证中国之非资本主义发展的唯一方式。"但"本党现时不提出组织苏维埃的口号——城市、乡村、军队之中都是如此。只有到了组织革命的国民党之计划，完全失败，同时，革命又确不[在]高涨之中，那时本党才应当实行建立苏维埃"。①

笔者认为，联共（布）、共产国际要求中共继续举国民党旗帜有以下几个方面的失误：

第一，对国民党在人民群众中的影响判断有误。联共（布）、共产国际认为国民党是民族革命斗争的一面旗帜。而这面旗帜的树立，是中国共产党和国民党左派的功劳。尽管蒋介石、汪精卫已经叛变革命，中国共产党不能轻易让出这面旗帜。实际上，这是联共（布）、共产国际一厢情愿的事。蒋介石、汪精卫两个集团叛变后，各自打着国民党的旗号在其控制的地区内反对土地革命，残酷屠杀共产党人和革命群众，国民党已成反革命的旗帜。人民群众看待国民党，和过去的北洋军阀没有多大的区别。中国共产党再打这面旗帜，只能是模糊自己的面目。

第二，过分重视国民党作为各革命阶级联盟这种特殊组织形式。联共（布）、共产国际认为，中共只有通过国民党这种革命联盟的特殊组织形式，才能实现对革命的领导权。由于不少国民党地方组织和基层组织是中共建立起来，因此，联共（布）、共产国际希望中共依

① 中央档案馆编:《中共中央文件选集》第3册，第335、337—338页。

靠国民党基层组织，再召开国民党全国代表大会，重新建立一个共产党在其中实际领导的国民党。这个设想也是不可能实现的。在当时的中国，是枪杆子决定一切。掌握军队的国民党地方当局，残酷捕杀共产党人，共产党已转入地下。除少数地区外，共产党在国民党地方组织和基层组织中已起不到作用了。

第三，对国民党左派的力量判断有误。联共（布）、共产国际要中共继续举国民党的旗帜，其中一个含义是为了团结国民党左派。但这时国民党左派领袖宋庆龄、邓演达、陈友仁等相继出走国外，少数国民党左派虽然坚持了同共产党合作的立场，但没有多少号召力，同时也没有掌握多少军队，难以像大革命时期那样形成力量。因此，联共（布）、共产国际建立“左派国民党”的主张是脱离实际的。

## 三

联共（布）、共产国际关于举国民党旗帜的策略方针很快在实践中就证明是行不通的。中国共产党人领导八一南昌起义后，按照共产国际举国民党旗帜的指示成立了“中国国民党革命委员会”，在25名成员中虽有包括宋庆龄、邓演达、陈友仁、何香凝、柳亚子在内的著名国民党左派，但都因种种原因没有到职，到职的只有彭泽民、张曙时等。贺龙、郭沫若在起义军南下途中加入共产党，他们的身份已由国民党左派改变为共产党人。因此，这个革命委员会实际上是共产党人的革命委员会。在革命委员会的名单中，还列有张发奎、黄琪翔、朱晖日等人。这些人不久便旗帜鲜明地反共。对于举国民党的旗帜，起义军仍用“国民革命军”的番号，参加南昌起义的基层官兵就有人表示不理解：“国民党已经整个地背叛了革命，正式全面地反共了，我们为什么还要打起青天白日旗？为什么还要用‘国民革命军’

这个臭名义？为什么还要用旧有的番号？”[①]南昌起义军在南下途中，由于举国民党旗帜的原因，当地老百姓不清楚这支军队和其他军队之间的区别，纷纷逃避。起义军虽纪律严明，秋毫无犯，但也没有得到群众的帮助。刘伯承曾指出，“暴动时因要戴国民党的帽子，未把我们土地革命的口号彻底的拿出来，农民之未能充分起来一齐奋斗”，“这确为主要的原因”。[②]

8月下旬，南昌起义军到瑞金后，从报纸上得知张发奎已经反共，各省的国民党当局封闭工会、农会，屠杀工农群众，“国民党名义已为工农群众所唾弃，所以联合国民党左派，继承国民党正统已从事实上证明是当时机会主义的幻梦。”[③]因此，前委会议决定，应该建立以无产阶级领导的工农政权。但是，到了福建长汀后，为避免帝国主义的干涉，前委决定仍用国民政府的名义。汕头失守后，前委再次决定放弃国民党的旗帜。这说明，经过斗争的实践，南昌起义的领导人已经认识到举国民党的旗帜是中国革命的一条死胡同。

这时，到湖南领导秋收起义的毛泽东，也提出了不要再打国民党旗帜的建议。8月20日，毛泽东致信中共中央，提出：“工农兵苏维埃完全与客观环境适合”，“我们不应再打国民党的旗子了。……只有共产党旗子才是人民的旗子。”“我们则应立刻坚决的树起红旗”。[④]

由上可见，放弃国民党的旗帜已成为中国共产党内的普遍要求。一个月后，即9月19日，中共中央政治局根据南昌起义和湖南、湖北、广东等地的秋收起义打国民党旗帜的经验教训，认为“中央以前复兴左派国民党的估计不能实现。资产阶级军阀的反动已经很快的把

① 羊角：《从武汉到南昌》，中国社会科学院现代革命史研究室编：《南昌起义资料》，人民出版社1979年版，第151页。

② 刘伯承：《南昌暴动始末记》，南昌起义纪念馆编：《南昌起义》，中共党史资料出版社1987年版，第157页。

③ 李立三：《“八一”革命之经过与教训》（1927年10月），中共中央党史研究室第一研究部编：《李立三百年诞辰纪念集》，中共党史出版社1999年版，第44页。

④ 《湖南致中央函》（1927年8月20日），中央档案馆编：《中共中央文件选集》第3册，第354页。

国民党变成政治的尸首”，“现在群众看国民党的旗帜是资产阶级地主反革命的象征”。“以后关于组织群众的革命斗争，当然无论如何说不上再在国民党的旗帜下进行。”“现在的任务不仅宣传苏维埃的思想，并且在革命斗争新的高潮中应成立苏维埃。”① 并认为苏维埃首先应当在广州、长沙等中心城市建立。

这时，共产国际内部也有人开始认识到不能再打国民党的旗帜了。9 月 20 日，大革命时期曾在中国工作过的沃林，在给共产国际执行委员会的书面报告中说：关于重建左派国民党的问题，“听起来是完全缺乏活力和不现实的东西。左派国民党目前不仅不存在，而且在阶级斗争日益尖锐的现实条件下和在向革命更高阶段过渡的情况下，不可能重建成为一支真正革命的力量。”“现在国民党的旗帜确确实实地染满了成千上万优秀的和忠于革命事业的工农的鲜血”。鉴于此，沃林提出：“叶挺和贺龙的运动应当在共产党的旗帜下进行。”南昌起义军在广东所建立的政权应以“苏维埃作为暴动机关和革命政权形式”。②

来自中国共产党和共产国际内部的意见，使联共（布）、共产国际的决策层开始改变举国民党旗帜的方针。9 月 22 日，联共（布）中央政治局会议在听取了关于中国问题的报告后，决定以共产国际名义给罗米纳兹发出电报，指示：“根据共产国际执委会指示和中央最近一次全会的决议可以得出在左派国民党的思想确实遭到失败和存在新的革命高潮的情况下有必要建立苏维埃。”③9 月 27 日，斯大林在共产国际执行委员会和监察委员会联席会议上的讲话中说，“共产党人不会再参加国民党了”，“就让我们的中国同志自己去进行把苏维埃

① 《关于“左派国民党”及苏维埃口号问题决议案》（1927 年 9 月 19 日中央政治局会议通过），中央档案馆编：《中共中央文件选集》第 3 册，第 369、370 页。

② 《沃林给共产国际执行委员会的书面报告》（1927 年 9 月 20 日于莫斯科），中共中央党史研究室第一研究部译：《共产国际、联共（布）与中国革命档案资料丛书》第 7 卷，第 80、81、84、85 页。

③ 《联共（布）中央政治局会议第 125 号（特字 103 号）记录（摘录）》（1927 年 9 月 22 日于莫斯科），中共中央党史研究室第一研究部译：《共产国际、联共（布）与中国革命档案资料丛书》第 7 卷，第 87 —88 页。

移植到中国的工作吧！”[①]9 月 29 日，联共（布）中央政治局致电罗米纳兹，指示：“有必要在广东的工业城市里建立工人、士兵和手工业者代表苏维埃。”“同左派、革命的国民党实行内部结盟的政策是不行的”。[②]至此，联共（布）、共产国际正式改变了举国民党旗帜的方针，代之以建立苏维埃的方针。

（本文原载《党的文献》2009 年第 3 期）

① 《斯大林在共产国际执行委员会和监察委员会联席会议上的讲话（摘录）》（1927 年 9 月 27 日于莫斯科），中共中央党史研究室第一研究部译：《共产国际、联共（布）与中国革命档案资料丛书》第 7 卷，第 92、93 页。

② 《联共（布）中央政治局会议第 126 号（特字 104 号）记录（摘录）》（1927 年 9 月 29 日于莫斯科），中共中央党史研究室第一研究部译：《共产国际、联共（布）与中国革命档案资料丛书》第 7 卷，第 97—98 页。

# 从主张“孙吴联合”到主张国共合作

## ——20世纪20年代初期苏俄对华策略选择

20 世纪 20 年代初，苏俄为了摆脱在世界上的孤立地位，迫切需要同它最大的邻国——中国建立友好的国家关系。苏俄希望同中国结成反对协约国的战略同盟，以减轻它在远东地区的压力。毫无疑问，苏俄的对华政策极大地促进了中国革命的发展。但是，在苏俄对华政策中，其国家安全和民族利益是轴心，一切都是围绕这个轴心转动和服务的。因而，苏俄在给中国革命以极大的支持和帮助的同时，又凭借政治上的优势，对中国革命的内部事务进行过多的干预，以使中国革命服从于苏俄的国家安全和民族利益。这就使中国革命在发展的同时，又存在着很大的隐患。本文试图对 20 世纪 20 年代初期苏俄对华策略选择进行分析探讨，以就教于史学界同人。

## 一

列宁领导的俄国十月革命胜利后，被推翻的地主资产阶级不甘心自己的失败，千方百计推翻苏维埃政权；国际帝国主义也极端仇视苏俄，对苏俄进行武装干涉，企图把苏俄扼杀在摇篮里。为了打破国际帝国主义的干涉，苏俄迫切需要同中国建立友好关系。1919 年 7 月 25 日，苏俄政府发表了由外交人民委员部副外交人民委员加拉罕签署的《俄罗斯苏维埃联邦社会主义共和国政府对中国人民和中国南北政府的宣言》(即《苏俄第一次对华宣言》)。1920 年 3 月，苏俄政府将这个宣言的正式文本送交中国北京政府。

1920 年 6 月，远东共和国拟派优林使团赴华与北京政府谈判，由于亲日的皖系军阀把持着北京政府，拒绝改善与苏俄的关系，不给优林使团入境签证，优林使团未能成行。同年 8 月，直系军阀曹锟、吴佩孚联合奉系军阀张作霖打败了皖系军阀段祺瑞，控制了北京政府。直奉两系控制下的北京政府采取了一些改善同苏俄关系的措施。8 月 26 日，优林使团到达北京。苏俄政府在 9 月 27 日发表第二次对华宣言，重申废除沙皇俄国同中国签订的一切不平等条约，并欢迎北京政府张斯麟使团到达苏俄。张斯麟在莫斯科期间，受到了苏俄政府的盛情款待。11 月 2 日，在张斯麟使团即将回国之际，列宁还亲自接见了他们。

优林使团同北京政府的谈判并没有取得什么进展。优林使团坚持苏俄在中东铁路的权益，同时苏俄红军未经北京政府的同意就进入外蒙古，驻兵库伦，因而使双方的谈判陷于僵局。1921 年 10 月，优林使团无功而返。

1921 年 12 月 12 日，苏俄政府派出的裴克斯外交使团到达北京。在裴克斯使团同北京政府的谈判中，中东铁路和外蒙古问题，仍是谈判取得一致的两大重要障碍，经过了半年多的谈判后，毫无进展。因此，在 1922 年 7 月，苏俄政府又派越飞为特命全权代表，代替裴克斯继续同北京政府谈判。

1922 年 8 月中旬，越飞抵达北京。在此前 4 月底至 5 月上旬爆发的直奉战争，以奉系失败而告终，北京政权遂完全落入直系军阀之手。越飞抵华后，改变了裴克斯的做法，对同北京政府的谈判不太积极，而是积极物色实力派人物，同他们建立联系，期望这些人掌握中央政权后，同他们谈判中俄问题。因而，越飞在到达北京后不久，即在 8 月 19 日、22 日，先后给吴佩孚和孙中山写信。在信中，越飞称吴佩孚为“老练果敢的政治家以及天才的军事战略家”[①]，称孙中山为“当代中国最伟大的国务活动家”[②]；并向他们讲明了自己使华的目的和任务，初步提出了解决中俄之间悬而未决的问题的办法。由此可见，越飞使华后，吴佩孚和孙中山是他联络的重要对象。

为了打开对华关系的新局面，越飞采取的策略是极力促成孙中山与吴佩孚的联合。越飞认为，孙中山是有崇高威望的革命家，是中国的思想领袖，而吴佩孚是军事领袖，吴有战斗力较强的军队，两人联合后将建立一个统一的中国。越飞还试图说服莫斯科，一旦孙中山和吴佩孚一起组成政府，苏俄将每月提供200万美元，10个月共2000万美元的贷款予以支持；并请求莫斯科允许他向孙中山作出这个许诺[③]。

1922年9月15日，越飞在给孙中山的第二封信中，明确向孙中山提出了孙、吴联合问题。越飞在信中说：“根据我对中国形势所作的分析，我还觉得，您同吴佩孚合并一起建立中国中央政府，对中国来说，这是最好的联合。”[④]由于孙中山于8月27日在给越飞的复信中曾劝说越飞不要把张作霖推向日本，因此，越飞在这封信中接受了孙中山的建议，并对孙中山说：“为了确保张作霖承认和支持这个政府，应该恢复他的一切称号、官职和官衔。”[⑤]9月18日，越飞给马林写信，以求得马林对他的这一策略的支持。越飞在信中很明确地说：“对我来说现在最重要的是让孙和吴一起组建政府并与张作霖和解，

---

① 《越飞给吴佩孚将军的信》（1922年8月19日于北京），中共中央党史研究室第一研究部译：《共产国际、联共（布）与中国革命档案资料丛书》第1卷，北京图书馆出版社1997年版，第99页。

② 《越飞给孙逸仙的信》（1922年8月22日于北京），中共中央党史研究室第一研究部译：《共产国际、联共（布）与中国革命档案资料丛书》第1卷，第100页。

③ 《越飞给加拉罕的电报》（1922年9月4日于北京），中共中央党史研究室第一研究部译：《共产国际、联共（布）与中国革命档案资料丛书》第1卷，第124页。

④ 《越飞给孙逸仙的信》（1922年9月15日于长春），中共中央党史研究室第一研究部译：《共产国际、联共（布）与中国革命档案资料丛书》第1卷，第127页。

⑤ 《越飞给孙逸仙的信》（1922年9月15日于长春），中共中央党史研究室第一研究部译：《共产国际、联共（布）与中国革命档案资料丛书》第1卷，第127页。

至少让张作霖承认和支持孙逸仙——吴佩孚政府。请您支持我的这一政策并向孙作出解释：这样的政府不仅可以指望得到俄国的支持，而且还可以指望得到整个共产国际的支持。我认为，成立这样的政府是当今中国政治的最重要方面。”[①]在同一天，越飞还给吴佩孚写了一封信，说：“只有您与孙逸仙先生一起建立的政府，才是惟一能够使中国摆脱严峻局面和建立统一而独立的中国政府。这个政府完全可以指望得到俄国的全面支持。”信中还说：“同时我并不抱有这样的希望：中国现政府在受外国人左右的情况下能够同俄国的谈判进行到底并取得理想的结果。”[②]

9 月 26 日，越飞的军事顾问格克尔在上海与孙中山进行了晤谈，马林也在场。格克尔转达了越飞的孙、吴联合主张，并希望孙、吴联合防止爆发新的内战。孙中山认为，防止吴佩孚和张作霖之间爆发新的战争是不可能的；并预料，这场战争的胜者将是张作霖。格克尔认为吴佩孚的军队要比张作霖的军队强大得多，并说吴佩孚是为中国的统一和独立而奋斗的民族主义者，对孙中山很有好感，并且同意成立在孙中山领导下的政府。孙中山对格克尔说，他对吴佩孚特别怀疑，现在能否认真对待吴对俄国做出的友好姿态。孙中山认为，吴佩孚依附于英国和美国，不止一次地欺骗过中国人，毫无疑问，他具有反日情绪，但这时他可能不自觉地充当了英美资本主义的工具。吴佩孚的胜利也就是英美的胜利[③]。可见，孙中山对同吴佩孚合作持怀疑态度。

10 月 12 日，吴佩孚在洛阳给越飞写了信，信中对孙、吴联合之事，也未明确表态。

---

① 《越飞给马林的信》(1922 年 9 月 18 日于长春)，中共中央党史研究室第一研究部译：《共产国际、联共（布）与中国革命档案资料丛书》第 1 卷，第 130 页。

② 《越飞给吴佩孚将军的信》(不晚于 1922 年 9 月 18 日于长春)，中共中央党史研究室第一研究部译：《共产国际、联共（布）与中国革命档案资料丛书》第 1 卷，第 132—133 页。

③ 《马林为格克尔同孙逸仙的谈话所作的记录》(1922 年 9 月 26 日于上海)，中共中央党史研究室第一研究部译：《共产国际、联共（布）与中国革命档案资料丛书》第 1 卷，第 135—136 页。

虽然孙中山对吴佩孚的诚意持怀疑态度，但还是派代表同吴佩孚进行了接触，结果是令人失望的。11 月 2 日，孙中山在给越飞的信中说：“从我们最近一次交换信函时起，我就同吴佩孚进行了接触，试图弄清在统一中国和建立强大而稳定的政府方面同他合作的可能性。很遗憾，我不得不指出，与他打交道确实很困难。我所掌握的情报使我认定，他现在对我的态度实际上很强硬，原因是，他指望一旦同张作霖发生冲突，能预先得到贵国政府的军事援助。”孙中山认为，如果吴佩孚在和张作霖发生冲突时得到俄国的帮助，张作霖很可能就会求助日本，而且英、法、美都可能会出来干涉，因这几个大国对苏俄持明显敌意，其后果对中国来说是不堪设想的。因此，孙中山明确表示反对苏俄向吴佩孚提供军事帮助，并说：“吴佩孚想让我抛弃张作霖作为对与他合作的一种酬谢。这样的行动方针我是不能接受的。”①

尽管孙中山和吴佩孚各怀戒心，合作艰难，但越飞仍不灰心，坚持要促成孙、吴联合，并对双方展开了说服工作。对于孙中山，越飞建议他亲自到北京，积极进行政治活动，干预北京事务，以便好说服孙与吴佩孚和解。对于吴佩孚，越飞更是苦口婆心。11 月 18 日，越飞在给吴佩孚的信中强调说：“最近一个时期以来……北京这里的形势正在发生急剧的变化……我个人认为，这样的处境更加严峻地表明您有必要与孙逸仙联合。”越飞认为，“中国人民的两位领袖……由于个人的怀疑和彼此不信任，怎么也联合不起来”，是“一种荒唐的现象”。并表示：“您与孙逸仙和解并建立你们的联合政府是最重要的。……我准备竭尽全力促成此事。”②

越飞的努力很快就证明是徒劳的。11 月 20 日，吴佩孚在同越飞

① 《孙逸仙给越飞的信》(1922 年 11 月 2 日于上海莫里哀路 29 号)，中共中央党史研究室第一研究部译:《共产国际、联共（布）与中国革命档案资料丛书》第 1 卷，第 144—146 页。

② 《越飞给吴佩孚将军的信》(1922 年 11 月 18 日于北京)，中共中央党史研究室第一研究部译:《共产国际、联共（布）与中国革命档案资料丛书》第 1 卷，第 155、156、158 页。

派去的格克尔、贝利、伊万诺夫等会谈后，给越飞写了一封信。信中不但没有提到和孙中山联合问题，而且在蒙古问题和中东铁路问题上，和北京政府持一致的立场。

12 月 20 日，孙中山致信越飞，提出了调 1 万人从四川经甘肃到内蒙古去的进攻计划。孙中山说："如果这个计划付诸实施，我必须很坦率地说，我的真正敌人肯定是吴佩孚，英国和其他国家肯定支持他反对我，甚至现在英国就主张吴佩孚和陈炯明'和解'，在福建'消灭'我的军队。吴佩孚不顾对我友好的保证，也正在这样干。我担心此人靠不住，或者正如我们中国人所说，人心叵测。"[①]

至此，越飞的促使孙、吴联合策略宣告触礁。

## 二

从 1923 年初开始，孙中山在苏联[②]对华策略中更显重要。1923 年 1 月 4 日，俄共（布）中央政治局会议决定："采纳外交人民委员部关于赞同越飞同志的政策的建议，该政策旨在全力支持国民党，并建议外交人民委员部和我们共产国际的代表加强这方面的工作。"[③]这次会议还决定了几项支持国民党的措施。1 月 12 日，共产国际执行委员会作出了《关于中国共产党与国民党的关系问题的决议》。决议指出，中国共产党与国民党的合作是"必要的"，"在目前条件下，中国共产党党员留在国民党内是适宜的"；"同时，中国共产党应当对国民党施加影响，以期将它和苏维埃俄国的力量

---

① 《孙逸仙给越飞的信》（1922 年 12 月 20 日于上海），中共中央党史研究室第一研究部译：《共产国际、联共（布）与中国革命档案资料丛书》第 1 卷，第 166 页。

② 1922 年 12 月 30 日，苏联成立。

③ 《联共（布）中央政治局会议第 42 号记录（摘录）》（1923 年 1 月 4 日于莫斯科），中共中央党史研究室第一研究部译：《共产国际、联共（布）与中国革命档案资料丛书》第 1 卷，第 187 页。

联合起来，共同进行反对欧洲、美国和日本帝国主义的斗争。”[1]上述两个决议表明，苏联及共产国际对华的工作的重点发生了重大变化。

本文前面曾提到过，在十月革命不久，孙中山即和苏俄发生了联系，苏俄、共产国际人员不断拜访孙中山。但那时，苏俄、共产国际对孙中山的重视，只是把孙中山看作是可物色和联络的实力人物之一；而这时苏联推行的是“全力支持国民党”，共产国际要求中国共产党同国民党合作，也是围绕着这个政策转的。因而，从 1923 年 1 月开始，苏联对华的策略便成为“国共合作”。

1923 年 1 月，吴佩孚在苏联的视线中开始逐渐消失。1 月 13 日，越飞在给俄共（布）、苏联政府和共产国际领导人的信中说：“中国事变的后果首先是非常有可能吴佩孚同孙逸仙发生冲突，这些冲突是直接的还是间接的，这无关紧要。当然，这种情况势必在我们同吴佩孚的关系上也有所反映。……似乎吴佩孚本人在蒙古问题上并不讨好我们。”越飞认为：“不管怎样，业已改变的局势和吴佩孚的实际状况使他对俄国的态度有所恶化。”并表示：“我本人将利用自己的一切影响，使吴佩孚和我们的关系不致破裂。”越飞还建议说：“如果我们不得不在吴佩孚与孙逸仙之间作出抉择的话，那么无疑我们要选择后者。”[2]很明显，越飞已对吴佩孚失去信心。当然，苏联、共产国际和吴佩孚的彻底决裂是在二七惨案之后。

在同一封信中，越飞还向苏联、共产国际领导人报告说：孙中山很可能会在近期内实际上成为除吴佩孚还在支撑并可能支撑得住的一个省份和北京周围一小块所谓中国正式中央政府基地之外的整个中国的统治者。并建议：“承认孙逸仙的革命政府是中国合法的政府，并

---

① 中国社会科学院近代史所翻译室编译：《共产国际有关中国革命的文献资料（1919—1928）》第 1 辑，中国社会科学出版社 1981 年版，第 76—77 页。

② 《越飞给俄共（布）、苏联政府和共产国际领导人的信》（1923 年 1 月 13 日于北京），中共中央党史研究室第一研究部译：《共产国际、联共（布）与中国革命档案资料丛书》第 1 卷，第 195—196 页。

只同他打交道。”[①]

1月16日，越飞离开北京，17日晚到达上海，从1月18日至27日，越飞同孙中山就苏联政府向孙中山提供军事和财政援助、对共产主义运动的态度、加强双方合作、迫使日本退出满洲、孙中山的军事行动计划和发表联合宣言等问题进行多次会谈。1月26日，越飞和孙中山在多次会谈的基础上达成协议，发表了《孙文越飞联合宣言》。这个宣言共有4条，其第1条称：“孙逸仙博士以为共产组织，甚至苏维埃制度，事实均不能引用于中国。因中国并无使此项共产制度或苏维埃制度可以成功之情况也。此项见解，越飞君完全同感。且以为中国最要最急之问题，乃在民国的统一之成功，与完全国家的独立之获得。关于此项大事业，越飞君并确告孙博士，中国当得俄国国民最挚热之同情，且可以俄国援助为依赖也。”在第2条中，越飞应孙中山的要求重申：“俄国政府准备且愿意根据俄国抛弃帝政时代中俄条约（连同中东铁路等合同在内）之基础，另行开始中俄交涉。”在第3条中，双方同意中东铁路维持现状，以后协商解决。在第4条中，越飞表示：“俄国现政府决无亦从无意思与目的，在外蒙古实施帝国主义之政策，或使其与中国分立。”孙中山则表示：“俄国军队不必立时由外蒙撤退。”[②]这个宣言发表的当天，越飞还给俄共（布）、苏联政府和共产国际领导人写了信，报告了宣言的主要内容，并要求苏联政府立即给孙中山200万金卢布援助。3月8日，俄共（布）中央政治局会议接受了越飞的建议，同意给孙中山约200万墨西哥元的援助。

《孙文越飞联合宣言》的发表，标志着苏联与孙中山联合关系的建立，同时也加快了国共合作的步伐。

---

① 《越飞给俄共（布）、苏联政府和共产国际领导人的信》(1923年1月13日于北京)，中共中央党史研究室第一研究部译:《共产国际、联共（布）与中国革命档案资料丛书》第1卷，第197页。

② 《孙文越飞联合宣言》(1923年1月26日)，中共中央党史研究室第一研究部编:《共产国际、联共（布）与中国革命档案资料丛书》第2卷，北京图书馆出版社1997年版，第409页。

## 三

国共合作，是俄共（布）、苏联政府、共产国际“全力支持国民党”的一项重要内容。然而，对于实行国共合作，不但中国共产党内阻力很大，而且共产国际内部的一些人也有不同看法。

1923 年 3 月 8 日，维经斯基在给共产国际执委会东方部主任萨法罗夫的信中，反对中共中央根据马林的倡议迁往广州。维经斯基认为，广州“离国民党的中心很近……会对中央产生有害的影响；在广州可能造成我们党对孙逸仙党的过多依赖性，而最令人担心的是，年轻的中国共产党通过自己的中央将深深陷入军阀的派系斗争之中，而这是不可避免的，因为国民党政府由于它给我党的‘好处’，让我们在它的地盘上合法存在而要求我们党给予无条件的支持”。因此，维经斯基建议中共中央不应在广州孙中山的鼻子底下，而应在上海。维经斯基还认为：“迄今为止国民党还没有成为全国性的政党，而继续在以军阀派系之一的身份活动。它甚至没有利用最近的工人罢工、对工人的枪杀和对学生的镇压来开展政治宣传，吸引广大劳动人民阶层、青年学生和知识分子参加反对北方军阀（吴佩孚集团）的斗争。”维经斯基的结论是：中国共产党不能无条件地支持孙中山的联盟①。

共产国际东方部主任萨法罗夫在给共产国际主席团的工作报告中，对国民党的评价也很低。萨法罗夫说：“中国资产阶级的资产阶级民族意识没有摆脱乡土气息的狭隘框框。”“我们习惯把孙逸仙看作是思想上的民族革命的代表，他试图依靠个别督军来实现军事上

---

① 《维经斯基给共产国际执委会东方部主任萨法罗夫的信（摘录）》（1923 年 3 月 8 日于海参崴），中共中央党史研究室第一研究部译：《共产国际、联共（布）与中国革命档案资料丛书》第 1 卷，第 228—229 页。

的计谋。国民党不是居领导地位的民族资产阶级的政党。”“孙逸仙没有独立的武装力量，指望跟最反动的北方军阀——张作霖和段祺瑞结盟。国民党由于这一结盟使自己在中国各界自由派人士的眼里威信扫地。至于说‘三方联盟’（孙——段——张）的军事前景，那么其结果对于中国的民族统一来说则更加令人怀疑。”因此，萨法罗夫提出了“今后把我党限制在国民党范围内是否适宜”的问题，并说：“今后必须坚持采取由共产党领导的独立自主的工人运动的方针。”①

4月4日，萨法罗夫在给俄共（布）中央政治局的信中，再次重复了自己的观点，说：“苏维埃俄国支持孙——张——段（说的就是这个联盟！）是一种误会，它对我们在中国的政策可能具有致命的后果。”并建议“在同学生和国民党实行民族革命统一战线的同时，支持独立的工人运动”。②

维经斯基、萨法罗夫的观点受到了批评。4月21日，布哈林在一次讲话中说：“目前中国进行的内战是督军们之间的混战。这些督军分别处于不同的帝国主义集团的影响之下。只有孙中山领导的国民党是例外。这种情况是历史上从来没有的，也不可能有的。孙中山所依靠的这个党，在最近提出的草案——纲领性文件中，要求农民同地主实现平等。国民党内不仅有小资产阶级、部分商业资产阶级和知识分子，而且还有部分农民、部分尚未脱离全民族脐带的工人。在这种情况下，在这个小资产阶级性质比俄国严重十倍的国家，共产党人如果同以孙中山为首的国民党决裂，那将是不可思议的。相反，共产党人的义务是建立一般性革命联盟，这个联盟将首先为争取中国的民族解放而斗争，当然必须是在加强工人阶级社会阵地的条

---

① 《东方部就1923年第一季度工作给共产国际执委会主席团的报告（摘录）》（1923年4月4日于莫斯科），中共中央党史研究室第一研究部译：《共产国际、联共（布）与中国革命档案资料丛书》第1卷，第240—241页。

② 《萨法罗夫给俄共（布）中央政治局的信》（1923年4月4日于莫斯科），中共中央党史研究室第一研究部译：《共产国际、联共（布）与中国革命档案资料丛书》第1卷，第248页。

件下。”[①]

5 月下旬，共产国际执行委员会通过了《共产国际执行委员会给中国共产党第三次代表大会的指示》。根据这个指示，6 月 12 日至 20 日在广州召开的中国共产党第三次全国代表大会通过了《关于国民运动及国民党问题的决议案》，决定全体共产党员加入国民党。

8 月 2 日，俄共（布）中央政治局根据斯大林的建议，任命鲍罗廷为孙中山的政治顾问。

10 月 6 日，鲍罗廷到达广州。鲍罗廷的到来，加速了国民党的改组进程。10 月 18 日，孙中山委任鲍罗廷为国民党组织教练员。19 日，孙中山委廖仲恺等 5 人为国民党改组委员。25 日，孙中山又委廖仲恺等 9 人为临时中央委员，正式组成国民党临时中央委员会，并决定翌年 1 月在广州召开国民党第一次全国代表大会。

鲍罗廷在筹备召开国民党一大中发挥了重要作用。尤其是在制定国民党一大宣言的过程中，当时争论激烈，分歧较大，鲍罗廷多方做说服工作，终于取得比较满意的结果。鲍罗廷本人曾评价这个宣言是“一个相当不错的”“彻底的国民革命党的文件”[②]。这个宣言和中国共产党在民主革命时期的纲领基本相同，因而成为国共两党合作的政治基础。

1924 年 1 月国民党第一次全国代表大会的召开，国民党的改组，大会宣言的发表，标志着以国共合作为基础的革命统一战线的正式建立。同时，也标志着苏联国共合作策略的最终实现。

---

① 布哈林：《共产国际执委会俄国代表的汇报（节译）》（1923 年 4 月 21 日），安徽大学苏联问题研究所、四川省中共党史研究会编译：《苏联〈真理报〉有关中国革命的文献资料选编》第 1 辑，四川省社会科学院出版社 1985 年版，第 29 页。

② 《鲍罗廷的札记和通报（摘录）》（不早于 1924 年 2 月 16 日），中共中央党史研究室第一研究部译：《共产国际、联共（布）与中国革命档案资料丛书》第 1 卷，第 468 页。

## 四

由上笔者得出以下两点结论：

其一，苏俄经过了一个阶段的探索，放弃了不正确的“孙吴联合”策略，找到了国共合作的正确策略。国共合作的实现，苏俄起了主导性的作用。当时在中国共产党内，不同意国共合作的人是大有人在的，苏俄利用共产国际的组织原则，使中国共产党接受了它的这一决定。同时，苏俄也对孙中山做了大量的说服工作，为国共合作架起了桥梁。当然，中国共产党也为国共合作的实现作出了重要贡献。毫无疑问，苏俄推行国共合作的策略促进了中国革命的迅速发展。中国共产党在国共合作中，走出了狭小的圈子，壮大了队伍，扩大了影响，取得了革命斗争的实际经验。中国大革命运动轰轰烈烈的开展，苏俄功不可没。

其二，俄国苏维埃政权的巩固、苏俄国家安全的保证与中国革命的发展是相互促进的。苏俄面临着帝国主义的封锁和干涉，迫切需要它的最大的邻国——中国的支持和声援；而处在半殖民地半封建社会的中国，为了摆脱帝国主义、封建主义的枷锁，也需要社会主义的苏俄的支持和帮助。中国革命越发展，对帝国主义的打击越大，因而对苏俄的支持就越大；苏维埃俄国的政权越巩固、越强大，对中国的支持就越多。然而，苏俄在处理这两者之间的关系时，只顾自己的国家、民族利益，把中国革命纳入为苏俄的国家、民族利益服务的范围之内。这从苏俄在华选择盟友时可以明显地看出来。苏俄太重视实力人物。在推行“孙吴联合”策略时，越飞、格克尔等人，以及在他们之前的远东共和国的领导人，都对吴佩孚的军事实力、政治态度，作了不切实际的估计。在推行国共合作策略时，马林、越飞等都对国民党作了过高的估计。而苏俄、共产国际总是以静止的眼光看待中国共产党，对中共的估计总是过低，看不到中共发展的潜在能量。因而，它总是把中共置于帮助和服从的地位。因此，笔者认为，由于民族利己主义在作怪，20 世纪 20 年代初期苏俄对华策略的选择是具有功利性和缺乏远见的。苏俄促成了国共合作的同时，由于民族利己主义的原因，也使中国革命内部存在着很大的隐患，以后中国革命发展的进程证明了这一点。

（本文原载《俄共秘档与中国革命史研究》，黑龙江教育出版社 1998 年版）

# 联共（布）、共产国际与南昌起义

南昌起义是土地革命战争时期中国共产党领导的三大起义之一，是人民军队创建的开始。联共（布）、共产国际是南昌起义的指导者，长期以来，史学界对联共（布）、共产国际与南昌起义的研究仅限于酝酿及决策，而对起义后它们的指导却很少研究。从笔者见到的资料看，南昌起义后联共（布）、共产国际高层密切注视着起义军南下广东的进程，并作出了许多决议和指导意见，对中国共产党产生了非常重要的影响。

## 一、从不让苏联顾问参加起义到积极支持

南昌起义从酝酿到起义都是在联共（布）、共产国际的指导下进行的，但在苏联军事顾问是否参加起义问题上，他们是有反复的。在大革命的紧急关头，以加伦为首的在华苏联军事顾问，积极帮助中国共产党组织南昌起义。当时，加伦曾指示苏联军事顾问“不管怎样要投入到暴动者方面去”。但事隔一天后，加伦就变了卦，指示苏联军事顾问“不参与暴动，暴动一开始就离开部队”。[①] 南昌起义计划报告

① 《工农红军参谋部第四局关于南昌起义会议速记记录》（1927 年 9 月 14 日于莫斯科），中共中央党史研究室第一研究部译：《共产国际、联共（布）与中国革命档案资料丛书》第 7 卷，第 59 页。

联共（布）最高机关后，联共（布）中央政治局经过征询意见，给罗米纳兹和加伦发出电报，指示："如果有成功的把握，我们认为你们的计划是可行的。否则，我们认为更合适的是让共产党人辞去相应的军事工作并利用他们来做政治工作。我们认为乌拉尔斯基和我们其他著名的合法军事工作人员参加是不能容许的。"[①] 联共（布）中央政治局这个决定说明，它对南昌起义能否成功是有保留的。同时，它接受了加伦的建议，即苏联军事顾问不直接参加南昌起义。

为什么苏联军事顾问不直接参加南昌起义？究其原因，是他们对中国共产党人领导这次起义能否成功缺乏信心。在策划南昌起义时，不少在华苏联军事顾问表示："反正搞不出什么名堂，用不着上那里去。"这种看法反映到莫斯科，自然使联共（布）中央政治局对南昌起义能否成功打上一个问号，因此作出了苏联军事顾问不直接参加起义的决定。在联共（布）中央政治局的指示下，除在贺龙部的苏联军事顾问库曼宁参加了起义外，其他苏联军事顾问均未参加起义。

然而，令联共（布）、共产国际吃惊的是，中国共产党人独立领导的南昌起义竟十分顺利。曾任驻华军事顾问的瓦西列维奇称赞说："从暴动本身来看应当毫不含糊地说，一切都是很有组织的。实际上，俄国人不参加是很好的。根据领导暴动的三人小组的工作来看，应当明确地说，他们把事情安排得很出色。"[②]

南昌起义获得成功，使联共（布）高层非常鼓舞，8月5日，联共（布）中央政治局致电加伦："您关于汕头等等意见，我们认为都是正确的。"[③] 从而批准了加伦报告的南昌起义军南下广东的计划。

---

① 《征询政治局委员意见》（1927年7月25日），中共中央党史研究室第一研究部译：《共产国际、联共（布）与中国革命档案资料丛书》第7卷，第17页。

② 《工农红军参谋部第四局关于南昌起义会议速记记录》（1927年9月14日于莫斯科），中共中央党史研究室第一研究部译：《共产国际、联共（布）与中国革命档案资料丛书》第7卷，第61页。

③ 中共中央党史研究室第一研究部译：《共产国际、联共（布）与中国革命档案资料丛书》第7卷，第18页。

同时，联共（布）中央政治局还决定给南昌起义部队以武器支持。1927 年 8 月 11 日，联共（布）中央政治局会议决定：“认为有必要满足乌拉尔斯基同志（指加伦——引者注）打算准备大约一个军的请求。为此目的拨给 15000 支步枪、1000 万发子弹（算在库伦储备物资账上）、30 挺机关枪和 4 门山炮，带 2000 发炮弹。”① 不久，联共（布）、共产国际又改变此前不让苏联、共产国际人员参加南昌起义的决定，开始向南昌起义军派遣政治、军事工作人员。8 月 22 日，联共（布）中央政治局派德国共产党员诺伊曼去中国工作。8 月 25 日，联共（布）中央政治局会议又确定斯切潘诺夫和尼洛夫为派往中国人选，并责成“由中国委员会确定派往南昌部队的下列专业人员：联络员、机枪手、炮手和工兵以及五名不分兵种的师级首长”。为落实 8 月 11 日会议决定，这次会议要求“由革命军事委员会在两周内在海参崴集中 500 万发步枪子弹和 1000 发炮弹”。②

9 月中旬，南昌起义军进入广东境内，联共（布）中央政治局加快了往中国派遣军事顾问的步伐。9 月 15 日，联共（布）中央政治局决定：“责成亚沃尔斯基同志（苏联革命军事委员会委员、副陆海军人民委员、联共（布）中央政治局中国委员会委员——引者注）在三周内准备好向中国派遣两名高级军事人员和十名中级军事人员”，并要求“要注意到这些军事人员应受过政治训练，应把自己不仅看作是军事顾问，而且看作是政治方面的顾问”。③ 两个星期后，联共（布）中央政治局会议再次责成亚沃尔斯基，根据 9 月 15 日决定，

---

① 《联共（布）中央政治局会议第 119 号（特字第 97 号）记录（摘录）》(1927 年 8 月 11 日于莫斯科)，中共中央党史研究室第一研究部译：《共产国际、联共（布）与中国革命档案资料丛书》第 7 卷，第 16 页。

② 《联共（布）中央政治局会议第 121 号（特字第 99 号）记录（摘录）》(1927 年 8 月 25 日于莫斯科)，中共中央党史研究室第一研究部译：《共产国际、联共（布）与中国革命档案资料丛书》第 7 卷，第 23、24 页。

③ 《联共（布）中央政治局会议第 124 号（特字第 102 号）记录（摘录）》(1927 年 9 月 15 日于莫斯科)，中共中央党史研究室第一研究部译：《共产国际、联共（布）与中国革命档案资料丛书》第 7 卷，第 70 页。

“着手派 11 名军事人员去广东”[①]。

当时，南昌起义军南下广东，就是为了占领潮州、汕头地区等出海口，以便得到国际援助。联共（布）派往南昌起义军的顾问，最佳路线是先到海参崴，再坐船由海路到潮汕地区。这么遥远的路途，苏联顾问到达是需要一些日子的。因此，还没等联共（布）中央政治局派遣的顾问出发，南昌起义军已于 10 月 6 日在潮汕地区已经失败了。从当时的情况看，联共（布）决定以军事人员和武器支援南昌起义军，是脱离实际的不可取的决策。因为无论是人员的准备还是武器的调集，都需要花费时日。若再由海路远途运到中国广东，时间就更长了。在军情如火、战机稍纵即失的情况下，等苏联顾问和武器到达广东潮汕地区，早已时过境迁了。但联共（布）最高层的这个决策，却给南昌起义军很大的影响。部队冒着酷暑，劳师远征，减员很大。待到好不容易占领了潮汕地区，武器还没影子。可以说，南昌起义的失败，与联共（布）这个决策失误有很大关系。

## 二、从提倡国民党革命化、民主化到提倡建立苏维埃

1927 年 5 月，在中国大革命危机关头，共产国际执行委员会第八次会议作出《关于中国问题的决议》。决议对四一二反革命政变后中国共产党内有人提出退出国民党的要求“极其坚决反对”，指示：“国民党的旗帜，即民族解放斗争的旗帜，绝不能拱手让给这个斗争的背叛者。”决议认为中国共产党应留在国民党内，争取领导权。为此，决议要求中国共产党尽力“把国民党发展成为一个真正广泛的、

---

① 《联共（布）中央政治局会议第 126 号（特字第 104 号）记录（摘录）》（1927 年 9 月 29 日于莫斯科），《联共（布）中央政治局会议第 119 号（特字第 97 号）记录（摘录）》（1927 年 8 月 11 日于莫斯科），中共中央党史研究室第一研究部译：《共产国际、联共（布）与中国革命档案资料丛书》第 7 卷，第 97 页。

真正贯彻选举制度的、真正群众性的和真正民主革命的组织”。[①]从这个思路出发，在1927年7月汪精卫即将叛变之际，共产国际在《关于中国革命当前形势的决议》中，一方面指示“中国共产党人毫不迟疑地退出武汉政府，以示抗议”；另一方面指示中国共产党“不退出国民党。尽管国民党领导大肆排除共产党人，仍要留在国民党内。更密切地联系国民党基层，由基层作出坚决抗议国民党中央倒行逆施的决议，要求撤换国民党领导，以及在此基础上准备召开国民党代表大会”。[②]

根据共产国际的指示，中国共产党领导南昌起义成功后，召集部分国民党中央委员和各省及海外党部代表举行联席会议，建立了“中国国民党革命委员会”。这个革命委员会的职责是：“继续本党革命之正统。于最短时间，当确立一革命之新根据地，以便召集第三次全国代表大会，讨论一切党国大计，重新选举本党中央执行委员会，以便指导全国革命运动，使能有更正确更迅速的发展。”

这时，联共（布）特意指示共产国际驻华代表罗米纳兹，南昌起义军到广东后不要建立苏维埃。8月12日，斯大林致电罗米纳兹，指示：“我们没有建议成立苏维埃，我们只是讲宣传苏维埃的思想。我们的具体口号是与共产党人一起重建革命的国民党和在这样的国民党周围组建可靠的军队。要尽一切努力使国民党革命化和民主化。只有当重建革命国民党的尝试明显无望和明显失败，而随着这种失败出现新的革命高潮时……才走上建立苏维埃的道路。”斯大林还强调：“现在无论在叶挺的军队里还是在农村都不要建立苏维埃。”[③]联共（布）中央政治局还不放心，第二天又给罗米纳兹和加

① 《共产国际执行委员会第八次全会关于中国问题的决议》（1927年5月），中国社会科学院近代历史研究所翻译室编译：《共产国际有关中国革命的文献资料（1919—1928）》第1辑，中国社会科学出版社1981年版，第327、328页。

② 《共产国际执行委员会关于中国革命当前形势的决议》（1927年7月），中国社会科学院近代历史研究所翻译室编译：《共产国际有关中国革命的文献资料（1919—1928）》第1辑，第349页。

③ 《致汉口苏联领事伯纳》（1927年8月12日），中共中央党史研究室第一研究部译：《共产国际、联共（布）与中国革命档案资料丛书》第7卷，第22页。

伦发出电报，表示政治局批准了前一日斯大林关于使国民党革命化的电报，进一步指示：我们认为跟国民党结盟必须不是从外部，而是从内部；如果国民党革命化在实践上毫无指望，同时出现新的巨大的革命高潮，只有在这种情况下才建立苏维埃；在目前阶段只限于在共产党报刊上宣传苏维埃，决不能迫使国民党左派支持这种宣传。联共（布）中央政治局强调，南昌起义军到广东后，“应成立真正革命的国民党政府”，并同意“立即预先成立革命委员会的一套做法”。[①]

但是，联共（布）、共产国际关于国民党革命化、民主化的指示很快在实践中证明是行不通的。8月20日，在湖南准备秋收起义的毛泽东致信中共中央，提出：“工农兵苏维埃完全与客观环境适合”，“我们不应再打国民党的旗子了。……只有共产党旗子才是人民的旗子。”“我们则应立刻坚决的树起红旗”。[②]一个月之后，共产国际内部也有人开始认识到不能再打国民党的旗帜了。9月20日，大革命时期曾在中国工作过的沃林，在给共产国际执行委员会的书面报告中说：关于重建左派国民党的问题，“听起来是完全缺乏活力和不现实的东西。左派国民党目前不仅不存在，而且在阶级斗争日益尖锐的现实条件下和在向革命更高阶段过渡的情况下，不可能重建成为一支真正革命的力量。”“现在国民党的旗帜确确实实地染满了成千上万优秀的和忠于革命事业的工农的鲜血”。鉴于此，沃林提出：“叶挺和贺龙的运动应当在共产党的旗帜下进行。”南昌起义军在广东所建立的政权应以“苏维埃作为暴动机关和革命政权形式”。[③]

来自中国共产党和共产国际内部的意见，使联共（布）、共产

① 《征询政治局委员意见》（1927年8月13日），中共中央党史研究室第一研究部译：《共产国际、联共（布）与中国革命档案资料丛书》第7卷，第21页。

② 《湖南致中央函》（1927年8月20日），中央档案馆编：《中共中央文件选集》第3册，第354页。

③ 《沃林给共产国际执行委员会的书面报告》（1927年9月20日于莫斯科），中共中央党史研究室第一研究部译：《共产国际、联共（布）与中国革命档案资料丛书》第7卷，第80、81、84、85页。

国际的决策层开始改变使国民党革命化、民主化的方针。9月22日，联共（布）中央政治局会议在听取了关于中国问题的报告后，决定以共产国际名义给罗米纳兹发出电报，指示："根据共产国际执委会指示和中央最近一次全会的决议可以得出在左派国民党的思想确实遭到失败和存在新的革命高潮的情况下有必要建立苏维埃。"[①]9月27日，斯大林在共产国际执行委员会和监察委员会联席会议上讲话，反驳了托洛茨基就南昌起义军南下广东问题对他的指责，说："共产党人不会再参加国民党了，即使革命的国民党再次出现在舞台上。只有愚昧无知的人才会设想既可成立苏维埃，同时共产党人又可参加国民党。把这两个不能相容的东西合在一起，就是不懂得苏维埃的本性和使命。""就让我们的中国同志自己去进行把苏维埃移植到中国的工作吧！"[②] 9月29日，联共（布）中央政治局致电罗米纳兹，指示："认为有必要在广东的工业城市里建立工人、士兵和手工业者代表苏维埃。""认为同左派、革命的国民党实行内部结盟的政策是不行的"。[③] 至此，联共（布）、共产国际正式改变了使国民党革命化、民主化的方针，代之以建立苏维埃的方针。

这时，南昌起义军在潮州和汕头建立了政权，并准备在夺取广州后成立新政权，共产国际对即将成立的政权表示极大的关心。10月1日，共产国际执行委员会政治书记处会议讨论中国问题，其中南昌起义军占领广州后建立什么形式的政权问题，是会议的一

---

① 《联共（布）中央政治局会议第125号（特字103号）记录（摘录）》（1927年9月22日于莫斯科），中共中央党史研究室第一研究部译：《共产国际、联共（布）与中国革命档案资料丛书》第7卷，第87—88页。

② 《斯大林在共产国际执行委员会和监察委员会联席会议上的讲话（摘录）》（1927年9月27日于莫斯科），中共中央党史研究室第一研究部译：《共产国际、联共（布）与中国革命档案资料丛书》第7卷，第92、93页。

③ 《联共（布）中央政治局会议第126号（特字104号）记录（摘录）》（1927年9月29日于莫斯科），中共中央党史研究室第一研究部译：《共产国际、联共（布）与中国革命档案资料丛书》第7卷，第97—98页。

项主要内容。共产国际执行委员会主席团委员洛佐夫斯基认为，由于广州离海岸较近，新成立的革命政权有受到外国军队干涉的危险。因此，他建议新政权“不能以苏维埃工农共产主义政权等等名义公开出面”，而应伪装一下，称“人民代表国民政府”，即“共产党员在苏维埃或革命委员会中实际掌握权力的情况下使政府不具有纯共产主义的性质”，在这个政府里分几个席位给非共产党人士。布哈林在发言中赞同洛佐夫斯基的意见，并提出了“革命人民政府”“工农国民政府”两个政权名称供选择。但他倾向强调“国民因素”。①

10月6日，联共（布）中央政治局接受了洛佐夫斯基和布哈林的意见，在给罗米纳兹和中共中央的电报中指示：“在成立广东政府时要考虑到国际上的情况作必要的伪装，因此最好称为人民代表国民政府或者诸如此类的名称，政府的构成中要共产党员占优势，实际权力集中广州代表苏维埃手里。”②

由于南昌起义军在潮汕地区很快失败，联共（布）、共产国际在广州建立“人民代表国民政府”的设想也就无法实现了。

可以这么说，联共（布）、共产国际在中国大革命失败后所持的使国民党革命化、民主化方针是脱离实际的，但是，他们能听从来自中国共产党以及共产国际内部一些人的意见，较快地改变这个方针，代之以建立苏维埃的方针，这是值得称赞的。他们提出的南昌起义军占领广州后建立的政权形式，也是有价值的，对中国共产党此后的政权建设，产生了较大的影响。

---

① 《共产国际执行委员会政治书记处会议讨论中国问题速记记录（摘录）》（1927年10月1日于莫斯科），中共中央党史研究室第一研究部译：《共产国际、联共（布）与中国革命档案资料丛书》第7卷，第105、114页。

② 《联共（布）中央政治局会议第128号文件（摘录）》（1927年10月6日于莫斯科），中共中央党史研究室第一研究部译：《共产国际、联共（布）与中国革命档案资料丛书》第7卷，第119页。

## 三、提出了如何把南昌起义军改造成为完全由中国共产党领导的军队的设想

联共（布）、共产国际在关注南昌起义军南下广东时，提出了如何把南昌起义军改造成为完全由中国共产党领导的军队的一些设想。

首先看一下联共（布）、共产国际对南昌起义军状况的估价。对南昌起义军如何估价，联共（布）、共产国际内部的看法也不尽一致。一种意见虽然也承认南昌起义军中共产党员占较高的比例，但又认为这“并不是这支军队的正确政治方针的可靠保证。按其结构，按其社会成分来说，叶挺和贺龙部队的绝大多数士兵（流氓无产者），与一般的军队，实质上是军阀部队，即所谓的国民革命军，没有什么差别”[①]。南昌起义军“并不完全掌握在我们手里，或者说甚至完全不掌握在我们手里，它是在个人玩弄计谋、倾轧等等过程中归附到革命军队中来的”[②]。在联共（布）、共产国际中，持这种意见的人比较多。另一种意见认为，南昌起义军中的共产党员占到8%到10%，有理由称作革命军队。持这种意见的人比较少。很明显，前一种意见对南昌起义军状况的估价过低，后一种意见基本正确。

持前一种意见的人，对贺龙和叶挺这两位南昌起义军的军事领导者评价非常低。他们认为贺龙是“土匪”，“不仅需要把贺龙看作是追逐功名的军阀，即靠剥削农村为生的中国这种特殊组织的军阀。他出身农民不妨碍把他列入军阀阶级，而不列入农民阶级。他是个军

---

① 《沃林给共产国际执行委员会的书面报告》（1927年9月20日于莫斯科），中共中央党史研究室第一研究部译：《共产国际、联共（布）与中国革命档案资料丛书》第7卷，第83页。

② 《共产国际执行委员会政治书记处会议讨论中国问题速记记录（摘录）》（1927年10月1日于莫斯科），中共中央党史研究室第一研究部译：《共产国际、联共（布）与中国革命档案资料丛书》第7卷，第111—112页。

阀，是个狡猾的军阀。”“叶挺也应归入这类军阀，而不归入共产党人。”[①] 持这种意见的人实际上把贺龙和叶挺看成和唐生智、冯玉祥一样的人物，认为如果不最终夺取一个省并在那里站稳脚根的话，贺龙和叶挺就会出卖中国共产党和共产国际。他们建议不要宣传贺龙和叶挺。

持后一种意见的人认为：尽管贺龙有许多缺点，“如果我们从政治上把他加以改造，他是可以造就成一名优秀的指挥官的”；叶挺和张发奎是同学，关系很好，能毫不动摇地根据中共中央的命令站出来反对他，是值得赞扬的。这说明“共产党员军人在党的方面是很守纪律的”。[②]

在上述对贺龙和叶挺的两种评价中，联共（布）中央政治局赞同前一种。9 月 29 日，联共（布）中央政治局会议决定：“在报刊上不要突出叶挺和贺龙的名字，而要把南昌部队革命委员会和整个南方革命军提到首要地位。”[③]

史实证明，联共（布）、共产国际对贺龙和叶挺的看法是错误的。

从上述评估出发，在联共（布）和共产国际的有关会议上，与会者提出了一些将南昌起义军改造成为完全由中国共产党领导的军队的设想，联共（布）中央政治局对这些设想进行了有选择的吸取，于 10 月 6 日给罗米纳兹发出电报，指示在南昌起义军“不要在司令部下面设任何特别委员会、革命法庭或特别处，而要在共产党员政治委员和党组织下面设特别处”。“最主要的是在主要的司令部内要有坚强的政治领导，要由绝对可靠的和坚定的共产党员组成。”“把更多的工

① 《工农红军参谋部第四局关于南昌起义会议速记记录》（1927 年 9 月 14 日于莫斯科），中共中央党史研究室第一研究部译：《共产国际、联共（布）与中国革命档案资料丛书》第 7 卷，第 53 页。

② 《工农红军参谋部第四局关于南昌起义会议速记记录》（1927 年 9 月 14 日于莫斯科），中共中央党史研究室第一研究部译：《共产国际、联共（布）与中国革命档案资料丛书》第 7 卷，第 42、69 页。

③ 《联共（布）中央政治局会议第 126 号（特字 104 号）记录（摘录）》（1927 年 9 月 29 日于莫斯科），中共中央党史研究室第一研究部译：《共产国际、联共（布）与中国革命档案资料丛书》第 7 卷，第 98 页。

农暴动者吸收到叶挺和贺龙的军队里来，在所有的部队里成立坚强的党支部，在每个党组织下面设立军事委员。”[①] 尽管联共（布）、共产国际对南昌起义军状况的估价过低，但他们根据苏联红军建设的经验所提出的这些设想基本上是正确的，对此后中国工农红军的建设产生了重要影响。

由上可见，虽然联共（布）、共产国际远离中国，对中国国情缺乏了解，指导南昌起义的方针有脱离中国实际的地方，但他们以俄国十月革命和苏联红军建设的经验，在政权建设和军队建设方面给中国共产党很大的帮助，为中国革命由大革命失败转向土地革命战争兴起作出了贡献。

（本文原载《光明日报》2007 年 8 月 3 日）

---

① 《联共（布）中央政治局会议第 128 号文件（摘录）》（1927 年 10 月 6 日于莫斯科），中共中央党史研究室第一研究部译:《共产国际、联共（布）与中国革命档案资料丛书》第 7 卷，第 119 页。

# 联共（布）、共产国际与广州起义

广州起义是中国共产党在土地革命战争初期领导的三大起义之一，与联共（布）、共产国际有着密不可分的关系，向为党史研究者所重视。随着联共（布）、共产国际与中国革命新的档案资料的公布，笔者认为有必要对联共（布）、共产国际与广州起义进行再研究，以便重新认识联共（布）、共产国际在土地革命战争初期指导中国革命的总体思路。

## 一

关于联共（布）、共产国际与广州起义，由于资料的原因，党史研究论著一般只提到共产国际代表诺伊曼（也译作牛曼、纽曼、威尔曼、罗曼）的指导，而对联共（布）、共产国际的最高决策层的指导却很少谈到。从新出版的联共（布）、共产国际与中国革命的档案资料看，联共（布）、共产国际对广州起义的指导，从南昌起义后就开始了，而且与联共（布）最高领导有着密切的关系。

1927 年 8 月 3 日，南昌起义军按预定计划，开始南下广东东江，准备占领出海口，以取得国际援助，恢复广东革命根据地，再举行第二次北伐。与此同时，广州起义也开始准备。8 月 11 日，中共中央决定张太雷为中共广东省委书记。8 月 19 日，张太雷到香港，即于 20 日召开会议，改组省委，组织了广州等地暴动委员会，决定“广州暴动即在我军进攻石滩时，沿三条铁路之工农及市内罢工工人、工代会工人同时动作”[①]。

南昌起义军南下广东是加伦的提议。在大革命时期，广东一度是革命的中心，工农运动开展得比较好，联共（布）、共产国际对占领广东寄予很大的希望，因此，加伦的提议很快就得到了联共（布）中央政治局的同意。8 月 5 日，联共（布）中央政治局致电加伦：“您关于汕头等等的意见，我们认为都是正确的。”[②]8 月 13 日，苏联最高领导机关给罗米纳兹、加伦的电报中指示：“广东的暴动应在成立真正革命的国民党政府、切实实行土地革命并同共产党结成紧密联盟的口号下进行。”[③]斯大林亲自签署的这份电报说的广东的暴动当然包括计划中的广州暴动，占领广州，成立“真正革命的国民党政府”，实际上是整个广东暴动的最终结果。

南昌起义部队南下广东后，9 月 14 日，苏联红军参谋部第四局举行会议，讨论起义军南下广东后的前景问题，参加者多为大革命时期驻华军事顾问。戈列夫乐观地认为：“如果对这支队伍进行相当大胆和精明的军事领导，它就会有足够的力量来占领不仅汕头地区，而且整个广东。”他轻视广东敌军的战斗力，以为“只要有 1.2 万到 1.5 万人，打败李济深的 4 万人是毫不困难的。……如果他们勇敢作战，他们可以打到广州去”。契赫伊泽还对广东的农民运动有很高的估计，认为“在广东，农民运动一直在蓬勃发展，如果有有力的军事领导和有高超的政治领导，它在军事方面就能够更加扩展开来。部队的到来将大大加强这个农民运动。占领广州，然后占领湖南，并向长江一带

① 广东革命历史博物馆编：《广州起义资料》（上），人民出版社 1985 年版，第 10 页。

② 中共中央党史研究室第一研究部译：《共产国际、联共（布）与中国革命档案资料丛书》第 7 卷，中央文献出版社 2002 年版，第 18 页。

③ 《征询政治局委员意见》（1927 年 8 月 13 日），中共中央党史研究室第一研究部译：《共产国际、联共（布）与中国革命档案资料丛书》第 7 卷，第 21 页。

迸发——这是可以指望的前景，是完全可能的事”。但在这次会议上，也有人对起义军的前景抱悲观态度。斯卡洛夫认为：“这支队伍去了大约12000人。……要占领广东，这么点人是相当危险的。”但他又认为，发展广东的农民运动，“在善于理解农民心理情况下，这次运动成功的希望是很大的。”[①]叶夫列莫夫、捷斯连柯等赞同斯卡洛夫的观点。

尽管这次会议上有两种不同意见，但持乐观态度的人稍占上风。9月15日，联共（布）中央政治局会议即决定：“在三周内准备好向中国派遣两名高级军事人员和十名中级军事人员”。“将呆在库伦的41名中国人分成几个小组派往广东，听候H部队（H为贺龙的第一个字母，指南昌起义部队——引者注）革命委员会的调遣。”[②]可见，联共（布）决策层对占领广东越来越重视。同时，中共广东省委正在准备的广州起义也引起了联共（布）、共产国际的注意。

9月20日，沃林在给共产国际执行委员会的书面报告中称：“只要叶挺和贺龙的部队取得初步的巨大的胜利，基层群众的革命自发力量就必然会爆发出来。”[③]报告提出在广东举行暴动，在广州和其他城市建立工农兵和城市贫民苏维埃问题。

9月24日，青年共产国际执行委员会驻华代表希塔罗夫在给青年共产国际执行委员会的信中，兴奋地报告了整个广东的形势，并说：“我们现在广州看到的就是这样的情景：我们来到这里并准备推动他们一下以后，组织就迅速开始活跃起来，现在

---

① 《工农红军参谋部第四局关于南昌起义会议速记记录》（1927年9月14日于莫斯科），中共中央党史研究室第一研究部译：《共产国际、联共（布）与中国革命档案资料丛书》第7卷，第46、46—47、50、54、55页。

② 《联共（布）中央政治局会议第124号（特字第102号）记录（摘录）》（1927年9月15日于莫斯科），中共中央党史研究室第一研究部译：《共产国际、联共（布）与中国革命档案资料丛书》第7卷，第70、71页。

③ 《沃林给共产国际执行委员会的书面报告》（1927年9月20日于莫斯科），中共中央党史研究室第一研究部译：《共产国际、联共（布）与中国革命档案资料丛书》第7卷，第83页。

已经切实地帮助党准备干‘大事’。”[①]希塔罗夫这里所说的“大事”，显然是指中共广东省委为迎接南昌起义军而正在组织的广州起义。

沃林、希塔罗夫的报告很快就得到了联共（布）最高决策层的重视。为了增加广州起义的力量，9月27日，联共（布）中央政治局会议决定：“立即从孙逸仙大学学生中挑选出十名最坚强和最忠实可靠的共产党员，派他们经欧洲去广州。”“向广州汇去必要的经费以便安排用中文和英文出版的两家共产主义日报。”并决定致电罗米纳兹：“认为有必要在广东的工业城市里建立工人、士兵和手工业者代表苏维埃。”[②]为了加强对广东方面的指导，共产国际还派德国共产党员诺伊曼前去广东。

这时，南昌起义军已经占领潮州和汕头，成立了汕头和潮州的革命政权，并准备成立革命的中央政府。广州方面，“暴动的准备积极进行”[③]。共产国际对即将成立的政权表示了极大的关心。10月1日，共产国际执行委员会政治书记处会议讨论中国问题，其中占领广州后建立什么形式政权问题，是会议的一项重要内容。共产国际执行委员会主席团委员洛佐夫斯基认为：广州离海岸只有80到90俄里，而英国和日本军队大部分在广州，新成立的革命政权有受到外国军队武装干涉的危险。因此，伪装问题十分重要，主张新政权“不能以苏维埃工农共产主义政权等等名义公开出面”。他建议新政权可命名为“人民代表国民政府”，即“共产党员在苏维埃或革命委员会中实际掌握权力的情况下使政府不具有纯共产主义的性质”，在这个政府里分几个席位给非共产党人士。布哈林在发言中赞同洛佐夫斯基

---

① 《希塔罗夫给青年共产国际执行委员会的信》（1927年9月24日于上海），中共中央党史研究室第一研究部译：《共产国际、联共（布）与中国革命档案资料丛书》第7卷，第90—91页。

② 《联共（布）中央政治局会议第126号（特字104号）记录（摘录）》（1927年9月29日于莫斯科），中共中央党史研究室第一研究部译：《共产国际、联共（布）与中国革命档案资料丛书》第7卷，第97页。

③ 广东革命历史博物馆编：《广州起义资料》（上），第22页。

的意见，并进一步指出：外国军队不仅可以从海上对广州进行封锁，也可以进行轰炸。为了避免帝国主义的武装干涉，布哈林提出了“革命人民政府”“工农国民政府”两个政权名称供选择，但他倾向强调“国民因素”。①

10月6日，联共（布）中央政治局接受了洛佐夫斯基和布哈林的意见，在给罗米纳兹和中共中央的电报中指示：“在成立广东政府时要考虑到国际上的情况作必要的伪装，因此最好称为人民代表国民政府或者诸如此类的名称，政府的构成中要共产党员占优势，实际权力集中在广州代表苏维埃手里。”“在广州立即恢复工人纠察队，把尽量多的可靠工人和省港罢工者武装起来。对这些工人纠察队应该加强军事训练，使他们成为苏维埃的支柱。”②

然而，也就在同一天，南昌起义军在潮汕失败。联共（布）、共产国际关于广州起义后建立政权的设想也就无法实现。

从南昌起义军南下到潮汕失败，是联共（布）、共产国际指导广州起义的第一阶段。这一阶段的特点是：（1）联共（布）、共产国际最高领导层从南昌起义军南下后便开始关注广州起义，多次发出指示，并派出斯大林比较信任的诺伊曼前往广东去指导。但在这时，他们更重视南昌起义军的作用，把南昌起义军作为占领广东的主要力量，而把在广州举行起义只是作为起义军攻打广州时的配合力量。（2）他们轻视国民党新军阀的军事力量，存在“速胜”思想。他们以为南昌起义军到广东后，只要得到农民运动的配合，就可以轻而易举地里应外合占领广州，建立革命政权，再进行北伐。因此，他们在军事上采取了很多支援措施（尽管这些措施由于南昌起义军的很快失败而没有付诸实施）。（3）他们注意到了广州离海岸很近，帝国主义会直接干

---

① 《共产国际执行委员会政治书记处会议讨论中国问题速记记录（摘录）》（1927年10月1日），中共中央党史研究室第一研究部译：《共产国际、联共（布）与中国革命档案资料丛书》第7卷，第105、114页。

② 《联共（布）中央政治局会议第128号文件（摘录）》（1927年10月6日于莫斯科），中共中央党史研究室第一研究部译：《共产国际、联共（布）与中国革命档案资料丛书》第7卷，第119页。

涉，提出了在广州建立“人民代表国民政府”的设想，以避免帝国主义的武装干涉。尽管这个设想因南昌起义军的迅速失败而没有实施，但反映了联共（布）、共产国际当时对于在广州建立什么样的政权的设想。

## 二

南昌起义军在广东潮汕失败后，中共中央致信广东省委，认为“叶、贺既已溃败，在最短时间暴动夺取广东全省政权的计划，暂时已经不可能，因叶、贺溃败而停止各地之暴动。”“广州暴动的计划应即停止。”①

这时，共产国际代表诺伊曼到达香港，并参加了 10 月 15 日举行的中共南方局和广东省委的联席会议。诺伊曼在这次会议上指定张太雷、周恩来等六人为南方局委员。这次会议通过了《通告第十四号》。认为：“贺、叶军队的失败，并没有增加敌人的稳定，反而更引起剧烈的内部冲突。”“工农运动的高潮非特不因东江军事失败而低落，实际上更形高涨。”因此“广东的暴动……决不能叶、贺军队失败而取消之”。②

这次会议后不久，中共广东省委第一次会议对广州市委作出决议：“训令市委应积极领导工人利用汪派在广州得势时所给予的机会，尽量发展工人之政治、经济斗争”，“揭破汪派的假面具”，“扩大工人群众的政治斗争以推动［翻］反动政权。”③

可见，在诺伊曼的指导下，广州起义的准备没有停止，而在继续进行。

---

① 广东革命历史博物馆编：《广州起义资料》（上），第 29、30 页。

② 广东革命历史博物馆编：《广州起义资料》（上），第 39、40 页。

③ 广东革命历史博物馆编：《广州起义资料》（上），第 45 页。

关于参与广州起义指导的联共（布）、共产国际代表，聂荣臻在他的回忆中说有三个人，即诺伊曼、何锡斯（也译作哈西斯，苏联驻广州总领事馆副领事），另一个他记不上名字[①]。由于过去历史资料的限制，学术界关于广州起义的研究论著中提到诺伊曼的比较多，而对联共（布）、共产国际的其他代表却很少提到。

从最新资料看，聂荣臻记不上名字的那位代表，应是谢苗诺夫（化名安德烈），时任中共中央军事部顾问。谢苗诺夫曾于 1928 年 2 月 15 日在莫斯科向苏联军事人员作关于广州起义的报告。[②]报告介绍了广州起义前前后后的情况，说明他始终参加了对广州起义的指导，并在起义中起了很大作用。实际上，直接参与广州起义指导的联共（布）、共产国际代表不止聂荣臻说的三个人，当时苏联驻广州领事馆的总领事波赫瓦林斯基（化名谢洛夫）也参与了广州起义的指导。

在指导广州起义的过程中，联共（布）、共产国际代表们之间发生了意见分歧。11 月中旬，张发奎与李济深、黄绍竑的争斗日趋激烈，中共广东省委认为“当这场争斗达到顶点时，那么也就是夺取广州政权的最有利时机”。11 月 17 日，张发奎部队驱除了李济深、黄绍竑驻广州的武装，夺取了广州政权。广东省委曾计划张、李发生武装冲突时发动广州起义，但遭到了谢苗诺夫的坚决反对。他认为这时广州有张发奎的重兵，“尝试暴动当然是不行的”[③]。在谢苗诺夫的说服下，广东省委没有实施起义计划。在张发奎主力部队聚集广州的情况下，谢苗诺夫阻止起义是正确的。

黄绍竑逃到广西后，即在梧州布置军队，准备从西面反攻广州。此时，驻潮汕的陈济棠和驻阳江的徐景唐部根据李济深的旨意，准

① 参见广东革命历史博物馆编：《广州起义资料》（下），第 25 页。

② 关于报告的内容，参见中共中央党史研究室第一研究部译：《共产国际、联共（布）与中国革命档案资料丛书》第 7 卷，第 316—332 页。

③ 《谢苗诺夫关于广州暴动的报告》（1928 年 2 月 25 日于莫斯科），中共中央党史研究室第一研究部译：《共产国际、联共（布）与中国革命档案资料丛书》第 7 卷，第 321 页。

备从东、南两面夹击广州。这样，张发奎处于三面受敌的境地，主力部队不得不从广州调出迎敌，留守广州的只剩下第四军教导团和警卫团及少量部队和保安队 1000 多人。广州防务空虚，张发奎为解除后顾之忧，多次派代表要求同共产党谈判如何保护广州，抵抗李、黄军队。广东省委对张发奎不抱幻想，再次主张起义。这时广州起义的时机成熟，广东省委的主张是正确的，但联共（布）代表却主张拉拢张发奎。11 月 22 日张太雷在给中央的报告中曾说："毛子对张幻想，主张我们拉拢张发奎，曾与省委同志吵过一次。现张发奎又要见我们最高负责同志，毛子又与广市争论，现市委来信要我即去广州解决。"[①] 不少论者认为，这里的"毛子"说的是诺伊曼。据此说诺伊曼对张发奎抱有幻想，阻止发动广州起义。笔者认为，这是在资料缺乏情况下的一种误解，这里的"毛子"是指谢苗诺夫，不是诺伊曼。诺伊曼是坚决反对拉拢张发奎，支持广东省委准备起义意见的。查阅有关资料，当时诺伊曼未在广州。广州起义领导者之一黄平回忆，他在 11 月初曾奉中央之命到上海去过一次，"在那里，遇到了第三国际代表罗明纳兹和纽曼，……罗当天就要离沪回国，纽曼留下来。我记得某天晚上到过拉祖英娃家里，纽曼也在那里，向他们报告了广州斗争的情形。"[②] 罗米纳兹是在临时中央政治局 11 月扩大会议之后离开中国的，黄平在上海见到罗米纳兹和诺伊曼，应该是在 11 月中旬了。这说明诺伊曼参加了临时中央政治局十一月扩大会议后，在上海停留了几天，而恰恰在此期间发生了驻广州的联共（布）代表与广东党组织关于同张发奎谈判的争论。那么诺伊曼是在什么时候到广州的呢？查阅《广东政治报告（二）》，其中有"二十六日□□、□□、□□、□□及□□□及新由港返之德国毛子在广州开了一个常委会，讨论广州暴动问题，决定立即暴动"[③]。"德国毛子"即

① 广东革命历史博物馆编:《广州起义资料》(上)，第 62 页。
② 广东革命历史博物馆编:《广州起义资料》(下)，第 39 页。
③ 广东革命历史博物馆编:《广州起义资料》(上)，第 84 页。

诺伊曼，就是说，诺伊曼原先在香港，是在 11 月 24 日或 25 日到广州的。

《广州政治报告（二）》还提到：11 月 18 日群众大会后，“在粤毛子对省委的意见认为暴动是不应该的，他即召集□□□、□□等开会，他发表意见主要的是说：张发奎与李济琛的冲突是小资产阶级与地主阶级的冲突，我们如果现在广州暴动，即是帮助了李济琛。他主张以共产党革命军事委员会名义和黄琪翔说话”[①]。这里提到的是“在粤毛子”，与“德国毛子”有明显的区别，据查是谢苗诺夫。谢苗诺夫是中共中央军事部的顾问，只有他才能“以共产党军事委员会名义和黄琪翔说话”。谢苗诺夫后来也承认他是主张同张发奎谈判的。谢苗诺夫说：“说服张发奎，特别是说服黄琪翔投诚的工作，一点也没有做。本来这种可能性是有的。……他是张发奎的助手，是个杰出的年轻将领，对苏联和共产党有一定的好感，他在自己的军队里留容共产党员比谁都久。……我一直坚持必须同他进行谈判。共产国际代表团却对谈判下了‘禁令’。只有个别一些军事人员主张谈判。”[②] 非常清楚，这里的“共产国际代表团”就是指诺伊曼。正因为诺伊曼赞同广东省委不同张发奎谈判的意见，11 月 26 日晚，有他参加的广东省委常委会议才作出了准备起义夺取广州政权的决定。

11 月 28 日，广东省委把广州起义计划报中共中央。29 日，诺伊曼即致电联共（布）中央政治局，报告了广州的情况。诺伊曼说：张发奎“采取了明显反动的方针，逮捕工人，驱散罢工者。工人强烈不满，情绪激昂”。“市内除警察外只有三个团，其中在特别独立团（即教导团——引者注）里，共产党支部很强大，领导着大多数士兵和党员，在第二团（即警卫团——引者注）也很大。海丰地区的农民暴动

---

① 广东革命历史博物馆编：《广州起义资料》（上），第 82 页。

② 《谢苗诺夫关于广州暴动的报告》（1928 年 2 月 25 日于莫斯科），中共中央党史研究室第一研究部译：《共产国际、联共（布）与中国革命档案资料丛书》第 7 卷，第 330 页。

正在迅速发展……我们决定在广州采取准备起义和成立苏维埃的坚定方针。……张发奎和黄琪翔不止一次非正式地要求会见……我们拒绝了。实际上我们还没有确定起义日期，因为鉴于上述决定的特殊性和重要性，恳请你们立即向广州发出指示。”①

这时，苏联驻广州领事馆仍坚持要拉拢张发奎。就在同一天，苏联驻广州领事馆总领事波赫瓦林斯基致电加拉罕：“立即举行暴动的方针是错误的，因为党没有力量在广州夺取和建立政权。举行暴动除了无谓的残杀外只会导致消除现实的改革派（指汪精卫、张发奎等——引者注），他们尽管有其反动性，但在国民党内是个特殊的派别……拒绝同张发奎会见，我认为是错误的。”②

对于驻广州联共（布）、共产国际代表之间的分歧，联共（布）中央政治局对广州的情况还不太了解，没有马上作出表态。但此后不久，来自驻中国的其他共产国际代表的消息，是倾向在广州举行起义的。12 月 5 日，驻上海的共产国际代表佩佩尔给共产国际执委会的信中分析了广州的形势，认为张发奎同桂系之间的战争，如果“发展为真正的战争，如果统治阶层内部出现真正的裂痕，如果因为战争而在大城市里出现紧急的局势，如果我们能够不仅把自己的力量，而且把广大群众动员起来，那么我们党应该也必须转向直接组织武装暴动。在这种情况下，广州将自然而然成为暴动的中心”③。与此同时，赤色工会国际驻华代表米特凯维奇也在致共产国际执委会的信中提到，“由于李济深和张发奎的争斗，很明显又造成有利于最大限度开展工作的局势”。“在像广州这样的地方，苏维埃可能也应该作为暴动机关在夺取政权的斗争过程中建立起来。”他认

① 《牛曼给联共（布）中央政治局的电报（摘录）》(1927 年 11 月 29 日于上海)，中共中央党史研究室第一研究部译:《共产国际、联共（布）与中国革命档案资料丛书》第 7 卷，第 140 页。

② 《波赫瓦林斯基给加拉罕的电报》(1927 年 11 月 29 日于广州)，中共中央党史研究室第一研究部译:《共产国际、联共（布）与中国革命档案资料丛书》第 7 卷，第 141 页。

③ 《佩佩尔给共产国际执行委员会的信》(1927 年 12 月 5 日于上海)，中共中央党史研究室第一研究部译:《共产国际、联共（布）与中国革命档案资料丛书》第 7 卷，第 156 页。

为：由于军阀之间的战争，广州政权瘫痪的状态还要持续很长一段时间，“如果在这个时候把工农武装起来，并把军队稍加分化瓦解，那么我们就能严肃地提出广州的问题，否则任何一派一旦腾出手来进行镇压，它的军事力量就会把一切打得粉碎。”① 这两封信无疑对促使联共（布）、共产国际最高领导层下定批准广州起义的决心起了作用。

12 月 9 日，诺伊曼从广州致电联共（布）最高领导机关，报告了广州的形势以及起义准备的情况、起义计划和口号等。诺伊曼在电报中说：“暴动时机已完全成熟，拖延会给力量对比带来不利变化，因为铁军将回来，我们的部队将调走，汪精卫的正式政府将成立以取代现时的空缺状态。工人的胜利对整个中国会有无可估量的意义。”因此，诺伊曼在电报中“坚决请求立即给我们指示”。在电报中，诺伊曼还批评了波赫瓦林斯基等，说：“这里的领事馆实行的是同张发奎进行谈判和不举行起义的腐朽的惊慌失措的方针。”② 同一天，诺伊曼又致电联共（布）中央，表示“如果我们收不到对今天这份电报的答复，我们就于星期一清晨发动”③。收到诺伊曼的电报后，联共（布）中央政治局非常重视，立即在次日举行会议，讨论中国问题。会议批准了广州起义的计划，以斯大林的名义致电诺伊曼：“鉴于群众中存在一定的情绪和当地比较有利的形势，不反对你们的意见。建议行动要有信心要坚决。”④

这时汪精卫已知道共产党人在广州的活动，于 12 月 9 日连电陈公博、张发奎等：“所部凡有纵容共产党者，立即严加惩办”，“请兄等坚

---

① 《米特凯维奇给共产国际执行委员会的信》（1927 年 12 月 5 日于上海），中共中央党史研究室第一研究部译：《共产国际、联共（布）与中国革命档案资料丛书》第 7 卷，第 160、161 页。

② 《特里利塞尔对牛曼发自广州电报内容的报告》（1927 年 12 月 9 日于莫斯科），中共中央党史研究室第一研究部译：《共产国际、联共（布）与中国革命档案资料丛书》第 7 卷，第 170、171 页。

③ 《特里利塞尔对牛曼发自广州电报内容的报告》（1927 年 12 月 9 日于莫斯科），中共中央党史研究室第一研究部译：《共产国际、联共（布）与中国革命档案资料丛书》第 7 卷，第 171 页。

④ 《征询政治局委员意见》（1927 年 12 月 10 日），中共中央党史研究室第一研究部译：《共产国际、联共（布）与中国革命档案资料丛书》第 7 卷，第 173 页。

决反共”。[①] 由于形势紧急，起义指挥部将原定于 12 月 12 日的起义提前到 11 日凌晨举行。起义军在占领广州大部分地区后，坚持三天而失败。

从南昌起义军潮汕失败到广州起义的失败，是联共（布）、共产国际指导广州起义的第二阶段。在这一阶段，联共（布）、共产国际指导广州起义的特点是采取俄国十月革命和欧洲工人起义的模式，即在中心城市发动共产党掌握的军队和工农武装起义，建立苏维埃政权的模式。他们希望以广州起义为主，以广东各地农民起义为配合，争取革命在广东首先迅速胜利。在这一阶段，联共（布）、共产国际驻广东的代表们在是否同张发奎谈判问题上发生了意见分歧，联共（布）的代表谢苗诺夫和苏联驻广州总领事波赫瓦林斯基等错误地主张拉拢张发奎，诺伊曼则支持广东省委拒绝和张发奎谈判、准备举行广州起义的正确意见。以斯大林为首的联共（布）、共产国际最高层最终批准了诺伊曼报送的起义计划，表明其对举行广州起义，汇合广东各地的农民起义，迅速在广东取得胜利的决心。共产国际代表诺伊曼对广州起义的发动，起了重要的作用。

## 三

广州起义，是土地革命初期三大起义中联共（布）、共产国际最重视的一次起义，共产国际给予了极高的评价，称：“广州工人空前的英勇精神实在是世界历史上伟大的事实。”[②] 广州起义仅三天就失败，联共（布）、共产国际是怎样总结广州起义失败的经验教训的？过去研究者很少论及联共（布）、共产国际关于广州起义失败原因的总结。笔者认为有必要根据新资料进行分析论述。

---

① 广东革命历史博物馆编：《广州起义资料》（下），第 482 页。

② 《共产国际为广州暴动告世界工人兵士及被压迫民众宣言》（1927 年 12 月 15 日），中共中央党史研究室第一研究部编：《共产国际、联共（布）与中国革命档案资料丛书》第 11 卷，第 29 页。

先看时任共产国际政治书记处委员的布哈林对广州起义失败的原因是如何认识的。

1928年1月31日，布哈林在共产国际执行委员会讨论中国问题会议上的发言和结束语中，分析了广州起义失败的原因，主要有以下几点：(1) 广州青年组织不知道计划举行的暴动。(2) 没有争取机器工会中工人的某些阶层，哪怕是争取这些阶层中的中立。(3) 没有足够广泛的社会基础来举行胜利的暴动，没有真正的总罢工。(4) 暴动过早，应该再等一等。(5) 没有报告给党中央、青年组织的中央，以便立即得到中国其他地方的支持。(6) 至于敌军中的工作，可以说根本没有做。(7) 没有把广州起义同农民暴动协调起来。[①] 布哈林分析的这几条关于广州起义失败的原因，基本上就是后来《共产国际关于广州暴动问题决议案》的调子。

可以看出，布哈林强调起义失败的原因在于准备不充分，起义过早。

其实，广州起义并不是一次仓促的起义，而是经过了较长时间的准备；起义计划并不是没有报告中共中央，而是报告了中共中央，并在12月5日得到批准；共青团广东省委12月11日发布的《告青年士兵警察及保安队书》说明，他们知道计划举行的起义；起义也得到了农民武装的支持。市郊农军和南海、花县、清远等县的农军，与广州工人赤卫队配合，攻打省长公署、市公安局、观音山、石围塘广三条路车站，并拆毁了广九铁路沿线铁轨。除了上述几个县外，宝安、新会、顺德、中山、惠阳、潮安、信宜、万宁、乐会等地的工农武装，也在当地党组织的领导下，在12月中旬按预定计划举行了起义。这些起义都支援和策应了广州起义。由此可见，布哈林分析的这几条原因是不正确的。当然，布哈林分析的几条失败原因中，也有两

---

① 见《布哈林在共产国际执行委员会讨论中国问题会议上的发言和结束语》(1928年1月31日于莫斯科)，中共中央党史研究室第一研究部译：《共产国际、联共（布）与中国革命档案资料丛书》第7卷，第219—257页。

条是对的，即对机器工会中工人争取和在敌军中工作确实做得不够。至于布哈林把没有真正的总罢工作为一条原因，笔者认为，起义不一定必须有一个固定的模式，即先进行总罢工，然后转入武装起义。要不要举行总罢工，视具体情况而定。起义取得胜利，不取决于有无总罢工。

按布哈林的说法，起义过早，应再等一等。当时，汪精卫已经知道共产党在张发奎部的活动，如果拖延起义，张发奎就会对共产党掌握的武装动手，起义就会夭折。从起义开始时进展顺利的情况看，起义的时机是成熟的，发动起义是及时的，不是过早。广州起义的失败，不在于起义过早，而在于起义后怎么办，是撤出广州，到农村开展斗争，还是坚守广州。

布哈林对广州起义失败原因的分析，没有找到问题的症结。

再看谢苗诺夫是怎样总结广州起义失败原因的。谢苗诺夫认为失败的客观因素是：(1)敌人的兵力占绝对优势。(2)工人们不会使用武器和构筑街垒。(3)所有中外反动势力的联合。(4)起义指挥机关军事组织软弱无力。在敌军中的工作做得不够。军事工作经常被置于次要的地位。(5)黄色工会组织——机器工会参加镇压起义。

谢苗诺夫同时认为，造成失败的决定性因素是主观因素：(1)暴动计划考虑得不周全。没有在暴动一开始就占领东山抓获张发奎，使张发奎得以逃往第五军李福林军部，并组织军队对广州进攻。(2)把占领第四军军部大楼置于次要的地位。这使敌人有可能进行防御。(3)对四个据点的包围持续时间过长。本该留下小部分赤卫队驻守这些据点周围，把所有力量投入到对河南地区李福林部队、军械厂等地的进攻上，不给敌人有可能集聚力量并转入反攻的时间。拖延一天到半天时间就使敌人有可能集聚力量并转入反攻。这是主要错误之一。丧失主动性并由进攻转向防御是暴动失败的原因。(4)不善于利用俘虏和工人队伍。(5)没有占领粤汉铁路车站附近的弹药武器库。(6)任命叶挺为总司令是个很大的错误。叶挺不理解革命运动，实行机会主义的消极怠工方针，不相信暴动会以胜利告终。防御对于任何暴动来说都是灭亡。从进攻转向防御的责任主要由叶挺来承担。[①]

从谢苗诺夫的主要观点看，他把起义失败的决定性因素归结为起义后的军事指挥错误。在他看来，起义后不断地进攻，不给敌人以喘息的机会组织力量进行反扑，起义就有可能胜利。

应该说，谢苗诺夫关于广州起义失败原因的分析及认识，其中不乏正确的，但他列举的都是一些次要原因，不是根本原因。即使按谢苗诺夫所说的做得完美无缺，广州起义最后仍不免失败，顶多是再坚持几天。谢苗诺夫把任命叶挺为总司令作为失败的原因之一，指责叶挺在起义中实行的是“机会主义的消极怠工方针”，是非常错误的。而实际上，恰恰是诺伊曼拒绝了叶挺提出的起义军乘敌人主力没有回来前退出广州的正确建议，才导致起义失败的。广州是华南最大的中心城市，是敌人统治力量最强的地方，而且容易受到帝国主义的干涉，在起义后死守广州城，被动挨打，失败是必然的。谢苗诺夫也没有找到广州起义失败的根本原因。

## 四

通过以上论述，笔者谈几点认识。

首先，联共（布）、共产国际对广州起义的指导表现了其在土地革命战争初期这样一种思路：通过共产党掌握的革命军队和举行工农武装起义，迅速占领广州，建立苏维埃政权，汇合广东各地的农民暴动，首先取得革命在广东一省的胜利。然后再由湖南、湖北进行北伐，将革命向北推进，掀起革命的新高潮。这种思路，简而言之，就是广东“速胜论”。联共（布）、共产国际这个思路的产生主要是依

① 见《谢苗诺夫关于广州暴动的报告》（1928 年 2 月 25 日于莫斯科），中共中央党史研究室第一研究部译：《共产国际、联共（布）与中国革命档案资料丛书》第 7 卷，第 325—326 页。

据大革命时期的经验。大革命时期，就是先建立广东革命根据地，然后进行北伐。但这时和大革命时期的情况已经不同了。曾经是革命的国民党，随着蒋介石、汪精卫等的叛变，已经蜕变为代表大地主大资产阶级利益的反革命政党，它和帝国主义相勾结，在广州，在整个广东，反革命的力量远比革命力量强大。因此，这个思路是脱离中国实际的，说明联共（布）、共产国际没有认识到中国革命的长期性，存在着速胜观念。广州起义的失败，宣告了联共（布）、共产国际希望在广东“速胜”的终结。

其次，在上述思路的指导下，联共（布）中央政治局、共产国际执行委员会和政治书记处，以及联共（布）、共产国际在中国的代表，都非常重视广州起义，一度把占领广州，迅速取得革命在广东的胜利当作指导中国革命的中心工作，并派出多名代表直接参加广州起义的准备和发动。在一个时期内，联共（布）、共产国际最高层的会议中，在联共（布）、共产国际的代表们同他们的上级机关的电报、信件往来中，讨论广州起义是最重要的内容。联共（布）、共产国际对广州起义、在广东一省“速胜”寄予厚望，作出了很大努力。联共（布）、共产国际最高领导层及其驻中国的代表是广州起义的指导者和决策者，在其中起了主导作用。

第三，由于受上述思路的桎梏，使得具体指导广州起义的共产国际代表诺伊曼等，在起义获得成功的情况下，没有接受叶挺立即撤出广州城，到海陆丰与农民起义军会合的正确建议，从而使广州起义最终失败，党在广州的力量受到惨重损失。

第四，尽管在总体思路、在采取的模式上是脱离中国实际的，但联共（布）、共产国际的最高领导机关和其驻中国的代表在一些举措上是正确的，表现在：（1）在11月中旬说服广东省委，放弃在不具备条件下举行起义。（2）诺伊曼支持广东省委不和张发奎谈判，坚决进行武装起义。他的主张最终得到联共（布）、共产国际最高领导的同意。放弃对张发奎的幻想，有利于揭破新军阀的面目，对于以后中国党的斗争有积极意义。(3) 在起义时机上，作出了正确的决断。当时广州局势紧张，拖延起义，就可能使张发奎腾出手来对付共产党。在这种情况下，起义计划以最快的速度得到了最高领导斯大林批准。起义爆发后，进展顺利说明了这一点。

第五，广州起义的失败，联共（布）、共产国际是有责任的，他们应对广州起义失败进行认真的反思，审视自己对中国革命的指导思想正确与否。然而，遗憾的是，无论是布哈林，还是谢苗诺夫，在分析广州起义失败的原因时，都没有从联共（布）、共产国际的指导思想是否与中国的情况相适应来出发，而是单纯从起义的准备、军事指挥等方面来分析，因此找不到根本的原因。总结经验教训，是为了避免以后重犯错误，更好地斗争。由于联共（布）、共产国际没有找到广州起义失败的根本原因，虽然此后它们对中国革命的指导不再采取广东“速胜”的方针，但其夺取中心城市，力图迅速在一省或数省首先胜利的思路仍没有变，并在中国共产党内产生了很大影响，给中国革命造成了严重损失。

（本文原载《中共党史研究》2003 年第 6 期，获中共中央党史研究室 2002—2003 年度优秀论文奖）

# 长征前夕共产国际、中共中央与陈济棠的谈判

中央红军长征开始后，顺利通过了前三道封锁线，主要原因是同陈济棠达成了就地停战、必要时可以相互借道等五项协议。长期以来，党史、军史学者对这个问题的研究，主要是侧重于阐述中央苏区、陈济棠、蒋介石三者之间相互关系，以及中央苏区和陈济棠的经济贸易关系[①]。然而，中国共产党的领导者们如何能够利用陈济棠同蒋介石的矛盾，为中央苏区发展和反“围剿”提供有利的条件，目前学术界尚无更深入的研究。近年来，俄罗斯新公布的联共（布）、共产国际与中国革命的大量档案材料说明，共产国际对中央苏区同陈济棠的谈判有着重要影响。笔者试对这个问题进行粗浅探讨，以就教于党史、军史界同行。

## 一、毛泽东及共产国际远东局军事代表曼弗雷德·施特恩对陈济棠的最初的认识

大革命失败后，时任国民革命军第四军第一师师长陈济棠积极反

---

① 比较有代表性的论文主要有，黄道炫：《中共、粤系、蒋介石：1934 年秋的博弈》，《近代史研究》2011 年第 1 期；魏炜、邱小云：《中央红军长征前夕与陈济棠“借道”谈判成功的经济基础探析》，《中共党史研究》2013 年第 7 期；魏炜：《长征前陈济棠与中央红军谈判缘由探析》，《江西社会科学》2014 年第 1 期等。

共，参与对南下广东潮汕地区的南昌起义军的镇压。由于得到李济深的信任，1928 年被任命为第四军军长兼西区“绥靖”委员。此后，在 1929 年蒋介石与李宗仁、白崇禧新桂系的战争中，1930 年李宗仁、白崇禧和张发奎策应阎锡山、冯玉祥反蒋的湘粤桂边的战争中，陈济棠都曾支持蒋介石。但自陈济棠掌握广东军政大权，成为“南天王”之后，就成为蒋介石要削平的地方实力派之一。因此他和蒋介石的矛盾日益尖锐，成为反蒋行列的成员。1931 年 2 月 28 日，因国民党内斗，胡汉民被蒋介石软禁。陈济棠通电反蒋，并驱走蒋介石支持的省长陈铭枢。5 月，汪精卫等在广州另立国民政府，陈济棠是政府委员、军事委员会常委。此时，陈济棠的军事实力急剧扩张，所部扩编为第一集团军，自任总司令，并接管了驻广东的海、空军，兵力达 15 万人，是汪系广东国民政府的重要军事支柱。陈济棠独霸中国南方的最富庶地区，自然成为蒋介石的一块心病，想方设法削弱或伺机吞并之。

对于陈济棠同蒋介石的矛盾，他的心态，毛泽东看出得最早，并利用他同蒋介石的矛盾发展中央苏区。1931 年 5 月中旬中央苏区第二次反“围剿”胜利后，国民党军退到赣州、泰和、吉安、吉水、永丰、乐安、宜黄、南丰一线。这时正是南方的粤军陈济棠、桂军李宗仁同蒋介石集团争斗，北方的阎锡山和冯玉祥伺机南进之际，中共红一方面军总前委决定利用这个时机转入攻势作战。红一方面军各部队进入指定地区开展工作后，毛泽东于 6 月下旬发现蒋介石有对北方军阀妥协，对两广的陈济棠、李宗仁取守势，准备调兵对中央苏区发动第三次“围剿”的迹象。为了充分利用蒋介石同陈济棠、李宗仁的矛盾，巩固和发展苏区，毛泽东给时任红一方面军政治部主任、中共闽赣边工作委员会书记周以栗和红十二军政治委员谭震林等写信，指出：过去红军向粤赣边发展的计划，“不但客观上帮助蒋介石打击两广，为蒋介石所大愿，并且要很快引起两广的对共行动”，“我们不应如此蠢”。[①]

① 《毛泽东军事文集》第一卷，军事科学出版社、中央文献出版社 1993 年版，第 235 页。

毛泽东对陈济棠采取的方针是非常正确的。蒋介石发动对中央苏区第三次反“围剿”后，陈济棠和李宗仁乘蒋介石主力陷入江西苏区之际，于9月初起兵进入湖南。鉴于此种情况，蒋介石决定一面牵制江西境内的红军，一面“移师赣粤边区阻止叛军扩张”[①]。蒋介石军队退却后，红一方面军先后进行了老营盘、高兴圩和方石岭战斗，胜利打破了国民党军的第三次“围剿”。

1932年1月，蒋介石、汪精卫合作后，陈济棠于同年5月被蒋介石任命为赣闽粤边区“剿共”副总司令。军阀的本性就是不断扩大地盘，陈济棠乘这时中央红军[②]实行东西两路分兵之机，派第一军军长余汉谋指挥19个团侵入赣南，对中央苏区南部构成严重威胁。6月中旬，中共苏区中央局恢复红一方面军番号，朱德兼任方面军总司令。毛泽东以中华苏维埃共和国临时中央政府主席身份随红一方面军总部行动，在前方主持大计。毛泽东与朱德在7月上旬组织了南雄、水口战役，击溃粤军15个团，使入侵赣南的粤军退回南雄。此战打击了粤军的嚣张气焰，基本上稳定了中央苏区南翼，为红一方面军尔后在北线作战创造了有利条件。

不难看出，毛泽东对待陈济棠的方法有二：一是在陈济棠同蒋介石的矛盾尖锐时，尽量使红军不与其发生冲突，利用蒋、陈之间的矛盾巩固与发展苏区和红军；二是当陈济棠与蒋介石的矛盾暂时缓和，而陈济棠又追随蒋向中央苏区进攻时，对粤军予以打击，使其认识到红军的力量，不敢对中央苏区轻举妄动。毛泽东的做法体现了这样一种指导思想，在蒋介石不断对中央苏区发动大规模军事“围剿”的情况下，红军主要的战略目标是在于集中对付蒋介石军，而对于战斗力较强的陈济棠粤军，则采取他不攻我，我不攻他，他若攻我，我必攻他，基本保持双方相安无事的方针。这是符合当时中央苏区求得反

---

① 台湾“国防部史政局”编著:《剿匪战史》(1)，中华大典编印会1967年版，第159页。

② 1931年11月25日，中华苏维埃共和国中央革命军事委员会成立后，红一方面军所属部队由中革军委直接领导，称中央红军。

"围剿"战争胜利、巩固和发展苏区实际的正确方针。遗憾的是，在10月上旬召开的中共苏区中央局宁都会议上，毛泽东受到"左"倾教条主义者的错误的批评和指责，并在会后被撤销了红一方面军总政治委员的职务，离开红军的领导岗位，从此便在苏区党和红军领导层中没有了话语权。这对此后中共中央如何正确处理同陈济棠粤军关系问题，是一个非常重要的损失。

1933年9月下旬，蒋介石发动对中央苏区的第五次"围剿"，陈济棠被蒋封为南路军总司令。蒋介石的如意算盘是这样打的，他的嫡系部队从北面和东面向西南推进，将中央红军赶入广东境内。如果陈济棠不想让红军进入广东境内，就要拼命抵抗，造成红军和陈济棠两败俱伤。如果陈济棠抵挡不住红军，那么蒋的部队乘机可以进入广东境内，把势力深入广东。在蒋看来，无论怎样，结果对他都是有利的。

对于蒋介石的意图，陈济棠当然看得很清楚。他明白，正是有中央苏区和红军的存在，蒋介石把注意主要集中在消灭红军上，腾不出手来对付他，他才能偏安广东。因此，陈济棠对进攻赣南红军采取消极态度。但他又不能明目张胆违抗蒋介石的命令，第五次"围剿"开始后，除勉强派余汉谋第一军由粤北进入赣南，独立第一师黄任寰一部进入闽西参加"围剿"外，就以亟须对付广东境内的红军游击队为由，不肯再派部队参加对中央苏区的"围剿"了。

陈济棠与蒋介石之间的矛盾共产国际远东局的军事代表曼弗雷德·施特恩也看到了。他1933年11月8日在给共产国际关于中国军事政治形势的报告中，在谈到陈济棠粤军时，表达了以下几点看法：其一，陈济棠并不希望蒋介石摧毁中央苏区。说，"广州怕蒋介石取得胜利"，他们"根据自己的经验知道战胜红军是如何之困难。即使他们清楚，蒋介石有可能最后取得胜利，但不管怎样他们知道，战胜红军者将会在军事方面丧失作战能力和被大大削弱。"其二，粤军对红军作战是消极的，起码在最初是如此。他指出：粤军

“的基本任务是自己不和红军作战，至少在最初不和红军交手。晚些时候会出现更有利的机会。参加决战和以后同丧失战斗力的战胜者作战”。其三，批评了一些人认为陈济棠死心塌地为蒋介石卖命进攻红军的观点，指出了陈济棠有保护自己地盘的想法，不是蒋介石的盟友。他指出：“在 [1933 年 ]10 月中旬就很清楚，广州方面至少现在对红军没有构成任何严重的威胁。”“认为广州集团中的陈济棠试图为蒋介石实行蒋介石的方针，那是不对的。陈斗争不认真，因为他本身想成为远在广东范围之外的蒋介石。他爱护自己，回避角逐。因此在广州，蒋介石没有盟友。广州在散布自己战胜了红军的谎言”。①

曼弗雷德·施特恩对陈济棠态度的分析是合乎实际的。尽管他在报告中没有提出对陈济棠应该采取什么样的对策，但仍不失为共产国际提供了正确的参考。

## 二、同陈济棠谈判的问题提出及共产国际的对策

1933 年 11 月，就在蔡廷锴的第十九路军宣布反蒋抗日、发动福建事变时，陈济棠也派出了代表到中央苏区进行停战谈判。这是一个重要契机，中共临时中央若采取正确的方针，将创造打破国民党军第五次“围剿”的有利条件。中共临时中央将此情况报告共产国际远东局，对此，远东局书记埃韦特的意见是：“友好地协商解决［粤军］从赣南撤退问题、暂时停止作战行动问题，不涉及封锁问题。”军事代表曼弗雷德·施特恩“反对讨论［粤军］从赣南撤退问题”。② 虽然

① 《施特恩关于中国军事政治形势的报告》（不早于 1933 年 11 月 8 日于上海），中共中央党史研究室第一研究部译：《共产国际、联共（布）与中国革命档案资料丛书》第 13 卷，第 598—599 页。

② 《埃韦特给皮亚特尼茨基的电报》（1933 年 11 月 22 日于上海），中共中央党史研究室第一研究部译：《共产国际、联共（布）与中国革命档案资料丛书》第 13 卷，第 625 页。

到目前为止，虽未见到当时中共临时中央代表与陈济棠代表谈判具体内容，但从远东局内部的分歧看，当时双方谈判分歧的焦点在于粤军是否从所占据的赣南苏区部分地区撤离问题。11 月 22 日，埃韦特把问题交给共产国际执行委员会政治委员会委员皮亚特尼茨基，请他来决定。

共产国际作了快速反应，11 月 23 日，共产国际执行委员会政治书记处政治委员会致电埃韦特，表达了这样几个意思；其一，埃韦特的电报太简单，弄不清楚陈济棠同中央苏区谈判的目的是什么。即不清楚陈济棠“是否准备在实际上而不只是口头上进行反对日本人和蒋介石军队的武装斗争，或者仅仅指取消封锁和恢复贸易关系”；或者是“想抽出力量用于可能同 19 路军进行的斗争”。并指示，应该让蔡廷锴第十九路军知道中共临时中央同陈济棠谈判的情况，力求通过蔡廷锴来弄清楚陈济棠同中共临时中央谈判的动因。如果陈济棠“意在反对 19 路军，那我们就不应该同他们谈判，以期不削弱 19 路军反日反蒋的立场”。其二，在陈济棠不是通过同中央苏区谈判以抽去兵力进攻第十九路军的情况下，中共“应提出暂时停战的以下条件：停止作战行动，取消封锁和从赣南撤出粤军”。考虑最后一项要求陈济棠很可能不接受，共产国际指示：“作为非常措施，我们可以同意粤军撤到广东边界，并在广州人现在在江西所占领的地区建立中立区，但不能占苏区土地。”其三，鉴于陈济棠是一个军阀，担心同他的谈判有可能引起苏区群众思想混乱，指示：“为了不致因同军阀的妥协而损害我们在群众面前的威信，苏维埃政府应该以红军斗争和改善苏区居民经济状况的需要来全面解释自己参加谈判的做法。”①

电报表明，尽管共产国际对陈济棠与中共临时中央谈判的真实意图没有弄清，但基本上接受了埃韦特的建议，没有接受曼弗雷德·施

---

① 《共产国际执行委员会政治书记处政治委员会给埃韦特的电报》（1933 年 11 月 23 日于莫斯科），中共中央党史研究室第一研究部译：《共产国际、联共（布）与中国革命档案资料丛书》第 13 卷，第 626 页。

特恩的意见。同时，共产国际考虑到陈济棠可能不会接受从赣南撤军这一条，而提出让陈济棠粤军撤出到广东边界，在粤军所占苏区建立中立区的条件，并没有实质上向陈济棠作些让步。在谈判中，陈济棠是不可能接受的。

这时，共产国际远东局内部埃韦特和曼弗雷德·施特恩工作上矛盾重重，在中共中央同陈济棠的谈判问题上更是分歧很大。1934 年 2 月 1 日，曼弗雷德·施特恩绕过埃韦特，通过苏联红军参谋部第四局在中国的情报系统给共产国际发出了同陈济棠谈判的有关情况并请求指示的电报。2 月 5 日，共产国际执行委员会政治书记处政治委员会给曼弗雷德·施特恩回电，一方面认为：从军事上考虑，中共中央同陈济棠的谈判在取消经济封锁等条件下“签订临时协议是可行的，也是所期望的”；另一方面强调：“我方不作任何领土让步。”并指示：“在签订任何协议的情况下保持高度的警惕性，以避免发生意想不到的事情和广州人方面的欺骗，保证我们实际上的行动自由。这是对你们报告的条件的补充。”①

由于共产国际执行委员会政治书记处政治委员会给曼弗雷德·施特恩的电报同时标明抄送埃韦特一份，埃韦特得知曼弗雷德·施特恩越过他直接给共产国际执行委员会发电报后非常不高兴，在 2 月 13 日给皮亚特尼茨基的信中表示了对曼弗雷德·施特恩的不满之后，报告了中共中央同陈济棠谈判的情况，说：“如今开始进行不直接的谈判的建议完全悬而未决，至少暂时是这样。您可以相信，在这方面我们将会利用任何可能性。目前只存在为鼓动目的利用南京和广东之间矛盾的可能性，但必须把这种利用同揭露陈济棠的政策结合起来。晚些时候能做什么呢？晚些时候也只能等着瞧。不应抱着虚假的希望。”在信中，埃韦特针对曼弗雷德·施特恩所拟给中共中央的指示

① 《共产国际执行委员会政治书记处政治委员会给施特恩的电报》（1934 年 2 月 5 日于莫斯科），中共中央党史研究室第一研究部译：《共产国际、联共（布）与中国革命档案资料丛书》第 14 卷，第 73 页。

中的“暂停对广州的进一步行动，以便为根据我们的三项条件[①]在反对南京和日本人的行动中采取相互谅解的政策扫清道路”一句表示不同意，说：“这个提法后来进行了修改，因为在我看来，没有任何理由同广东‘在行动中相互谅解’。”[②]

上述说明，无论是共产国际执行委员会，还是远东局书记埃韦特，虽然都认为在第十九路军揭起反蒋抗日的旗帜后，可以利用陈济棠同蒋介石的矛盾。但是，中共中央能通过与陈济棠谈判达到什么目的，得到一些什么有利条件呢？他们缺乏一个清晰的符合实际的思路。当时中央苏区的最主要任务是反对国民党军的第五次“围剿”，同陈济棠的谈判应该围绕能够为反“围剿”创造有利条件来进行。那么同陈济棠谈判，获得什么样的条件才对反“围剿”有利？首先的、最基本的条件是双方停战。因为，停战才能使中央苏区南部战线稳定，中央红军才能在南部地区解除后顾之忧，集中红军主要力量对付北部和东部的国民党军。其次是解除封锁，双方开展贸易往来，缓解因国民党采取经济封锁给苏区造成的物资短缺的严重困难。然后，如果双方能够合作反日反蒋或者陈济棠能够撤出所占赣南苏区则更好，多多益善。然而，谈判不是一厢情愿的事，一方提的所有条件对方都要接受是不可能的，而是最基本的条件对方能够接受，从而达成对双方都有利的协定。但共产国际执行委员会、远东局书记埃韦特认为是陈济棠主动提出与中共中央谈判的，因而站在强势的一方，提出了粤军撤出所占赣南苏区的部分地区作为一个停战的先决条件。这对陈济棠来说是一个苛刻的不能接受的条件。同时他们又对陈济棠的谈判动机保持高度的戒心。因此，共产国际执行委员会及远东局定下的

---

① 指1933年1月17日《中华苏维埃临时中央政府、工农红军革命军事委员会宣言——为反对日本帝国主义侵入华北愿在三个条件下与全国各军队共同抗日》，主要内容为：（一）立即停止进攻苏维埃区域；（二）立即保证民众的民主权利（集会、结社、言论、罢工、出版之自由等）；（三）立即武装民众创立武装的义勇军，以保卫中国及争取中国的独立统一与领土的完整。

② 《埃韦特给皮亚特尼茨基的信》（1934年2月13日于上海），中共中央党史研究室第一研究部译：《共产国际、联共（布）与中国革命档案资料丛书》第14卷，第83页。

谈判条件和方针偏离了为中央苏区反第五次“围剿”创造有利条件的目标。

比较而言，对陈济棠心态比较了解的曼弗雷德·施特恩主张不以粤军从所占赣南苏区部分地区撤出作为谈判条件，而以中华苏维埃临时中央政府、工农红军革命军事委员会 1933 年 1 月 17 日发表的宣言中提出的三个条件为基础同陈济棠谈判，是正确的意见，符合中央苏区反第五次“围剿”斗争的实际。遗憾的是，他的意见遭到埃韦特的反对，也没有被共产国际执行委员会所接受。

## 三、第十九路军失败后中共中央、中共上海中央局对与陈济棠谈判的态度与对策

共产国际执行委员会、远东局书记埃韦特坐而论道、脱离实际的方针，自然不会使中共中央同陈济棠的谈判能够有结果。蒋介石很快镇压了第十九路军反蒋的福建事变，其嫡系部队李玉堂等部陈兵闽西南地区，对广东作军事上威胁，陈济棠大为震惊，不得不对蒋介石变得恭顺起来。蒋介石为了集中力量进攻中央苏区，一面军事上给予威胁，一面给陈济棠提供军费，要其服从“中央”，进攻中央苏区。

尽管情况发生了变化，但陈济棠同蒋介石的矛盾依然存在，若中共中央采取符合实际的正确方针，同陈济棠谈判仍然是可以取得成果的。但中共中央不能从表面的情况看到背后的实质，对以三项条件为基础同陈济棠谈判缺乏信心。2 月 6 日，中共中央在给中共上海中央局的电报中说：“根据我们的估计，同广东在我们三项条件基础上的谈判不会取得成果；在最近的将来将会是这样。”[①]

---

① 《中共中央给中共上海中央局的电报》（1934 年 2 月 6 日于中央苏区），中共中央党史研究室第一研究部译：《共产国际、联共（布）与中国革命档案资料丛书》第 14 卷，第 74 页。

此时，曼弗雷德·施特恩也因蒋介石对第十九路军的迅速胜利而对中共中央同陈济棠的谈判不寄予多大希望。2月15日，他在给中央苏区的电报草稿中这样写道："迅速消灭了福建的起义，这对南京来说是个大的胜利，是在政治上要比军事上更重要的胜利。这意味着，如今南京政府可以在以后几个月派遣20个新的师团来对付我们，同时还可以准备和推迟同广州不可避免的冲突。在南京和西南之间的军阀战争还没有采取现实的方式之前，我们应该只依靠自己的力量，不要过于考虑我们地区周围各军阀之间的矛盾和它们的地区利益。"①

2月22日，中共上海中央局致电中共中央，表示："虽然我们同意你们的意见，认为目前在广州和我们之间没有谈判的基础。"但中共上海中央局认为，蒋介石在福建的胜利加深了南京和广州之间的矛盾。蒋介石选择的策略是先消灭或削弱中央苏区，同时对陈济棠开展政治攻势，离间两广之间的关系。陈济棠的政策"是旨在延缓不可避免的斗争，希望南京出现新的困难，希望英国在日英美在华南的矛盾日益加深的基础上给予（广东）更积极的支持"。"我们应该考虑到，尽管有帝国主义的种种花招和有利于妥协的种种因素，公开的冲突和斗争是不可避免的。我们最关心的是，以对我们最有利的形式利用目前日益加强的对抗和即将到来的斗争。"②在以上认识的基础上，中共上海中央局提出如下策略：

其一是在广东群众和士兵中开展广泛的宣传工作，指出蒋介石南京政府在日本的支持下在准备发动对陈济棠的战争。并宣传陈济棠是广东人的敌人，号召士兵停止反对红军和苏维埃，与红军和苏维埃在三项条件基础上同南京政府和日本作斗争。

---

① 《施特恩给中央苏区的电报草稿》（1934年2月15日于上海），中共中央党史研究室第一研究部译：《共产国际、联共（布）与中国革命档案资料丛书》第14卷，第84页。

② 《中共上海中央局给中共中央的电报》（1934年2月22日于上海），中共中央党史研究室第一研究部译：《共产国际、联共（布）与中国革命档案资料丛书》第14卷，第92页。

其二是利用一切途径接近粤军官兵，宣传如果他们将同南京作斗争，红军就不打算进攻粤军。并要发出这样的消息：南京政府决定近期就要解除粤军的武装并用南京军队和北方军队取代他们，等等。应该广为宣传红军与粤军共同反对蒋介石的建议与苏维埃中央政府和工农红军革命军事委员会的三项条件，并要求把粤军撤出赣南，以便同南京政府的军队作斗争。

中共上海中央局认为："无论有什么立竿见影的效果，这样的鼓动工作都会促进士兵和一些军官的分化瓦解，加强南京和陈济棠的反对派，为我们利用即将到来的斗争从政治上准备有利的条件。"并建议："我们应该立即着手做这项工作，并在以后还要给予加强。这项工作决不会影响我们现在和将来对广东采取的军事步骤。我们的直接目的应该是，同广东那些真正反对南京和对陈济棠不满的部队建立一些联系，并为我们创造更加有利的局面。"①

中共上海中央局对福建事变后的局势、对蒋介石与陈济棠之间的矛盾分析，基本上是正确的；提出要利用他们之间的矛盾也是不错的。但其提出的策略却有问题，即把争取的基点放在粤军的士兵和部分军官上，甚至放在加强陈济棠反对派上，而不是放在加剧陈济棠同蒋介石的矛盾、同陈济棠谈判达成停战协定上。提出这种错误策略的原因，是中共上海中央局无法突破"要兵不要官"的下层统一战线策略思想的藩篱。这种策略不仅不能为中央苏区反对国民党军的第五次"围剿"创造有利条件，而且还是十分有害的。

① 《中共上海中央局给中共中央的电报》（1934年2页22日于上海），中共中央党史研究室第一研究部译：《共产国际、联共（布）与中国革命档案资料丛书》第14卷，第92、93—94页。

## 四、陈济棠重启同中央苏区谈判，共产国际虽然坚持过去的方针但有松动，周恩来、朱德从实际出发指导谈判，达成双方停战及相互借道等协议

1934 年 4 月，在蒋介石的督促下，陈济棠不得不派出南路军的两个纵队，计六个师，一个航空大队，一个重炮团的兵力，向中央苏区寻乌、安远、重石、清溪、筠门岭等地区配合进攻。在这一带，中央苏区粤赣军区红二十二师是作战的主力部队，对于粤军的进攻，在澄江、岔口、盘古隘连续进行了英勇而顽强的抵抗，给敌以很大的杀伤。但因众寡悬殊，筠门岭终被粤军占领。

陈济棠看到，赣南粤北红军的存在是隔断蒋介石中央军从江西进攻广东最好的力量，既惧怕蒋介石的中央军入粤，又怕红军乘虚反击。所以在占领筠门岭之后，就采取了“外打内通”“明打暗和”的策略：一方面表示要和红军打仗，另一方面又秘密地派高级参谋杨幼敏赴筠门岭向红军作试探性的不再互犯的谈判。杨幼敏亲自将 3 万发子弹从筠门岭送往驻会昌的红军部队。陈济棠还找到罗炳辉在广东做生意的小舅子，通过他给罗炳辉写信，给周恩来传话。为了遏止粤军进犯，红军对陈济棠的和缓姿态作出了积极回应，在军事上主动地、有计划地打了一些小仗，既不吃掉陈济棠的主力，也使陈济棠认识到红军并非好惹。

9 月中旬，陈济棠派了一个姓李的密使到瑞金，携带着他给朱德、周恩来的亲笔信，告知准备派杨幼敏为谈判总代表，红军最好派粤赣军区司令何长工为总代表，进行停战谈判。周恩来、朱德很快接见了陈济棠的密使。通过与密使的交谈和阅读陈济棠的密信，周恩来和朱德判断陈济棠要求谈判是有诚意的。这时，中央红军正在加紧准备战略转移，陈济棠派人来和谈，是一个很好的机会，周恩来和朱德决定

立即派人同陈济棠谈判，力争达成停战协议，为红军主力战略转移顺利通过粤境创造有利条件。

接见之后，朱德给陈济棠写了一封信，交给密使带回。朱德在信中痛陈近年来日本帝国主义侵略中国步步加深，蒋介石、汪精卫联合执政的南京政府推行卖国政策，华北大好河山沦于日本，东南半壁江山亦岌岌可危。指出："二年前苏维埃政府即宣告，任何部队，如能停止进攻苏区，给民众以民主权利及武装民众者，红军均愿与之订立反日作战协定。"表示对"先生与贵部已申合作反蒋抗日之意"，"当无不欢迎"。并根据三项条件提出："一、双方停止作战行动，而以赣州沿江至信丰而龙南、安远、寻乌、武平为分界线。上列诸城市及其附郭十里之处统归贵方管辖，线外贵军，尚祈令其移师反蒋。二、立即恢复双方贸易之自由。三、贵军目前及将来所辖境内，实现出版、言论、集会、结社之自由，释放反日及一切革命政治犯，切实实行武装民众。四、即刻开始反蒋贼卖国及法西斯阴谋之政治运动，并切实作反日反蒋各项军事准备。五、请代购军火，并经门岭迅速运输。"①

朱德这封信以三项条件为基础，说明了双方合作抗日反蒋的必要性，不再提粤军撤出赣南问题，而是提划清双方的分界线，是陈济棠易于接受的谈判方案。

9 月 14 日，博古电告共产国际执行委员会："广东的代表仅作为建立联系的信使 [ 已经来到 ]，带来了具体的建议。我们让他给陈济棠带去了一封信，附有去年我们向第 9 军（原文如此，应为第十九路军——引者注）提出的那些 [ 协议 ] 条件。在我们的策略中，广东提出的目标是，为了自己的私利，利用我们作为反对蒋介石的屏障。"②这封信中，博古只强调陈济棠谈判是为了自己的私利，没有看到如果

① 朱德：《关于抗日反蒋问题给陈济棠的信》（1934 年 9 月），《朱德选集》，人民出版社 1983 年版，第 17—18 页。

② 《秦邦宪给共产国际执行委员会的电报》（1934 年 9 月 14 日于瑞金），中共中央党史研究室第一研究部译：《联共（布）、共产国际与中国革命档案资料丛书》第 14 卷，第 236 页。

达成有关协议，对即将战略转移的中央红军来说更有利。

9 月 23 日，共产国际执行委员会政治书记处政治委员会给中共中央来电，认为向陈济棠提出“曾向 19 路军提出的那些条件，这是不现实的，也是不正确的，会使我们丧失利用广州人和南京人之间矛盾的机会”。电报提出了同陈济棠谈判条件是：“作为主要条件，请提出援助红军军事装备，其中包括子弹。装备运到之后 [ 我们可以 ] 用现金 [ 支付 ]。他们可以在交货地点或上海收取货款。第二个条件是取消经济封锁和帮助开展贸易。第三个条件是广州军队从江西南部撤往广东边界，尤其是，从赣州、信丰和龙南等县撤出。”关于第三个条件，考虑到陈济棠可能不接受，共产国际要求中共中央向陈济棠说明“这样就会使红军获得机动作战和保卫中央苏区的可能性”。但共产国际也没有把此条作为硬性条件，表示：“如果签订的协议能保证广州接受前两个条件，那就不应坚持第三个条件。”电报最后要求：“请务必向我们通报关于与广州人谈判的进展情况。”①

共产国际电报的基点是中共中央利用陈济棠而不被陈济棠所利用，同陈济棠谈判，主要是强调获得武器装备和取消经济封锁、开展贸易，同时尽量使粤军撤出赣南。这三个条件都是对中央苏区有利，而陈济棠无所得或少得。当时中共中央同陈济棠谈判的目标是双方停战，不使双方因作战而相互削弱，让蒋介石渔翁得利，更重要的是中央红军战略转移，能够顺利通过陈济棠粤军的防区。朱德的信中以 1933 年 1 月中华苏维埃共和国临时中央政府宣言中提出三项条件为基础，正是为了这一点。但共产国际却认为这是不现实的、不正确的而加以反对。共产国际这个指示是过去指示的延续，尽管这个指示比过去有所松动，以此指导同陈济棠谈判，恐怕需要较长时间的反复磋商才能达成协议。这对于即将战略转移的中央红军来说恐怕是等不

① 《共产国际执行委员会政治书记处政治委员会给中共中央的电报》（1934 年 9 月 23 日于莫斯科），中共中央党史研究室第一研究部译：《共产国际、联共（布）与中国革命档案资料丛书》第 14 卷，第 253 页。

及了。

周恩来亲自指导这次谈判，并没有按照共产国际的指示行事。10 月初，周恩来在瑞金召见了何长工，向他交代了与时任中共中央宣传部副部长潘汉年一起去寻乌同陈济棠代表谈判的任务和有关注意事项。10 月 5 日，潘汉年和何长工带着由朱德署名的介绍信前往寻乌罗塘镇同陈济棠的代表谈判。10 月 6 日，由于双方有诚意，且事先有过接触，谈判进行得比较顺利，达成了如下协议："1. 就地停战，取消敌对局面；2. 互通情报，用有线电通报；3. 解除封锁；4. 互相通商，必要时红军可在陈的防区设后方，建立医院；5. 必要时可以互相借道，我们有行动事先告诉陈，陈部撤离 40 华里。我军人员进入陈的防区用陈部护照。"①

这是继 1933 年 11 月中国共产党同第十九路军谈判达成停战协议后，同国民党地方反蒋派签订的又一个停战协议。

从协议的内容看，是灵活的和非常讲究实际的。双方不再纠缠于领土问题，而是着重于停战、合作，不再有敌对行动。最重要的是可以互相借道一条，对中央红军战略转移时通过由陈济棠粤军防守或参与防守的前三道封锁线极为有利。这是中国共产党统一战线策略的胜利。

10 月 8 日，共产国际执行委员会政治书记处政治委员会委员以飞行表决的方式通过了给中共中央的电报，内容为："如果关于蒋介石在最近准备向广州人发起进攻的消息可靠，我们就应该力求与广州人签订军事协议。签订这个协议之后，我们不应该把它看成一个策略手段，而应该真正积极参加同广州人联合反对蒋介石这个主要敌人的行动。不要重犯在福建事变期间所犯的错误，当时我们没有积极地支持

---

① 何长工：《回忆长征前红军对陈济棠的统战工作》，中国人民解放军历史资料丛书编审委员会编：《红军长征·回忆史料》(1)，解放军出版社 1990 年版，第 45—46 页。

第19路军。”①

与以前的电报相比，这个电报有很大变化，要求同陈济棠签订军事协议，以实际行动联合反蒋，是正确的。但电报是于10月9日经共产国际执行委员会政治书记处政治委员会批准后发出的，中共中央收到时，应是即刻从瑞金向于都转移或已经转移到于都了。这个指示完全属于“马后炮”。

纵上所述，中共中央同陈济棠的谈判，从1933年11月开始酝酿，到1934年10月上旬签订协议，前后历经了差不多一年时间。由于共产国际脱离实际的指导方针，中共中央因“左”倾教条主义的桎梏，致使谈判曲曲折折，在相当长的一段时间没有取得进展。然而，在中央红军实施战略转移的关键时刻，周恩来、朱德抓住时机，没有按照共产国际的指示行事，以灵活、务实的方针指导谈判，终于达成了协议。中央红军长征出发时，带着大批辎重，在粤北、湘南的大山中的羊肠小道上艰难行军，每天只走10至15公里。由于和陈济棠达成借道协议，中央红军通过战斗力较强的粤军防守或参与防守的前三道封锁线时，粤军基本上没有堵截。否则，付出的代价将是极为惨痛的。

（本文原载《中共党史研究》2017年第3期）

① 《共产国际执行委员会政治书记处政治委员会给中共中央的电报》（1934年10月8日于莫斯科），中共中央党史研究室第一研究部译：《共产国际、联共（布）与中国革命档案资料丛书》第14卷，第272页。

# 共产国际与中央红军战略转移的决策

关于共产国际与中央红军战略转移的决策问题，由于档案资料匮乏等原因，多年来党史界对这一问题的研究十分薄弱，权威性的中共党史著作只是提到，1934 年 5 月中共中央书记处作出决定，准备将中央红军主力撤离根据地，并将这一决定报告共产国际，得到了共产国际的复电同意①。但是，共产国际对于当时中央苏区的军事形势是怎样判断的，是否同意中央红军立即进行转移，具体还有什么意见，对中央红军的战略转移实施有什么影响，在目前的中共党史研究著述中还都没有清楚的论述。笔者依据俄罗斯陆续公布的共产国际与中国革命关系档案资料，对这个问题进行探讨，就教于党史界同人。

## 一

党史界一般认为，1934 年 5 月中共中央书记处就作出了准备将中央红军主力撤离根据地的决定。笔者认为这种说法值得商榷。

最早提出战略转移动议的是李德。据伍修权回忆："一九三四年

① 见中共中央党史研究室著：《中国共产党历史》（第一卷）（上册），中共党史出版社 2002 年版，第 484 页；中共中央文献研究室编：《毛泽东传（1893—1949）》，中央文献出版社 1996 年版，第 327 页；中央文献研究室编：《周恩来传（1898—1949）》（修订本）上，中央文献出版社 1998 年版，第 341 页。

春，李德就曾同博古说，要准备作一次战略大转移。”[①]但是，真正在中共中央和中革军委会议上提出红军主力战略转移问题是在广昌战役之后。广昌战役历时18天，中央红军投入了9个师的兵力，虽毙伤俘敌共2626人，自身却伤亡5093人，约占参战总人数的五分之一[②]。广昌战役的失利，在党和红军领导层中不能不引起震动。彭德怀、毛泽东对李德、博古的错误指挥进行了尖锐的批评。就连支持过“左”倾错误主张的张闻天，也对李德、博古的指挥提出了怀疑。广昌战役后，中共中央和中革军委于5月召开会议，就广昌战役对第五次反“围剿”的战略战术问题进行了讨论。会上，红军主力进行战略转移也是议题之一[③]。目前，关于会议的完整的文件尚未见到，但1934年6月2日共产国际驻华代表、远东局书记埃韦特给共产国际执行委员会政治书记处委员、主席团委员皮亚特尼茨基的报告，其中有关内容可以看出当时中共中央、中革军委关于红军主力战略转移问题讨论的结果。埃韦特在这个报告中，一是附上了中共中央关于中央苏区的防御计划，再就是将中共中央最近的一份电报报告共产国际，并说：“在这份电报的结尾，他们征询您（指皮亚特尼茨基——引者注）的建议和决定。”中共中央征询共产国际建议和决定的主要内容是：“留在中央苏区，转入游击战，将其作为我们斗争的最重要方法。”“但同时准备将我们的主力撤到另一个战场……”[④]可见，广昌战役后，中共中央、中革军委会议主要是解决眼前问题，即面对国民党军新的进攻，制订中央苏区新的防御计划。但对于敌人的堡垒战术，李德、博古除了被动防御和继续拼消耗之外，又没有什么破敌办法，所以不能不对这次反“围剿”战争的前景作两种打算，即留在中

① 伍修权：《我的历程（1908—1949）》，解放军出版社1984年版，第75页。

② 这个数字转引自中国工农红军第一方面军史编审委员会：《中国工农红军第一方面军史》，解放军出版社1993年版，第446页。

③ 参见［德］奥托·布劳恩著：《中国纪事》，东方出版社2004年版，第86—87页。

④ 《埃韦特给皮亚特尼茨基报告》（1934年6月2日于上海），中共中央党史研究室第一研究部译：《共产国际、联共（布）与中国革命档案资料丛书》第14卷，第128页。

央苏区打游击，或者将主力红军进行战略转移。显然，这时在党和红军领导层中，对于中央红军主力战略转移问题，只是在反“围剿”最终没有希望的情况下，提出的两种供共产国际选择的方案之一，还不是立即要实施的决定。因此，关于中央红军主力的战略转移问题，在1934 年 5 月还只是处于酝酿阶段，并没有决定下来。因此，不能说这时中共中央就已作出了中央红军主力撤出根据地的决定。

## 二

中共中央将第五次反“围剿”最坏情况下的两种方案提交给共产国际后，共产国际的态度如何？按照当时的组织程序，中共中央的报告先交给远东局，再由远东局转给共产国际执行委员会。而远东局的意见，对共产国际的决策有着很大影响。因此，先看一下远东局的反应。在 1934 年 6 月 2 日给皮亚特尼茨基的报告中，埃韦特认为中央苏区形势危险，“军事形势和与此相联系的所有其他问题，在最近几个月大大尖锐化了，没有希望在最近争取到有利于我们的根本变化。”并判断：“秋天敌人会全力从四面猛攻我们已经大大缩小了的中央苏区，放弃以前的缓慢推进，挖通道和修碉堡的战术。换句话说，将开始进行集中而迅速的打击。”他认为，在“敌军的大量集中和不断地挖通道和防御工事（如果敌人在同我们的斗争中将继续取得成绩的话）”的情况下，红军留在中央苏区转入游击战的方案是不可取的，因为“把我们的基本力量分成小的游击小组，可以在许多据点、许多地方长时间给敌人制造麻烦，但仅仅这样做决不能保证有效地保卫中央苏区”。埃韦特根据 1932 年红四方面军撤出鄂豫皖根据地向西转移到四川的经验教训，主张把中共中央提出的两种方案结合起来，即一方面在“实行保卫的各种可能性都用尽之后”红军主力进行战略转移，另一方面除了游击兵团，红军主力的一部分，应该留下来坚持游击战，“以防止敌人在没有我方任何抵抗的情况下全面而神速地占领这些地区。”但这一部分兵力不应很多，“否则我们没有足够的力量在［中共］中央电报中规定的方向顺利进行突破。”埃韦特还就中央红军战略转移的方向提出了意见，认为：“长江还会长时间成为我们同四军团（即红四方面军——引者注）取得联系的很大障碍，而同正在转移的贺龙二军团取得联系，进而建立新的苏区，将是完全能够实现的。”①

埃韦特向共产国际反映的意见中有以下几点是可取的：

第一，对中央苏区的形势及国民党军的战略意图的判断基本上是正确的。

第二，否定了红军主力坚持留在中央苏区转入游击战等待敌人消灭的错误方案。

第三，在否定第一种方案的同时，并未完全否定游击战的作用，提出了在敌人的“围剿”实在不能打破的情况下，红军主力在作必要的战略转移的同时，不要采取完全放弃根据地的态度，要留下一部分红军部队在根据地坚持斗争。应该说，这是一种有价值的正确的主张。

总体上看，埃韦特对中央红军主力战略转移、建立新根据地的前景是抱一种积极的态度。

但在远东局内部，对于中央红军主力战略转移问题的意见是不一致的。远东局委员赖安就不同意埃韦特的意见。关于中央苏区的形势，赖安的看法同埃韦特差不多，也认为：最近中央苏区红军蒙受一系列惨重的挫折，根据地在缩小，如果其他地区的军事政治形势以及国际因素不会导致发生“出人预料的”重大冲突，以后几个月内在阶级力量对比和政治重新组合方面也不会导致发生重要变化的话，“那么在最近的将来，可能是秋天，中央苏区红军的主要有生

---

① 《埃韦特给皮亚特尼茨基报告》（1934 年 6 月 2 日于上海），中共中央党史研究室第一研究部译：《共产国际、联共（布）与中国革命档案资料丛书》第 14 卷，第 127—128、129 页。

力量将不得不放弃江西”，“在湘川方向寻找发展苏维埃运动的新的地区”。但赖安更着重的是强调第五反“围剿”为什么没有取得胜利的原因，认为：“造成中央苏区目前极其不能令人满意的军事形势和江西、福建地区暂时遭到重大挫折的主要原因之一，是党在非苏维埃地区，特别是在主要工业中心城市和工业领域，首先是由于群众工作做得很不够而没有能力在最近一个时期发动强大的群众性运动，来积极支持和保卫中央苏区，并给予国民党帝国主义的第六次讨伐行动以毁灭性的打击。”赖安批评包括埃韦特在内的远东局一些成员，“坚持这样一种看法：‘占有优势的、总数近50万的南京军队，在北面、东北面和东面战场与中央苏区对峙，它们得到了帝国主义的武装和积极支持’，与参与包围战役和进攻行动的粤军和湘军等一起，在目前的情况下，预先决定了中央红军主力‘迟早’将不得不放弃中央苏区。”“这些同志，特别是从去年12月起，一方面阐发了关于本阶段在中央苏区不可避免地要发生决战的失败主义‘理论’，而另一方面与此相联系，仍在考虑红军能否‘坚持’到春季或夏季，而现在是到秋季的问题。”赖安指责这种观点是“机会主义”，认为“这样的失败主义和投降主义的投机行为是不能允许的”。他认为这种观点和行为，只能导致并且实际上已经导致了对国民党统治区开展保卫和支援中央苏区的群众性革命运动的组织和领导工作的削弱。①

在赖安看来，造成中央苏区军事上失利的原因主要是党在国民党统治区的工作做得不好，没能给中央苏区的反“围剿”斗争以很大的支持。他对埃韦特等人赞同中央红军战略转移意见是持批评态度的。他意见的主导思想不是作战略转移准备问题，而是“党应该竭尽全力”做好国民党统治区的群众性革命运动的工作，力求使政治形势发生重大变化。赖安的意见是脱离当时的实际的。

---

① 《赖安给哈迪的信》（1934年6月4日于上海），中共中央党史研究室第一研究部译：《共产国际、联共（布）与中国革命档案资料丛书》第14卷，第132、134—135页。

再看一下共产国际执行委员会对中央红军主力战略转移问题的态度。过去，党史界一般都根据《中共中央关于反对敌人五次“围剿”的总结的决议》中批评博古、李德“在战略转变与实行突围的问题上”犯了原则上的错误时，引用了共产国际 1934 年 6 月 25 日电报的一段内容，认为共产国际这时已同意中共中央书记处关于中央红军主力撤出根据地的决定。从新公布的共产国际与中国革命档案资料看，这种说法是值得商榷的。

查阅共产国际与中国革命的档案资料，1934 年 6 月 16 日共产国际执行委员会政治书记处委员会给埃韦特和中共中央的电报，从内容上看，应该就是《中共中央关于反对敌人五次“围剿”的总结的决议》中所提到的共产国际 1934 年 6 月 25 日指示电。为了证实这一点，将两者进行一下比较。《中共中央关于反对敌人五次“围剿”的总结的决议》所引共产国际指示电的内容是：“动员新的武装力量，这在中区并未枯竭，红军各部队的抵抗力及后方环境等，亦未足使我们惊慌失措。甚至说到对苏区主力红军退出的事情，这唯一的只是为了保存活的力量，以免遭受敌人可能的打击。在讨论国际十三次全会和五中全会的决议案时，关于斗争的前途及目前国际的情形以及红军灵活的策略，首先是趋于保存活的力量及在新的条件下来巩固和扩大自己，以待机进行广大的进攻，以反对帝国主义、国民党。”①

共产国际 6 月 16 日的电报其中一段内容是这样的：“动员新的补充人员的过程证明，中央苏区的资源还没有枯竭。红军作战部队的抵抗能力、后方的情绪等，还没有引起人们的担心。如果说主力部队可能需要暂时撤离中央苏区，为其做准备是适宜的，那么这样做也只是为了撤出有生力量，使之免遭打击。”“需要在对共产国际执行委员会十三次全会决议和中共五中全会决议进行讨论的基础上做解释

① 《中共中央关于反对敌人五次“围剿”的总结的决议》（1935 年 1 月 17 日政治局会议通过），中共中央党史资料征集委员会、中央档案馆编：《遵义会议文献》，人民出版社 1985 年版，第 17 页。

工作，说明斗争的前景和目前的困难，以及红军采取灵活策略的必要性，其目的首先是要保存有生力量和为其发展和加强创造新的条件，以便在有利时机对日本和其他帝国主义军队和国民党军队展开广泛的进攻。”①

通过比较可以看出，尽管后者比前者在文字上稍稍详尽些，但意思基本上是一样的。个别表达稍有不同，主要是翻译的原因。将俄文翻译成中文，不同人的译文，即便都是精通俄文者，也会有细微的区别。同时也有另一种可能，即在当时每天转战的情况下，遵义会议决议中所引共产国际指示电中内容是起草者张闻天凭记忆写的，是共产国际指示电的大致意思。因为目前国内公布的档案资料，还没有见到当时共产国际这个指示电的全文。

既然两者是同一份电报，为什么日期相差 9 天呢？共产国际执行委员会政治书记处政治委员会在 1934 年 6 月 15 日会议上批准了给埃韦特和中共中央的指示电，于 6 月 16 日发出。由于这份电报是先发给远东局，然后由远东局再转给中共中央。因此，中共中央收到电报应该是在 6 月 16 日之后了。但是，中央苏区反“围剿”斗争十分紧急，这份电报如此重要，况且电文也不是很长，不会在远东局停留很久，笔者认为遵义会议决议所说的 6 月 25 日，应是 6 月下旬中央政治局扩大会议讨论共产国际指示电的时间。因此，这份电报的日期，还是按从莫斯科发出的时间算，称共产国际 6 月 16 日指示电。

从共产国际 6 月 16 日指示电的全文看，其侧重点不在中央红军主力战略转移上。电报在开始便表示：“我们完全赞成你们目前根据对形势的正确评价而实行的计划。保卫中央苏区的斗争前景，是与在外部地区、在交通线上和在靠近敌人设防地区的后方广泛开展游击战密切联系在一起的。不这样大规模地开展游击运动，那么在苏区内的

① 《共产国际执行委员会政治书记处政治委员会给埃韦特和中共中央的电报》（1934 年 6 月 16 日于莫斯科），中共中央党史研究室第一研究部译：《共产国际、联共（布）与中国革命档案资料丛书》第 14 卷，第 144 页。

机动能力非常有限的军队的处境，到今年秋季敌人发动新的攻势，作出最后努力来突破苏区的防线时，就会发生危机。但是在夏季，红军若竭尽全力，是能够采取主动把业已形成的不利形势改变为有利。”①

这里明显表达了三个意思：其一是批准了6月2日埃韦特转报的中共中央新的防御计划；其二是把在中央苏区以外开展大规模的游击运动作为打破敌人第五次“围剿”的重要方针；其三是争取在国民党军发动秋季攻势之前的夏季，采取新的战略方针，做最后的努力，以扭转中央苏区的不利形势。可见，共产国际这时并不认为中央苏区第五次反“围剿”斗争已经完全没有希望了，而是认为“中央苏区的资源还没有枯竭。红军作战部队的抵抗能力、后方的情绪等，还没有引起人们的担心”，如果采取新的战略方针，竭尽全力，仍有打破“围剿”的可能性。

共产国际6月16日指示电提到了中央红军战略转移问题，指示“为防备不得不离开，要规定加强在赣江西岸的根据地，同这些地区建立固定的作战联系，成立运粮队和为红军建立粮食储备等”②。共产国际在电报中虽然表示为中央红军主力撤离中央苏区“做准备是适宜的”，但这只是在夏季红军竭尽全力仍不能扭转不利形势的情况下，为保存有生力量的不得已之举。

很明显，共产国际6月16日指示电不是要求中央苏区积极准备战略转移，而着重于解决眼前问题，即采取新的战略方针，力争在夏季扭转中央苏区反第五次“围剿”斗争的不利形势。对于中央红军主力战略转移问题，只是认为眼前可以做一些准备工作，真正提上日程，要看夏季以后形势是否改观，是一切努力都用尽之后，反“围

---

① 《共产国际执行委员会政治书记处政治委员会给埃韦特和中共中央的电报》（1934年6月16日于莫斯科），中共中央党史研究室第一研究部译：《共产国际、联共（布）与中国革命档案资料丛书》第14卷，第143页。

② 《共产国际执行委员会政治书记处政治委员会给埃韦特和中共中央的电报》（1934年6月16日于莫斯科），中共中央党史研究室第一研究部译：《共产国际、联共（布）与中国革命档案资料丛书》第14卷，第143页。

剿”斗争仍然无望胜利情况下的最后一条路。

共产国际这个指示电，一方面是接受了埃韦特的意见，即前述中共中央提出的在中央苏区反第五次“围剿”最坏的情况下的两种方案中，选择了红军主力战略转移的方案，并指示可以做一些准备工作。另一方面受到赖安意见的影响，即希望通过在国民党军发起进攻的秋季以前的夏季，党和红军再作努力，争取反“围剿”斗争形势出现新的变化。

## 三

由于遵义会议决议在引用了共产国际 6 月指示电以后，批评博古、李德在《五、六、七三个月战略计划》上根本没有提出战略转移问题；在《八、九、十三个月战略计划》上虽然提出了战略转移问题，并且开始了撤出中央苏区的直接准备，却又提出“用一切力量继续捍卫中区来求得战役上大的胜利”，“发展游击战争，加强辅助方向的活动，求得战略上情况的变更”，[①] 不少党史著作都据此批评博古、李德没有执行共产国际的指示，在中央红军战略转移的决断问题上犯了犹豫不定的错误[②]。

博古、李德在中央红军战略转移问题上犹豫不定，是不是没有执行共产国际 6 月 16 日的指示？笔者认为需要进行具体分析。

共产国际 6 月 16 日电报提出的反“围剿”的具体方针是：“现在就用自己的一部分部队经福建向东北方向发起战役，以期最后这些部队成为将来闽浙皖赣边区苏区的骨干力量。现在四省边境地区就有可

---

① 《中共中央关于反对敌人五次“围剿”的总结的决议》（1935 年 1 月 17 日政治局会议通过），中共中央党史资料征集委员会、中央档案馆编：《遵义会议文献》，第 17—18 页。

② 见《中国共产党历史》（第一卷）（上册），第 484 页；中共中央党史研究室第一研究部编著：《红军长征史》，辽宁人民出版社 1996 年版，第 54 页。

观的游击行动和第 10 军的核心力量。”并认为“这次战役，威胁蒋介石的主要基地和交通线，对保存中央苏区和便于其余部队向湖南撤离（如果我们不得不这样做的话）都具有很大的意义。因此，扩大从福鼎到鄱阳湖的游击区，是在中央苏区军队面前可能出现的任何选择中的最重要任务”。①

为了实现这个任务，共产国际提出的具体计划是先派红七军团向闽浙皖赣挺进。之后，再派三个师即红三军团，绕开敌人的封锁线，沿着经过尤溪的中心线前进，向北深入敌人后方，切断从沙县、建宁扇形地区进攻中央苏区的国民党军的交通线。在七八月间，红七、红三军团的作战，同闽浙赣苏区的红十军以及中央苏区北部的游击队的斗争相互配合，给国民党军的整个战线造成极大的威胁，迫使国民党军调集部队首先来对付这红军这三支部队，从而减轻中央苏区的军事压力。

共产国际认为，采取上述作战方针，即使秋季战斗结局不利，“在中国东南部还有三个主力作战集团军：（1）由 7、3、10 军团组成的、在目前的中央苏区东北部活动的集团军；（2）留在中央苏区进行游击战的集团军；（3）在湘赣边境上的西部集团军，这个集团军将包括撤到那里的中央苏区部队，还有 6 军团等。”②

很明显，共产国际 6 月 16 日电报提出的反“围剿”新方针，是派出中央红军一部分开辟新的战略区，即加强闽浙皖赣力量和在福建的作战，在这一带产生新的力量，威胁国民党军的后方基地和交通线。共产国际认为这是个可进可退的方针，进可以和中央苏区的反“围剿”相配合，扭转中央苏区不利的战局，保存中央苏区；退可以

---

① 《共产国际执行委员会政治书记处政治委员会给埃韦特和中共中央的电报》（1934 年 6 月 16 日于莫斯科），中共中央党史研究室第一研究部译：《共产国际、联共（布）与中国革命档案资料丛书》第 14 卷，第 143—144 页。

② 《共产国际执行委员会政治书记处政治委员会给埃韦特和中共中央的电报》（1934 年 6 月 16 日于莫斯科），中共中央党史研究室第一研究部译：《共产国际、联共（布）与中国革命档案资料丛书》第 14 卷，第 144 页。

牵制国民党军队，即使没有打破国民党军对中央苏区的“围剿”，也有利于中央红军主力战略转移，形成红军在东南地区新的战略布局。

1934年6月下旬，中央政治局在瑞金召开扩大会议，根据共产国际的指示电，讨论中央红军的作战新方针问题。毛泽东在会上提出，在内线作战陷于不利的状况下，中央红军应该转移到外线作战。关于向外线转移的方向，毛泽东提出中央红军已不宜向东，可以往西[①]。毛泽东的这个主张没有被会议接受。会议决定派红七军团以抗日先遣队名义北上，派红六军团撤离湘赣根据地到湘南。这显然是接受了李德的主张。李德在广昌战役后的中共中央和中革军委会议上就主张：“我们应该在中央苏区以外，例如由第六军团在湖南、由第七军团在福建开辟新的战线，在敌人后方通过威胁敌人与后方的联络来牵制和引开敌人。”[②]

为了弄清博古、李德是否执行共产国际6月16日指示电的精神，有必要分析他们派红七军团北上、红六军团到湖南的战略设想。

中央政治局扩大会议后不久，中共中央、中华苏维埃共和国中央政府、中革军委于7月初给七军团发出作战训令，命令红七军团“最高度的在福建、浙江发展游击战争，创造游击区域，一直到在福建、浙江、江西、安徽诸地界建立新的苏维埃的根据地”。并命令“九军团于七月内亦将暂时深入到闽中，发展游击战争，并协助我七军团的行动”。[③]7月5日，中共中央又发出给红七军团的政治训令，明确指出：“派遣七军团长期到福建、浙江去行动，无疑的，暂时会减弱我们直接捍卫苏区的力量，但是七军团在那里的积极的行动，闽浙的反日民族解放运动及土地革命的发展，敌人在该地区单个部队之消灭，以及浙皖闽赣边区新苏区之建立，将给敌人的后方以最大的威胁，不

① 见中共中央文献研究室编：《毛泽东传（1893—1949）》（上），中央文献出版社1996年版，第327页。

② ［德］奥托·布劳恩著：《中国纪事》，第86页。

③《中共中央、中央政府、中革军委关于派红七军团以抗日先遣队名义向闽浙挺进的作战训令》（1934年7月），中国人民解放军历史资料丛书编审委员会：《红军长征·文献》，解放军出版社1995年版，第3、4页。

能不促［使］敌人进行战略与作战上部署的变更，这种变更将有利于我们捍卫中央苏区的斗争，并给整个苏维埃运动将来的发展定下良好的基础。”[①] 由此可见，中共中央派出红七军团经福建到闽浙皖赣边，战略设想是给敌人的后方以最大威胁，迫使敌人进行战略与作战部署的改变，以配合中央苏区的反“围剿”斗争。

继派出红七军团后，7 月 23 日，中共中央、中革军委给红六军团及湘赣军区发出训令，要“六军团离开现在的湘赣苏区转移到湖南中部去发展广大游击战争，及创立新的苏区”[②]。

中共中央、中革军委认为湖南是中央苏区和川陕苏区将来发展联系的枢纽，虽有发展的良好条件，但是红军的力量薄弱，游击战争没有广大地开展起来，需要加强力量；同时，作为中央苏区反“围剿”的辅助方向之湘赣苏区，虽然在牵制和吸引敌人方面起了一定的作用，但本身也很困难，红六军团继续留在这里，将有被敌人层层封锁和紧缩包围的危险。基于这样的考虑，中共中央、中革军委派红六军团到湖南中部去。

中共中央、中革军委将红六军团派到湖南中部去的战略设想有三层：其一是通过积极的行动，消灭敌人单个的部队，广泛开展游击战争与土地革命，直至创立新的苏区，给湖南国民党军以致命的威胁，迫使其不得不在战略上及作战上重新部署，从而起到打破湘敌紧缩湘赣苏区的计划和辅助中央苏区反“围剿”斗争的作用。其二是在上述斗争中迅速扩大红六军团的有生力量。其三是进一步组织和发展湖南群众革命斗争，建立新的大片苏区，确立与红二军团的可靠联系，为将来中央苏区和川陕苏区的联结创造条件[③]。

以上分析说明，博古、李德在具体计划上和共产国际 6 月 16 日

---

① 《中共中央关于开辟浙皖闽赣边新苏区给红七军团的政治训令》（1934 年 7 月 5 日），中国人民解放军历史资料丛书编审委员会：《红军长征·文献》，第 7 页。

② 《中共中央、中革军委关于红六军团向湖南中部转移给红六军团及湘赣军区的训令》（1934 年 7 月 23 日），中国人民解放军历史资料丛书编审委员会：《红军长征·文献》，第 12 页。

③ 参见中国人民解放军历史资料丛书编审委员会：《红军长征·文献》，第 13 页。

指示电有些不同，没有派战斗力较强的红三军团，而是派红九军团协助红七军团北上闽浙皖赣边；同时根据湘赣苏区的情况，又派红六军团到湖南中部发展游击战争。从战略设想上看，博古、李德派红七军团北上和红六军团到湖南中部，主要是为了开辟新的战略区，迫使国民党军改变战略和作战部署，以扭转中央苏区第五次反“围剿”斗争不利形势。虽然此举有牵制敌人，为战略转移探路的性质，但这是经过努力仍然没有取得中央苏区反“围剿”斗争改观情况下的最后退路。这是符合共产国际 6 月 16 日电报的指示精神的。博古、李德这时及此后把主要精力放在扭转中央苏区反“围剿”局面上，把战略转移的准备放在次要地位，正是执行共产国际 6 月 16 日电报指示精神的结果。

## 四

共产国际对其提出的反“围剿”新方针抱有很大的希望，并试图通过一些途径向红军提供弹药和药品，以提高其战斗力。继 6 月 16 日电报后，共产国际在 6 月 17 日又给中共中央发出电报，告知：“随着部分部队返回东部，我们也考虑到通过中国东南部和通过长江同红军保持联系的问题。一方面可以通过福鼎，也可以通过湖口、彭泽（鄱阳湖北面的港口）以隐蔽的方式从外面提供弹药和药品。”电报要求：“请从苏区和从上海经意大利公司和其他外国公司或者军阀代表处寻找联络途径，以便通过最经济和最可靠的途径购买和提供弹药。”并询问：“你们能否为此建立自己的隐蔽的中介公司？请尝试通过这些公司出售四川红军有的商品，为中央苏区换取武器。”[①]

---

① 《共产国际执行委员会政治书记处政治委员会给中共中央的电报》（1934 年 6 月 17 日于莫斯科），中共中央党史研究室第一研究部译：《共产国际、联共（布）与中国革命档案资料丛书》第 14 卷，第 146 页。

在当时的情况下，共产国际为红军提供武器、弹药和药品的设想是不可能实现的。但是，共产国际却坚持为之努力。8 月 29 日，共产国际执行委员会政治书记处政治委员会又作出关于中国工作的决议，“建议中共中央在华南的一个港口建立一个不大的，但有工作能力的采购和向苏区运送武器、弹药和药品的机构。”① 并决定物色一位合适的外国人来协助这项工作，责成王明和弗雷德、皮亚特尼茨基考察所推荐人选。9 月 4 日，共产国际将 8 月 29 日决议的内容通知中共中央，并请告知“在什么地方和如何组织这项工作最合适”②。9 月 19 日，中共中央复电共产国际：“最合适的港口——是香港或澳门，我们将派两位同志到那里建立机构。”③ 这时，中共中央正在同广东军阀陈济棠进行谈判，共产国际要求中共中央作为谈判的主要条件，向陈济棠提出援助红军军事装备问题，表示：“装备运到之后 [ 我们可以 ] 用现金 [ 支付 ]。他们可以在交货地点或上海收取货款。”④ 企图通过军阀来购取武器，这表明共产国际的设想严重脱离中国实际。

由于脱离实际，到中央红军主力撤离中央苏区为止，共产国际通过多种途径向红军提供武器、弹药的设想毫无成效。

在红七军团和红六军团相继派出后，共产国际密切注视着中央苏区反“围剿”局势的发展。9 月 3 日，驻上海的远东局委员赖安在给共产国际执行委员会东方书记处的信中，对中央苏区反“围剿”斗争的形势作了乐观的估计。赖安报告共产国际：与 6 月份相比，“现在

① 《共产国际执行委员会政治书记处政治委员会关于中国工作的决议》（不早于 1934 年 8 月 29 日于莫斯科），中共中央党史研究室第一研究部译：《共产国际、联共（布）与中国革命档案资料丛书》第 14 卷，第 206 页。

② 《共产国际执行委员会政治书记处政治委员会给中共中央的电报》（1934 年 9 月 4 日于莫斯科），中共中央党史研究室第一研究部译：《共产国际、联共（布）与中国革命档案资料丛书》第 14 卷，第 234 页。

③ 《中共中央致共产国际执行委员会政治书记处政治委员会的电报》（1934 年 9 月 19 日），中共中央党史研究室第一研究部译：《共产国际、联共（布）与中国革命档案资料丛书》第 14 卷，第 252 页。

④ 《共产国际执行委员会政治书记处政治委员会给中共中央的电报》（1934 年 9 月 23 日），中共中央党史研究室第一研究部译：《共产国际、联共（布）与中国革命档案资料丛书》第 14 卷，第 253 页。

的局势对中央苏区和红军是更加有利的。”“顺利保卫中央苏区和坚决粉碎第七次进攻（这里是指国民党军队对中央苏区第五次“围剿”的最后阶段——引者注），以及夺回第六次‘围剿’中失去的苏维埃部分土地，扩大苏区和建立新的苏维埃根据地的可能性还是非常大的，而且这种可能性还会增大。”对于红七军团、红六军团出征后的情况，赖安也作了不实的报告。赖安说：“红军有效地突破了敌人在中央苏区东南部和西部战线的包围，同时巩固和加强了自己的阵地，现在红军迫使敌人分散[自己的兵力]，并在一定程度上改变其在江西南部、湖南东南部、福建西部和北部的军事部署。当前红7军在浙江南部和红6军在湖南东南部顺利实施的战役，还要带来某种附加的战术上和阵地上的一定优势。这种优势在最近几个月内可能具有更大的意义，更不要说在浙江西南部、湖南东北部和中部可以建立新的苏区以及这个因素的意义了。”①

这时，中央苏区的反“围剿”形势远不像赖安说的那么乐观。红七军团、红六军团相继出征后，虽然取得一些胜利，但吸引敌人的兵力有限，中央苏区更加困难。9月上旬，各路国民党军加紧向中央苏区中心区发动进攻，苏区进一步缩小，苏区内人力、物力已经很匮乏，中央红军已无通过最后一搏扭转战局的可能，中共中央已开始加紧中央红军的战略转移准备工作。赖安的不实报告，影响了共产国际对中央苏区形势的正确判断和对中央红军战略转移问题的果断决策。

9月17日，博古致电共产国际执行委员会，报告了中共中央、中革军委关于中央红军准备实施战略转移的计划：“决定从10月初集中主要力量在江西的西南部对广东的力量实施进攻战役。最终的目的是向湖南南部和湘桂两省的边境地区撤退。全部准备工作将于10月1日前完成，我们的力量将在这之前转移并部署在计划实施战役

---

① 《赖安给共产国际执行委员会东方书记处的信》（1934年9月3日于上海），中共中央党史研究室第一研究部译：《共产国际、联共（布）与中国革命档案资料丛书》第14卷，第225—226页。

的地方。”博古在电报中还期待共产国际“不晚于9月底作出最后决定”。[①]

接到中共中央电报后，共产国际仍然犹豫不决，迟迟不予答复。直到9月30日，即中共中央要求复电的最后时间，共产国际执行委员会政治书记处政治委员会才给中共中央复电：“考虑到这样一个事实，即今后只在江西进行防御战是不可能取得对南京军队的决定性胜利的，我们同意你们将主力调往湖南的计划。”[②]至此，共产国际才明确同意中央红军实施战略转移。

综上所述，从1934年5月开始酝酿中央红军主力战略转移问题后，共产国际虽然接受了远东局书记埃韦特的意见，选择了在中央苏区第五次反“围剿”最坏的情况下红军主力战略转移的方案，并指示中共中央可以做一些筹集粮食等方面的准备工作。但是，共产国际的主导思想是作最后的努力，采取新的战略方针，力争在夏季扭转中央苏区反第五次“围剿”斗争的不利形势。事实证明，共产国际的这种指导思想是脱离中央苏区反“围剿”斗争实际的。在国民党军兵力占绝对优势而又采取“堡垒主义”逐步推进到中央苏区中心地区的情况下，红军在苏区内已无打破国民党军“围剿”的可能，主力留在根据地内采取消极地防御只能是越来越被动。在此时，应及早作出决断，在夏季国民党军尚未发动总攻之机，积极准备中央红军主力的战略转移工作，将中央红军的主力转移到其他地方开辟新的战略区域。然而，由于共产国际对中央苏区整体状况的估量出现错误，从5月到9月底的四个多月的时间里，一直致力于中央红军主力在苏区内部打破国民党军的“围剿”，只是指示派出力量不大的红军部队出击外线，而对中央红军主力战略转移问题犹豫不决。这不能不说是严重的失

① 《秦邦宪给共产国际执行委员会的电报》(1934年9月17日)，中共中央党史研究室第一研究部译：《共产国际、联共(布)与中国革命档案资料丛书》第14卷，第251页。

② 《共产国际执行委员会政治书记处政治委员会给中共中央的电报》(1934年9月30日)，中共中央党史研究室第一研究部译：《共产国际、联共(布)与中国革命档案资料丛书》第14卷，第256页。

误。在共产国际错误方针的指导下，“左”倾教条主义的领导者博古、李德把主要精力用于作战上，没有积极地作战略转移准备工作，当国民党军推进到中央苏区腹地时，才仓促准备，仓促率领中央红军主力转移，从而在长征初期使中央红军遭受严重损失。对此，共产国际也负有不可推卸的责任。

（本文原载《中共党史资料》2006 年第 3 期）

# 中央红军长征前后中共中央与共产国际的电讯联系

中共党史界一般都认为，1933 年 1 月，中共临时中央转移到中央苏区后，同共产国际的电讯联系是通过上海中央局转发的。但从 1934 年 3 月至 1935 年 2 月，上海中央局连续遭到六次大破坏，电台也随之遭到破坏，中共中央同共产国际的电讯联系由此而中断。至于具体在什么时候中断，权威的中共党史著作《中国共产党历史》第一卷说是 1934 年 9 月[①]，也有学者认为是在 1934 年 6 月[②]。从近几年俄罗斯方面公布的档案资料看，上述说法是不准确的。

## 一、中共中央转移到中央苏区前同共产国际电讯联系的情况

要弄清中共中央在 1934 年何时同共产国际中断电讯联系，笔者认为有必要对中共中央转移到中央苏区前同共产国际电讯联系的情况进行考查。

查阅档案资料，从 1927 年 7 月起到 1928 年 1 月，联共（布）、共产国际与中共中央没有电讯联系[③]。在这一段时间里，联共（布）、

① 见中共中央党史研究室著:《中国共产党历史》（第一卷）（上册），中共党史出版社 2002 年版，第 440 页。

② 见李海文:《中共中央书记处的由来及职权》,《党史博览》2006 年第 9 期。

③ 这是指专门发给中国共产党的电报。

共产国际与驻华人员和机构的联络主要是靠信使传递信件，电报往来不多，笔者查到的有 10 封左右[①]，平均每月两封左右，主要是发给共产国际代表罗米纳兹、牛曼，共产国际执行委员会国际联络部驻华代表阿尔布列赫特、诺罗夫，红色工会国际驻华代表米特凯维奇，苏联驻广州总领事波赫瓦林斯基和驻汉口总领事普利切。从这一段联共（布）、共产国际发往中国的电报看，主要是通过三个渠道：一是共产国际执行委员会国际联络部驻上海工作站；二是苏联驻广州总领事馆；三是苏联驻汉口总领事馆。1927 年 12 月广州起义后，国民党南京政府派兵围攻苏联驻广州总领事馆，枪杀副领事等十几人，同时驱赶苏联驻中国其他城市的领事。这样，联共（布）、共产国际同其驻华机构的电讯联络渠道就只剩下共产国际执行委员会国际联络部驻上海工作站了。

共产国际为了加强对华方面的电讯联系，于 1928 年初派国际联络部人员鲁德尼克[②]（即牛兰）到中国。

牛兰到中国后，在上海租界里以商业公司掩护，建立秘密联络点，使联共（布）、共产国际同中国共产党建立了直接的电讯联系，并沟通了和亚洲其他共产党的联络。根据俄罗斯方面编辑的档案资料，从牛兰到华直至他于 1931 年 6 月 15 日被捕，联共（布）、共产国际同其驻华代表和机构以及同中国共产党来往的电报至少在 36 封以上[③]，其中与中国共产党的电报往来有 22 封，共产国际发给中国共产党的电报有 10 封，中国共产党发给共产国际的电报有 12 封。共产国际发给中国共产党的电报最早的是在 1928 年 2 月 4 日，中国共产党发给共产国际的电报最早是在 1929 年 12 月。

---

① 这个数字是根据中共中央党史研究室第一研究部译《共产国际、联共（布）与中国革命档案资料丛书》第 7 卷收录的电报统计出来的。俄罗斯方面在编辑这套档案资料时，有少数电报没有找到，故这是个大致数字，只是为了说明这一段时间里联共（布）、共产国际与驻华代表及机构的电讯联络还处于初始阶段的情况。

② 其他化名还有安利、亨利、马林、努伦斯、鲁埃格。

③ 该数字是根据中共中央党史研究室第一研究部译《共产国际、联共（布）与中国革命档案资料丛书》第 7、8、9、10 卷中收录的电报统计出来的，不包括一些没有找到而未收录的电报。

由于共产国际的信使出了问题，1931 年 6 月 15 日，牛兰在上海公共租界被英国巡捕逮捕，并被引渡到南京。尽管当时牛兰的身份并没有暴露，但共产国际与其驻华代表和机构以及同中国共产党的电讯联系却受到了很大的影响。在此后长达近半年之久，共产国际与其驻华代表和机构及中国共产党没有电讯联系，直到 1931 年 12 月 29 日，共产国际才和中共中央又有了电讯联系。但恰在这一段时间，中央苏区取得了第三次反“围剿”的胜利，并在 1931 年 11 月 7 日至 20 日召开了中华苏维埃第一次全国代表大会，成立了中华苏维埃共和国临时中央政府。中央苏区连续取得反“围剿”的胜利，其他苏区也相继取得反“围剿”的胜利，使共产国际认识到加强同中国苏区的联系尤其同中央苏区的联系势在必行。

1932 年春，共产国际执行委员会国际联络部派格柏特（即艾尔文）[①] 到中国来。共产国际国际联络部首先给格伯特提出的任务是：“恢复在努伦斯（鲁埃格）同志暴露后同中共中央、苏区和朝鲜业已中断的联系。”“第二任务是建立同日本、菲律宾的联系，如有可能，还同印度支那和印度建立联系。”[②]

格伯特到中国后，经过几个月的努力，建立了三部电台：一部是上海的共产国际远东局、中共中央同联共（布）、共产国际联络的电台；一部是共产国际远东局、中共中央同中央苏区联络的电台；一部是备用电台。三部电台的建立，形成了中央苏区、上海的共产国际远东局、中共中央和联共（布）、共产国际三地之间的快速信息通道[③]。1931 年 9 月，红一方面军从国民党军那里缴获了一部 100 瓦的大电台，从而具备了同上海的中共中央进行电讯联系的可能。但这时

① 原姓塞德勒，化名库尔德、埃尔温等。

② 《共产国际执行委员会国际联络部格伯特关于上海工作的报告》（1936 年 9 月 29 日于莫斯科），中共中央党史研究室第一研究部译：《共产国际、联共（布）与中国革命档案资料丛书》第 15 卷，中共党史出版社 2007 年版，第 253 页。

③ 见《共产国际执行委员会国际联络部格伯特关于上海工作的报告》（1936 年 9 月 29 日于莫斯科），中共中央党史研究室第一研究部译：《共产国际、联共（布）与中国革命档案资料丛书》第 15 卷，第 254 页。

由于牛兰事件的影响，中央苏区同中共中央的电讯联系没有建立。从目前所查到的档案资料看，中央苏区同中共中央的最早的电讯联系为1932年5月3日周恩来、王稼祥、任弼时和朱德于瑞金给中共临时中央的电报[①]。这个电报注明1932年5月3日是共产国际执行委员会收到的日期，并且是由远东局译成俄文后发往莫斯科的。当时，中共临时中央收到中央苏区的电报，一般都将电报副本交给远东局，再由远东局将电报译成俄文稿后发给共产国际执行委员会，供共产国际领导人和有关人员审阅、参考并存档。在当时上海的电台处于地下的情况下，来自中央苏区的电报，经过中共临时中央，并交给远东局审阅，再译成俄文稿，交交通员送到电台，还要考虑到发报要躲避国民党当局的电台侦察，经过这几个环节后，一般都需要5日以上。因此，可以推断这个电报是在1932年4月下旬至月底这段时间发出的。这就是说，中央苏区同上海的中共中央之间的电讯联系应是在1932年4月下旬至月底建立的。这和格伯特1936年9月29日关于向共产国际作的关于他上海工作的报告中所讲有关内容是相吻合的。在中央苏区和中共中央的电讯联系没有建立之前，秘密交通员在上海和中央苏区之间往返一次，往往需要两个多月时间。两地电讯联系建立后，对于相互之间了解国际国内形势、根据地状况和敌情，起了重要作用。

## 二、1934年6月李竹声等被捕后，上海电台同共产国际和中央苏区的电讯联系情况

1933年1月，中共临时中央由于推行“左”倾教条主义，使党在白区的工作受到严重损失，自身在上海也难以立足，不得不转移到中

① 见中共中央党史研究室第一研究部译：《共产国际、联共（布）与中国革命档案资料丛书》第13卷，中共党史出版社2007年版，第146页。

央苏区。中共临时中央迁入中央苏区后，在上海设立中央局，作为派出机关，领导党在国民党统治区的工作。中共临时中央同共产国际和上海的共产国际远东局、中共上海中央局的电讯联系，仍然是由上述格伯特掌握的三部电台来进行。

1934年春，中共江苏省委内混入了奸细，在3月和6月发生两次破坏，省委宣传部长、组织部长和省委书记相继被捕。新成立的中共江苏临时省委书记与那个内奸联系后，被国民党特务盯上，掌握了他所联系的上级与周围的干部。6月26日，国民党出动大批特务、军警，逮捕了中共上海中央局书记李竹声及江苏临时省委书记、全国总工会党团书记等16人。中共上海中央局这次被破坏受到的损失是严重的，被国民党特务机关查获的文件有：王明关于共产国际七大召开日期的秘密信件、政治报告，鄂豫皖军事计划、北方军政工作计划，党在国民党统治区三个月工作计划，党在工会中和几乎在所有省份青年中的工作计划，中共中央自1930年以来的指示和决定，护照和党的报刊，出席共产国际七大的代表名单，还有共产国际执行委员会政治书记处委员皮亚特尼茨基最近关于军政形势问题给中共中央的电报，等等①。

中共上海中央局这次大破坏虽然损失非常严重，但共产国际远东局和上海中央局同共产国际联络的电台并没有被破坏。格伯特在7月3日通过电报向皮亚特尼茨基报告了中共上海中央局被破坏的情况，并初步分析了事情发生的原因。电报还说："由于处境艰难，我不能在一周间收到或发出两次以上的电报。在失去秘密接头住所的情况下，工作要求延缓作出答复。"②从7月份上海同莫斯科连续互发电报看，共产国际远东局、继任的中共上海中央局书记盛忠亮、共产国

① 见中共中央党史研究室第一研究部译：《共产国际、联共（布）与中国革命档案资料丛书》第14卷，第154页。

② 《格伯特给皮亚特尼茨基的电报》（1934年7月3日于上海），中共中央党史研究室第一研究部译：《共产国际、联共（布）与中国革命档案资料丛书》第14卷，第156页。

际国际联络部上海工作站同共产国际之间的电讯联系是畅通的，只是因为一些秘密接头点的失去，发报的次数比过去减少了。但这时上海同中央苏区的电讯联系却暂时中断，从 1934 年 7 月初到 9 月初期间，在档案资料里没有查到联共（布）、共产国际、共产国际远东局、中共上海中央局与中央苏区的电讯联系。这是有些学者认为中央苏区与共产国际电讯联系于 1934 年 6 月就中断的原因。当时为了保密和安全，设在上海的三部电台之间实行彼此严格隔绝，格伯特同三部电台之间的联系是通过中共中央专门指定的人员进行的。李竹声等被捕后，格伯特在给皮亚特尼茨基的电报中说："我们同一个人保持联系……暂时是宣传鼓动部（指黄文杰——引者注）。一但他被捕或米茨凯维奇（即盛忠亮——引者注）被捕，我们将同斯拉文（即李竹声——引者注）的妻子保持联系。她很少为人所知……或者我们将同其他同志[保持联系]，以便不失去同苏区和中国党（？）电台的联系。"① 由此可以看出，在李竹声等被捕后，共产国际远东局、国际联络部驻上海的工作站同中共上海中央局的联系采取了十分谨慎的态度。他们通过单线联系，并确定了单线联系者一旦被捕后继续保持联系的人选预案，以便和中央苏区及上海中央局的电台不失去联系。因此，可以推断，在李竹声等被捕后，同中央苏区电讯联系的电台没有被破坏，主要是因为环境险恶，与电台的联络出现困难才暂时中断同中央苏区的电讯联系。

经查，在李竹声等被捕后，共产国际发给中共中央的第一个电报是在 1934 年 9 月 4 日。电报中告知："为了帮助第 4 军指挥部，根据你们的请求，我们向那里派遣一位军事专家。"并指示："加强[中共]上海中央局并对那里党的机关进行必要的改组。"关于这个问题，共产国际的电报中提到："从你们的电报中还看不清楚，你们是否同意我们把省委同[中共]上海中央局和同[中共]上海市委分开的建

① 《格伯特给皮亚特尼茨基的电报》（1934 年 7 月 3 日于上海），中共中央党史研究室第一研究部译：《共产国际、联共（布）与中国革命档案资料丛书》第 14 卷，第 155 页。

议。”[①] 从这个电报看，是对中共中央的一个电报的回复。这封电报是共产国际政治委员会成员以飞行表决方式于 9 月 2 日通过的，9 月 3 日经共产国际执行委员会政治书记处政治委员会会议批准，9 月 4 日发出的。这就是说，共产国际收到中共中央的电报，至少应是在 9 月 1 日前。如果说中共中央的电报经共产国际执行委员会国际联络部上海工作站的电台发给共产国际，在李竹声等被捕前一般需要 5 天左右，那么，这时按 7 月 3 日格伯特给皮亚特尼茨基的电报中所说“不能在一周间收到或发出两次以上的电报”的情况，中共中央的这个电报从瑞金经上海发到莫斯科，至少需要一个星期以上。由此推断，中共中央给共产国际发出的电报，应在 8 月 25 日左右。同时，共产国际 9 月 4 日电报中说的“你们是否同意我们把省委同 [ 中共 ] 上海中央局和同 [ 中共 ] 上海市委分开的建议”，是指经共产国际执行委员会政治书记处政治委员会 1934 年 7 月 11 日批准以王明和康生名义发出的给盛忠亮的电报[②]。而共产国际电报中的“在这方面，从你们的电报中还看不清楚”，说明中共中央在给发出共产国际电报时，还与中共上海中央局没有电讯联系。

## 三、共产国际和中央苏区 1934 年 9 月下旬建立了直接的电讯联系

共产国际给在中央苏区的中共中央发指示电，要先发给国际联络部驻上海工作站的电台，再由另一部电台转给中央苏区。经过这几个环节，再加上上海的秘密工作环境，即使在当时来说很快捷的电报，

① 《共产国际执行委员会政治书记处政治委员会给中共中央的电报》(1934 年 9 月 4 日于莫斯科)，中共中央党史研究室第一研究部译:《共产国际、联共（布）与中国革命档案资料丛书》第 14 卷，第 234、235 页。

② 见中共中央党史研究室第一研究部译:《共产国际、联共（布）与中国革命档案资料丛书》第 14 卷，第 165 页。

也需要五天以上。尤其是在李竹声等人被捕后，环境更进一步恶化的情况下，共产国际同中共中央的电讯联系需要的时间比以前更长。这时，中央苏区的第五次反“围剿”也日益艰难。因此，共产国际考虑同中央苏区建立直接电讯联系的问题。

1934 年 7 月 3 日，雷利斯基在给皮亚特尼茨基的便函中告知，给格伯特派去了新的译电员，并且已经动身前往中国，将在不晚于 8 月 1 日到达格伯特处[①]。这无疑是共产国际加强同中国共产党电讯联系的新措施。9 月 26 日，共产国际执行委员会国际联络部部长阿布拉莫夫致电中共中央：“我们认为与你们的直接双向密码通讯已经建立起来了。乌拉！[共产国际执行委员会]国际联络部祝贺我们的朋友们——无线电报务员和译电员，并祝愿他们今后取得更大的成绩。”[②]笔者认为，这个电报说明，经过共产国际国际联络部的努力，共产国际与中央苏区建立了直接的电讯联系，它发给中共中央的电报不再经上海的两个电台转发。这可以从以下几个方面得到证明：

第一，查阅 1934 年 1 月到 9 月 26 日阿布拉莫夫的电报之前档案资料，共产国际发给中共中央的电报共 10 封（包括共产国际同时发给远东局和中共中央的 4 封电报）。而在此之后不到一个月时间，共产国际和在莫斯科的中共驻共产国际代表团发给中共中央的电报就有 8 封之多[③]。从莫斯科发给中共中央电报如此频繁说明双方有直接的电讯联系。

第二，1934 年 10 月 18 日，阿布拉莫夫在给中共中央的电报中告知：“请立即停止与上海的无线电联系。你们的电台，包括备用电台

① 见中共中央党史研究室第一研究部译：《共产国际、联共（布）与中国革命档案资料丛书》第 14 卷，第 161 页。

② 《阿布拉莫夫给中共中央的电报》（1934 年 9 月 26 日于莫斯科），中共中央党史研究室第一研究部译：《共产国际、联共（布）与中国革命档案资料丛书》第 14 卷，第 254 页。

③ 见中共中央党史研究室第一研究部译：《共产国际、联共（布）与中国革命档案资料丛书》第 14 卷。

和密码，已经给警察掌握。请采取一切措施与我们建立定期的通讯联系。”[①]那么，再看一下上海的三部电台被破坏的情况。根据中共上海中央局1934年12月29日给中共驻共产国际代表团的信中报告，盛忠亮被捕和三部电台被破坏的情况是这样的：10月5日盛忠亮在住所被捕，同时被捕的还有与盛忠亮住在一起的其他三个人和一个小孩。10月6日，中央代表处[②]报警局派一个人带着东西去盛忠亮住处，也被逮捕。10月7日，同中央苏区进行联系的报务员王有才到盛忠亮住所，遭到逮捕。王有才即成为可耻的叛徒，供出了自己的住址和备用电台报务员的住址。结果两部电台都被破坏，与备用电台有关的人员被捕。备用电台的报务员也成了叛徒，与王有才一起供出了所有消息情况和与共产国际联系的电台位置及其工作人员。王有才还向警察局提出了截获电台的计划。10月9日晚，中共上海中央局得知了王有才和备用电台报务员被捕及电台被破坏的消息后，立即停止了与共产国际联系的电台的工作。为了电台的安全起见，中共上海中央局派出代号叫“王大哥”的电台工作人员去寻找新地方。但此人在街头被捕，并供出了电台的位置，结果这部电台也被破坏，与电台有关的所有人员均被逮捕[③]。至此，上海的三部电台全部被破坏，共有14人被捕。由上可以判断，与共产国际联系的电台在10月10日左右被破坏。共产国际国际联络部部长阿布拉莫夫知道上海的三部电台被破坏，却又继续给中共中央发电报，告知上海电台被警察破坏，要求立即停止与上海的无线电联系，答案只有一个，就是共产国际与中共中央有直接的电讯联系。

第三，1934年10月28日，共产国际执行委员会东方书记处提

① 《阿布拉莫夫给中共中央的电报》（1934年10月18日），中共中央党史研究室第一研究部译：《共产国际、联共（布）与中国革命档案资料丛书》第14卷，第281页。

② 李竹声等被捕后，根据共产国际的建议，中共中央决定在上海另设立中共中央全权代表，任命盛忠亮为代表，中断其与中共上海中央局的联系。

③ 见中共中央党史研究室第一研究部译：《共产国际、联共（布）与中国革命档案资料丛书》第14卷，第327—328页。

出关于在华工作的建议，其中第一项是："调整与［中共］中央的直接通讯联系，而经过［中共］中央在最近几个月内实现与四川的直接通讯联系。建立通讯联系是为了领导当前的战役。要逐渐扩大无线电通讯网。"① 这个文件说明，共产国际和中共中央有过直接的电讯联系，并且鉴于中央红军主力战略转移和上海电台被破坏的情况，试图重新建立同中共中央的直接电讯联系，并计划通过中共中央与川陕根据地建立直接的通讯联系，以便逐渐扩大无线电通讯网。

第四，潘汉年受中共中央派遣于1935年6月20日到达上海后，在写给共产国际驻华代表们的信中说："至于莫斯科与［中共］中央之间的无线电联系，我们只能收到消息，而莫斯科听不到我们的声音，因为我们的发报机功率太小。所以我们向西部进发时，没有随身携带这套设备。"② 这封信清楚地证明，共产国际与中共中央有直接的电讯联系，只是因为电台功率小而只能收报，不能发报。中央红军战略转移时，由于上海的电台被破坏而同共产国际政治代表及中共上海中央局中断了电讯联系，这部电台带着没有用，况且行军时带着也不方便，所以没有带上。

由上可见，从1934年10月7日至10日左右，上海的三部电台全部被破坏。而恰在10月10日晚，中央红军开始实施战略转移，中共中央、中革军委机关由瑞金出发，向于都集结，原先能够收到共产国际电报的电台而未带上。由此，中共中央同共产国际和上海中央局同时中断了电讯联系。

---

① 《共产国际执行委员会东方书记处关于在华工作的建议》（1934年10月28日于莫斯科），中共中央党史研究室第一研究部译：《共产国际、联共（布）与中国革命档案资料丛书》第14卷，第287页。

② 《潘汉年给共产国际驻华代表们的信》（1935年6月20日于上海），中共中央党史研究室第一研究部译：《共产国际、联共（布）与中国革命档案资料丛书》第14卷，第449页。

## 四、中共上海中央局和共产国际国际联络部驻上海工作站为恢复同中共中央、共产国际电讯联系所做的努力

同中共中央和共产国际中断电讯联系后，中共上海中央局试图重新建立电讯联系。上海中央局从一个省的党组织里召回了两个报务员，准备建立两个新电台，并通过福建、浙江、江西省委、闽西军政委员会和红二、六军团，给中共中央寄去了密码①。1934 年 12 月 29 日，中共上海中央局书记黄文杰在给王明和康生的信中，询问："你们是否与中央有直接的无线电联系。如果有，那就请帮助我们马上与他们建立联系。"② 可见，他们还曾一度想在中共驻共产国际代表团的帮助下，与中共中央恢复电讯联系。在同一封信中，黄文杰还向王明和康生要求共产国际重派代表，并带几个无线电技术人员，以便建立同共产国际联系的电台，同时帮助中共上海中央局安装和维修电台，因为来自省里的两个人，"技术不够熟练"③。关于恢复同共产国际的无线电通信的具体材料，黄文杰通过信使另寄给了中共驻共产国际代表团。但随着 1935 年 2 月 19 日中共上海中央局又一次被破坏，他们同中共中央和共产国际恢复电讯联系的努力也无果而终。

上海同共产国际联系的电台被破坏后，共产国际国际联络部驻上海工作站也试图恢复同共产国际的电讯联系。1936 年 9 月 29 日，格伯特在给共产国际执行委员会国际联络部关于上海工作的报告中说：

---

① 中共上海中央局派到红二、红六军团的交通员于 1935 年 2 月底或 3 月初到达湘鄂川黔根据地。3 月初，任弼时向中共中央报告了上海中央局的情况。但这时中共上海中央局已经被破坏了。

② 《中共中央上海局给王明和康生的信》（1934 年 12 月 29 日于上海），中共中央党史研究室第一研究部译：《共产国际、联共（布）与中国革命档案资料丛书》第 14 卷，第 340、341 页。

③ 《中共中央上海局给王明和康生的信》（1934 年 12 月 29 日于上海），中共中央党史研究室第一研究部译：《共产国际、联共（布）与中国革命档案资料丛书》第 14 卷，第 344 页。

“1934年底，我收到一份电报，建议把工作交给新来的威廉同志，并在作出最后决定前去中国某地呆上三个月。在复电中我请求允许我立即回家或者到苏区去，或者在得到新护照的情况下去日本。我没有得到任何答复就去了北京[①]。只是到1935年4月，才来一份电报，要求我返回。”[②]由此看来，国际联络部上海工作站同莫斯科有电报联系。但是，笔者认为，格伯特报告中提到他同莫斯科的电报往来不是通过国际联络部上海工作站自己的电台，而是另一个渠道，即苏联红军参谋部第四局[③]驻上海的组织的电台。当时，共产国际国际联络部上海工作站的无线电报务员是帕斯卡利，译电员是迪尔。格伯特对帕斯卡利的评价是：“平庸无能，一年时间也未能同莫斯科联系上。”[④]这说明，当时国际联络部上海工作站的电台当时未能与莫斯科建立联系。因此，可以推断，格伯特报告中提到的同莫斯科的电报往来是另有渠道。但这个渠道不甚畅通，以至于四个来月才接到要他返回莫斯科的回电。

接替格伯特工作的威廉继续进行同莫斯科恢复电讯联系的尝试。1935年5月9日，贝克[⑤]在关于上海工作的报告中曾提到：威廉“经常讲述他如何与报务员一起度过夜晚，试图搜索到莫斯科，并建议我会见报务员并和他讨论技术问题，我拒绝了他的建议”。“他告诉我一新的报务员到来的消息，我警告他要远离以前的报务员，而只有在必要的情况下才允许他们一起出现在街上或戏院里。”[⑥]这说明，国际联

① 当时称北平。

② 《共产国际执行委员会国际联络部格伯特关于上海工作的报告》（1936年9月29日于莫斯科），中共中央党史研究室第一研究部译：《共产国际、联共（布）与中国革命档案资料丛书》第15卷，第260页。

③ 也称军事侦察局，苏联专门搜集情报的机构，在上海设有组织。俄罗斯学者根据当时电报页边的标注判断，共产国际执行委员会和远东局曾利用这个渠道来传达最重要的通报和指示。

④ 《共产国际执行委员会国际联络部格伯特关于上海工作的报告》（1936年9月29日于莫斯科），中共中央党史研究室第一研究部译：《共产国际、联共（布）与中国革命档案资料丛书》第15卷，第256页。

⑤ 红色工会共产国际驻中国代表。

⑥ 《贝克关于上海工作的报告》（1935年5月9日），中共中央党史研究室第一研究部译：《共产国际、联共（布）与中国革命档案资料丛书》第14卷，第416页。

络部同莫斯科的电讯联系未能恢复，主要是技术的原因。为了加强电讯恢复工作，后来又派了一名新报务员。目前未见威廉接替格伯特后发给国际联络部的电报，可以推断，新报务员来后，同莫斯科的电讯联系恢复工作未见成效。随着格伯特和威廉于1935年5月和6月相继返回莫斯科，共产国际国际联络部上海工作站同共产国际电讯恢复的努力也是无果而终。

（本文原载《党的文献》2010年第2期）

# 共产国际与中国工农红军长征

关于共产国际与中国工农红军的长征，由于资料匮乏等原因，在这方面的研究很薄弱。从新公布的档案资料看，共产国际与中国工农红军长征还是有很密切关系的。

## 一

过去党史界一般都认为，1934 年 5 月，中共中央书记处就作出决定，准备将中央红军主力撤出根据地，并于 6 月下旬得到共产国际的复电同意。根据查到的档案资料，中共中央当时给共产国际的电报主要内容是："留在中央苏区，转入游击战，将其作为我们斗争的最重要方法。""同时准备将我们的主力撤到另一个战场……"① 由此看来，这时中共中央对于中央红军主力战略转移问题，只是在反"围剿"最终没有希望的情况下，提出的两种供共产国际选择的方案之一，还不是立即要实施的决定。因此，关于中央红军主力的战略转移问题，在 1934 年 5 月还只是处于酝酿阶段，不能说这时中共中央就已作出了中央红军主力撤出根据地的决定。

---

① 《埃韦特给皮亚特尼茨基的报告》（1934 年 6 月 2 日于莫斯科），中共中央党史研究室第一研究部译：《共产国际、联共（布）与中国革命档案资料丛书》第 14 卷，第 128 页。

中共中央上述两种方案报告共产国际后，共产国际于6月16日复电中共中央，认为“中央苏区的资源还没有枯竭。红军作战部队的抵抗能力、后方的情绪等，还没有引起人们的担心”，要求中共中央和中央红军争取在国民党军发动秋季攻势之前的夏季，采取新的战略方针，做最后的努力，以扭转中央苏区的不利形势。这个电报也提到了中央红军战略转移问题，指示“为防备不得不离开，要规定加强在赣江西岸的根据地，同这些地区建立固定的作战联系，成立运粮队和为红军建立粮食储备等”。[①] 很明显，共产国际电报的主导思想仍是中央红军主力留在根据地内打破国民党军的“围剿”。至于战略转移问题，共产国际只是认为眼前可以做一些准备工作，真正提上日程，要看夏季以后形势是否改观，是一切努力都用尽之后，反“围剿”斗争仍然无望胜利情况下的最后一条路。

6月下旬，中央政治局在瑞金召开扩大会议，根据共产国际的指示电，讨论中央红军的作战新方针问题。毛泽东在会上提出，在内线作战陷于不利的状况下，中央红军应该转移到外线作战。关于向外线转移的方向，毛泽东提出中央红军已不宜向东，可以往西。毛泽东的这个主张没有被会议接受。会议接受了李德的主张，决定派红七军团以抗日先遣队名义北上，派红六军团撤离湘赣根据地到湖南。

红七军团、红六军团相继出征后，虽然取得一些胜利，但吸引敌人的兵力有限，中央苏区更加困难。9月上旬，各路国民党军加紧向中央苏区中心区发动进攻，苏区进一步缩小，苏区内人力、物力已经很匮乏，中央红军已无通过最后一搏扭转战局的可能，中共中央已开始加紧中央红军的战略转移准备工作。

9月17日，博古致电共产国际执行委员会，报告了中共中央、中

---

① 《共产国际执行委员会政治书记处政治委员会给埃韦特和中共中央的电报》（1934年6月16日于莫斯科），中共中央党史研究室第一研究部译：《共产国际、联共（布）与中国革命档案资料丛书》第14卷，第143、144页。

革军委关于中央红军准备实施战略转移的计划："决定从10月初集中主要力量在江西的西南部对广东的力量实施进攻战役。最终的目的是向湖南南部和湘桂两省的边境地区撤退。全部准备工作将于10月1日前完成，我们的力量将在这之前转移并部署在计划实施战役的地方。"博古在电报中还期待共产国际"不晚于9月底作出最后决定"。①

接到中共中央电报后，共产国际仍然犹豫不决，迟迟不予答复。直到9月30日，即中共中央要求复电的最后时间，共产国际执行委员会政治书记处政治委员会才给中共中央复电："考虑到这样一个事实，即今后只在江西进行防御战是不可能取得对南京军队的决定性胜利的，我们同意你们将主力调往湖南的计划。"② 至此，共产国际才明确同意中央红军实施战略转移。

从5月到9月底的四个多月的时间里，共产国际对中央红军战略转移问题上犹豫不决，对中共中央影响很大。在共产国际错误方针的指导下，"左"倾教条主义的领导者博古、李德把主要精力用于作战上，没有积极地做战略转移准备工作。当国民党军推进到中央苏区腹地时，他们才仓促准备，仓促率领中央红军主力转移，从而在长征初期使中央红军受到严重损失。对此，共产国际也负有不可推卸的责任。

## 二

中央红军长征开始后，由于部队经常处于转战之中，同共产国际联系的大功率电台无法携带，因而同共产国际的联系中断。共产国际

① 《秦邦宪给共产国际执行委员会的电报》（1934年9月17日于瑞金），中共中央党史研究室第一研究部译：《共产国际、联共（布）与中国革命档案资料丛书》第14卷，第251页。

② 《共产国际执行委员会政治书记处政治委员会给中共中央的电报》（1934年9月30日于莫斯科），中共中央党史研究室第一研究部译：《共产国际、联共（布）与中国革命档案资料丛书》第14卷，第256页。

驻华的机构远东局与中共上海中央局一方面设法恢复同中共中央的联系，另一方面通过多种途径搜集长征中的红军的消息，报告共产国际。1935 年 1 月 3 日，红色工会国际驻中国代表贝克致信共产国际执行委员会，根据从报刊上得到的消息，报告了中央红军在贵州和红二、红六军团在湘西北活动的情况。贝克还判断："尽管缺少直接的消息，报刊上不停地刊登谎言，但还是可以一点一点再现我们军队在所有方向上有步骤地向前推进的情景，特别是在四川。"[①]1 月 22 日，贝克又致信共产国际执行委员会主席团委员、政治书记处候补委员洛佐夫斯基，其中报告了长征中的中央红军突破乌江，占领贵州的湄潭、遵义、桐梓等城市的情况。同日，贝克还致信共产国际执行委员会东方书记处，认为：中央红军"从江西的撤离得到了补偿：我们的军队取得一些重大的胜利，并且在很大程度上加强了我军在全线的进攻"[②]。

根据远东局发来的消息，共产国际执行委员会东方书记处于 1935 年 2 月 11 日、3 月 18 日整理出《关于中国军事形势的通报材料》，报送给共产国际执行委员会政治书记处并各委员会。通报材料分"江西红军兵团的西行路线"、"江西兵团的新根据地在形成过程中"、"关于中国西部力量对比的主要材料、作战方向、红军近期的作战任务"、"中国白军总的部署及其对四川红军当前的决战进程的影响"等部分，对中央红军长征至川滇黔边地区及其后作战方向和任务作了全面估量。通报材料认为："中国共产党中央关于红军撤出江西包围圈的决定于 1934 年 11 月完全实现了。"中央红军主力经过广东、湖南、广西和贵州后，"到 1935 年 1 月底，其先遣队已进入四川省，位于长江南岸重庆与泸州之间的地区。行动的目的——使自己的部队

① 《贝克给共产国际执行委员会的信》(1935 年 1 月 3 日于上海)，中共中央党史研究室第一研究部译：《共产国际、联共（布）与中国革命档案资料丛书》第 14 卷，第 350 页。

② 《贝克给共产国际执行委员会东方书记处的信》(1935 年 1 月 22 日于上海)，中共中央党史研究室第一研究部译：《共产国际、联共（布）与中国革命档案资料丛书》第 14 卷，第 362—363 页。

与四川红军兵团部队会合——几乎没有来自敌人方面任何干扰的情况下，完全实现了。”通报材料根据红四方面军从鄂豫皖根据地撤出后到川陕发展为10万人的情况，乐观地估计中央红军在最近的半年内能发展到20万人，并认为中央红军和红四方面军在中共中央和中革军委统一领导下，“可以不担心与任何一个敌军的单独集团进行决战。”通报材料断言：“只要江西红军进入新的地区，党中央就能真正实现自己的口号：在最近的历史时期内拥有百万红军。”“在四川实现这一计划的土壤是极其有利的，总的形势现在也对红军有利。”① 看得出来，共产国际对于中央红军出发长征后的路线基本上是了解的，对于同红四方面军会师的行动目的判断也是基本上正确的。但是，它对于中央红军发展前景和同红四方面军会师后的前景，作了乐观和不切实际的估计。

同共产国际失去联系后，长征途中的中共中央于1935年初派潘汉年离开队伍赴上海，以恢复同共产国际的联系。6月20日，潘汉年致信共产国际驻华代表，报告了中共中央同共产国际失去联系的原因，提出了恢复联系的办法，并简单报告了遵义会议后中共中央的一些情况。8月1日，共产国际执行委员会收到潘汉年的信。中共中央继派出潘汉年后，又于6月派陈云到上海。陈云刚同上海地下党联系上后，又被派往莫斯科向共产国际汇报工作。10月15日，在共产国际执行委员会书记处会议上，陈云、陈潭秋、潘汉年汇报了中央红军长征和遵义会议的情况。共产国际执行委员会书记处书记曼努伊尔斯基、候补书记弗洛林听取了汇报，了解了有关情况。由于陈云、潘汉年都参加了中央红军的长征，他们的汇报使共产国际能够真实地了解中央红军长征和中共中央领导人变动的情况，对于共产国际正确判断中国革命形势，制定中国革命新的战略方针起到了很

① 《共产国际执行委员会东方书记处关于中国军事形势的通报材料》（1935年2月11日、3月18日于莫斯科），中共中央党史研究室第一研究部译：《共产国际、联共（布）与中国革命档案资料丛书》第14卷，第373、376页。

好的作用。陈云的汇报以《英勇的西征》为题，发表在 1936 年春出版的共产国际机关刊物《共产国际》杂志（中文版）第一、二期合刊上。

值得一提的是，从 1935 年 7 月起，苏联《真理报》先后发表了《中国红军的英勇进军》《司令员朱德》《中国人民的领袖——毛泽东》《中国红军的作战活动》《中国红军的顺利推进》等文章，报道红军在毛泽东、朱德等指挥下，英勇作战，突破敌军的围追堵截，胜利进军的消息。这些文章宣传了中国工农红军长征的光辉业绩，对于国际社会了解中国共产党和红军起到了积极的作用。

## 三

就在红军长征期间，共产国际的战略方针作了重大调整。1935 年七八月间，共产国际召开了第七次代表大会，把建立最广泛的世界反法西斯统一战线作为各国共产党的基本策略。会议期间，中共驻共产国际代表团起草了《中国苏维埃政府、中国共产党中央为抗日救国告全体同胞书》（即《八一宣言》），报送共产国际审定。共产国际对《八一宣言》主要观点表示赞同。8 月 2 日，季米特洛夫在共产国际七大上作报告时说："我们赞同英勇的兄弟中国共产党这一倡议：同中国一切决心真正救国救民的有组织的力量结成反对日本帝国主义及其走狗的广泛的反帝统一战线。"①9 月 7 日，共产国际执行委员会书记处会议对《八一宣言》草案进行了审议。9 月 10 日，《八一宣言》最后一稿经共产国际书记处成员飞行表决通过。9 月 24 日，共产国际执行委员会书记处会议批准了《八一宣言》。10 月 1

① 季米特洛夫：《关于法西斯的进攻以及共产国际在争取工人阶级团结起来反对法西斯的斗争中的任务（摘录）》（1935 年 8 月 2 日），中共中央党史研究室第一研究部编：《共产国际、联共（布）与中国革命档案资料丛书》第 17 卷，中共党史出版社 2007 年版，第 104 页。

日，《八一宣言》在巴黎出版的《救国报》上发表；俄文稿的《八一宣言》在 1935 年 12 月出版的《共产国际》杂志第 33—34 期上刊登。可以说《八一宣言》这个重要文献是在共产国际直接指导下完成的。

1935 年 11 月下旬，张浩（林育英）受中共驻共产国际代表团派遣到达陕北，向中共中央传达了共产国际第七次代表大会的精神和《八一宣言》的内容，对于中共中央制定建立抗日民族统一战线的战略方针起到了重要作用。

1936 年 6 月，经过努力，中共中央与共产国际的电讯联系正式恢复，中共中央立即将红一方面军长征到陕北后进行的反“围剿”、东征及正在进行的西征等军事行动，陕甘地区红军的状况，党中央同张国焘分裂主义的斗争，红二方面军正在长征的情况，党在西北开展的争取建立抗日救国统一战线运动的情况等，向共产国际作了全面汇报。7 月 23 日，季米特洛夫在共产国际执行委员会书记处会议上关于中国问题的发言中，高度赞扬了中国共产党的发展壮大及其领导下的红军长征。8 月 23 日，共产国际就中国共产党成立 15 周年给中共中央发出贺电，赞扬“中国共产党已经成长为一个强大的布尔什维主义的政党”，“红军表现出了令人赞叹的英雄主义”。贺电赞许中国共产党为停止内战与中国所有政治团体和武装力量建立抗日民族统一战线的策略，并强调指出：中国共产党必须在困难的条件下加强红军，提高红军的战斗力，“必须反击自己队伍中的宗派主义分子”。① 共产国际的贺电，支持了在陕北的中共中央的领导地位，有助于战胜张国焘的分裂主义活动，最终取得红军长征的胜利。

毛泽东曾评价共产国际与中国革命的关系是“两头好，中间差”。纵观共产国际与中国工农红军长征的全过程，正是共产国际的战略策

① 《共产国际执行委员会就中国共产党成立 15 周年给中共中央的贺电草稿》（1936 年 8 月 23 日于莫斯科），中共中央党史研究室第一研究部译：《共产国际、联共（布）与中国革命档案资料丛书》第 15 卷，第 245、246 页。

略由“左”倾向正确转变的过程。因此，红军长征时期，正是由共产国际对中国革命的指导由差向好的转变过程。共产国际对于中国工农红军的长征有功有过，总体上功大于过。

（本文原载《光明日报》2006 年 10 月 23 日）

# 共产国际与陕甘革命根据地

1927 年大革命失败后，中国共产党没有被白色恐怖所吓倒，开始了武装反抗国民党反动统治、实行土地革命的伟大斗争。在西北地区，以刘志丹、谢子长、习仲勋等为代表的共产党人，经过不懈的努力和艰辛的探索，终于创建了陕甘边和陕北革命根据地。这两块根据地后来连成一片，形成陕甘革命根据地。陕甘革命根据地的建立，使党不仅在南方有革命根据地，而且在北方也有革命根据地，从而改变了中国革命根据地的布局。自陕甘边革命根据地的建立起，就引起共产国际的注意和重视。此后，陕甘根据地成为共产国际制定指导中国革命战略方针时考虑的重要因素。目前，学术界尚未对这个问题引起注意，本文对这个问题进行粗浅的探讨，做引玉之砖。

## 一、陕甘边根据地和红二十六军进入中共中央及共产国际的视线

大革命失败后，中共中央于 1927 年 8 月 3 日制定了《关于湘鄂粤赣四省农民秋收暴动大纲》。接着，党的八七会议确定了实行土地革命和武装起义的方针。在此前后，党领导了南昌起义、秋收起义、广州起义及各地一系列的武装起义。这时，党把领导武装起义的中心

放在大革命时期工农运动开展得普遍的南方，特别是南昌起义、秋收起义、广州起义，投入了一大批党的领导干部和骨干力量。而对于西北地区，党不够重视，没有派出得力干部到这里组织和发动起义。但中共陕西党组织积极贯彻八七会议精神，9 月 26 日至 27 日，中共陕西省委第一次扩大会议在西安召开。会议通过了《关于政治形势与工作方针决议案》《关于组织工作决议案》《关于农民斗争决议案》《关于军事运动决议案》《关于接受中央“八七”决议案及其指示之决议案》等文件，提出：“组织工农穷苦民众，率领他们向敌人进攻”，“在土地革命的政纲之下，领导农民群众，作一切公开与秘密的斗争，创造乡村的农协政权。”① 决定“今后应尽力的将党的基础树立到农村中去，并尽力在斗争中吸收大量急进的贫农到党中来”。“今后军队中的工作应与农村一样的注意深入，健全军队中的支部，大量的吸收由农村中来的革命青年。”认为“有了大量的健全而充实的军支部，然后才能在军事行动上发生党的作用”。提出了“党到农村中去！”“党到军队中去！”② 的口号。

文件还指出：“就目前国际与国内的形势观察，我们的军事根据地，除去东南，即以西北为重要。所以在西北上培植革命的军事基础，是中国共产党目前的重要任务之一。”③

文件十分重视利用农村旧有的武装问题，提出：“我们一方应积极的培养我们的军队，一方更应积极的用各种方式武装农民，并予以简单适用的军事训练，以增强他们的战斗力，方能巩固革命的基础。并采用各种妥善的方法，保存农民的武装，除利用红会、硬团、民团、保卫团……旧名义外，于必要时亦可上山，只要能保存得着武装。”④

① 《陕西省委第一次扩大会议关于政治形势与工作方针决议案》，1927 年 9 月 26 日。
② 《陕西省委第一次扩大会议关于组织工作决议案》，1927 年 9 月 26 日。
③ 《陕西省委第一次扩大会议关于军事运动决议案》，1927 年 9 月 27 日。
④ 《陕西省委第一次扩大会议关于军事运动决议案》，1927 年 9 月 27 日。

文件还把目光放在改造土匪武装上，指出："土匪原来多是破产的农民，被乡村封建阶级不断的经济压迫，不得已而才上山的。只要运用得当，他们的确是贫农的好朋友，是农村阶级斗争中别动的生力军。应择其可以引上革命途径的诚恳的与之联络。打进去后即积极的改变他们的心理，使之在劫富济贫的口号之下，积极的帮助贫农，扫除乡村中的封建阶级的势力。"①

相对于当时其他地区党组织关于武装起义的文件来讲，中共陕西省委文件所提出的上述方针符合陕甘地区的实际，展现一种闪光的新思路，对于陕甘地区的武装斗争的开展起了重要指导作用。

中共陕西省委第一次扩大会议后，唐澍、白乐亭、李象九、谢子长于 1927 年 10 月领导了清涧起义。1928 年 5 月，唐澍、刘志丹领导了渭（南）华（县）起义。与渭华起义同时，陕西党组织还在旬邑、礼泉、淳化、三原、澄城等地发动和领导了农民起义。但上述起义很快都失败了。

经历了挫折和失败后的刘志丹、谢子长等人并不气馁，另辟蹊径，走上了一条独特的创建党领导的武装之路。1928 年秋，中共陕西省委任命刘志丹为陕北特委书记，谢子长为委员。1929 年四五月份，中共陕北特委举行扩大会议，研究加强武装斗争等问题，决定以做兵运工作为主。会后，特委和各地党组织先后派出大批同志到陕北、甘肃、宁夏等地驻军中从事兵运工作。

1930 年 10 月，刘志丹借庆阳民团军谭世麟部骑兵第六营的名义，奇袭合水太白镇，将谭部第二十四营缴械，组织了一支游击队，在南梁一带活动。当地群众称之为"南梁游击队"。这支游击队的成立，揭开了陕甘边武装斗争的序幕。1931 年 10 月下旬，刘志丹率领的南梁游击队和杨仲远、阎红彦率领的陕北游击队在林锦庙会师。11 月初，中共陕西省委派谢子长来到南梁，与刘志丹一起领导这支革命武

① 《陕西省委第一次扩大会议关于军事运动决议案》，1927 年 9 月 27 日。

装。1932 年 1 月初，成立西北反帝同盟军，谢子长任总指挥，刘志丹任副总指挥。同时成立中共西北反帝同盟军委员会，谢子长任书记，刘志丹、荣子卿任委员。1932 年 1 月，中共陕西省委派军委书记李杰夫来到西北反帝同盟军，传达省委决定：将西北反帝同盟军改编为中国工农红军陕甘游击队。2 月 12 日，中国工农红军陕甘支队正式成立，谢子长任总指挥，李杰夫任政治委员。这是陕甘地区第一支打出红军旗帜的队伍。

红军陕甘游击队成立后，中共陕西省委于 3 月 21 日向中共中央报告了情况，请示："因为各方面的配合，军事上必须成立红军。怎样编制，番号如何规定，请立即答复。"①

还在 1931 年 9 月 20 日，中共中央作出《由于工农红军冲破第三次"围剿"及革命危机逐渐成熟而产生的党的紧急任务》决议案，提出"要创造出北方的苏维埃区域"②。中共中央作出这个决定之前的 7 月上旬，中共山西省委领导驻平定地区的西北军高桂滋部第十一师一部发动起义，将部队改编为红二十四军，郝光担任军长，谷雄一担任政治委员。之后，红二十四军决定在河北阜平一带建立革命根据地。7 月 26 日，红二十四军在阜平召开大会，宣布成立县苏维埃政府。8 月上旬，石友三部下沈克诈降红二十四军，郝光、谷雄一不知是计，决定收编该部。结果在收编该部时，谷雄一等被捕，后在北平牺牲；郝光当场牺牲。遭受重大损失后，红二十四军余部转到陕北神木地区，坚持武装斗争。红二十四军的失败令中共临时中央失望，因而在接到中共陕西省委关于陕甘边游击队情况的信后，非常兴奋，即于 4 月 20 日作出《中央关于陕甘边游击队的工作及创造陕甘边新苏区的决议》。决议认为："估计到全国革命危机的成熟，应该清楚的提出：在积极的开展当地游击运动中，创立新的红军的队伍及陕甘边苏维埃

① 《中共陕西省委 1932 年 3 月 21 日关于陕甘游击队的情况给中央的信》，刘凤阁、任愚公主编：《红二十六军与陕甘边苏区》，兰州大学出版社 1995 年版，第 140 页。

② 中央档案馆编：《中共中央文件选集》第 7 册，中共中央党校出版社 1991 年版，第 413 页。

的任务。”为了实现这个任务，决议认为，“首先应该从现在的游击队中选拔中坚的有力的队伍编成经常的正式的红军”。并规定：“该部队番号暂用中国工农红军第二十六军第四十一师。”“责成陕西省委从自己的常委中选派一人去担任二十六军政委。”①

尽管中共临时中央这时对全国政治形势的判断是错误的，给各地区党组织和红军的指示是脱离实际的“左”倾方针，但这个决定要求成立红二十六军、创建陕甘边根据地，则基本上是正确的。不足的地方是指示陕西省委派一个常委前去领导，这使红二十六军将面临着一条曲折发展的道路。

中共陕西省委接到临时中央的决定后，于6月1日作出《关于创造陕甘边新苏区与游击队的工作决议——接受中央〈关于陕甘边游击队的工作及创造陕甘边新苏区的决议〉》。但考虑到陕甘边游击队人数还不多，向临时中央建议先“成立红军一团”，“并努力在最短时间编成红军一师。该部番号暂用中国工农（红军）第二十六军独立团，再扩充就是四十一师”。8月1日，中共临时中央在给陕西省委的指示信中，同意“成立红军一团”②的建议。8月25日，中共陕西省委决定“按照现在游击队的力量，立刻编成红军一团”，番号“用红军廿六军四十一师第一团”。③

中共陕西省委派杜衡前往陕甘边主持红二十六军的改编。由于交通原因，杜衡等到三原后受阻，未能赴任。直到12中旬，杜衡才来到红军陕甘边游击队。20日，杜衡召开会议，宣布省委建立红二十六军的决定。24日，陕甘边游击队正式改编为红二十六军第二团，杜衡任军政治委员兼团政治委员，原为班长的王世泰被选为团长，刘志丹任团政治处处长。

---

① 中央档案馆编：《中共中央文件选集》第8册，第203、204页。

②《中共中央1932年8月1日关于创建陕甘边区根据地给陕西省委的指示信（节录）》，刘凤阁、任愚公主编：《红二十六军与陕甘边苏区》（上），第174页。

③《中共陕西省委1932年8月25日关于帝国主义国民党四次“围剿”创造陕甘边新苏区及二十六军决议案（节录）》，刘凤阁、任愚公主编：《红二十六军与陕甘边苏区》，第178页。

红二十六军第二团成立后，即南下创建了以照金为中心的根据地。随着红二十六军成立和照金根据地的创建，中国革命根据地的布局开始悄然发生变化，不仅在南方有革命根据地，北方也开始有了革命根据地。这对中国革命后来的发展有重要影响。

红二十六军在陕甘边成立的消息很快受到共产国际的关注。12月11日，在共产国际执行委员会政治书记处会议上，米夫在作的关于共产国际执行委员会东方书记处的工作报告中兴奋地说："苏维埃运动现在正转向过去从不知道苏维埃运动的地方。今年年初，在中国北方建立了中国红军第24军团。现在又在中国北方即在甘肃省和陕西省交界区建立了第26军团，这是在1932年10月的事[①]。这个红军第26军团占领了许多县，(算起来) 9个县，它有3支大的部队和27支小的部队。"[②]

红二十六军成立时，正是蒋介石对中央苏区发动第四次"围剿"之时。共产国际驻中国的代表机构远东局，把主要关注力集中于中央苏区反第四次"围剿"和南方其他苏区反"围剿"上。笔者查阅有关档案资料，无论是共产国际驻中国代表、远东局书记埃韦特，还是在时为远东局所属的中共中央军事顾问组成员李德，在发给共产国际的报告中，都没有提到红二十六军。如埃韦特在1933年2月给共产国际执行委员会书记皮亚特尼茨基的报告中，关于苏区的工作"主要是对因国民党第四次'围剿'所形成的局势施加影响"[③]。内容只涉及中央苏区和鄂豫皖苏区。3月5日，李德在给共产国际提供的关于中央苏区的军事形势的书面报告中，提到的苏区是中央苏区、赣西南[④]、

---

① 原文如此。米夫说的这个红二十六军成立的时间，应是中共临时中央接到陕西省委汇报推断的时间。

② 《共产国际执行委员会政治书记处会议速记记录》(1932年12月11日于莫斯科)，中共中央党史研究室第一研究部译：《共产国际、联共(布)与中国革命档案资料丛书》第13卷，中共党史出版社2007年版，第273页。

③ 《埃韦特给皮亚茨基的第3号报告》(1932年2月7日于上海)，中共中央党史研究部第一研究部译：《共产国际、联共(布)与中国革命档案资料丛书》第13卷，第309页。

④ 应为湘赣根据地。

赣西北[①]、鄂豫皖、四川[②]、赣东北等；提到的红军有红一方面军、红十军、红十二军、红二十一军、红八军、红十六军、红二军团、红四方面军、红二十五军和红二十八军等，[③]未见陕甘边根据地和红二十六军。

埃韦特这时的兴奋点，除了中央苏区之外，就是川陕苏区。他在给皮亚特尼茨基的第6号报告中说："四川的形势较好。我们的第4军团（从湖北经湖南和陕西急行军来到四川）取得了新的、无疑是巨大的胜利。""我们拥有更多的领土；在四川省的偏远地区还拥有所谓的游击区；土地革命在不断扩大"。"这一切都说明，在一年内，我们可以在这个省建立起比江西目前的基地更有意义的基地和地区等"。他认为"这个地区党的领导很薄弱，加强领导有一些困难，因为各地都提出了提供领导干部的要求"。[④]在给皮亚特尼茨基的另一个报告中，埃韦特还建议："即使冒着暂时削弱上海工作的危险，也要立即抽调15名同志到湖北苏区等地和四川苏区去工作；此外，尤其应从四川和陕西派一些同志到四川苏区去。"[⑤]

与埃韦特不同，共产国际执行委员会东方地区书记处重视陕甘边根据地和红二十六军，指示："中国共产党应提出关于加强陕西工作的问题。"并认为此举对于"巩固和发展四川的苏维埃，对于甘肃的民族革命运动也具有重大意义"。[⑥]

---

① 应为湘鄂赣根据地。

② 即川陕根据地。

③ 详见《布劳恩关于中央苏区军事形势的书面报告》（1933年3月5日于上海），中共中央党史研究室第一研究部译：《共产国际、联共（布）与中国革命档案资料丛书》第13卷，第332—335页。

④ 《埃韦特给皮亚特尼茨基的第6号报告》（1933年7月28日于上海），中共中央党史研究室第一研究部译：《共产国际、联共（布）与中国革命档案资料丛书》第13卷，第460页。

⑤ 《埃韦特给皮亚特尼茨基的第3号报告》（1933年2月7日于上海），中共中央党史研究室第一研究部译：《共产国际、联共（布）与中国革命档案资料丛书》第13卷，第309页。

⑥ 《共产国际执行委员会东方地区书记处关于中共民族政策总原则的建议》（1933年4月21日共产国际执行委员会政治书记处政治委员会非常会议通过），中共中央党史研究室第一研究部译：《共产国际、联共（布）与中国革命档案资料丛书》第13卷，第416页。

1933 年 5 月 26 日，冯玉祥在张家口成立察哈尔民众抗日同盟军。中国共产党在抗日同盟军中建立了基层党组织，约有党员 300 人。察哈尔民众抗日同盟军在蒋介石的围攻下遭到失败，冯玉祥被迫于 8 月 5 日撤销抗日同盟军总部。冯玉祥离去后，抗日同盟军大部被国民党察哈尔省主席宋哲元收编，在共产党影响下的部队 1 万余人根据前委决定转战于热河、长城一线。对于这支部队，共产国际执行委员会政治书记处政治委员会曾在给中共中央电报中指示，“在西北，可以由 26 军团和在我们影响之下的冯玉祥部队组成新的军团。借助这个军团可以建立新的地区，或者同老的苏区合在一起”[①]。这封电报同时也抄送了埃韦特一份。从目前所见档案资料看，未发现中共中央、共产国际远东局对这个指示落实的措施。共产国际这个指示是在 9 月 29 日发出的，这时中央苏区第五次反“围剿”已经开始，而察哈尔抗日同盟军余部很快于 10 月中旬在北平近郊遭到日军和国民党军队的联合进攻而失败。中共中央、共产国际远东局未落实共产国际这个指示，应是反“围剿”军情紧急和局势发展迅速的缘故。当然，察哈尔抗日同盟军余部所在地域离红二十六军很远，共产国际的指示缺乏操作可行性，中共中央即使按照指示行事，也是很难成功的。

冯玉祥成立察哈尔民众抗日同盟军时，曾派人到第四十一军军长孙殿英处，争取他参加抗日同盟军。蒋介石也派人以察哈尔省主席之位拉拢孙殿英，换取他攻打抗日同盟军。孙殿英举棋不定，一时对双方都没有表态。蒋介石为了杜绝孙殿英与冯玉祥联合，任命其为青海屯垦督办，令其部离开察哈尔前往青海。孙殿英知道这是蒋介石让其与西北马家军互相残杀的阴谋，派代表到上海，同中共中央特科建立了联系，提出了与中共合作的建议。当

① 《共产国际执行委员会政治书记处政治委员会给中共中央的电报》（1933 年 9 月 29 日于莫斯科），中共中央党史研究室第一研究部译：《共产国际、联共（布）与中国革命档案资料丛书》第 13 卷，第 510 页。

时，孙殿英部向宁夏开进，为了取得中共的帮助，曾向共产党组织提出请求："在这件事情上能否给以帮助，因为我有意与四川红军联合。"① 当时孙殿英部有 200 至 300 名共产党员，能够影响 4000 多名士兵。但埃韦特对孙殿英部的共产党员不信任，认为"这个军队中的许多党员在坚持党的方针方面是靠不住的（右派、托派同领导核心联系薄弱，有薄弱的领导，等等）"。同时，他还认为："这个军队都是中国典型的军阀武装，它的司令部都在寻找地盘，因此它会同'中央'政府和其他省军队发生冲突。""我们完全不希望这支军队向南推进太远，直接靠近我们的川陕苏区。"他提出的策略是："（1）加强我们对士兵施加影响、进行瓦解和把他们争取到自己方面来的工作；（2）加深同甘肃军阀的冲突，制造同陕西军阀的冲突，以削弱他们，包括削弱 41 军的军阀。"埃韦特一方面请示皮亚特尼茨基："如果您对 41 军内部的工作或同 41 军的工作有什么指示，请您电告我们。"同时又表示："我认为，不必过早作出什么起义的尝试，而只是有步骤地灌输我们的影响，同这支军队一起行动，以便在合适的时机和政治上最有利的地区，获得尽可能多的机会。"②

4 月 29 日，共产国际执行委员会政治书记处政治委员会在给埃韦特和中共中央的电报中指示："必须着手扩大陕西苏区，我们认为，需要为组织孙殿英军队起义做准备工作，之后利用起义部队来争取扩大陕西中部（红 26 军活动地区）的苏区。"③ 很明显，共产国际重视扩大陕甘边苏区，把准备孙殿英部的起义作为扩大陕甘边苏区措施。这

① 《施特恩关于政治工作讲座的速记记录》（1935 年 3 月 22 日于莫斯科），中共中央党史研究室第一研究部译：《共产国际、联共（布）与中国革命档案资料丛书》第 14 卷，中共党史出版社 2007 年版，第 393 页。

② 《埃韦特给皮亚特尼茨基的第 1 号报告》（1934 年 1 月 27 日于上海），中共中央党史研究室第一研究部译：《共产国际、联共（布）与中国革命档案资料丛书》第 14 卷，第 31、32 页。

③ 《共产国际执行委员会政治书记处政治委员会给埃韦特和中共中央的电报》（1934 年 4 月 29 日于莫斯科），中共中央党史研究室第一研究部译：《共产国际、联共（布）与中国革命档案资料丛书》第 14 卷，第 121 页。

和埃韦特的对待组织孙殿英部队起义的态度是截然不同的。孙殿英部这时在进攻宁夏，宁夏在地域上离陕甘边比较近，如果真如埃韦特向皮亚特尼茨基报告的那样，在孙殿英部有 200 至 300 名党员、能够影响 4000 多名士兵的话，组织这部分部队起义，之后拉到陕甘边去，不失为扩大红二十六军的一个办法。目前，在档案资料中未发现共产国际远东局和中共中央有落实共产国际指示的相关内容。共产国际的指示共产国际远东局和中共中央是否落实，暂时存疑，有待以后查证。

埃韦特与指导中共军事的总顾问弗雷德有矛盾，远东局成员赖安对埃韦特也有意见，中共中央对于埃韦特颇有微词，共产国际于 7 月份将埃韦特召回了莫斯科。8 月 3 日和 15 日，埃韦特先后两次在共产国际执行委员会政治书记处政治委员会会议上作关于中国形势的通报和详细报告。8 月 22 日，中共驻共产国际执行委员会代表团向共产国际执行委员会政治书记处政治委员会递交声明，指责埃韦特 8 月 15 日的报告中关于中共党员的数字“是与中共中央向共产国际执行委员会报告的数字完全矛盾的”，“根本不符合实际，也是不负责任的”。“他只谈到了两个苏区——中央苏区和四川苏区”，“显然，阿图尔[①]同志也不知道有多少苏区。”[②]声明中除了中央苏区外，在所列举的十个苏区中，其中就有陕甘边苏区。

中共驻共产国际代表团的声明，应该也代表了米夫的意见。米夫、王明、康生都是 8 月 15 日共产国际执行委员会政治书记处政治委员会会议的参加者，在这次会议上决定“责成东方地区书记处在地区书记处内讨论一切有争议的问题”[③]。而米夫是共产国际执行委员会东方地区书记处负责人。如前所述，米夫是最早在共产国际介绍红

① 即埃韦特。

② 《中共驻共产国际执行委员会代表团给共产国际执委委员会书记处政治委员会的声明》（不晚于 1934 年 8 月 22 日于莫斯科），中共中央党史研究室第一研究部译：《共产国际、联共（布）与中国革命档案资料丛书》第 14 卷，第 201、202 页。

③ 《共产国际执行委员会政治书记处政治委员会会议第 395（Б）号记录（摘录）》（1934 年 8 月 15 日于莫斯科），中共中央党史研究室第一研究部译：《共产国际、联共（布）与中国革命档案资料丛书》第 14 卷，第 179 页。

二十六军者，对红二十六军的印象应该是比较深的。显而易见，无论是米夫还是中共驻共产国际代表团，对埃韦特在华期间忽视陕甘边苏区和红二十六军是不满的。

上述说明，自红二十六军建立起，就引起了共产国际的关注，并在给共产国际远东局和中共中央的指示中，两次提出扩大红二十六军和陕甘边苏区的办法。红二十六军和陕甘边根据地在共产国际思考中国革命问题时有了一定的位置。

## 二、1936 年 9 月，共产国际根据中国政治形势，开始将指导中国革命的战略中心放在中国西部，陕甘苏区所在的西北地区成为重要组成部分

从 1933 年 9 月下旬开始的中央苏区第五次反“围剿”，在博古、李德错误的军事指挥下，同敌人拼消耗，致使红军处处被动。1934 年 4 月中下旬进行的广昌战役，博古、李德集中了中央红军所能集中的主力，经过 18 天的战斗后，结果不得不退出广昌。广昌战役之后，中共中央和中革军委在 5 月召开会议，酝酿中央红军主力战略转移问题，并将酝酿的结果报告共产国际远动局书记埃韦特。6 月 2 日，埃韦特将中共中央在第五次反“围剿”战争不能取得胜利的情况下，红军或留在中央苏区打游击，或将红军主力进行战略转移的两种打算转报皮亚特尼茨基。6 月 16 日，共产国际执行委员会政治书记处政治委员会给埃韦特和中共中央回电，一方面同意红军主力战略转移，并指示做一些准备工作，另一方面仍希望中共中央和中央红军再作一些努力，争取反“围剿”斗争形势出现新变化。

中央苏区第五次反“围剿”形势不妙，川陕苏区形势大好。1933 年 10 月，刘湘就任四川“剿匪”总司令，集中了各路军阀部队共 140 个团 25 万人，分六路向川陕苏区发动进攻。红四方面军经过 10

个月的苦战，到 1934 年 9 月上旬，粉碎了敌人的“六路围攻”，共毙伤俘敌 8 万余人，自己也付出了伤亡 2 万余的代价[①]。9 月 3 日，共产国际远东局委员赖安在给共产国际执行委员会东方书记处的信中报告：“刘湘的主力、第 5 和第 6 野战军 8 月底在万源地区的惨败，不仅意味着敌人受到了惨重失败，而且意味着至少暂时消灭了他们在四川的进攻兵力的核心力量。红军当前反攻的开始和随后在万源——城口地区取得的一些重大胜利，已成为战争的转折点”。认为“这不仅对于完成收复在春天和夏初‘围剿’过程中丧失的地区及扩大和巩固川陕边区的苏区的任务具有重大的意义，而且对于反击对中央苏区的第七次‘围剿’[②]也具有重大的意义”。并建议：“迫切需要在 [ 中共 ] 中央和四川之间建立更密切的工作关系和加强对四川苏区和革命军事委员会的领导。”[③]

中央苏区第五次反“围剿”前途黯淡，川陕苏区反敌人“六路围攻”取得胜利，这使共产国际对川陕苏区的期望迅速增大。9 月 16 日，此前任中共中央军事总顾问，这时已回莫斯科任共产国际执行委员会东方地区书记处主任助理的弗雷德，向共产国际提出了关于支持四川省苏区和发展中国西北革命运动的建议。弗雷德说：“由于江西中央苏区遇到了困难，四川 [ 苏区 ] 问题就提到了首要地位。”他认为“四川的红军拥有较好的武器装备，在战士数量上具有相当强大的优势”，但“党团组织软弱，在主要根据地的苏维埃后方组织较差，党在国统区、在敌军后方的工作较差，在敌军中的工作也较差”。而这些问题的“根源就在于四川红军及其根据地的政治和军事领导太软弱”，“四川的红军不善于造就在数量上和在质量上所需要的干部”。因而，要对四川苏区“今后的发展给予切实的帮助”。然而“由于形

① 见《徐向前元帅回忆录》，解放军出版社 2005 年版，第 271 页。

② 赖安在信中把国民党军对中央苏区进行的第五次“围剿”称为第六次“围剿”，称 1934 年 6 月初以后为第七次“围剿”。

③ 《赖安给共产国际执行委员会东方书记处的信》（1934 年 9 月 3 日于上海），中共中央党史研究室第一研究部译：《共产国际、联共（布）与中国革命档案资料丛书》第 14 卷，第 227 页。

势的原因中共中央不能完成这项任务”。而“放下四川苏区不管，让它自行发展和放任自流”，“将是一个极大的错误”，“以后不仅会影响中国革命的进程，而且在日本发动对苏战争情况下也会影响日本后方的战略地位。”据此，弗雷德提出从共产国际方面组织外部援助，具体为在“中亚地区（阿拉木图）投入一个核心领导小组（一位政治领导者，一位军事领导者，一位党的组织者，几位携带通讯器材的[共产国际执行委员会]国际联络部的代表），他们作为中共[中央]西北局开始工作”。西北局在组织上归中共驻共产国际代表团领导。“西北局最初时期的任务是，研究一方面通过新疆——甘肃，另一方面通过蒙古西部、宁夏——陕西同四川建立通讯联络的可能性。”之后的“任务是通过与四川的联系来组织和领导中国西北各省的游击战”。为此，还“需要一个由军人同志组成的协调得很好的支部，即一个能组织和领导西北游击战争和四川红军斗争的小司令部”。弗雷德还建议向中国西北地区提供武器弹药援助，“往中亚调运武装西北各省游击队5万名战士所需要的一切。”除此之外，他还提出了派遣干部、党员、军事人员去西北地区工作；在中亚建立秘密军政学校，为中国西北各省培养干部；等等。弗雷德认为：“整个援助四川苏区的计划，可以预见到，应该在一至两年期限内实现。[这项工作的]开始不能再拖延了，应该马上着手做这项工作，负责我们就会落在事态发展的后面。”①

从弗雷德的建议看，基本上属于空想成分，可操作性很小。说明他对中国西部地区缺乏了解。中国西部地区幅员辽阔，地形复杂，多系高原、草原、荒漠，不但交通条件非常落后，而且生存条件都很差。同时，还有大大小小的反动军阀及地方反动民团、地主武装，控制着不同的且很多还是少数民族区域。在自然、政治环境如此恶劣的

---

① 《施特恩关于支持四川省苏区和发展中国西北革命运动的建议》（1934年9月16日于莫斯科），中共中央党史研究室第一研究部译：《共产国际、联共（布）与中国革命档案资料丛书》第14卷，第237、238—239、240页。

条件下，共产国际或中共驻共产国际派若干干部由中亚从新疆进入甘肃，或由外蒙古进入宁夏、陕北，成功率不能说没有，但是很低；若再派人到四川，成功率就更低了。因此，以一至两年完成弗雷德所提出的建议是不可能的。

但是，弗雷德的建议却折射出了以下几点：1. 共产国际方面的关注点开始向中国西部地区尤其是西北地区转移，认识到西北地区革命的发展，不仅对中国革命发展意义重大，而且对可能发生的日苏间的战争也会产生重要影响。2. 从地缘关系出发，即西北地区靠近苏联，提出了通过发展西北革命，沟通同川陕苏区联系，形成中国革命新的战略格局的设想。3. 提出了支持西北地区革命武装发展的计划，特别是提出为西北各省游击队提供装备 5 万名战士武器弹药的计划，这是笔者所见土地革命战争时期联共（布）、共产国际最早的通过中亚向中国革命武装提供武器装备的动议。就当时的情况来讲，西北地区的红色武装主要还是陕甘边的红二十六军和陕北的游击队。提出为西北各省游击队提供武器，从前述共产国际指示扩大红二十六军和陕甘边根据地看，最大的依据应是红二十六军。由于共产国际这时对陕北红军游击队的存在还不知情，所谓各省游击队，是从以后发展的角度来说的。

上述几点说明，弗雷德的建议还是有战略性眼光的，尽管后来西北革命形势的发展不是以他提出的方式实现的。

同在 9 月 16 日，中共驻共产国际代表团的康生和王明发出了给中共中央政治局的第 4 号信，西北问题是其中所谈一个重要问题。信中说，“据我们知道陕北的游击运动很发展，那里许多的游击队没有强有力的政治军事领导”。要求“中央应将这地方的工作的注意力提高起来，党应立刻派许多政治军事上强有力的干部去”。甚至认为“宁可将一些没有多大群众工作的地方党部省委的干部，拿去作这样的重要的工作，都是十分必要的”。信中还希望中共中央能够将陕北游击运动同陕南游击运动联系起来，“创造陕西广大的苏区，并且将陕西的运动与四川的运动联系起来”。认为“这样就可以造成一种新局势，就是一方面川陕苏区有了广大的根据地及巩固的后方，另一方面可以打通川陕苏区与新疆的联系”。并提议“中央与四川陕西的党，共同努力完成这个与中国革命有伟大意义的工作”。要求中共中央将在北方工作的陕、甘、宁夏的同志，“必须设法将他们派回去，进行游击队工作与士兵工作，同时利用一切北方同志到这些地方去，完成这些工作。”[①] 信中还指示中共中央派一部分西北与北方的干部到苏联学习军事政治。

康生和王明给中共中央政治局的第 4 号信中，对没有把党在察哈尔抗日同盟军和孙殿英第四十一军中掌握和影响的力量拉到西北而惋惜，认为“如果这些军队能够在西北存在，那不仅使西北形成另一局面，即全中国的革命运动亦可发展到一个新的形势”[②]。因此，提出要加强士兵工作，派人到敌军中开展工作，而在陕甘地区，要派干部到杨虎城、胡宗南、马鸿逵、井岳秀等部队中去工作。

比较弗雷德的建议与康生和王明给中共中央政治局的第 4 号信，可以发现，前者对西北革命发展的计划比较宏观，虽然是以陕甘地区存在的红军和游击队为依据，但面向的是西北各省；后者对西北革命发展的计划比较具体、微观，侧重点在陕北。希望加强陕北游击队的政治军事力量，力图通过陕北游击运动的发展，与陕南游击运动联系起来，形成广大的陕西苏区。但两者对西北革命发展的预期目的却是相同的，即西北革命发展同川陕苏区联系起来，形成中国革命的新战略格局。

中共六大后，在莫斯科设立中共驻共产国际代表团，任务是协助共产国际指导中国革命。康生和王明给中共中央政治局的第 4 号信，

---

① 《康生和王明给中共中央政治局的第 4 号信》（1934 年 9 月 16 日于莫斯科），中共中央党史研究室第一研究部译：《共产国际、联共（布）与中国革命档案资料丛书》第 14 卷，第 245—246 页。

② 《康生和王明给中共中央政治局的第 4 号信》（1934 年 9 月 16 日于莫斯科），中共中央党史研究室第一研究部译：《共产国际、联共（布）与中国革命档案资料丛书》第 14 卷，第 246 页。

实际上也是共产国际的意思，只不过是他们贯彻时，再加上一些自己所了解的情况而已。

弗雷德的建议上报共产国际后，需要共产国际执委会进行讨论，采纳不采纳，采纳多少，需要开会研究。即使采纳，也需时日。康生和王明给中共中央政治局的信，虽然可以通过电报形式发往江西瑞金的中共中央，但这时博古等人正在紧锣密鼓地准备中央红军主力战略转移，自然无暇顾及落实。因此，无论是弗雷德的建议，还是康生和王明给中共中央政治局的信，对中共中央都未产生作用。

## 三、共产国际通过陕甘苏区与中共中央建立无线电联系和交通线计划的实施

1934 年 10 月 10 日，中共中央、中革军委率领中央红军主力开始长征。就在中央红军长征开始时，中共中央通过上海中央局与共产国际联系的电台被敌人破坏，而中共中央与共产国际直接联络的电台，据潘汉年给共产国际驻华代表的信中说："莫斯科与 [ 中共 ] 中央之间的无线电联系，我们只能收到消息，而莫斯科听不到我们的声音，因为我们的发报机功率太小。所以我们向西部进发时，没有随身携带这套设备。因此，共产国际与我们之间的无线电联系也就中断了。"①

中共中央同共产国际电讯联系中断，共产国际就无法指导长征中的中共中央。鉴于此，1934 年 10 月 28 日，共产国际执行委员会东方书记处在提出的关于在华工作的建议中，第一个就是"调整与 [ 中共 ] 中央的直接通讯联系，而经过 [ 中共 ] 中央在最近几个月内实现与四川的直接的通讯联系。建立通讯联系是为了领导当前的战役。要

① 《潘汉年给共产国际驻华代表的信》(1935 年 6 月 20 日于上海)，中共中央党史研究室第一研究部译:《共产国际、联共（布）与中国革命档案资料丛书》第 14 卷，第 449 页。

逐渐扩大无线电通讯网”。第二个是“研究各省的军事政治形势（顺序是：西北、东南、西南、西部、满洲和华北各省、华中和华东各省）”。[①] 把这两个建议与弗雷德的建议中的有关内容对照一下，发现基本上是一致的。这说明，弗雷德的建议中有价值的部分，首先得到了共产国际东方书记处的采纳。共产国际东方书记处对建立中央红军长征后同中共中央的通信联系、进而建立与川陕苏区和其他地方的电讯联系，对西北和西部地区革命形势发展的趋向，已经引起了高度重视。

1935年春天，共产国际执行委员会东方书记处开始实施同中国苏区建立联系的计划，“途径是建立无线电联系和交通线”[②]。负责执行这个任务的是李立三。李立三带人在阿拉木图建立了电讯联络基地。

由于陕甘苏区是离中亚的阿拉木图最近的苏区，李立三首选确定的是建立同红二十六军的联系。他派“陈宜传（音）[③] 和罗英 [④] 经陕西苏区前往四川苏区”。其第一步的任务是“同红26军或红25军取得联系”；之后，“在这些部队的帮助下建立小股游击队，坚定地潜入四川”。[⑤] 在离开阿拉木图前，李立三同陈宜川和罗英制订了红二十六军同主要地区联系的计划。4月，陈宜川和罗英带着共产国际交给的电报密码和李立三交给的同红二十六军联络的单独密码从阿拉木图出发，当月到达中国新疆乌鲁木齐。为了能够顺利进入陕北苏区，他们制订了三条路线的方案：“（1）沿公共汽车线路到兰州（甘肃）和平凉，从那里步行或骑马前往陕北。（2）乘车到达公共汽车线路终点站包头，从那里步行或坐马车向南抵达神木。（3）乘车到达包头，从那

---

① 《共产国际执行委员会东方书记处关于在华工作的建议》（1934年10月28日），中共中央党史研究室第一研究部译：《共产国际、联共（布）与中国革命档案资料丛书》第14卷，第287页。

② 《李立三就阿拉木图的工作给米夫的报告》（1935年8月3日于莫斯科），中共中央党史研究室第一研究部译：《共产国际、联共（布）与中国革命档案资料丛书》第15卷，第34页。

③ 何人不详。据李立三有关报告说，此人非常熟悉陕西和甘肃的情况。

④ 即刘长胜。

⑤ 《李立三就阿拉木图的工作给米夫的报告》（1935年8月3日于莫斯科），中共中央党史研究室第一研究部译：《共产国际、联共（布）与中国革命档案资料丛书》第15卷，第34页。

里沿绥远铁路抵达黄河边，接着直接进入陕北苏区。”[①]5 月 12 日，他们离开乌鲁木齐前往目的地。然而，预设前往陕北苏区的线路和在实际行走过程中是有很大距离的。大概是三条线路都没有走通，他们并没有在预定时间内到达陕北。与此同时，李立三建立从阿拉木图到新疆哈密的信使线路也因种种困难而没有建成。

8 月 3 日，李立三就他在阿拉木图的工作情况向时为共产国际东方书记处副主任、季米特洛夫的政治助理米夫汇报了之后，提出了今后的工作计划。其第一项就是“建立从哈密到陕西和四川苏区的信使联系”[②]。计划设四个中转站：第一站设在兰州，从这里开辟两条路线，一条经甘肃南部，另一条经陕西南部。第二站设在平凉，从这里也开辟两条路线，一条经甘肃东部，这里容易同陕北一些单独苏区联系，另一条经陕西南部与四川苏区联系。第三站设在包头，这里离陕北苏区很近，同时又可以与北平联系。第四站设在仓口，这里地处陕西南部，离四川苏区不远。其第二项是李立三与陈宜川和罗英商定的扩展计划，即陈、罗二人到陕甘苏区和四川苏区后，同当地负责同志制定一个另外再开一条通向阿拉木图路线的措施，以便从苏区派人到苏联培训和学习。同时，李立三等可以从这些人中挑选为共产国际同苏区联络路线服务的工作人员。其第三项是“除了经过新疆——甘肃的主要路线之外，还可拟出两条联络路线。第一条是经喀什沿南疆道路到萨伊天然界限（在新疆——青海边界）然后经青海沿南路和柴达木河谷到松潘（在青海[③]），这里离四川联合红军总部所在地理番不远”。“第二条路线是经乌兰巴托经苏联天然界限然后向包头进发到陕西。”[④]

---

① 《李立三就阿拉木图的工作给米夫的报告》（1935 年 8 月 3 日于莫斯科），中共中央党史研究室第一研究部译:《共产国际、联共（布）与中国革命档案资料丛书》第 15 卷，第 35 页。

② 《李立三就阿拉木图的工作给米夫的报告》（1935 年 8 月 3 日于莫斯科），中共中央党史研究室第一研究部译:《共产国际、联共（布）与中国革命档案资料丛书》第 15 卷，第 39 页。

③ 原文如此，应为四川。

④ 《李立三就阿拉木图的工作给米夫的报告》（1935 年 8 月 3 日于莫斯科），中共中央党史研究室第一研究部译:《共产国际、联共（布）与中国革命档案资料丛书》第 15 卷，第 40、41 页。

李立三所提出的今后工作计划，除同陕甘苏区有可能建立联络外，其他要么需要很长时间，要么只是个设想，是没有可能实现的。如陕南红二十九军在1933年4月上旬因出现张正万叛变事件，领导人陈浅、李艮等先后遇害，基本解体，余部约120人改编为陕南游击队，后又入川编入红四方面军。陕南苏区已不复存在。川陕苏区也因红四方面军1935年3月28日发起强渡嘉陵江战役后不再存在。因此，由陕南与四川苏区建立联系已经没意义。又如由新疆经青海到四川理番与红军总部建立联系，也是不可能的。正如李立三本人所说："困难大多是自然地理性质的：山岭峻峭，只有当地的马才能穿越山隘。还需要翻译。"以他的推算，"从喀什到苏区的联系需要不少于两个月的时间。"[①]其实，这还是李立三按途中不耽搁的时间推算的。这里是藏区，民族隔阂再加上高原自然环境条件极端恶劣等原因，即使这条路线能够走成，还不知道到何年何月！

综合李立三所设计的各条路线看，从新疆、甘肃进入陕甘苏区或从蒙古进入陕甘苏区的可能性最大。

就在共产国际建立同中国西部各苏区联系进展不顺时，中国西部的革命形势却发展迅速。陕甘主力红军第二十六军、第二十七军在刘志丹的统一指挥下，从1935年2月上旬开始，到7月中旬结束，粉碎了国民党军的第二次"围剿"，占领了安定、延长、延川、安塞、靖边、保安六座县城，陕甘边和陕北两苏区完全连成一片，范围发展到3万平方公里，人口达90万，在20多个县里建立了革命政权，游击区达30余县，主力红军发展到5000人，地方游击队发展大到4000人。在当时全国其他苏区都遭受严重挫折的情况下，陕甘苏区是唯一蓬勃发展的苏区。

9月15日，红二十五军长征到达陕甘苏区的永坪镇，与陕甘红军胜利会师。之后，成立红十五军团，取得劳山、榆林桥两次战斗胜

① 《李立三就阿拉木图的工作给米夫的报告》（1935年8月3日于莫斯科），中共中央党史研究室第一研究部译：《共产国际、联共（布）与中国革命档案资料丛书》第15卷，第40页。

利，巩固了陕甘根据地。9月18日，毛泽东、周恩来等率领红军陕甘支队到达哈达铺，得知陕甘红军和根据地依然存在的情况，即决定到陕北去。9月27日，中共中央政治局常委在通渭榜罗镇召开会议，正式决定前往陕北，保卫和扩大根据地。10月19日，陕甘支队到达陕甘苏区的吴起镇。22日，中央政治局在吴起镇召开会议，毛泽东在会议上的报告中提出：陕甘支队自俄界出发已走二千里，到达这一地区的任务已经完成。现在革命总指挥部到这里，成为反革命进攻的中心。我们的任务是保卫和扩大陕北苏区，以陕北苏区领导全国革命。陕、甘、晋三省是发展的主要区域。[①]11月20日至24日，新组建的红一方面军在直罗镇取得了歼敌一个师又一个团的重大胜利。直罗镇战役之后，毛泽东于11月30日在红一方面军营以上干部大会上所作的《直罗战役同目前的形势与任务》中指出：直罗镇战役“巩固了苏区”。以后的任务是“要在西北建立广大的根据地——领导全国抗日反蒋反一切卖国贼的革命战争的根据地”。认为“这次胜利算是举行了奠基礼”。[②]至此，中国共产党形成了自己的以西北革命发展推动全国革命发展的战略方针，西北出现前所未有的革命形势。

西北革命形势发展是以前述弗雷德建议中关于西北革命发展的设计完全不同的方式实现的。首先是陕甘苏区领导人刘志丹、谢子长、习仲勋从陕甘地区的实际出发，经过长期坚持斗争，使陕甘红军和苏区不断发展壮大，为西北革命的发展打下了坚实的基础。其次是中共中央率领红一方面军主力长征到达陕甘苏区，以及红二十五军长征到达陕甘苏区，使这里一下子无论是在领导力量，还是在红军的数量与质量上来讲，都空前发生了巨大的变化。第三，明确以陕甘苏区为中心建立西北根据地，以此领导全国革命战争。

---

① 中共中央文献研究室编：《毛泽东年谱（1893—1949）》（上卷）（修订本），中央文献出版社2013年版，第481页。

② 毛泽东：《直罗战役同目前的形势与任务》（1935年11月30日），《毛泽东文集》第一卷，人民出版社1993年版，第365页。

这时，共产国际指导各国革命斗争的策略也发生转变。1935年七八月间，共产国际第七次代表大会在莫斯科召开。这次大会把建立最广泛的世界反法西斯统一战线作为各国共产党的基本策略。根据华北事变以来中国民族危机加深的形势和共产国际七大精神，中共驻共产国际代表团于8月1日草拟了《中国苏维埃政府、中国共产党中央为抗日救国告全体同胞书》(即《八一宣言》)。中共驻共产国际代表团派张浩回国向中共中央传达共产国际七大精神和《八一宣言》的内容。张浩于9月动身，经蒙古于11月中旬到达陕北的瓦窑堡，找到了中共中央。张浩回国这条路线基本上应是李立三设计的从蒙古到陕北苏区的路线。因张浩离开莫斯科时，中共中央还没有率领中央红军主力到陕北，况且中共中央和共产国际的联系中断，他不可能知道中共中央率领红一方面军主力北上要到陕甘苏区的消息。他的第一步是按照由蒙古到陕北苏区的线路。到了陕北苏区后，在得到苏区领导的帮助后，再进行第二步，由陕北苏区到四川去找中共中央。由于旅途艰辛而漫长，张浩在途中时，中共中央率领红一方面军主力长征到达了陕甘苏区。张浩在瓦窑堡找到中共中央，应是出乎他意料的事。

张浩到陕北，起了三大作用：一是他随身带着同共产国际联系的电报密码。虽然这时陕北还没有大功率电台能够直接和共产国际进行电讯联系，但拿到同共产国际联系的电报密码，恢复同共产国际直接电讯联系就只是时间问题。在当时，同共产国际恢复电讯联系是非常重要的。二是向中共中央传达了共产国际七大精神和《八一宣言》的主要内容，这对于中共中央制定建立广泛抗日民族统一战线策略方针起了重要作用。三是以共产国际代表身份劝说张国焘取消另立的“中央”，对于维护党和红军的团结，战胜张国焘分裂主义起了重要作用。张浩能够起到如此重要作用，应是共产国际重视中国西部和西北革命发展，努力建立同中国西部苏区的无线电联系和交通线，把陕甘苏区作为首先建立联系的苏区的结果。

综上所述，笔者认为，自红二十六军建立起，陕甘边苏区即引起了共产国际的关注。共产国际曾指示远东局和中共中央，提出相应措施以发展红二十六军。红二十六军开始成为共产国际思考中国革命问题时的一个重要依据。中国南方根据地红军受挫，中央红军主力开始战略转移后，共产国际开始关注中国西部和西北部革命的发展趋向，其指导中国革命的战略开始向西部和西北部倾斜，并提出了援助措施，其中最主要的是建立无线电联络和交通线。由于陕甘苏区是离阿拉木图最近的苏区，因而成为共产国际首先建立联络的苏区。最终，受中共驻共产国际代表团派遣的张浩成功进入陕甘苏区，从而在中国革命历史关头发挥了重要作用。由此，陕甘苏区的创建及其发展对中国革命的贡献是显而易见的。

（本文原载《中国延安干部学院学报》2018 年第 3 期）

# 九一八事变后联共（布）、共产国际的对策及对中国共产党的影响

1931 年日本侵略中国东北的九一八事变发生后，立即引起了联共（布）中央、共产国际高层的高度关注并研究作出对策。联共（布）、共产国际对九一八事变性质及其国际列强态度的分析和判断，及其作出的对策，对中国共产党产生重要影响。笔者依据近年来俄罗斯公布的档案资料，对这个问题进行粗浅的探讨。

## 一、九一八事变后联共（布）中央的高度关注和对策

中国东北地区与苏联和蒙古接壤，苏联从其远东地区的安全着想，高度关注中国东北发生的重大事件。1931 年九一八事变发生后，9 月 20 日，联共（布）中央政治局会议听取了加拉罕关于中国问题的报告，决定："针对日军占领南满和奉天而要采取外交步骤的决定，推迟到收到补充情报后再作出。责成加拉罕同志急速取得补充情报并报告政治局。"[①] 会议还决定由莫洛托夫、卡冈诺维奇、李维诺夫和加拉罕等组成应对事变的委员会，并责成他们阅览各报刊关于事变的反

---

① 《联共（布）中央政治局会议第 63 号（特字第 × 号）记录（摘录）》（1931 年 9 月 20 日于莫斯科），中共中央党史研究室第一研究部译：《共产国际、联共（布）与中国革命档案资料丛书》第 13 卷，第 31 页。

应。在对各大国关于九一八事变的态度有了基本了解后，卡冈诺维奇和莫洛托夫致电在索契的斯大林，报告有关情况和联共（布）中央政治局的初步对策。电报说："日本行动的情况还不清楚。""大国的立场除美国外都是消极的"，"中国人已在国联提出问题，国联将在日内审议这一问题。""日本报刊在做好军队以保护日本公民为借口进一步向北推进的准备。"联共（布）中央政治局已责成李维诺夫召见日本大使，"以便取得对满洲事变和特别是涉及中东铁路利益的行动的通报和解释。"电报还请求斯大林对"可以采取的进一步步骤的想法和对报刊的指示"。[①]

9 月 23 日，斯大林给卡冈诺维奇和莫洛托夫回电，认为日本发动九一八事变很可能是"根据与所有某些大国的约定，在扩大和加强在华势力范围基础上进行的。""不排除，但不大可能，美国会为保护张学良反对日本而掀起一阵值得认真对待的喧嚣，因为在目前情况下，它可以保障自己在华的'份额'而不与日本发生冲突，甚至可以征得中国人的同意。"斯大林甚至怀疑日本关东军是在征得了中国某些军阀集团，"如冯 [ 玉祥 ] 或阎锡山，或张作霖之类的老奉天分子同意，或所有这些集团的同意"下发动事变的。从上述判断出发，斯大林认为："我们当然不能进行军事干涉，外交干涉现在也不适合"。原因是，如果进行军事或外交干涉的话，"只能使帝国主义者们联合起来，而对我们有利的是让他们争吵起来。"斯大林指示卡冈诺维奇和莫洛托夫下一步要做的是："询问日本人，让他们使我们了解事态"，"但同时也要询问中国人，哪怕是通过哈尔滨"。为了不使国际间怀疑苏联是反对日本侵略中国东北的坚决态度，斯大林指示要在舆论上做文章，即"要让《真理报》大骂日本占领者，大骂国联是战争工具而不是和平工具；凯洛格公约是为占领辩护的工具；美国是瓜分中国的拥护者。要让《真理报》大声疾呼，欧洲、美洲和亚洲的帝国主义和平

---

① 《卡冈诺维奇和莫洛托夫给斯大林的电报》（1931 年 9 月 22 日于莫斯科），中共中央党史研究室第一研究部译：《共产国际、联共（布）与中国革命档案资料丛书》第 13 卷，第 34—35 页。

主义者正在瓜分和奴役中国。《消息报》也应采取同样的方针”。“应该让共产国际的报刊和整个共产国际特别关注日本的行动。”[①] 斯大林的这个电报为联共（布）中央政治局和共产国际执行委员会下一步采取行动定下了盘子。

9月25日，联共（布）中央政治局开会，落实斯大林的指示。会议除给《真理报》等发出有关指示外，还决定责成外交人民委员部向苏联驻华和驻日代表作出指示：“（1）向莫斯科及时通报发生的事件；（2）没有莫斯科的指示不采取任何步骤，也不作任何解释。”[②] 会议还认为中东铁路管委会副主席库兹涅佐夫在九一八事变后发表的声明[③]是错误的，特意向其指示：苏联“针对中东铁路的所有行动都应该从现有的苏中关于中东铁路的条约出发”[④]。

根据斯大林的指示，《真理报》从9月23日起，连续发表了马季亚尔的《日本帝国主义在满洲》，社论《对满洲的军事占领》《瓜分中国》《满洲分赃的斗争》《撕下反苏挑拨者的伪装》，萨法罗夫的《满洲的绳结》等一系列文章，内容主要有以下几个方面：

## （一）深层分析日本侵略中国东北的原因

《真理报》社论《对满洲的军事占领》指出：日本是由中世纪的封建制度一跃而进入资本主义和帝国主义的。但是，日本的兴起不仅

① 《斯大林给卡冈诺维奇和莫洛托夫的电报》（1931年9月23日于索契），中共中央党史研究室第一研究部译：《共产国际、联共（布）与中国革命档案资料丛书》第13卷，第36—37页。

② 《联共（布）中央政治局会议第64号（特字第×号）记录（摘录）》（1931年9月25日于莫斯科），中共中央党史研究室第一研究部译：《共产国际、联共（布）与中国革命档案资料丛书》第13卷，第38页。

③ 俄罗斯方面在编辑有关档案资料时，没有找到这个文件。

④ 《联共（布）中央政治局会议第64号（特字第×号）记录（摘录）》（1931年9月25日于莫斯科），中共中央党史研究室第一研究部译：《共产国际、联共（布）与中国革命档案资料丛书》第13卷，第38页。

是依靠榨取日本工人、农民的血汗，也是依靠对殖民地掠夺而发展起来的。残酷地剥削日本无产阶级，对日本农民进行半封建式的和封建式的奴役，对中国大陆和台湾、朝鲜进行帝国主义的掠夺，是日本帝国主义得以发展的源泉。日本虽然发展了巨大的纺织业、冶金业，但本土资源缺乏，国内市场狭小。工农生活水平低下，这又使市场状况更加恶化。对外贸易的入超靠掠夺殖民地才勉强得以补偿。[①] 而中国“满洲是一个非常富足的地区。它大量出口大豆、小麦、豆饼、大米和高粱。满洲不仅土地富饶，它还富有煤、铁、金、森林和碱。”“因此，日本帝国主义企图把中国，特别是把满洲变作为它的原料基地，变作为它的销售市场，变作为它输出资本的经营地，而由于朝鲜反对军阀的革命和土地革命的威胁，它还想把满洲变为自己的后备的殖民地。”[②] 由于日本的经济危机日益严重，“帝国主义列强，特别是美国和英国，为了争夺远东市场和攫取超额利润，同日本帝国主义进行着殊死的斗争。”“日本帝国主义已处于无法解决的内外矛盾的困境之中。”“在这样的条件下，对满洲的军事占领，是日本帝国主义企图从内外矛盾重重的困境中摆脱出来的一种尝试。”[③]

## （二）对日本占领中国东北后的侵略扩张趋向进行了预测

《真理报》社论《对满洲的军事占领》认为，日本帝国主义对中国东北的侵略行动是策划已久和有步骤进行的，其在 1931 年 4 月和五六月间制造的万宝山事件和中村事件，就是“准备进行军事占领的

---

① 见《真理报》社论：《对满洲的军事占领》（1931 年 9 月 25 日），安徽大学苏联问题研究所、四川省中共党史研究会编译：《苏联〈真理报〉有关中国革命的文献资料选编》第 2 辑，四川省社会科学院出版社 1986 年版，第 329—330 页。

② 马季亚尔：《日本帝国主义在满洲》（1931 年 9 月 23 日），安徽大学苏联问题研究所、四川省中共党史研究会编译：《苏联〈真理报〉有关中国革命的文献资料选编》第 2 辑，第 323、324 页。

③ 《真理报》社论：《对满洲的军事占领》（1931 年 9 月 25 日），安徽大学苏联问题研究所、四川省中共党史研究会编译：《苏联〈真理报〉有关中国革命的文献资料选编》第 2 辑，第 330 页。

链条中的一个个环节”。[①] 马季亚尔的文章《日本帝国主义在满洲》指出：“日本帝国主义正致力于使满洲正式脱离中国。”“满洲变成了日本帝国主义的半殖民地，变成了它在中国占领新阵地的跳板。日本帝国主义依托它在满洲的重要经济阵地，正把它贪婪的魔爪伸向内蒙，还企图染指山西，完全占据山东，并巩固它在全中国的地位。”并认为日本侵占东北后，苏联的远东领土也受到了威胁，特别提醒“不能忘记，满洲可以成为在远东对苏联采取行动的跳板”[②]。《真理报》社论《撕下反苏挑拨者的伪装》认为，日本帝国主义发展的特点，在于它力图利用其所处的岛国位置的巨大优越性，建立起一个大陆日本帝国。一针见血地指出：“日本帝国主义的侵略意图并不以获得中国为满足，日本帝国主义分子不仅力图建立一个‘大日本’，还想建立一个应该包括菲律宾、马来亚群岛、关岛、海地岛、萨摩亚群岛和澳大利亚在内的‘大大日本’国。”并特别指出，从日本前首相田中义一1927年的《田中奏折》中，“可以看到日本帝国实行帝国主义扩张政策上所有目标”。[③]

### （三）由日本侵略中国东北事件抨击帝国主义国家在中国的争夺与勾结，认为帝国主义开始新一轮的瓜分中国的争夺

马季亚尔的文章《日本帝国主义在满洲》认为，“在整个中国舞台上，美、日、英、法之间不断进行着斗争。满洲在这场斗争中有着特殊的意义，这不仅是由于经济方面的原因，而且还有政治和战略方面的原因。”从这个思考问题的路径出发，马季亚尔指出：“满洲问题

---

① 《真理报》社论：《对满洲的军事占领》（1931年9月25日），安徽大学苏联问题研究所、四川省中共党史研究会编译：《苏联〈真理报〉有关中国革命的文献资料选编》第2辑，第331页。

② 马季亚尔：《日本帝国主义在满洲》（1931年9月23日），安徽大学苏联问题研究所、四川省中共党史研究会编译：《苏联〈真理报〉有关中国革命的文献资料选编》第2辑，第324、326、327页。

③ 《真理报》社论：《撕下反苏挑拨者的伪装》（1931年11月5日），安徽大学苏联问题研究所、四川省中共党史研究会编译：《苏联〈真理报〉有关中国革命的文献资料选编》第2辑，第368页。

同整个中国问题，乃至整个太平洋问题是分不开的。几十年来美国一直主张在满洲实行‘门户开放’政策。围绕着中东铁路而开展的斗争充分表明，美国帝国主义绝对不会放弃进入满洲的意图。”[①] 那么，美国在日军侵占中国东北的具体表现是如何呢？美国是“凯洛格公约”的发起国，日军发动九一八事变，炮轰沈阳城、进攻中国驻军时，美国政府宣布日本此举没有“违反凯洛格公约”。对此，《真理报》社论《对满洲的军事占领》抨击道：“原先美国帝国主义的社会法西斯走狗和和平主义走狗又是怎么起劲地为凯洛格公约歌功颂德的！他们用了多少和平主义的空话把条约说成是‘把战争作为民族政策的工具来消除’。”“任何卑劣的伪善不过如此。”对于九一八事变后美国向日本提交备忘录的举措，《真理报》这篇社论认为“这是因为美国资产阶级无论过去和现在都想把中国变为自己的半殖民地。美国准备在太平洋发动新的世界战争。美国准备进行旨在重新瓜分世界和重新划分殖民地的世界战争。”“中国的事态在华盛顿引起不安。”“也仅仅如此，美国才向日本提交了备忘录。”[②]

《真理报》的另一篇社论《瓜分中国》就美国与日本在中国的争夺进行了进一步的分析，指出：“如果认为美国是因为反对瓜分中国才反对日本占领满洲，那将是一个极大的错误。美帝国主义的‘最高纲领’是把整个中国变为美国的殖民地。”美国的策略是使中国得到统一，或者大部分得到统一，让南京掌权，以便通过自己的南京代理人把整个中国变为自己的殖民地。美国感兴趣的是巩固它在中国的地位，假如不是日美矛盾的高度紧张起了作用的话，美帝是不会拒绝参加帝国主义反对中国人民的日内瓦阴谋活动的。由于日本帝国主义用武力占领满洲，美国将试图获得中国的其他部分作为补偿。“实质

---

① 马季亚尔：《日本帝国主义在满洲》（1931 年 9 月 23 日），安徽大学苏联问题研究所、四川省中共党史研究会编译：《苏联〈真理报〉有关中国革命的文献资料选编》第 2 辑，第 327 页。

② 《真理报》社论：《对满洲的军事占领》（1931 年 9 月 25 日），安徽大学苏联问题研究所、四川省中共党史研究会编译：《苏联〈真理报〉有关中国革命的文献资料选编》第 2 辑，第 332 页。

上，美帝国主义的立场同日本、英国、法国等帝国主义的立场并没有多大的区别。”对于美国政府在九一八事变期间表现的克制态度，这篇社论认为是：“第一，在满洲有着巨大利益的美帝国主义，仍然被危机束缚了手脚，因此不可能为反对日本占领满洲而采取坚决行动，但是也不因为争夺满洲的斗争还来日方长。第二，在美帝国主义阵营本身，对远东政策采取何种方针，尚有斗争。第三，美帝国主义担心1922年在美国压力下才瓦解了的日英联盟又重新恢复。”①

九一八事变后，英法操纵下的国际联盟不对日本的侵略作任何谴责，只是劝告中日双方协商撤兵事宜。针对国联的所作所为，《真理报》社论《对满洲的军事占领》进行了抨击，指出：“国联公开暴露出自己是战争的工具和组织者，毫不掩饰地充当掠夺、压迫和血腥镇压被压迫弱小民族的工具和组织者。甚至在充满卑劣可耻行径的国联历史上，也未必见过比国联关于满洲撤军决定更为无耻”。②认为英法操纵国联企图插手满洲，主要是从中捞取部分好处。《真理报》另一篇社论《满洲分赃的斗争》谴责国联“使日本帝国主义和欧洲部分列强结成联盟掠夺中国”，由白里安主持召开的最近一次国联理事会“特别”会议，“变成了更加赤裸裸地用四亿五千万中国人民作交易的场所。”“正是由于国联的支持，日本帝国主义才能在较短的时间内完成它早就精心制订的侵占满洲的计划。”③

在谴责国联的同时，《真理报》社论《对满洲的军事占领》也分析了英国同日本的矛盾，指出“‘国民’政府的代表，英国帝国主义的律师塞斯尔勋爵对日本帝国主义的行动表示了自己的不安。要知道，英国帝国主义在中国同样也有它的‘特殊权益’。要知道英国帝

① 《真理报》社论：《瓜分中国》（1931年10月3日），安徽大学苏联问题研究所、四川省中共党史研究会编译：《苏联〈真理报〉有关中国革命的文献资料选编》第2辑，第336、336—337页。

② 《真理报》社论：《对满洲的军事占领》（1931年9月25日），安徽大学苏联问题研究所、四川省中共党史研究会编译：《苏联〈真理报〉有关中国革命的文献资料选编》第2辑，第331页。

③ 《真理报》社论：《满洲分赃的斗争》（1931年10月18日），安徽大学苏联问题研究所、四川省中共党史研究会编译：《苏联〈真理报〉有关中国革命的文献资料选编》第2辑，第345、346页。

国主义也正在拼命地争取在中国获得更多的好处。难怪汤姆逊委员会直到前不久才报告说，日本资本是怎样把英国资本排挤出中国的，并提出了若干进行反击的措施。”[①] 萨法罗夫的《满洲的绳结》一文，指出：“日本在中国的投资为十二亿七千一百七十六万九千美元，英国的投资为十二亿六千四百九十万美元”，而“1929 年中国同日本的贸易额相当于五亿美元”，“同英国为一亿六千万美元”。认为这些数字“在一定程度上，说明了最近期间所暴露出来的英日矛盾有所加剧。”正因为如此，“大英帝国在支持日本占领者的同时，又利用中国抵制日货的机会扩大自己的贸易。”而“日本帝国主义分子企图把自己的占领区，扩大到英国有着巨大利益的华北和华中地区。”但萨法罗夫强调：“英国和日本之间的这种‘内部争执’基本上不会破坏帝国主义势力部署状况。”[②]

《真理报》社论《满洲分赃的斗争》认为，日本侵略中国东北得到了法国的支持，指出：“只要注意一下法国资产阶级报刊和巴黎外交家，特别是白里安在国联理事会上的言论就十分清楚了。”[③] 萨法罗夫在《满洲的绳结》一文中，比较集中地抨击了白里安关于解决满洲问题的五点意见，指出：“白里安的五点意见应与日本 1915 年的二十一条要求同等地载入史册。白里安的五点意见正是以当时日本用武力保障它在满洲和山东的统治权时提出的二十一条作为正式依据的”，“是 1915 年路线的继续”。认为“日本在企图对中国领土进行新的瓜分时，找到了法帝国主义作为自己的盟友”。[④] 文章谴责法国鼓励和支持日本武装侵略中国东北。

在分析揭露美、英、法等国在中国的争夺与勾结的基础上，《真理

① 《真理报》社论：《对满洲的军事占领》（1931 年 9 月 25 日），安徽大学苏联问题研究所、四川省中共党史研究会编译：《苏联〈真理报〉有关中国革命的文献资料选编》第 2 辑，第 331 页。

② 萨法罗夫：《满洲的绳结》（1931 年 10 月 28 日），安徽大学苏联问题研究所、四川省中共党史研究会编译：《苏联〈真理报〉有关中国革命的文献资料选编》第 2 辑，第 352 页。

③ 《真理报》社论：《满洲分赃的斗争》（1931 年 10 月 18 日），安徽大学苏联问题研究所、四川省中共党史研究会编译：《苏联〈真理报〉有关中国革命的文献资料选编》第 2 辑，第 346 页。

④ 萨法罗夫：《满洲的绳结》（1931 年 10 月 28 日），安徽大学苏联问题研究所、四川省中共党史研究会编译：《苏联〈真理报〉有关中国革命的文献资料选编》第 2 辑，第 350、352 页。

报》社论《满洲分赃的斗争》指出："满洲是最重要的战略基地之一。日本在这个基地上的巩固，势必使帝国主义分子彼此间争夺太平洋地区及其主要市场中国的统治权的斗争变得更加复杂和尖锐。"认为"满洲的绳结在越拉越紧。帝国主义的矛盾日益尖锐。在中国进行斗争是更大事件的征兆。不管帝国主义分子因满洲分赃而引起的争论如何结束，无疑，这场争论将是为重新瓜分世界而准备新的帝国主义战争的一个重大阶段。"① 萨法罗夫认为："国联按帝国主义方式来'调解'满洲问题的作法并未缓和，而是加剧了以英、法、日帝国主义集团为一方，以美帝国主义为另一方的矛盾。"②

### （四）批驳日本和西方报刊各种谣言，警惕帝国主义国家借日军侵略东北事件把国际注意力引向反苏

日本制造九一八事变后，西方帝国主义报刊以及日本报刊制造谣言，混淆国际视听。如日本《电讯社》说苏联同情日本，甚至同意日军飞机轰炸锦州。《朝日新闻》说苏军打算出兵自己承担保护中东铁路的责任。有的日本报刊说苏联企图入侵满洲，向马占山提供援助。针对法国《时代报》根据日本报刊的报道掀起的反苏宣传，《真理报》社论《撕下反苏挑拨者的伪装》指出这家报纸"企图把日本帝国主义在法国政府、法国'社会'、法国报刊支持下制造的种种事件归罪于苏联"。其"目的是在苏联周围建立军事挑衅基地网"。③ 法国社会党的《人民报》散布：苏联同日本签订了旨在瓜分满洲的秘密协定，俄国军队正在调动，甚至已实行动员。针对此，《真理报》这篇

---

① 《真理报》社论：《满洲分赃的斗争》（1931 年 10 月 18 日），安徽大学苏联问题研究所、四川省中共党史研究会编译：《苏联〈真理报〉有关中国革命的文献资料选编》第 2 辑，第 347、349 页。

② 萨法罗夫：《满洲的绳结》（1931 年 10 月 28 日），安徽大学苏联问题研究所、四川省中共党史研究会编译：《苏联〈真理报〉有关中国革命的文献资料选编》第 2 辑，第 353 页。

③ 《真理报》社论：《撕下反苏挑拨者的伪装》（1931 年 11 月 5 日），安徽大学苏联问题研究所、四川省中共党史研究会编译：《苏联〈真理报〉有关中国革命的文献资料选编》第 2 辑，第 371 页。

社论抨击道："整个第二国际只要闻到一点反苏的味道，便立即表现出非同寻常的灵敏。第二国际的刊物只是尽其所能使自己的调门与帝国主义的反苏嚎叫相一致。"[①] 美国的《纽约时报》认为："毋庸置疑，如果事态的发展将使苏联和中国推进同一阵营，那末世界将面临一个极端严重的问题。"《世界电讯》认为："如果俄国卷入甚至是稍有卷入，它便不得不放弃五年计划。"针对此言论，《真理报》上述社论指出："某些集团是把所谓爆发一场有苏联参加的战争的谎言当作交易所加以传播的。芝加哥的经纪人就利用所谓苏军进行调动的谎言，以抬高粮食价格。美国资本家对他们在大战期间怎样发了横财是记忆犹新的。"美国国会海军委员会主席布雷顿说："现在的真正军事行动发生在亚洲，俄国在满洲动员了庞大的陆、海军兵力，世界正坐在随时可能爆发的火山顶上。"对于帝国主义国家和第二国际关于苏联与满洲事件的舆情，《真理报》要求"国际无产者应当随时保持警惕。应当彻底揭露战争挑拨者的反苏运动，撕下战争挑拨者的伪装！"[②]

## （五）揭露国民党政府的不抵抗政策，指出只有苏维埃才能救中国

九一八事变后，国民党政府实行不抵抗政策，致使大片国土很快沦入敌手。对于国民党政府的行径，《真理报》社论《瓜分中国》指出："国民党军阀集团只不过是这个或那个帝国主义国家掌心中的玩物而已。"[③] 中国东北沦入日军之手的事实，"再一次向中国劳动人民

① 《真理报》社论：《撕下反苏挑拨者的伪装》（1931 年 11 月 5 日），安徽大学苏联问题研究所、四川省中共党史研究会编译：《苏联〈真理报〉有关中国革命的文献资料选编》第 2 辑，第 372 页。

② 《真理报》社论：《撕下反苏挑拨者的伪装》（1931 年 11 月 5 日），安徽大学苏联问题研究所、四川省中共党史研究会编译：《苏联〈真理报〉有关中国革命的文献资料选编》第 2 辑，第 372、373 页。

③ 《真理报》社论：《瓜分中国》（1931 年 10 月 3 日），安徽大学苏联问题研究所、四川省中共党史研究会编译：《苏联〈真理报〉有关中国革命的文献资料选编》第 2 辑，第 334 页。

表明，国民党刽子手的政策已告全部破产。屠杀了成千上万的中国工人农民的国民党，不能保卫中国人民的利益不受侵犯。”[①]《真理报》社论《对满洲的军事占领》抨击国民党政府“牺牲中国劳动群众的利益而同日本帝国主义妥协。”“国民党的种种政策”，“在帝国主义面前屈膝投降的行径，这一切使中国人民遭受了最大的民族屈辱”。[②]

针对国民党政府在九一八事变后采取依赖国联的举措，萨法罗夫在《满洲的绳结》一文中指出：南京政府此举“暴露出自己是一个血腥的、反动的、卖国的、腐朽的资产阶级地主专政的政府，不仅如此，日本对满洲的武装干涉更加证明了它的崩溃，这是一次更加严重的毫无挽救希望的崩溃，一个背叛民族的政府、一个中国被瓜分的政府、一个中国被四分五裂了的政府的彻底崩溃。”认为“国民党对重新瓜分中国的企图无力进行反击。它是地主资产阶级反革命势力政治上瘫痪的生动体现。它是实行暴力和帝国主义掠夺中国劳动者的直接祸首。”[③]约尔克在《中国苏维埃的新胜利》中指出，同国民党政府的卖国政策形成鲜明的对比，无产阶级和农民基本群众的苏维埃运动已成为中国起主导作用的反帝力量。中国苏维埃政府坚决要求抗日，发出号召书，“要求日军立即撤出中国，彻底废除帝国主义的一切特权，彻底废除一切不平等条约。”苏维埃运动非常明确地展示出它是真正的民族反帝运动。事实证明“只有苏维埃才能救中国”。中国“只有通过苏维埃运动同时给封建压迫和帝国主义奴役以毁灭性打击，中国人民的民族解放运动才能取得胜利。”[④]

通过上述《真理报》发表的社论和文章观点进行梳理，笔者认为

---

① 马季亚尔：《日本帝国主义在满洲》（1931 年 9 月 23 日），安徽大学苏联问题研究所、四川省中共党史研究会编译：《苏联〈真理报〉有关中国革命的文献资料选编》第 2 辑，第 322 页。

② 《真理报》社论：《对满洲的军事占领》（1931 年 9 月 25 日），安徽大学苏联问题研究所、四川省中共党史研究会编译：《苏联〈真理报〉有关中国革命的文献资料选编》第 2 辑，第 332 页。

③ 萨法罗夫：《满洲的绳结》（1931 年 10 月 28 日），安徽大学苏联问题研究所、四川省中共党史研究会编译：《苏联〈真理报〉有关中国革命的文献资料选编》第 2 辑，第 355、356 页。

④ 约尔克：《中国苏维埃的新胜利》（1931 年 11 月 4 日），安徽大学苏联问题研究所、四川省中共党史研究会编译：《苏联〈真理报〉有关中国革命的文献资料选编》第 2 辑，第 365—366 页。

有以下几点：

第一，联共（布）对日本发动九一八事变的原因的分析是深入正确的。对日本占领中国东北后的侵略趋向和野心的预测和分析也是正确的。

第二，作为第一个社会主义国家的执政党，联共（布）站在支持殖民地半殖民地民族解放运动的立场上，旗帜鲜明地谴责日本帝国主义对中国的侵略，这同英、法、美等列强的暧昧态度形成鲜明的对照。

第三，认为九一八事变使帝国主义国家之间的矛盾更加尖锐，将成为它们瓜分世界，准备新的帝国主义战争的重大阶段。这说明联共（布）非常具有远见，从而也说明从九一八事变后开始的中国局部抗战，在世界反法西斯战争中的重要作用。

第四，竭力不致英、法、美等国借九一八事变将国际注意力引向反苏。1929 年，中苏两国曾因中东路问题发生冲突。这次事件以苏联军事胜利、双方签订《伯力协定》而告结束。九一八事变后，西方国家和第二国际的媒体往往把此事变与中苏中东路事件联系起来。因此，苏联极力摘清自己和九一八事变没有关系。作为反制措施，《真理报》着重揭露帝国主义瓜分中国及其相互矛盾同九一八事变之间的关系。《真理报》认为帝国主义在中国既相互争夺又相互勾结是没有错的，问题是它认为法国、英国支持日本，以日本、法国、英国为一方，以美国为一方，形成两个集团的观点。事实证明这是错误的观点。这个观点认为在九一八事变问题上，尽管英、法、美在中国的利益不同，但都是日本帝国主义的帮凶。从而对中国共产党产生不分主次，模糊九一八事变后中日间民族矛盾上升的新情况，提出反对一切帝国主义的错误口号。

第五，抨击了国民党政府的不抵抗政策，但过高估计了中国革命的形势。九一八事变后，国民党政府对日实行不抵抗政策，依赖英法操纵的国联来干预日本对中国的侵略。对此，联共（布）通过《真理报》对国民党政府的行径进行了抨击，这无疑是正确的。当时正是中央革命根据地连续取得了三次反“围剿”的胜利，国民党的对日妥协政策又遭到国内爱国学生及各界、各阶层人民群众的反对。全国抗日救亡运动兴起，对国民党政府产生了很大冲击。联共（布）将这个形势估计为国民党政府即将“彻底崩溃”，提出“只有苏维埃才能救中国”，显然是不正确的。当时中国的革命力量同反革命力量相比起来，还是很悬殊的，联共（布）过高估计中国革命形势，忽略民族矛盾上升的情况，无疑对已在中国党中央占统治地位的“左”倾教条主义者很大鼓舞，并以此为依据，制定更加“左”的方针和策略。

## 二、共产国际对九一八事变的认识和对策

共产国际对九一八事变也作了快速反应。1931 年 9 月 22 日，共产国际执行委员会政治书记处政治委员会召开非常会议，听取了就九一八事变发表呼吁书草案，决定“责成库西宁同志为呼吁书最后定稿。以共产国际［执委会］西欧局和红色工会国际［欧洲书记处］的名义发表。”①10 月 3 日，共产国际执行委员会政治书记处政治委员会召开会议，落实斯大林的指示。为了摸清各国党对于九一八事变的反应情况，会议决定责成各地区书记处在两天内向政治委员会提出报告，报告各国党开展反对日本占领中国东北运动的进行情况，以及哪些党的报纸发表了共产国际执行委员会以西欧局和红色工会国际欧洲书记处的名义就日本侵略中国东北发表的呼吁书。② 为了布置各国党

① 《共产国际执行委员会政治书记处政治委员会非常会议第 180 号记录（摘录）》（1931 年 9 月 22 日于莫斯科），中共中央党史研究室第一研究部译：《共产国际、联共（布）与中国革命档案资料丛书》第 13 卷，第 33 页。

② 见《共产国际执行委员会政治书记处政治委员会会议第 185 号记录（摘录）》（1931 年 10 月 3 日于莫斯科），中共中央党史研究室第一研究部译：《共产国际、联共（布）与中国革命档案资料丛书》第 13 卷，第 39 页。

开展反对日本侵占中国东北的运动，10 月 13 日，共产国际执行委员会政治书记处政治委员会决定，给各国党发出电报，号召立即发表共产国际西欧局和红色工会国际欧洲书记处的呼吁书，“没有发表呼吁书的各党必须受到警告”。会议责成东方地区书记处为《国际新闻通讯》写一篇文章，对共产党报刊中的错误立场进行批评，并对开展反对日本侵略中国的运动内容作出具体指示。会议还提请各国党注意，“整个运动应与反对战争威胁的斗争结合起来。”①

经过几天的摸底之后，共产国际执行委员会政治书记处对各国党对于九一八事变的态度非常不满意。10 月 21 日，共产国际执行委员会政治书记处又一次召开非常会议。这次会议主要是批评各国党对于九一八事变的估计不足问题。会议先后由库西宁和萨法罗夫作主旨发言。他们的发言认为，九一八事变发生后，除了“日本党是真正按布尔维克的方式工作的，”“中国党试图极尽可能履行自己的职责”外，其他各国的共产党“都没有履行自己的职责”。“在欧洲国家，从所有文章来看，可以说对这次事变估计不足，我们的党在这个问题上都无所作为。”② 那么，这种不足表现在哪里呢？

其一，各国党的报刊绝大多数没有刊登共产国际在九一八事变后以西欧局和红色工会国际欧洲书记处名义发表的呼吁书。库西宁指出：共产国际指示各国共产党，在任何时候都不要停止保卫中国。在共产国际的每次公开会议上，所有的全会上，所有的代表大会上，“中心点就是保卫中国。保卫中国是各国共产党的主要任务之一。”③

---

① 《共产国际执行委员会政治书记处政治委员会会议第 187 号记录（摘录）》（1931 年 10 月 13 日于莫斯科），中共中央党史研究室第一研究部译：《共产国际、联共（布）与中国革命档案资料丛书》第 13 卷，第 43、44 页。

② 《共产国际执行委员会政治书记处关于满洲问题的非常会议速记记录》（1931 年 10 月 21 日于莫斯科），中共中央党史研究室第一研究部译：《共产国际、联共（布）与中国革命档案资料丛书》第 13 卷，第 45 页。

③ 《共产国际执行委员会政治书记处关于满洲问题的非常会议速记记录》（1931 年 10 月 21 日于莫斯科），中共中央党史研究室第一研究部译：《共产国际、联共（布）与中国革命档案资料丛书》第 13 卷，第 47 页。

各国共产党也都赞同这一点。然而，在共产国际的呼吁书发出后，参加共产国际的各国党中，只有一两家报纸刊登。以此来判断，库西宁批评各国党在保卫中国这个任务上表现得很糟糕。

其二，各国党对九一八事变的认识主要是从帝国主义国家之间的矛盾出发，没有认识到这是一个帝国主义国家进攻殖民地国家的战争。库西宁指出，各国党认为各帝国主义国家之间存在矛盾，由于它们之间在中国的角逐，未必让日本侵略中国东北得逞，因此对于九一八事变没有给予应有的重视。同时，由于国民党政府的不抵抗政策，日军在侵略中国东北的过程中，中国军队几乎很少抵抗，这使各国党可能会认为在中国东北没有发生战争，没有认识到这是一场帝国主义国家对殖民地国家的战争。他认为各国党应该按照共产国际决议中强调的列宁的“每个革命的工人政党，每个共产主义政党在战争时或在帝国主义侵略时都应该进行首先反对本国帝国主义的斗争”[①]的教导，开展反对本国政府参与瓜分中国的斗争。他认为，在九一八事变中，日本同法国和英国帝国主义政府紧密合作。日本发动九一八事变符合法国的利益，同样也是符合英国利益的。“法国政府已经最大程度地参与了这场战争”。“英国很早以前就在华南，在广州有自己势力范围”，“英国对现在就直接来瓜分中国没有任何反对意见”。并认为德国也插手了瓜分中国的活动。他批评“法国共产党没有进行反对本国政府的斗争。英国党的情况也是这样”，德国党也没有进行“反对德国资产阶级的这种参与和反对这种罪恶游戏的斗争”[②]。萨法罗夫强调在揭露美帝国主义的问题上，要把重点“转移到美帝国主义与日本的冲突上”。他认为各国党的对美日矛盾“可能产生很大世界性麻

① 《共产国际执行委员会政治书记处关于满洲问题的非常会议速记记录》(1931 年 10 月 21 日于莫斯科)，中共中央党史研究室第一研究部译:《共产国际、联共（布）与中国革命档案资料丛书》第 13 卷，第 48 页。

② 《共产国际执行委员会政治书记处关于满洲问题的非常会议速记记录》(1931 年 10 月 21 日于莫斯科)，中共中央党史研究室第一研究部译:《共产国际、联共（布）与中国革命档案资料丛书》第 13 卷，第 47—49 页。

烦，产生主要的危险”，“有很大的估计不足”。他指出：美国为蒋介石连续对中央苏区进行三次大规模军事“围剿”提供了全部武器装备。蒋介石依靠美国的帮助可以向中央苏区投入30万兵力，而当日本人入侵满洲时却不能派去一兵一卒，使日本能够轻易占领满洲。应该揭露，美国这样做，是“想自己单独占领整个中国”。[①]

其三，各国党的报刊没有把九一八事变与世界经济危机作具体的实际的联系。萨法罗夫认为，“当整个资产阶级报界、所有资产阶级经济学家和政治家、所有社会法西斯首领几乎异口同声地说：在俄国、印度、中国，资本的增长、资本出口保障的恢复、稳定和秩序的恢复，这是摆脱现时世界危机的极其重要阶段，而我们的报刊几乎或者完全没有提及这些重要情况。”他指出资产阶级和社会法西斯主义的代表如此卖力地提出这些问题绝不是偶然的，“很清楚，这里在最重要的步骤，即开始试图重新瓜分中国与这些计谋之间存在着直接的和不可分割的关系。在武装入侵满洲与准备武装干涉苏联之间存在着直接的联系。”与世界经济危机的现状也有完全不可分割的联系是帝国主义矛盾的尖锐化，“是由于占领满洲而形成的某种独特的关系”。[②]

其四，各国党的报纸报道了九一八事变，但是抽象地、笼统地说是针对苏联的，没有加以具体化。库西宁认为日本发动九一八事变，目标“是指向北满和苏联的”。而在柏林、巴黎和伦敦的白卫军和孟什维克分子却宣称日军的行动“没有任何危险，最大的威胁来自苏联”。但各国党对此却没有反应。他指出：“我们的同志该做的最起码的事情……是揭露国联。”因为九一八事变就是一个反对苏联的总演习，一旦反苏战争爆发，国联就将进入自己的角色。“从未来战争的

---

① 《共产国际执行委员会政治书记处关于满洲问题的非常会议速记记录》（1931年10月21日于莫斯科），中共中央党史研究室第一研究部译：《共产国际、联共（布）与中国革命档案资料丛书》第13卷，第47—57页。

② 《共产国际执行委员会政治书记处关于满洲问题的非常会议速记记录》（1931年10月21日于莫斯科），中共中央党史研究室第一研究部译：《共产国际、联共（布）与中国革命档案资料丛书》第13卷，第47—52页。

角度看，揭露国联所扮演的帝国主义角色正是现在最重要的。因为那场战争将在国联的旗帜下反对苏联。”[①] 他认为资产阶级的报纸的诡辩之一，就是说国联想制止战争，但无能为力。各国党的报纸的文章同资产阶级的报纸一样，嘲笑国联软弱，无法制止战争或这场冲突。他指出“国联对日软弱，但谈到对苏联的战争时，它就不软弱了，表现得很有决心！”[②] 因此，他要求各国党通过九一八事变揭露国联，彻底摧毁国联在民众的道德威望。

其五，各国党报纸没有说明九一八事变与中东路事件两者之间的本质的不同。九一八事变后，西方资产阶级报纸将之与中东铁路苏军行动相比较，并认为日本在中国东北有25亿日本金元，日军出兵中国东北是为了保护日本的利益。英国党对这种言论只是作了这样批驳：“1929年苏联合法地捍卫了自己的利益，据说是与中东铁路有关的利益，给予反击后就撤走了。而日本人闯了进来却不撤。”萨法罗夫认为英国党发表这样的文章不可思议，应该向英国工人阶级说清楚：“苏联1929年给予张学良和白卫匪帮的反击不是因为有多少俄国资本投向中东铁路，而是因为它以最直接的方式，第一，保护苏联的工人和农民免遭定会通过这道门进行的武装干涉；第二，它在这里挺身而出也是捍卫中国革命的利益。”[③] 库西宁认为苏军在中东铁路的反击行动理由是：中东铁路“是苏联的财产，而苏联是世界革命的堡垒。如果它在华北也有这样的地位，那么华北也是世界革命的堡垒。”[④]

---

① 《共产国际执行委员会政治书记处关于满洲问题的非常会议速记记录》(1931年10月21日于莫斯科)，中共中央党史研究室第一研究部译:《共产国际、联共（布）与中国革命档案资料丛书》第13卷，第47—50页。

② 《共产国际执行委员会政治书记处关于满洲问题的非常会议速记记录》(1931年10月21日于莫斯科)，中共中央党史研究室第一研究部译:《共产国际、联共（布）与中国革命档案资料丛书》第13卷，第47—51页。

③ 《共产国际执行委员会政治书记处关于满洲问题的非常会议速记记录》(1931年10月21日于莫斯科)，中共中央党史研究室第一研究部译:《共产国际、联共（布）与中国革命档案资料丛书》第13卷，第47—55页。

④ 《共产国际执行委员会政治书记处关于满洲问题的非常会议速记记录》(1931年10月21日于莫斯科)，中共中央党史研究室第一研究部译:《共产国际、联共（布）与中国革命档案资料丛书》第13卷，第47—50页。

其六，各国党报纸对中国工农、小资产阶级反帝反封建反国民党的运动严重估计不足。萨法罗夫指出，在中国“苏区以外的地区掀起了一股强大的席卷最广大的城市小资产阶级阶层的反帝运动浪潮”，而各国党的报纸却对此估计严重不足。他认为，这种情况“为我们的苏维埃运动创造了广阔的发展前景，使之有广泛的可能深入到地主统治不占主导地位的地区，至少可以深入到苏维埃运动首先波及那些省份的这样地区。”鉴于此，萨法罗夫提出：“苏维埃运动应该成为并正在成为新的日益发展的反帝运动、土地运动、全中国民族防御运动的中心。”[①] 要求各国党报纸要十分具体介绍中国苏维埃运动，吸引全世界所有劳动者、中国劳动者的关注，他们是中国不被瓜分，不变成再次攻击苏联的一个部分和进攻基地的保证。

库西宁和萨法罗夫在这次会上的发言，代表着共产国际对于九一八事变采取的对策的基调。1931 年 10 月 21 日，共产国际执行委员会政治书记处召开非常会议，听取了库西宁和萨法罗夫关于中国东北局势和一些国家共产党开展反战运动的报告后，决定根据二人的报告“起草几篇指示性文章”，以便“在满洲问题上给党指明方向”。并“责成《共产国际》杂志编辑部发表一篇文章，评述某些帝国主义政府在日本——满洲冲突中的立场”。会议还批准了共产国际发给各国共产党关于日本侵略中国东北问题的指示信，责成“政治委员会在必要时给一些党发去有关该问题的进一步指示”。[②]

为了推动各国党的反战运动，共产国际执行委员会在组织部内设立了反战委员会。1931 年 11 月 15 日，共产国际执行委员会组织部常设反战委员会给各国共产党中央委员会发出关于满洲问题的指示，

① 《共产国际执行委员会政治书记处关于满洲问题的非常会议速记记录》（1931 年 10 月 21 日于莫斯科），中共中央党史研究室第一研究部译：《共产国际、联共（布）与中国革命档案资料丛书》第 13 卷，第 59 页。

② 《共产国际执行委员会政治书记处政治委员会会议第 191（A）号会议记录（摘录）》（1931 年 10 月 21 日于莫斯科），中共中央党史研究室第一研究部译：《共产国际、联共（布）与中国革命档案资料丛书》第 13 卷，第 61 页。

指出："（1）日本帝国主义侵占满洲的目的是掠夺和极度剥削中国的工人和农民；（2）应负战争责任的不仅是日本帝国主义，而且是通过帝国主义强盗的联盟即国际联盟准备重新瓜分中国并同意发动这场战争的英、法、美帝国主义；（3）满洲战争有可能引起帝国主义国家对中国革命和中国苏维埃进行新的武装干涉；（4）被掠夺领域的扩大可能引起对苏联的直接军事进攻，法国和英国帝国主义正企图通过军事挑衅的手法把在中国的战争变为同苏联的战争；（5）在中国发生的帝国主义战争引起了世界各国，甚至与对中国的殖民政策直接有关的国家疯狂地开展反苏运动和加紧备战工作；（6）占领满洲的行动带来了帝国主义国家之间关系的加剧，孕育着一场从中国开始，可能迅速超出中国范围的新的帝国主义战争；（7）对帝国主义战争负有责任的是社会法西斯组织的首领们，他们积极参加了进行和准备战争的帝国主义者联盟，因为他们向群众说国际联盟是和平的堡垒，麻痹群众对掠夺者的警惕，从而支持了使中国劳动者遭受日本血腥占领的反革命的国民党，因为他们开展反对苏联和革命运动，即同帝国主义作斗争的统一力量的运动，并且他们积极地使青年工人军事化，让他们准备投入战争；（8）新的帝国主义战争会给广大群众带来极大的贫困和苦难，带来帝国主义压迫和剥削的加强，带来实行恐怖和同革命运动作斗争的加强。"①

共产国际是世界共产党，各国共产党都是共产国际的一个支部，因此，共产国际对九一八事变的认识和对策是从无产阶级政党的角度出发的，其同联共（布）的认识和对策有共同的一面，也有相区别的一面。笔者认为，共同的一面表现在：

其一，九一八事变不仅是日本帝国主义要负侵略责任，而且英、法、美等帝国主义也要负责任。因此，要求这些国家的共产党抨击本

① 《共产国际执行委员会组织部常设反战委员会关于满洲问题给各国共产党中央委员会的指示》（1931年11月15日于莫斯科），中共中央党史研究室第一研究部译：《共产国际、联共（布）与中国革命档案资料丛书》第13卷，第73—74页。

国政府在九一八事变的立场是日本帝国主义的帮凶、同伙，开展反对本国政府参与瓜分中国的斗争。

其二，说明中东路事件与九一八事变的性质根本不同，要求各国党警惕帝国主义国家可能准备和进行反苏战争。

其三,九一八事变加剧帝国主义国家之间的矛盾，将由此而开始，孕育着一场超出中国范围的新的帝国主义战争。

其四，对九一八事变后中国革命形势估计过高，忽略民族矛盾上升的情况。

不同的一面表现在：

其一，各国党对九一八事变产生的严重性不够重视，共产国际要求它们引起高度关注和重视，这是非常正确的。

其二，要求各国党深层分析九一八事变发生的原因，不仅要从帝国主义国家之间的矛盾出发，而且要从世界经济危机出发，认识到这是一个帝国主义国家进攻殖民地国家的战争。并要求各国党把“保卫中国”作为“中心点”和“主要任务之一”。这无疑是正确的决策，是值得赞扬和肯定的。

由上可见，共产国际贯彻了斯大林的指示和意图，总体上代表了苏联的国家利益，同时也站在世界共产党的角度有一些值得称道的新的发展。由于中国共产党是共产国际的一个支部，直接受共产国际领导，按照它的指示开展工作，共产国际对九一八事变的认识和采取的对策，对中国共产党的影响也就更直接。

## 三、中国共产党在九一八事变后的反应和受共产国际的影响

九一八事变后，中国共产党立刻作出反应。事变后的第二天，即 1931 年 9 月 19 日，中共满洲省委发表了《为日本帝国主义武装

占领满洲宣言》。宣言指出："这一事件的发生不是偶然的！这一政策是日本帝国主义者为实现其'大陆政策'、'满蒙政策'所必然采取的行动，这一政策是日本帝国主义者为更有力的统治满洲，侵略蒙古，以致使满蒙成为完全殖民地的政策，是以满蒙为根据地积极进攻苏联与压迫中国革命的政策，是不让美国及其他帝国主义者染指满蒙的政策！"并认为"日本帝国主义中之所以能占据满洲，完全是国民党军阀投降帝国主义的结果"。"只有工农劳苦群众自己的政府（苏维埃政府）是彻底反对帝国主义的政府。只有在共产党领导之下，才能将帝国主义驱逐出中国！"宣言提出了"罢工罢课罢市，反对帝国主义占据满洲"，"驱逐日本帝国主义与一切帝国主义的海陆空军"、"反对进攻苏联！拥护苏联"、"发动游击战争"、"打倒投降帝国主义的国民党"、"打倒帝国主义"① 等口号。

1931 年 9 月 20 日一天，中共临时中央发表两个宣言，作出了一个决定，并且和日本共产党联合发表了一个宣言。

其一，发表《中国共产党为日本帝国主义强暴占领东三省事件宣言》。宣言指出："各帝国主义，尤其是日本帝国主义是压迫中国，屠杀中国民众的万恶强盗"，"现在他更公开更强暴的占领中国土地，其明显的目的显然是掠夺中国，压迫中国工农革命，使中国完全变成它的殖民地，同时更积极更直接的实行进攻苏联，企图消灭全世界第一个无产阶级的祖国，""实行第二次世界大战，特别是太平洋帝国主义战争，实行更大规模的屠杀政策以瓜分中国。"宣言认为，中国工农革命日益高涨，特别是中央苏区粉碎了国民党军的第三次"围剿"，"土地革命与反帝国主义的浪潮"，"已经大大汹涌起来"，"必然要根本推翻外国帝国主义及中国豪绅地主资本家国民党的反动统治，建立工农兵苏维埃政权。"帝国主义看到中国国民党军阀已经不

① 《中共满洲省委为日本帝国主义武装占领满洲宣言》（1931 年 9 月 19 日），《东北抗日联军史料》（上），中共党史资料出版社 1987 年版，第 33、34、35 页。

能消灭革命，不能保护它们在华的利益，“因此便直接占领满洲中国领土”。宣言抨击“中国各派国民党及各派军阀根本都是帝国主义的走狗”，“在中国民众被日本强盗大大屠杀的时候，高唱无抵抗主义，与和平镇静的忍耐外交，充分的表现了它们无耻的屈服，出卖民族利益的面目。”因此，宣言提出：“反对日本帝国主义强占东三省”、“打倒一切帝国主义”、“反对帝国主义进攻苏联，武装拥护苏联”、“反对世界第二次大战”、“打倒各派国民党，打倒一切军阀”、“变帝国主义国民党反对中国革命的战争为反帝国主义反国民党的革命战争”①等口号。

其二，发表《中华苏维埃共和国中央工农革命委员会宣言》。当时中华苏维埃共和国第一次全国代表大会并没有召开，这个宣言应是中共中央起草的。宣言指出：日本发动九一八事变的背景，是掠夺剥削中国民族，“增强他在满蒙华北的统治，来解决他国内的经济危机，并进一步的准备争霸东亚的帝国主义大战，尤其是进攻苏联的战争。”认为“日本帝国主义这次行动，不啻就是第二次世界大战的预演与进攻苏联战争的序幕。”②

其三，作出《由于工农红军冲破第三次“围剿”及革命危机逐渐成熟而产生的党的紧急任务》的决议。决议除了分析中央苏区第三次反“围剿”胜利后的形势外，还对日本发动九一八事变的原因及此事件对中国政治局势影响作了分析，认为世界经济危机的加深、苏联社会主义建设取得伟大成就，世界革命运动的高涨，一些国家内革命运动的发展，使帝国主义加紧了对于苏联，对于殖民地与半殖民地，对于一切革命运动的进攻。同时各帝国主义内部的矛盾也在日益增长。各帝国主义国家在中国的行动，以及它们之间相互间错综复杂的关系，是日本武力占领中国东北三省，把东三省完全变

---

① 中央档案馆编：《中共中央文件选集》（1931）第7册，第396、397、399页。

② 《中华苏维埃共和国中央工农革命委员会宣言》（1931年9月20日），《红旗周报》第19期，1931年10月18日出版，第13页。

为其殖民地的重要原因。同时，九一八事变也是“日本帝国主义在中国殖民地政策，与中国国民党一贯投降帝国主义勾结帝国主义政策的必然的结果。”[①]决议认为，九一八事变必然引起中国民众的反帝潮流高涨，“东三省的占据，象电火一样燃烧了千百万工农群众的以至小资产阶级的反帝热情，使他们为了中国民族的自由与独立而斗争”，“使全中国的民众觉悟到，只有用他们自己的力量，才能打倒帝国主义”。“要打倒帝国主义，就必须要打倒国民党”，“只有苏维埃政府，才能同帝国主义做澈底的斗争”。[②]从上述分析出发，决议认为“国民党统治的崩溃，正在加速进行着”，出现了“争取革命在一省与数省首先胜利的前途”。“目前中国政治形势的中心的中心，是反革命与革命的决死斗争。”[③]为此，决议提出了扩大苏区、巩固和扩大红军、召开工农兵苏维埃第一次全国代表大会、各苏区建立苏维埃政府、创造北方苏维埃区域、白区开展罢工等紧急任务。值得注意的是，决议提出的紧急任务第五条规定：“立刻发动与组织工农群众反对日本帝国主义军队占领满洲，反对太平洋战争与拥护苏联的群众示威游行。必须坚决的反对同那些以为苏区只要土地革命不要反对帝国主义的倾向做斗争。”第六条规定：“党应该特别加紧反帝斗争，尤其是反日斗争的领导”，“成立反帝的统一战线”。“‘工农武装起来，反对日本帝国主义’应该是党目前的中心鼓动口号。”“在满洲党要立刻分配干部到南满各地，中东路，吉长路沿线的农民群众中与动摇不满东北军阀的军队中去发动反日斗争，游击队战争与兵变”[④]。

其四，以中国共产党的名义和日本共产党联合发表《为日本强占东三省宣言》，指出：“中国与日本的民众，坚决的相信，只有

① 中央档案馆编：《中共中央文件选集》第7册，第404页。
② 中央档案馆编：《中共中央文件选集》第7册，第405页。
③ 中央档案馆编：《中共中央文件选集》第7册，第406页。
④ 中央档案馆编：《中共中央文件选集》第7册，第411、413页。

大家联合起来共同打倒日本帝国主义以及一切帝国主义，与中国国民党，建立工农自己的政府，苏维埃政府，与工农自己的武装，工农红军，中国与日本的工农民众，才能得到最后的解放。”[①]笔者认为，正是这个宣言，使日本共产党与中国共产党一起受到共产国际的表扬。

9月22日，中共临时中央又作出《关于日本帝国主义强占满洲事变的决议》，侧重于部署九一八事变后党在白区和国民党军队中的工作。决议更进一步地认为，九一八事变“造成了全国革命危机先决条件更进的成熟”。“给予中国地主资产阶级的统治以新的重大的打击”。在白区，“党在这次事变的中心任务是：加紧的组织领导发展群众的反帝国主义运动，大胆地警醒群众民族自觉”，“领导群众（为）反对日本帝国主义的暴力政策，反对帝国主义的奴役和侵略，反对进攻苏联和苏区，拥护苏维埃，武装保卫苏联，反帝国主义的强盗而争斗。”[②]决议要求白区党组织进行反对日本帝国主义暴行、武装保卫苏联、拥护红军苏维埃的宣传活动，组织各色各种的反对帝国主义的公开组织；各省委派大批党员到白军中进行兵运工作，特别是满洲，党组织应该“加紧在北满军队中的工作，组织他的兵变与游击战争，直接给日本帝国主义以严重的打击”。[③]

9月25日，赣西南省苏维埃政府、闽粤赣省苏维埃政府、湘鄂西省苏维埃政府、鄂豫皖省苏维埃政府、湘东南区苏维埃政府、鄂豫边区苏维埃政府、湘鄂赣区苏维埃政府、晋绥边区苏维埃政府驻沪代表联合发表《中国各地苏维埃政府为日本帝国主义强占东三省告全国民众》。这个文件应该也是中共中央以各地苏维埃政府名义发表的，因

① 《中国共产党、日本共产党为日本强占东三省宣言》（1931年9月20日），《红旗周报》第19期，1931年10月18日出版，第10页。

② 中央档案馆编：《中共中央文件选集》第7册，第420、421页。

③ 中央档案馆编：《中共中央文件选集》第7册，第423页。

为当时并没有晋绥边区苏维埃政府。

在九一八事变后的短短一周时间内，中共临时中央如此密集地发表宣言，并就党在苏区、白区的工作作出部署，应该是中国共产党在没有共产国际指示的情况下进行的。如前所述，中国共产党在九一八事变后的态度受到共产国际的表扬。从这几个文件看，以下几点符合联共（布）、共产国际的要求：1. 表现出中国共产党对于九一八事变有着很强的政治敏感性，旗帜鲜明地反对日本帝国主义强占东三省的强盗行为；2. 把此侵略行动与世界经济危机联系起来，与帝国主义国家准备武装侵略苏联联系起来，与帝国主义瓜分中国联系起来，与帝国主义国家的相互矛盾、争霸东亚及发动第二次世界大战联系起来；3. 强烈反对国民党的不抵抗政策，抨击其对外屈膝投降、出卖民族利益的行径；4. 强调九一八事变将引起中国民众的反帝运动高涨，使国民党政府迅速崩溃，为苏维埃在中国的胜利创造条件。

以笔者之见，九一八事变后，在没有接到共产国际指示情况下，中共临时中央对事变的快速反应和态度受到共产国际的肯定，一方面是中国共产党是无产阶级政党，是中华民族先锋队，除了代表中国最广大人民的根本利益之外，没有任何私利。因此，当自己的国家受到外国的侵略时，中国共产党站在中华民族的立场上，旗帜鲜明地坚决地反对外国侵略者；另一方面，中国共产党应该是根据过去共产国际的指示精神来判断九一八事变的严重性的，反映出中共临时中央对共产国际历次指示的贯彻与照搬的程度。

中共临时中央值得称道的有两点：一是决定立即领导建立各色公开的群众性反帝组织，广泛开展以反对日本帝国主义为主的反帝运动；二是决定在东北的农民群众中和军队组织兵变，直接开展反对日本帝国主义的游击战争。根据中共临时中央的指示，1931 年 9 月 23 日，中共满洲省委作出《关于士兵工作紧急决议》，号召党组织领导东北人民进行游击战争。此后中共中央又先后派杨靖宇、赵尚志、周保中、赵一曼等到东北，加强各级党组织的领导力量。中共中央的决定和措施，为建立东北党直接领导的抗日武装，进行局部抗战打下了基础。

九一八事变时，正值中央苏区第三次反“围剿”取得胜利，这很自然使中共临时中央过高估计革命形势的发展，从而忽略民族矛盾上升、阶级矛盾下降事实情况，更易于接受联共（布）、共产国际对中国革命形势到了更高阶段的误判，使“左”倾教条主义错误在党的各项工作中尤其是中央苏区和其他苏区的推行和进一步发展。

从 1931 年 9 月 30 日起，中共中央又发表了《中国共产党为日本帝国主义强占东三省第二次宣言》、《中国共产党为反抗帝国主义国民党一致压迫与屠杀中国革命民众宣言》、《中国共产党为第一次全国苏维埃代表大会告全国工农劳苦民众书》。这几个文件主要侧重以下三点：

第一，从日本发动九一八事变以来侵占中国的奉天（今沈阳）、长春、吉林等东北大城市的事实，说明日本侵略中国的野心和国民党政府的不抵抗政策。谴责国民党南京政府镇压南京、北平、天津、上海、广州等大城市兴起的民众抗日救亡运动，强调国民党高唱的“爱国的”与“民族的”欺骗宣传“已经完全破产了！不打倒国民党，我们就不能同日本帝国主义宣战，就不能去打倒一切帝国主义！”[①]号召民众“自动的组织起来，实行罢工，罢课，罢操，罢市，示威游行，群众大会，武装工农学生”，“打倒帝国主义”，“打倒国民党”。[②]

第二，强调只有建立工农兵及劳苦民众自己的政府——苏维埃政府和红军，才能把全中国的劳苦群众从帝国主义与国民党的铁蹄下解放出来。苏维埃政府不但要取消一切不平等条约、一切帝国主义的特权和债款，驱逐帝国主义的军队出中国，而且将根本没收帝国主义者

① 中央档案馆编：《中共中央文件选集》第 7 册，第 432 页。

② 中央档案馆编：《中共中央文件选集》第 7 册，第 428 页。

在华的一切财产。“只有苏维埃政府能够领导全中国革命的民众，对帝国主义宣战，而取得中国民族的自由与独立！”指出苏维埃的旗帜不但在江西，而且在安徽、福建、广东、广西、湖南、湖北，以至山西、绥远等地飘扬。并决定在1931年11月7日召开中华苏维埃第一次代表大会，成立中华苏维埃共和国临时中央政府，提出“拥护中华苏维埃第一次全国代表大会，拥护中华苏维埃临时政府”，“中国苏维埃革命胜利万岁”[①]等口号。

第三，驳斥国民党制造苏联准备用武力占领中东路的谣言，指出这是国民党转移民众反对帝国主义的视线去反对所谓“赤色帝国主义”，“完全是帝国主义国民党的阴谋”。“苏联的工农民众对于日本帝国主义的暴行，是完全反对的。”苏联主张联合世界上一切无产阶级与被压迫民族打倒帝国主义，帮助世界上一切反对帝国主义的斗争。苏联采取的是和平政策，绝对不愿意用武力侵略别国的一寸土地。并为1929年的中东路事件辩解，认为这“是帝国主义国民党向苏联进攻的结果。苏联所采取的，完全是出于自卫的行动。”[②]张闻天发表了《满洲事变中的苏联的和平政策与反苏联的斗争》一文，批驳了“苏联将出兵同日本开战”的谣言，认为“这些宣传的目的，很明显的是想利用满洲事变造成各帝国主义国家反苏的统一战线”。他抨击九一八事变后各帝国主义国家对日本的侵略行动暧昧态度，赞扬苏联在九一八事变的态度，特别指出：“苏联的报纸，尤其是苏联共产党中央的机关报——真理报，对于日本帝国主义的这种暴行，尽量攻击，并且揭破了国民党与帝国主义在这一事变的欺骗与帝国主义内部的矛盾。”“苏联的这种态度，在中国民众前面，更一次的表示出：它是一个反对帝国主义侵掠，拥护弱小民族利益的无产阶级国家。”并认为“反苏联战争爆发的危险，现在是日益紧迫。拥护苏联的任务，

① 中央档案馆编：《中共中央文件选集》第7册，第433、434页。

② 中央档案馆编：《中共中央文件选集》第7册，第427、428页。

在我们中国党的前面，也更重大了。”①

从上述中共中央的文件以及张闻天的文章看，这时中共中央应该是接到了共产国际的指示，并按照共产国际对中国革命形势的估计，以“只有苏维埃才能救中国”为考虑问题的出发点部署党的工作，一方面把召开中华苏维埃第一次全国代表大会、成立临时中央政府作为工作重心，期望以中华苏维埃临时中央政府作中枢指挥，不断扩大苏区范围，使各大苏区连成一片；另一方面强调拥护苏联，提出反对一切帝国主义，并认为国民党政府是一切帝国主义的走狗，以此加强对白区抗日救亡运动的引导，力图给国民党政府以强大的冲击；从而形成以苏区为主、白区配合态势，迅速取得革命在全国的胜利。很明显，九一八事变后，日本帝国主义成为中华民族面临的最凶恶的敌人情况下，中共临时中央教条主义地接受联共（布）、共产国际的指示，没有能够科学分析民族危机日趋严重产生的新形势，没有充分认识到反对日本侵略的斗争正成为中国各族人民的普遍要求，一切不愿做亡国奴的阶级、阶层都有可能参加到这一斗争中来的新情况。在制定政策和策略时虽然也有正确的一面，如在白区领导组织各色公开反帝群众组织和在东北建立党领导的抗日游击队等，但总体上是在“左”的道路上越走越远，致使没有抓住九一八事变后的中国政治形势的新机遇，给革命造成极为严重的损失。

（本文原载《中国延安干部学院学报》2015年第5期）

① 洛甫：《满洲事变中的苏联的和平政策与反苏联的斗争》（1931年11月4日），《红旗周报》第23期，1931年11月20日出版，第53、54、57—58页。

# 皖南事变前后共产国际关于中共同国民党关系的策略

1941年1月，国民党顽固派制造了震惊中外的皖南事变。皖南事变前后，共产国际对国共两党之间的关系是怎样看待的，对中国共产党处理同国民党的关系产生了什么影响，20世纪90年代一些学者曾发表过若干研究文章[①]，但因资料缺乏的关系，不够深入。俄罗斯方面最近公布的有关档案材料，有助于我们对这个问题进行更深入的研究。

## 一、皖南事变前中共中央对国际国内形势的判断及对策

研究共产国际在皖南事变前后的策略，必须先对皖南事变前中共中央对国际国内形势的判断及对策进行分析研究，不然无法说明问题。

1940年夏，国际形势发生了巨大变化。9月10日，中共中央《关于时局趋向的指示》判断：两大对立的帝国主义阵线的战争已发展到一个新阶段，“一方面英国为美国所援助，美国已日益积极的援

① 有关文章，见刘以顺：《共产国际、苏联和皖南事变》，《中共党史研究》1991年第5期；杨云若、李良志：《共产国际和毛泽东关于中国抗日民族统一战线策略方针的比较研究》，《抗日战争研究》1993年第3期；杨奎松：《皖南事变前后毛泽东的形势估计和统战策略的变动》，《抗日战争研究》1993年第3期。

助英国准备参战”；“一方面德意与日本法西斯勾结”。“日本参加德意与实行南进的方针已日益明朗化”。《指示》进一步分析了国际形势发展的趋向，认为日本为了放手南进与准备对美战争，正采取各种方法，以求迅速结束对华战争。英美为了对抗日本南进，由远东慕尼黑政策转到利用中国牵制日本的政策。德国为了利用日本牵制英美，正在准备劝和结束中日战争。由此，中共中央得出结论：“帝国主义战争必然扩大到整个资本主义世界的范围之内，使全世界绝大多数人民都有卷入战争灾难的危险，而抗日的中国则将成为帝国主义者双方争夺的对象。”根据对国际形势的判断，《指示》预测，国内时局变化可能有三种方向：第一种，是把抗战拖到美国出来干涉时结束，使其结果有利于大资产阶级顽固派维持一党专政的现状。第二种，是顽固派在万不得已时，也有在内政问题上实行某种让步之可能，例如给民族资产阶级以及某些中间派以部分让步，以便利用他们来巩固自己的地位。在外交政策上转到以亲苏为主要方针，以便利用苏联的外交压力与军事援助。“在国共关系上停止反共战争（现在是大部分停止，还有一部分未停止）与减轻高压政策（在国民党区域现在还完全未减轻），以便利用共产党抵抗日本与保护国民党”①。第三种，是暗藏的投降派以及一部分顽固派所准备的，即准备在重庆失守后组织贝当政府，投降日寇，而与汪精卫合流。《指示》认为，国际形势的变化是对中国抗日民族统一战线中的进步派和中间派有利的，国内局势变化朝第二种可能方向比较大。

9月27日，德国、意大利、日本在柏林签订协定，正式结成三国同盟。9月30日，延安《解放》周刊发表了《论目前时局》的社论。社论认为日本为实现其独霸东亚的野心，对美作战，必然企图迅速解决中日战争。日本企图一方面准备进攻重庆、昆明、西安等地，同时进行新的政治诱降。社论对国内形势的判断是：“现在是我

① 《皖南事变》编纂委员会：《皖南事变》，中共党史出版社1990年版，第33、34、36页。

国三年来所未有的困难的一年。”“一方面，投降派的活动，往前增长，……意欲在日军新进攻下，在中国发动贝当式的卖国勾当，所以投降危险，正在严重地增加起来。”“另一方面，坚持抗战、反对投降的力量，亦正在增长中间。……反共的军事磨擦，虽然在部分地方，还在继续发生着，可是大的反共军事磨擦，暂时在基本上停止了，所以国民党对于其他党派的关系，有初步改善的端倪。”由此看来，中国共产党认为，日军为迅速结束中日战争而准备加紧向中国大后方进攻和投降派活动的猖獗，是中国人民面临的主要危险。而在这个危险面前，抗日民族统一战线内部的矛盾有所缓和，国民党顽固派制造的军事磨擦基本上停止，并与其他党派的关系有所改善，国内时局似乎正朝着9月10日中共中央《关于时局趋向的指示》中预测的第二种可能方向发展。

出乎中共中央预料的是，国内时局没有按照9月10日所预测的第二种可能方向发展。10月19日，何应钦、白崇禧以国民政府军事委员会正副参谋总长名义致电（即“皓电”）朱德、彭德怀、叶挺，将其制造的反共军事磨擦归之于八路军、新四军“不守战区范围自由行动”；“不遵编制数量自由扩充”；“不服从中央命令，破坏行政系统”；“不打敌人，专事并吞友军”。并以通牒的形式限八路军、新四军“电到一个月内全部开到中央提示案第三问题所规定之作战地境内”①。

国民党顽固派的新动向，引起了中共中央的密切注视和警觉。10月20日，中共中央宣传部向党内发出《政治情报第六号——英美拖中国加入其战争集团》，指出：“自德意日三国同盟成立后，英美拖中国加入其战争集团，以便利用中国牵制日本的政策日趋积极”，“英美……企图拉拢中国参加英美集团”。文件认为英美政策的影响使国民党的态度有了急速转变，英美派积极活动加入英美集团，准备

① 中国人民解放军历史资料丛书编审委员会：《新四军·参考资料》（2），解放军出版社1991年版，第354页。

与英美签订军事同盟，并利用苏联与日本的谈判，实行反苏宣传。伴随着这些活动，蒋介石重新下令，对八路军、新四军采取压迫政策，加紧建筑堡垒线，封锁陕甘宁边区，准备查禁重庆《新华日报》，大批逮捕各地的共产党员。据此，文件断定："从四月到九月这一时期内，过去中央所指出的已经向下低落的反苏反共潮流，现又开始向上高涨，这是国民党英美派放弃独立战争，加入英美同盟的具体步骤。"文件提出："在团结的口号下，坚决还击国民党顽固派所重新发动的反苏反共新浪潮"。①

10 月 21 日，中共中央政治局举行临时会议，讨论形势问题。10 月 25 日，根据政治局会议决定，毛泽东起草了《关于国际国内形势的估计和对策的指示》。指示分析了德意日和英美两大帝国主义集团战争的三种可能情况：第一种情况，如果日本占领南洋，而日美战争又迟迟不爆发，英国又被德意日三国打得七零八落，中国英美派"怕英美不可靠"，有走"贝当路线可能"。第二种情况，日本对新加坡久攻不下，美国海军控制新加坡，德国攻英国本土不下，中国英美派放弃独立战争加入英美同盟，大多数中间派跟蒋介石跑。毛泽东认为，还须假定这种情况，即美国海军集中力量，打败日本海军，日本投降美国，日本陆军退出中国，美国把中国英美派从财政上军事上武装起来，中国变成美国殖民地，国共合作变为大规模内战。毛泽东认为这种情况是"最困难、最危险、最黑暗的"，并把它"当作一切布置的出发点。"第三种情况，即日美相持不下，中日相持不下，国共相持不下，欧洲英德也相持不下。中共中央认为蒋介石加入英美同盟的可能性最大，并作为抗战最困难、最危险、最黑暗的局面，但不排除在德意日占上风的情况下，蒋介石加入其同盟的可能性。对此，毛泽东的判断是，中国英美派"现在仍是动摇于英美路线与贝当路线之间"，"仍不敢过于得罪苏联，全面反共的决心也不容易下"。从这个

① 中央档案馆编：《皖南事变（资料选辑）》，中共中央党校出版社 1982 年版，第 32、33 页。

判断出发，毛泽东同一天致电在重庆的周恩来："国民党现在发动的反苏反共新高潮，一方面是放弃独立战争参加英美同盟的准备步骤，其目的在为参加英美同盟肃清道路，好把民族资产阶级、上层小资产阶级拉过去，一方面也有向日本示意的作用，……要求交换日本对国民党的让步，同时又将加入英美同盟吓日本，以求日本的让步"。毛泽东表示："我们要准备蒋介石做戴高乐或做贝当，准备他宣布我为反革命而发动全面反共，我们要准备对付最黑暗局面"。如何准备应付最黑暗的局面，中共中央对策是："稳健地对付国民党的进攻，军事上采取防卫立场，他不进攻，我不乱动，政治上加强团结抗日，向国民党及中间派及广大人民说明贝当路线与英美路线两者的危险性，强调独立自主的抗日战争"，"在国民党区域的党，实行全部的安全退却下来，各根据地上实行完全的自足自给"。①

很明显，自何应钦、白崇禧发出"皓电"后，中共中央认为，英美拉中国加入其战争集团，是蒋介石发动反苏反共新高潮的原因。尽管毛泽东判断中国英美派仍动摇于加入英美集团与加入德意日集团之间，但在他看来，中国加入英美集团的可能性比较大，即中国国内局势朝着 9 月 10 日党内指示所预测的第一种方向发展的可能性比较大。那么，这时毛泽东为什么把英美在战争中占上风，蒋介石加入英美集团视为"最困难、最危险、最黑暗"局面呢？第一是判断中间派的大多数有可能跟着蒋介石跑。在中国，谁能把中间派的大多数争取到自己的一方，谁就能战胜对方。第二是认为英美也是帝国主义国家，同日本帝国主义没有什么区别，中国加入英美同盟，若美国战胜日本，将从各方面扶植蒋介石政府，中国成为美国的殖民地。这样，前门拒了狼，后门却进虎。美国支持下的英美派大资产阶级必然维持一党专政而发动大规模的内战。

10 月 29 日，周恩来于重庆致电中共中央，告知："国民党目前

---

① 中央档案馆编：《皖南事变（资料选辑）》，第 35、36 页。

是从局部讨伐入手。一个月期满后，拟宣布取消新四军番号及八路军、新四军的各地办事处，然后实行局部讨伐，亦即东讨北锁的高压政策。”[①] 国内局势进一步恶化的趋向，使毛泽东对蒋介石是加入英美同盟还是加入德意日同盟的判断发生变化。在接到周恩来电报的同一天，毛泽东致电周恩来、彭德怀、刘少奇、项英，虽然认为“蒋介石现在是待价而沽，一方面准备加入英美同盟，一方面准备加入日德意同盟。”但又认为“如果带决战性的日美战争不能迅速爆发（这个可能多），或虽爆发美无胜利把握（两年内是无把握的）；如果英国被德意日三国在今冬明春打得落花流水（十有八九）；如果日本能退出武汉等地，仅占沿海与华北，并声明主权仍属中国，由蒋介石派人管理（可能性很大）；如果参加日德意同盟，反对英美能使中国资产阶级发洋财，他是愿意投降日本的。蒋介石走这条路的可能性最大。”据此，毛泽东判断：“我们不要被蒋介石的宣传所迷惑，他的联合英美是宣传，投降日本则是实际。”这里，毛泽东明显改变了此前蒋介石加入英美同盟的判断。那么，毛泽东为什么判断蒋介石要加入德意日同盟呢？他的理由是蒋要日本让步须用威迫利诱两个政策，一面装腔作势要加入英美同盟以威迫之，一面又发动反共高潮以利诱之。“蒋介石知道日本南进需要一个巩固的后方，一个‘太平’的中国，而共产党今天已成了破坏日本这个后方的严重的因素”，“表示愿意替日本担负巩固后方的职务，以求得日本对他的让步。同时欧洲的德意需要交换亚洲的资源，蒋介石反共于德意亦有利益。故此次反共高潮，主要是准备投降日本与德意的步骤。”毛泽东在电报中还认为，“在七八月间蒋介石确曾准备于重庆失守时迁都天水，准备亲苏和共与某些政治改良，至九月已动摇，至十月乃大变，这是德意日同盟与英美

① 中共中央文献研究室编:《毛泽东年谱（1893—1949）》（中卷），人民出版社、中央文献出版社1993年版，第215—216页。

对日积极化的结果”。[①]

收到毛泽东的电报后，周恩来于 11 月 2 日同苏联驻中国大使潘友新谈话。潘友新认为仅据现有材料尚难判定蒋介石已与日本妥协。但他认为“非新四军从江南撤退不使蒋满意和停止‘剿共’战争。”[②]周恩来立即将同潘友新谈话的情况报告了中共中央。第二天，毛泽东致电周恩来，虽然表示：“潘友新的意见是对的，我们亦判断蒋目前还处在三角交叉点上，对德日谈判，目前还讨价还价中。”但他又认为：“惟目前是一回事，将来又是一回事。依客观估计，蒋将来依靠英美的可能小，靠德日的可能大，因德日的压力与引力都是很大的，压力是断血管，打重庆，引力是交还失地，在大战中发财与联合剿共。”“英美在两年内是无能为力，蒋是等不到两年的。两年外英美亦无绝对胜利把握，有可能双方成相持局面”。“总之一二年之内蒋介石是无法依靠英美胜利的。”[③]同日，毛泽东致电李克农、项英并告周恩来，再次强调：“蒋介石准备投降，加入英美集团的宣传是掩护投降的烟幕弹，再不要强调反对加入英美集团了，要立即强调反对投降。目前的投降危险是直接的投降危险，目前的反共高潮是直接投降的准备。”[④]11 月 6 日，毛泽东又致电周恩来，指示：“目前，不但共产党、中国人民、苏联三大势力应该团结，而且应与英、美作外交联络，以期制止投降，打击亲日亲德派活动。”[⑤]这样，伴随着毛泽东关于蒋介石投降德日的可能性比较大的判断，中共中央认为国内时局在朝着 9 月 10 日指示预测的第三种可能方向发展。

如前所述，毛泽东在 10 月 25 日起草的《关于国际国内形势的估计和对策的指示》中，针对国民党顽固派发动的新反共高潮，在军事

---

① 中国人民解放军历史资料丛书编审委员会：《新四军·文献》（2），解放军出版社 1991 年版，第 25—26 页。

② 中共中央文献研究室编：《周恩来年谱（1898—1949）》，人民出版社、中央文献出版社 1989 年版，第 473 页。

③ 中央档案编：《皖南事变（资料选辑）》，第 38 页。

④ 中共中央文献研究室编：《毛泽东年谱（1893—1949）》（中卷），第 220 页。

⑤ 中国人民解放军历史资料丛书编审委员会：《新四军·文献》（2），第 34 页。

上的对策是采取自卫立场。基于对蒋介石发动的反共高潮是准备投降日本的判断，毛泽东在考虑军事上的对策时发生了变化。11 月 1 日，毛泽东为中共中央书记处起草的复周恩来、秦邦宪等人的电报中指出：考虑到“此次决裂即有和大资产阶级永久决裂之可能”，中央正在酝酿着两个方案：（甲）政治上进攻，军事上防御。（乙）政治与军事上同时进攻[①]。次日，毛泽东在给周恩来的电报中又告知：“华中、华北的军事布置，小的不日开始调动，大的（准备调十五万）正与老彭[②]协商”。“关于汤、李[③]进攻，我们决不能听其封锁住，必须打到反共军后方去，这一点是书记处各同志一致意见。”[④]11 月 3 日，毛泽东、王稼祥致电彭德怀，提出反对投降反共的具体策略。电报根据蒋介石命令汤恩伯率 10 万人向皖东北进攻，李品仙率 5 万人向皖东进攻的军事情报，判断蒋介石的军事计划是第一步将八路军、新四军江南和华中部队驱逐于陇海路以北，构筑多道封锁线；第二步是配合日军夹击消灭八路军、新四军。为此，电报通报了中央的两个方案：一个是政治上进攻，军事上防御，即对顽固派军队只在根据地附近加以反击，八路军、新四军不打入顽军后方，等到蒋介石投降面目为全国所了解时再向顽军后方反攻。如果采取这个方案，只调 5 万人南下即够，八路军、新四军的主力仍坚持在各抗日根据地。这个方案在政治上有利的方面是不给蒋介石以政治上的借口，不利的方面是不能以实力制止其投降；在军事上是不利的，待蒋介石将封锁线布置好后，八路军、新四军必然遭到日蒋联合夹击的严重危害。另一个是政治上进攻，军事上也是进攻。即八路军、新四军不待日蒋联合夹击到来，即从 50 万人中抽调至少 10 万至 15 万精兵，分数路突入顽军后方，留其余部队在原地坚持抗日。这个方案政治上不利的方面是“给蒋介石

---

① 中共中央文献研究室编：《毛泽东年谱（1893—1949）》（中卷），第 217 页。

② 指彭德怀。

③ 指汤恩伯、李品仙。

④ 中国人民解放军历史资料丛书编审委员会：《新四军·文献》（2），第 27 页。

以政治资本，在政治另一个方面也许有利，因为可能制止投降（但不一定）。在军事上是有利的，因为可制先避免最严重的日蒋夹击（夹击是不可避免的，但严重性可减少）。”[①] 可以看出，两个方案各有利弊，但毛泽东等是倾向于第二种方案的，即先发制人，派兵打入顽军后方。

上述说明，从 1940 年 9 月中旬至 11 月上旬 20 多天时间里，中共中央对国际形势发展趋向的判断基本上是正确的，但对国内局势发展趋向的判断却出现了急速变化。笔者认为，在 9 月底以前，中共中央对国内局势的判断，有正确也有偏差，但总体上正确居多。但从 11 月初开始，中共中央对国内局势的判断总体上发生了偏差。即判断蒋介石准备投降日本，把蒋发动的反共高潮与投降日本联系起来，从而在军事上作出了不切合实际在政治上也将使自己处于被动的派兵打到顽军后方的冒险计划。

那么，中共中央为什么对国内局势的判断发生偏差呢？笔者认为有以下两个原因：

第一，1940 年 9 月到 11 月，正是德意日法西斯处于主动进攻、英美处于防御时候。德国正对英国首都伦敦及其他城市实施狂轰滥炸，考文垂遭到彻底破坏；并出动海空军，对英国航运进行疯狂袭击，使英国及盟国海运受到很大损失。意大利军队在东非、北非同英军进行交战。日军对太平洋地区的野心昭然若揭。德意日咄咄逼人，英美穷于应付。两大集团之间的战争，德意日暂时占了上风。中共中央判断：英国有很大可能被德意日打垮，日美之间的战争不能马上爆发，即使爆发至少在两年内美国没有胜利的把握。在英美自顾不暇的情况下，蒋介石在两年之内无法依靠英美取得对日胜利。那么在双方都拉蒋的情况下，德国从中劝和，日本对蒋作出一些让步，吸引力要比英美更大。基于这个判断，中共中央认为蒋介石投降日本、加入德

---

① 中央档案馆编：《皖南事变（资料选辑）》，第 77 页。

意日集团的可能性比加入英美集团更大。中共中央这个判断对英美及其盟国的力量、德意日占领地人民的反抗力量估计不足；同时，对英美同蒋介石政权历史渊源和吸引力，对蒋同日本之间难解的矛盾估计也不足。

第二，全国抗战爆发后，中国共产党同国民党实行第二次合作。但是，以蒋介石为代表的国民党英美派，是在日本严重威胁到其利益的情况下抗日的。蒋介石在抗日同时，并没有忘记"溶共"或消灭共产党。对此，中国共产党是保持着高度警惕的。1937 年 11 月 12 日，毛泽东在《上海太原失陷后抗日战争的形势和任务》中，就提醒全党："1927 年陈独秀的投降主义，引导了那时革命归于失败。每个共产党员都不应忘记这个历史上的血的教训。"①1939 年 2 月 5 日，毛泽东在《反对投降主义》中再次提醒全党："现在国民党采取防共政策，要从政治上组织上瓦解共产党。""要记取陈独秀投降主义使大革命遭受失败的教训"②。毫无疑问，牢记陈独秀犯右倾机会主义错误的教训，同国民党顽固派作斗争，以斗争求团结，这是正确的策略。但是，斗争要掌握到什么样一个度，则是一个难题。蒋介石借国际形势对己有利之机，加紧制造新的反共高潮，在当时"民族矛盾是基本矛盾"③的情况下，必然要一方面在国际上受到英、美、苏的制约，另一方面受国内要求抗日的各阶级、阶层的制约，还不至于发展至与共产党彻底决裂的局面。因此，笔者认为，由于蒋介石发动的第二次反共高潮比第一次更为严重，大有"黑云压城城欲摧"之势，中共中央在强调避免"重蹈陈独秀的覆辙"④时，把蒋介石发动的新反共高潮估计为即将同中共全面决裂，为投降日本作准备，偏离了中日间的民族矛盾是基本矛盾，对国际国内反日力量对蒋介石的制约估计不足。

---

① 《毛泽东选集》第二卷，人民出版社 1991 年版，第 391 页。

② 中共中央文献研究室编：《毛泽东年谱（1893—1949）》（中卷），第 109 页。

③ 中国人民解放军历史资料丛书编审委员会：《新四军・文献》（2），第 192 页。

④ 中央档案馆编：《皖南事变（资料选辑）》，第 39 页。

## 二、共产国际对中共中央政治进攻、军事进攻方案的态度及对中共中央的影响

针对蒋介石发动的新反共高潮，中共中央虽然决定在政治上军事上采取进攻的方针，并拟订了“炸弹宣言”，但也深深知道，“炸弹宣言与兵谏出师两件事的时机要抓得很紧很稳，鲁莽不得，错误不得，此时一错，将遗尔后无穷之患。”[①]“考虑到这个问题的严重性，解决不好有可能引起严重后果”，毛泽东在1940年11月7日致电共产国际负责人季米特洛夫和曼努伊尔斯基，报告：“蒋介石准备投降，最近授意开展广泛的反共运动，为其直接向日本投降扫清道路”，计划“把我们的所有力量赶到华北地区……在我们力量周围筑造堡垒（现在已在大规模地进行），把我们置于日本人和蒋介石的火力之下，以期把我们消灭。”对此，“我们的军事计划是，留下我们的多数部队（约35万）在各抗日根据地同日本人作战，拿出部分辅助部队和突击部队（约15万）打击敌围剿军后方，即在河南、甘肃等省，彻底粉碎蒋介石的这次围剿，进而克服投降危险，争取使政治局面向好的方面转变。”毛泽东在电报中还一方面表示：“在日本人和蒋介石联合进攻情况下，如果我们不采取上述军事措施，那就无法防止他们的进攻”；另一方面又担心，“如果我们采取相应的军事措施，那么蒋介石为了欺骗人民，必然指责我们破坏抗战。其结果可能是我们和蒋介石的彻底决裂。因此，这在政治上对我们并无好处。”[②]

11月12日，收到毛泽东的电报后，季米特洛夫对中共的军事计划非常忧虑，立即给毛泽东复电，要中共中央在共产国际“对这个问

① 中央档案馆编：《皖南事变（资料选辑）》，第39页。

② 《毛泽东给季米特洛夫和曼努伊尔斯基的电报》（1940年11月7日于延安），中共中央党史研究室第一研究部译：《共产国际、联共（布）与中国革命档案资料丛书》第19卷，中共党史出版社2012年版，第97、98页。

题尚未作出相应的研究之前暂缓作出决定。”①

11 月 22 日，在苏联国防人民委员部，季米特洛夫召集有关人员讨论毛泽东的电报，出席会议的有苏联国防人民委员铁木辛哥、苏军参谋部长梅列茨科夫和情报局长戈利科夫等人。从出席会议的成员看，主要为苏联的军方和情报高层人士。这说明由于事关重大，季米特洛夫需要听取苏联军方和情报高层人士的意见后，才能给毛泽东复电。会上，季米特洛夫介绍了中国的战况以及国共两党之间的关系，并对这个问题进行了讨论。23 日，季米特洛夫根据有关情报及资料和会议讨论的情况起草了给毛泽东的复电。考虑到收到毛泽东的电报已经有半个多月了，出于对“处境艰难的中国同志可能采取某些考虑不周的步骤”的担心，季米特洛夫于当日把毛泽东给共产国际的电报和他起草的给毛泽东复电的草稿一同送斯大林，恳请斯大林“就这个问题提出建议和作出指示。希望尽快作出答复”。②

季米特洛夫给毛泽东的复电很快就得到了斯大林的批复，于 11 月 26 日发给毛泽东。在给毛泽东的复电中，季米特洛夫认为：“中国目前的局势很不明朗，很不确定。至少不能像你们认为那样：蒋介石已彻底决定向日本投降。相反，有材料指出，尽管他通常摇摆不定，但还没有下决心走这条路。”对此，季米特洛夫列举出三条理由：第一，“群众的情绪有利于继续进行抵抗，并有强大的军队，在坚决主张继续抗战的共产党领导之下，这些无疑对蒋介石有遏制作用。”第二，“蒋介石最听英国人和美国人的话，在德意日三国协定签署后，英国人和美国人特别关心继续和加强中国的抵抗运动，以阻止日本在中国以外的其他战场表现出很大的作战积极性。他们也在本着这种精

① 见《季米特洛夫给斯大林的信》（1940 年 11 月 23 日于莫斯科），中共中央党史研究室第一研究部译：《共产国际、联共（布）与中国革命档案资料丛书》第 19 卷，第 102 页。

② 《季米特洛夫给斯大林的信》（1940 年 11 月 23 日于莫斯科），中共中央党史研究室第一研究部译：《共产国际、联共（布）与中国革命档案资料丛书》第 19 卷，第 103—104 页。

神对蒋介石施加影响。”第三，“苏联的友好态度也不能不对蒋介石具有意义。”综上三条，季米特洛夫的结论是：在中国反对日本侵略者的民族解放战争恰恰现在有特别良好的前景情况下，尽管存在一些内部困难，蒋介石“现在还不能与此背道而驰”，“还不想在政治上葬送自己”。针对蒋介石要求八路军、新四军从华中和山东撤出的问题，季米特洛夫提出应“暂时实行拖的方针”，同蒋介石进行讨价还价，力求赢得尽可能多的时间。并强调说：“你们无论在任何情况下都不能首先对围剿军发起攻势，不给蒋介石机会在人民面前把你们说成是抗战的破坏者，并利用你们的行动来为他同日本人签订妥协和约的企图作辩解。”“如果蒋介石还是对人民军队采取进攻行动，那就要全力打击来犯敌军。”这样，“决裂和内战的责任完全在蒋介石身上，并且你们军队能够得到民众更多的支持，要比你们现在作为对可能的进攻的预防措施而对中央军采取的进攻行动得到的多得多。”①

笔者认为，季米特洛夫给毛泽东的电报是正确的，其一，通过综合判断，认为蒋介石不会投降日本；其二，通过对国际和中国国内的各种力量以及蒋介石自身利益的综合分析判断，认为蒋不敢冒天下之大不韪，同中国共产党彻底决裂，实行全面“剿共”；其三，在军事上采取自卫立场，只要顽军来犯，全力打击。这样在政治上容易得到人民的同情和支持。

在毛泽东给季米特洛夫和曼努伊尔斯基的电报发出后，中共中央对蒋介石的判断也有所改变。11 月 9 日，中共中央以朱德、彭德怀、叶挺、项英名义复电（即“佳电”）何应钦、白崇禧，驳斥了其“皓电”对共产党及其领导的军队的污蔑和无理要求，同时为顾全大局，坚持团结抗战，表示新四军驻皖南部队将开赴长江以北。11 月 15 日，毛泽东致电周恩来、项英、董必武、刘少奇、彭德怀、陈毅等，就关于发动反投降反内战运动对付蒋介石的反共高潮发出指示：“决

① 这里引的是季米特洛夫给斯大林的信中所写的复毛泽东电的草稿，俄罗斯方面公布这封信时，在下面注释“见全宗 495，目录 184，卷宗 2（1940 年发文）”，第 94—95 页。

对皖南取让步政策（即北移），对华中取自卫政策，而在全国则发动大规模反投降、反内战运动，用以争取中间势力，打击何应钦亲日派的阴谋挑衅，缓和蒋介石之反共进军，拖延抗日与国共合作时间，争取我在全国之有利地位。”指示分析了蒋介石进攻华中的八路军、新四军的五种困难，认为“如我各方面做得好，这次反共高潮是可能打退的，虽然我们决不应该估计蒋会放弃对我的压迫政策（这是决不会的），并且还要准备对付投降夹击的最黑暗局面。”①

11 月 21 日，毛泽东就如何打破蒋介石的反共高潮致电周恩来、李克农、项英、刘少奇、彭德怀等，指出：“只要蒋介石未与日本妥协，大举‘剿共’是不可能的，他的一切做法都是吓我让步”。“除吓以外还有一个法宝即封锁，此外再无其他可靠办法”。“我除在文章上《佳电》表示缓和及皖南一点小小让步外（实际我早要北移，但现偏要再拖一两个月），其他是寸土也不让，有进攻者必粉碎之。我们现在已准备了一个铁锤，只待政治条件成熟，即须给他重重一棒。目前我们的一切宣传文章，都是为了成熟这个政治条件。”②

上述两个文件说明，在接到季米特洛夫的复电以前，中共中央对国内局势的判断已经没有像 11 月初那么严重，认为顽军进攻华中八路军、新四军有困难，近期内不会有大举“剿共”军事行动，只要各方面工作做得好，是能打退这次反共高潮。从这个判断出发，中共中央对蒋方针的基点是延长国共合作抗日的时间；在军事上虽然没有放弃派兵打入顽军后方的计划，但把政治条件是否成熟作为实施的依据，在目前则是采取自卫立场。

接到季米特洛夫的复电后，中共中央政治局于 11 月 27 日召开会议，讨论打破蒋介石的反共统一战线问题。毛泽东在发言中指出：国民党外部阵地与内部阵地都不巩固，因此，蒋介石要实行反共的统一战线，进行两面战争，既要抗日，又要反共。所以，目前蒋介石的反

① 中国人民解放军历史资料丛书编审委员会：《新四军·文献》（2），第 45、46 页。

② 中央档案馆编：《皖南事变（资料选辑）》，第 101—102 页。

共只能实行攻势防御，即军事攻势、政治攻势。打破蒋介石的反共统一战线的政策是："表面缓和，实际抵抗，局部战斗，针锋相对。"①

11 月 30 日，毛泽东致电季米特洛夫，报告了中共中央应对国民党顽固派反共的策略。毛泽东在电报中说："蒋介石现在在积极组织反共统一战线，其骨干是蒋介石和桂系集团。""但是蒋介石有许多困难"：其一，日本和蒋介石暂时还没有达成真正的一致。其二，大资产阶级亲欧美派和大资产阶级亲日派之间，官僚资产阶级和民族工商业资产阶级之间都有矛盾，民族工商业资产阶级不赞成投降和打内战。极其反动的大地主和中等进步"绅士"之间有矛盾。广东、云南、四川、热河等省拥有实力的地方集团同蒋介石也有矛盾。其三，蒋介石的财经状况非常困难。其四，英美虽然主张限制中共，但不赞成打内战。其五，蒋介石很怕苏联支持中共。毛泽东的结论是："蒋介石在未向日本投降之前不可能发动大规模内战"。针对蒋介石的反共措施，中共中央对策是：1. 准备作出一些不大的让步，如从长江以南地区撤出军队，其目的在于争取中间派，也是为了不给内战挑拨者提供借口。2. 划清以何应钦为首的大地主大资产阶级亲日派同以蒋介石为首的大地主大资产阶级亲英美派的界限。3. 划清大资产阶级同民族工商业资产阶级的界限，划清最反动的大地主同比较进步的地主和绅士的界限。4. 团结所有对蒋介石不满的地方集团和左翼国民党人士。5. 准备实力，一旦蒋介石发起军事进攻，要实行坚决自卫的政策。毛泽东在电报中仍坚持派遣部队，"一旦以后政治条件成熟，要在推翻何应钦亲日派口号下突破国民党设置的堡垒封锁线，打到国民党后方去。"但这一项毛泽东强调"在目前只是准备性的，需要等待国际和国内政治条件成熟，大约在 6 个月之后将急需用来摧毁堡垒的大炮，为此目的也可以使用反坦克炮"。毛泽东希望季米特洛

① 中共中央文献研究室编：《毛泽东年谱（1893—1949）》（中卷），第 229 页。

夫给予中国共产党武器支持。[①]

毛泽东给季米特洛夫的电报有明显以下几个特点：第一，吸收了季米特洛夫复电中的正确的部分，表现在：其一，不再把蒋介石发动的反共高潮视为向日本投降的准备；其二，认为蒋介石受各种矛盾困扰，近期内不可能同中国共产党彻底决裂，发动大规模内战；其三，对蒋介石军队的进攻采取坚决自卫政策。第二，对制约蒋介石发动反共内战的各种因素尤其是统治阶级内部的分裂和矛盾分析得比季米特洛夫更细更透彻。第三，认为军事力量对制止蒋介石的反共高潮有着重要作用，着重于军事实力的准备。

上述特点说明，共产国际对中共中央正确判断国际国内局势是起了积极作用的。但中共中央对于共产国际的指示不是机械地、教条地执行，而是善于吸取其正确的部分，并根据实际情况有发展。

目前没有见到季米特洛夫收到毛泽东的电报后有不同意见的文电，他还同苏联国防人民委员铁木辛哥讨论过援助八路军武器的可能性问题。[②] 这说明共产国际对中共中央应对蒋介石的反共策略方针是赞同或默认的。

## 三、皖南事变发生后共产国际的态度与方针

1941 年 1 月 6 日，新四军军部率皖南部队 9000 余人在奉命北移江北途经泾县茂林地区时，遭国民党军队 8 万余人的包围袭击。中共中央通过多种方式同国民党当局进行交涉，均没有结果。为了支援

① 《毛泽东给季米特洛夫的电报》（1940 年 11 月 30 日于延安），中共中央党史研究室第一研究部译：《共产国际、联共（布）与中国革命档案资料丛书》第 19 卷，第 109、110、111 页。

② 见［保］季米特洛夫著，马细谱、杨燕杰、葛志强等译：《季米特洛夫日记选编》，广西师范大学出版社 2002 年版，第 118 页。

被围的新四军，1 月 14 日，毛泽东、朱德、王稼祥向各地发出指示："中央决定在政治上军事上迅即准备做全面大反攻"，"苏北、山东迅即准备一切，待命消灭韩德勤、沈鸿烈"，"华北各部须遵前令，提前准备机动部队，准备对付最严重事变"。[①] 同日，中共中央书记处给季米特洛夫发去电报，报告新四军军部及所属皖南部队被国民党军重兵包围，"有被彻底消灭的危险"。同时还报告："蒋介石派出 20 多个师，对我军在江苏、山东、安徽和湖北四省的游击根据地展开了广泛的进攻。他们准备在全国实行大逮捕和大屠杀，反动气焰极为嚣张。"表示："我们准备在政治上和军事上给予蒋介石所实行的这种广泛的进攻以有力的反攻。"[②]

刘少奇接到毛泽东等的电报后，于 15 日回电，认为："全国局面，国民党未投降，仍继续抗战，对共产党仍不敢分裂，且怕影响对苏联的关系"。"在此时，我党亦不宜借皖南事件与国民党分裂。何应钦下令只说严防我军报复，未说即此在全国乘机进攻我军。"而且华中兵力不足，部队需要休整，"能在半年、一年之内不发生大的战斗"，"巩固现有地区，对我有利"。根据这些情况，刘少奇建议："以在全国主要的实行政治上全面大反攻，但在军事上除个别地区外，以暂时不实行反攻为妥"。[③] 在同一天，中共中央政治局召开会议讨论皖南事变后的对策问题，毛泽东在会议上的发言中指出：对于皖南事变，我们要实行全国的政治反攻，像反对第一次反共高潮那样的非常强硬的态度。只有不怕决裂，才能打退国民党的进攻。左派主张我们马上与国民党大打起来，我们也不能实行这种政策。[④] 这说明，毛泽东在考虑对策时，比起 14 日发指示时有变化，强调在政治上反攻，在军事上作认真准备，掌握分寸。

---

① 中央档案馆编：《皖南事变（资料选辑）》，第 146 页。

②《中共中央书记处给季米特洛夫的电报》（1941 年 1 月 14 日于延安），中共中央党史研究室第一研究部译：《共产国际、联共（布）与中国革命档案资料丛书》第 19 卷，第 116—117 页。

③ 中央档案馆编：《皖南事变（资料选辑）》，第 148—149 页。

④ 中共中央文献研究室编：《毛泽东年谱（1893—1949）》（中卷），第 256 页。

1月17日，蒋介石以国民政府军事委员会名义发布通令，污蔑新四军为“叛军”，宣布撤销新四军番号并将叶挺提交“军法审判”。还在13日，毛泽东、朱德、王稼祥就皖南新四军被围致电周恩来、叶剑英：“请向当局提出最严重交涉，如不立即解围，我们即刻出兵增援，破裂之责由彼方担负。”①当日，周恩来即与国民党方面进行交涉，蒋介石装模作样地答复已由侍从室电话向顾祝同下令，只要新四军确实北渡，应予帮助，不应为难。②国民党顽固派军队围歼皖南新四军，蒋介石不仅不“严惩祸首”，反而在四天之后污蔑新四军为“叛军”，自然被中共中央认为是准备同中共决裂的信号。18日，中共中央政治局召开紧急会议，毛泽东在会上发言说：国民党最近消灭皖南新四军，现在又公开宣布取消新四军，这表明国民党准备与共产党大破裂的决心。③同日，中共中央发出关于皖南事变指示，指出：“这是抗战以来国共两党之间，也是抗日民族统一战线内部空前的严重事变”，“国民党现已公开宣布新四军叛变，叶挺交军法审判。国民党这一政治步骤，表示他自己已在准备着与我党破裂，这是七七抗战以来国民党第一次重大政治变化的表现。”④

1月16日，季米特洛夫收到中共中央书记处14日的电报。次日，季米特洛夫即给苏联外长莫洛托夫打电话，告知中共中央书记处电报关于发生皖南事变的消息。莫洛托夫答应将此事向斯大林反映，并对蒋介石施加压力。季米特洛夫还为同一事情给铁木辛哥打了电话。1月18日，中共中央书记处再电季米特洛夫，告知：“我军已被彻底消灭。新四军军长叶挺及其助手——中共中央政治局委员项英被

① 中国人民解放军历史资料丛书编审委员会：《新四军·文献》（2），第114页。
② 中央档案馆编：《皖南事变（资料选辑）》，第143页。
③ 中共中央文献研究室编：《毛泽东年谱（1893—1949）》（中卷），第257页。
④ 《皖南事变》编纂委员会：《皖南事变》，第150页。

蒋介石军队俘获[①]。”[②]季米特洛夫在收到电报后，立即给斯大林写信，告知：“我们从中国共产党中央委员会得到的两份密码电报和苏联现有的情报表明，蒋介石显然认为目前是对中国共产党进行总攻的适宜时机，因此，他手下的将领们卑鄙地袭击新四军并进一步采取针对八路军和边区的侵略行动。”并认为“无论中国共产党人的处境如何艰难和危险，他们都不可能不反击蒋介石对新四军的强盗式进攻，也不可能不对蒋介石军队对八路军和边区的攻击进行自卫。”很明显，季米特洛夫赞同中共中央的判断，蒋介石有可能对中国共产党及领导的军队发动大规模的军事进攻，国共面临着全面破裂的危险。因此，季米特洛夫认为：“假如蒋介石不终止其总的侵略行动，则不可避免地将燃起内战。”而“这种战争只会对日本人有利。”为了避免国共之间的内战，季米特洛夫向斯大林建议：“在苏联方面采取可能的措施来影响蒋介石的同时，应该在美国、英国和其他国家掀起相应的运动，这将对中国政府施加一定的压力并在一定程度上影响中国的舆论。”关于采取什么样的方式向蒋介石施加压力，季米特洛夫提出：“（1）在对中国友好的外国报刊上揭露中国反动派破坏中国人民团结抗战的罪行；（2）由中国人民的朋友（各种协会、组织、社会知名人士）向蒋介石发出抗议信并向他和中国人民呼吁不应允许爆发内战和分裂抗日民族统一战线，不应允许日本人‘用中国的手’来征服中国。”[③]

1月20日，季米特洛夫同莫洛托夫商谈皖南事变和国共关系问题，莫洛托夫的态度比较谨慎，认为“为了讨论和采取相应的措施，对已发生的事我们应获得确切情报”。[④]而来自重庆的情报是，蒋介石通过张冲转告苏联高层，表示：皖南事变“应被看做地方性的军事事

---

① 叶挺是在1月14日到国民党军第一〇八师师部谈判时被无理扣押。项英在突围后于3月被叛徒杀害。

② 《中共中央书记处给季米特洛夫的电报》（1941年1月18日），中共中央党史研究室第一研究部译：《共产国际、联共（布）与中国革命档案资料丛书》第19卷，第118页。

③ ［保］季米特洛夫著，马细谱、杨燕杰、葛志强等译：《季米特洛夫日记选编》，第122、123页。

④ ［保］季米特洛夫著，马细谱、杨燕杰、葛志强等译：《季米特洛夫日记选编》，第123页。

变，不应赋予其政治意义，不应对其作出广泛反响。”并“保证这一‘事变’绝不会影响中央政府和中国共产党之间的关系，而且不会影响他们在抗日战争中的继续合作。新四军的高级将领将被释放。”① 这个情报使季米特洛夫最初关于中国将发生内战的担心有了改变，立即决定将这个情报通报给毛泽东，并要求“请按时向我们通报政府对八路军和特区的行动及您采取的措施。”②

由于在皖南事变后一个星期仍没接到共产国际的指示，1 月 21 日，中共中央给季米特洛夫发出了第三封电报。电报报告了蒋介石将新四军宣布为“叛军”的消息，认为“蒋介石已决定破坏国共合作。我们不得不在政治、军事和组织方面采取必要的步骤。在政治方面，我们打算彻底揭穿蒋介石破坏解放战争、破坏团结的反革命阴谋。”“在军事方面，决定暂时进行防御战，而以后一旦需要，将采取反攻步骤，向甘肃和四川突破。”电报询问季米特洛夫：“苏联对蒋介石是什么政策”，并请他“转告斯大林同志，望他考虑中国的局势，能否在今年秋天或冬天，或者明年春天向我们提供具体的军事援助。”③ 不久，毛泽东收到了季米特洛夫通报蒋介石请求莫斯科将皖南事变看作地方性军事事件的电报。对此，毛泽东有不同看法。1 月 29 日，毛泽东复电季米特洛夫，指出：“我们拥有种种材料说明，他（指蒋介石——引者注）所采取的措施是旨在同我们决裂。他们声明说，新四军事件不影响国共合作，这是彻头彻尾的欺骗。”毛泽东报告了蒋介石的军事计划，表示：“我们必须准备全面抵抗蒋介石。今后要么得到他的让步，要么同他彻底决裂。”“我们不得不走上决裂之路，这也是因为蒋介石对我们施加的压力已达极限。”④

---

① ［保］季米特洛夫著，马细谱、杨燕杰、葛志强等译：《季米特洛夫日记选编》，第 123 页。

② 《季米特洛夫给毛泽东的电报》（1941 年 1 月 20 日于莫斯科），这个电报于 21 日发往中国，中共中央党史研究室第一研究部译：《共产国际、联共（布）与中国革命档案资料丛书》第 19 卷，第 124 页。

③ 《中共中央给季米特洛夫的电报》（1941 年 1 月 21 日于延安），中共中央党史研究室第一研究部译：《共产国际、联共（布）与中国革命档案资料丛书》第 19 卷，第 125、126 页。

④ 《毛泽东给季米特洛夫的电报》（1941 年 1 月 29 日于延安），中共中央党史研究室第一研究部译：《共产国际、联共（布）与中国革命档案资料丛书》第 19 卷，第 128、129 页。

皖南事变后，国内各界人士对蒋介石十分不满，国际上英美外交人员和媒体也对蒋的举措表示不满。中国共产党得到了各方面的同情，出乎蒋介石的预料。1月26日，蒋介石被迫发表声明，强调皖南事变是地方问题，不是全国性问题；是军事问题，而不是政治问题；是国内问题，不会影响对外关系。中共中央认为蒋介石的声明实际上是应付国内外压力施放的烟幕，2月1日，毛泽东再次致电季米特洛夫，认为："蒋介石已经准备在全国范围内消灭一切进步抗日力量。八路军办事处工作人员已处于危险境地。"毛泽东的判断是："破裂已经是不可避免的了。在彻底破裂之后，蒋介石肯定要向日本投降。"但"考虑到从事件开始到团结彻底破裂还有一个过渡期，我们利用这段时间做全面准备，使破裂的结果对我们有利。同时我们在想方设法拖延彻底破裂的时间"。[①] 从毛泽东的电报看，皖南事变后中共中央对于局势的判断基本上又回到了1940年11月初时的判断。

毛泽东的电报使季米特洛夫感到不安。还在1月20日，季米特洛夫同斯大林讨论中国问题时，斯大林认为："在我国同样有一些好游击队员，由于不守纪律和其他原因，我们被迫枪决了他们。""看来，三年时间呆在同一块领土上八路军问题比这个要复杂。"[②] 这说明，在皖南事变问题上，苏联领导人认为有可能是新四军在某些地方做法不当而给国民党以借口。毛泽东关于国共合作"破裂已经是不可避免的了"的判断，使季米特洛夫联想到从去年11月以来中共中央曾提主动出击国民党后方的军事计划，深恐中共因新四军皖南被歼而产生的愤怒，在反击蒋介石反共高潮时作出不理智的举措。季米特洛夫于2月4日给毛泽东回电，指示："我们认为，破裂不是不可避免的。您不该将破裂作为出发点，相反，要依靠主张维护统一战线的民

① 《毛泽东给季米特洛夫的电报》(1941年2月1日)，中共中央党史研究室第一研究部译：《共产国际、联共（布）与中国革命档案资料丛书》第19卷，第132页。

② ［保］季米特洛夫著，马细谱、杨燕杰、葛志强等译：《季米特洛夫日记选编》，第123—124页。

众，尽共产党和我们军队所能作出一切努力来避免内战的扩大。请重新考虑一下目前您对这个问题的态度，并将自己的想法和建议告诉我们。”①

2月13日，毛泽东给季米特洛夫复电，认为“我们作出的决定符合您的指示，与您的指示没有分歧。”毛泽东重点说明了斗争与团结之间的关系，认为“我们越坚决，蒋介石就越有可能作出让步，我们越对他作出让步，他就越会进攻，那时决裂将是不可避免的。”毛泽东在电报中虽然还坚持国共分裂是不可避免的，但认为那是在将来，“不是现在。如果我们对蒋介石采取软的态度，那他肯定将继续进攻，如果我们在军事方面遭到失败，那就有分裂的危险。而如果胜利了，那他就会知道进攻我们的困难。这是一个不止一次得到验证的规律。”值得注意的是，毛泽东在这个电报中改变了2月1日给季米特洛夫的电报中国共彻底破裂后“蒋介石肯定要日本投降”的提法，而是认为“日本和蒋介石之间的矛盾还是主要矛盾”。并向季米特洛夫通报，“近日日本人在河南省展开攻势，因此蒋介石约20万军队从反共战线调往抗日战线。”“在这个时候‘剿共’军对我们实行大规模进攻已经不可能。但我们的战备工作不能减弱。我们越是做好准备，蒋介石就越怕分裂。”“在军事方面，继续实行防御政策。”毛泽东预见：“再过两三个月，我们将获得更有利的条件，那时就可以结束这个事件。”②在电报中，毛泽东还向季米特洛夫通报了中共中央准备向蒋介石提出的善后办法12条。

这时，蒋介石正在加紧筹备3月1日召开的国民参政会第二届会议，企图通过邀请中共参政员出席会议以粉饰门面。3月2日，根据中共中央的指示，在重庆的中共参政员董必武、邓颖超提出了承认

① 《季米特洛夫给毛泽东的电报》(1941年2月4日于莫斯科)，中共中央党史研究室第一研究部译：《共产国际、联共（布）与中国革命档案资料丛书》第19卷，第133页。

② 《毛泽东给季米特洛夫的电报》(1941年2月13日于延安)，中共中央党史研究室第一研究部译：《共产国际、联共（布）与中国革命档案资料丛书》第19卷，第150、151、152页。

中共及民主党派和陕甘宁边区的合法地位、释放皖南事变中所有被捕干部战士等12条（称“后12条”）作为出席会议的条件。3月4日，中共中央给季米特洛夫的电报，报告了中共对国民参政会第二届会议的态度，指出：“如果国民党不开始在我们提出的善后办法12条基础上谈判，以及不解决皖南事变问题，那么我们的代表就不打算参加会议。”电报还报告了中间党派对中共提出的12条的理解和支持的态度，并说，“他们还认为，应该成立各党联合委员会，从政治方面讨论国共关系以及民主化问题。”① 由于中共坚决的斗争，蒋介石被迫在第二届参政会上表示“以后再亦决无剿共的军事”。尽管中共参政员没有出席第二届国民参政会，3月8日，董必武仍被选为驻会参政员。3月14日，蒋介石约见周恩来，谈了一个半小时。蒋介石的目的是缓和国共气氛。在这次谈话中，蒋介石没再提八路军、新四军向黄河以北转移的问题。对于周恩来提出的军队给养问题，蒋也表示将发给。②3月15日，中共中央将蒋介石与周恩来谈话的内容报告了季米特洛夫。蒋介石同周恩来的谈话，标志着第二次反共高潮被打退。3月22日，中共中央致电季米特洛夫，对打退国民党第二次反共高潮进行了初步总结。电报说：“目前国内外的情势，已迫使蒋介石不得不暂时缓和一下这次反共高潮。第一是日蒋矛盾没有解决，不可能同时抗日剿共。第二是国际压力，不仅英美帝国主义不愿意蒋发动内战，放松抗日，还有苏联援华的力量及态度，也使蒋不能不慎重考虑。第三是我们坚决态度，是他顾虑到全国分裂的危险。第四是蒋部下的政学派、幕僚派及某些重要将领如陈诚、汤恩伯、张治中、卫立煌等对今天反共军事行动并不积极赞成。”③

---

① 《中共中央给季米特洛夫的电报》（1941年3月4日于延安），中共中央党史研究室第一研究部译：《共产国际、联共（布）与中国革命档案资料丛书》第19卷，第163页。

② 见《中共中央给季米特洛夫的电报》（1941年3月15日），中共中央党史研究室第一研究部译：《共产国际、联共（布）与中国革命档案资料丛书》第19卷，第170—171页。

③ 《中共中央给季米特洛夫的电报》（1941年3月22日于延安），中共中央党史研究室第一研究部译：《共产国际、联共（布）与中国革命档案资料丛书》第19卷，第178页。

通过上述分析，笔者认为：第一，皖南事变前后，共产国际在思考、处理中共与国民党关系问题上，中心是力图维护抗日民族统一战线，不致发生破裂。这是符合中国抗日战争的需要，也符合苏联远东安全的需要，同时也符合世界反法西斯斗争的需要。季米特洛夫通过分析，认为蒋介石受国际和中国国内各种抗日力量的制约，以及从本身利益出发，不会投降日本；并主张中共在军事上不要主动进攻，一旦蒋介石军队进攻抗日根据地、陕甘宁边区和八路军、新四军，采取自卫立场，在政治上将处于有利地位，对中共中央处理同蒋介石关系问题的策略具有启发作用。皖南事变后，共产国际及时向苏联领导人通报情况，积极地争取国际方面对蒋介石施加压力，起到了配合中共同国民党顽固派作斗争的作用。总体上看，在皖南事变前后，共产国际在大局上把握比较正确，其指导中共中央处理国共关系的策略方针起了积极的作用。

第二，在国际国内形势急速变化的情况下，皖南事变前中共中央、毛泽东对国内局势的判断虽然一度出现偏差，但在下决断时是慎重的，并及时地征求共产国际的意见。皖南事变后，中共中央、毛泽东在同国民党顽固派的斗争中，虽一度又把局势估计为蒋介石准备全面破裂国共合作，作出了政治上、军事上准备全面大反攻的决定。但在实际斗争中，中共中央并没有急躁从事，而是正确处理斗争与团结的关系，强调斗争的作用，以斗争求团结，坚持政治大反攻为主，同时重视军事上的准备，采取防御战，态度强硬，毫不让步，并注意争取中间势力的支持，有理有利有节。总体上看，中共中央在皖南事变后采取的同蒋介石斗争的方针是正确的，因而效果明显。

第三，共产国际和中共中央之间的配合是比较好的。共产国际在方式上注意原则上的指导，发出的指示多是以建议和提醒的口吻，不像过去以僵硬的命令口吻。中共中央对共产国际的指示是尊重的，对共产国际有不同意见，多解释，并及时通报情况。在执行时，不像过去那样采取机械的教条的方式，而是从实际出发，尽量吸取其合理、正确的部分。打退国民党顽固派发动的第二次反共高潮，是共产国际积极指导，中共中央尊重共产国际的指示，两者之间相互理解、相互配合的结果。

（本文原载《中国延安干部学院学报》2012 年第 5 期，获中共中央党史研究 2012 年优秀论文奖）

# 共产国际与中国抗战时期的反托洛茨基派运动

抗日战争时期，中国共产党曾把中国托洛茨基派当作最凶恶的敌人进行严厉的打击，由此在内部产生了一些冤、假、错案。对此，一些学者进行了研究，取得了若干成果[①]。研究者认为，这一时期中国共产党的“肃托”运动与苏联、共产国际的“肃托”运动有关，但对这个问题仅仅是点到为止，尚未有更深入的研究。笔者根据近年来新公布的一些档案资料，对这个问题进行再探讨。

## 一

中国托派主要是产生于中国共产党内部的反对派，自1929年8月13日中共中央发出第44号通告，号召全党开展反对托派斗争后，中国托派被作为“反革命”“出卖阶级的叛徒”[②]从中国共产党内被清除。托派在中国共产党内已不复存在。

1935年12月17日至25日举行的瓦窑堡中共中央政治局会议上，制定了抗日民族统一战线策略。会议通过的《中央关于目前

---

① 主要成果有唐宝林：《中国托派史》，台北东大图书公司1984年版；张士宝：《“湖西事件”的真相及教训》，载《齐鲁学刊》1983年第6期；等等。

② 中央档案馆编：《中共中央文件选集》第6册，第77页。

政治形势与党的任务决议》提出：“不论什么人，什么派别，什么武装队伍，什么阶级，只要是反对日本帝国主义与卖国贼蒋介石的，都应该联合起来，……只有最广泛的反日民族统一战线（下层的与上层的），才能战胜日本帝国主义与蒋介石。”[①]根据瓦窑堡会议制定的建立抗日民族统一战线策略，中共中央于1936年4月25日发出《为创立全国各党各派的抗日人民阵线宣言》，提议：中国各党派相互间不管有着怎样不相同的主张与信仰，有着怎样的冲突与斗争，都是大中华民族的子孙，要为抗日救国联合起来，“创立抗日的人民阵线”。表示“欢迎各党各派的中央与地方组织能接受我们的提议，互派代表同我们与我们的地方组织共同协商具体进行办法，组织各党、各派的中央的与地方的行动委员会，以创立中央的与地方的抗日的人民阵线。”[②]在这个宣言把“托洛茨基主义者同盟”列为中国重要的政治派别之一，表明中共中央在民族危机日益加深的情况下，改变了过去把托派当作敌人的态度，愿意同其联合抗日。

对于中国共产党建立抗日民族统一战线的倡议，中国托派不但没有响应，反而咒骂共产党和红军，攻击中国共产党提出的联合各党派一致抗日的统一战线的主张“是出卖中国的革命”[③]。托派在这时创办了机关报《斗争》，主要内容就是攻击中国共产党的抗日民族统一战线策略路线[④]。对于托派的这种政治态度，中共中央认为“他们实际上已成了日寇的代言人，他们不仅是共产主义的叛徒，而且是整个被帝国主义压迫到吐不出气的中华民族的汉奸”。尽管对托派的主张进行了严厉抨击，中共中央还是表示：“我们要尽力把这些分子从反革命的泥坑中解放出来，争取他参加抗日战线。”[⑤]可见，中共中央这时

① 中央档案馆编：《中共中央文件选集》第10册，中共中央党校出版社1991年版，第604页。

② 中央档案馆编：《中共中央文件选集》第11册，中共中央党校出版社1991年版，第18、19页。

③ 中央档案馆编：《中共中央文件选集》第11册，第62页。

④ 见王凡西：《双山回忆录》，东方出版社2004年版，第187—192页。

⑤ 中央档案馆编：《中共中央文件选集》第11册，第62页。

还没有把托派完全当作敌对派别看待。

1937 年 1 月 23 日至 28 日，在莫斯科进行了对所谓“反苏托洛茨基平行总部”案的公开审讯，涉案的人员有皮达可夫、拉迪克、索科里尼科夫等 17 人。审讯结果认定上述人员的重要罪名之一是：“答应帮助日本侵占中国。”因此，“托洛茨基分子也是中国人民不共戴天的死敌。”① 共产国际执行委员会书记处于 1 月 28 日致电中共中央书记处，通报了莫斯科审讯“反苏托洛茨基平行总部”的情况，要求中共中央“应当从这次审讯中吸取严重的教训。必须最大限度地提高对党的敌人的警惕性；必须仔细和系统地研究和审查干部，揭露一切隐蔽的托洛茨基分子及其帮凶。”并指示：“应当在广大群众中开展一次声势浩大的运动，反对托洛茨基分子和反对作为日本侵略者的直接帮凶的中国托洛茨基分子。”共产国际还特别提醒中共中央“必须特别仔细和审慎地对待那些在某个时期参加过托洛茨基组织的人。”

在苏联审讯“反苏托洛茨基平行总部”案的前一个多月，中国发生了西安事变。苏联政府对事变的性质作了错误的估计，苏联驻中国代办向南京政府表明：“张学良之行动，徒足以破坏中国统一，减少中国力量。”② 并表示，这个事变与苏联没有任何关系。苏联《真理报》于 12 月 14 日发表社论，指责张学良将军“以抗日运动从事投机，俨然高揭抗日旗帜，实际上则助日本使中国分裂，使中国更加骚乱，成为外国侵略之牺牲品。”认为张学良与杨虎城发动西安事变是受日本军阀的嗾使，为日本“进一步侵略中国领土扫清道路”。③ 共产国际对中共同张学良建立统一战线是有看法的，1936 年 8 月 15 日，共产国际执行委员会书记处在给中共中央书记处的电报中认为：“不

① 《共产国际执行委员会书记处给中共中央书记处的电报》（1937 年 1 月 28 日于莫斯科），中共中央党史研究室第一研究部译：《共产国际、联共（布）与中国革命档案资料丛书》第 15 卷，第 278 页。

② 中国社会科学院现代史研究室编：《西安事变资料》第一辑，人民出版社 1980 年版，第 219 页。

③ 中国社会科学院现代史研究室编：《西安事变资料》第一辑，第 220 页。

能把张学良本人看作是可靠的同盟者”，特别是在两广事变失败后，“张学良完全有可能产生新的动摇甚至是公然背叛我们”。[①] 西安事变发生后，共产国际认为“张学良的行动，无论其意图如何，在客观上只能损害中国人民的力量结成抗日统一战线，并助长日本对中国的侵略”[②]。

西安事变前，与托派分子有过联系但本人并未参加托派组织的张慕陶受聘任阎锡山的高级参谋。西安事变发生后，应杨虎城的邀请，张慕陶到西安。张慕陶从反蒋的一贯立场出发，竭力主张杀蒋。张慕陶的活动引起了共产国际的注意，并通报给中共中央：“根据我们的情报，在阎锡山和杨虎城周围，有很多托洛茨基分子，他们冒充共产党人。我们毫不怀疑，他们是按照日本情报机关分配的任务为其工作的。”要求中共中央“必须向阎锡山和杨虎城说明这一点，并同他们一道采取措施制止托洛茨基分子的罪恶活动。”[③] 张慕陶主张杀蒋当然是不正确的，但共产国际将张慕陶的活动同托派联系起来，作出的判断显然是根据苏联对西安事变性质的判断和对“反苏托洛茨基平行总部”案的审讯而来的。

张学良送蒋介石回南京被扣，并被进行军法审判。此举引起了东北军少壮派的强烈愤怒，张慕陶支持孙铭九等为救张学良不惜向南京政府开战的主张。1937 年 2 月 2 日，孙铭九等一帮东北军青年军官杀害了主张和平解决西安事变的王以哲将军，致使内战危险重新出现。这件事很容易使中国共产党将共产国际所通报的“阎锡山和杨虎城周围有很多托洛茨基分子”联系起来，认为这是中国托洛茨基派破坏国内和平的阴谋。2 月 6 日，延安《新中华报》发表

---

① 《共产国际执行委员会书记处给中共中央书记处的电报》(1936 年 8 月 15 日于莫斯科)，中共中央党史研究室第一研究部译:《共产国际、联共（布）与中国革命档案资料丛书》第 15 卷，第 244 页。

② 《共产国际执行委员会书记处给中共中央的电报》(1936 年 12 月 16 日于莫斯科)，中共中央党史研究室第一研究部译:《共产国际、联共（布）与中国革命档案资料丛书》第 15 卷，第 265 页。

③ 《共产国际执行委员会书记处给中共中央书记处的电报》(1937 年 1 月 28 日于莫斯科)，中共中央党史研究室第一研究部译:《共产国际、联共（布）与中国革命档案资料丛书》第 15 卷，第 279 页。

新华社《托派张慕陶等阴谋企图破坏和平统一》的文章，认为王以哲将军之被害，“现在西安之张慕陶实为此种龌龊暴行之幕后人物，盖彼等亟欲挑拨内战，帮助日寇，才不惜使用此种无耻的凶残手段，并欲藉此破坏民族统一战线之事业”。号召“红军、共产党坚决反对此类汉奸阴谋家之毒计”[①]。同一天的《新中华报》，还发表了《除灭汉奸托洛斯基派》的署名文章。文章将莫斯科指控托派“勾结德国法西斯政治警察来暗杀苏联工农的领袖”和西安杀害王以哲的事件密切联系起来，认为“托洛斯基派是袭杀王将军的真正凶手”[②]。

西安事变发生后，苏联、共产国际以及中国共产党都主张采取和平解决的方针。在中国共产党的努力下，西安事变得以和平解决。西安事变的和平解决，粉碎了亲日派和日本帝国主义者的阴谋，促进了逼蒋抗日方针的实现。从此，国共两党十年内战的局面基本结束，国内和平初步实现，两党进行第二次合作，共同抗日已成为不可抗拒的大势。然而，托派对中国共产党采取的和平解决西安事变方针的积极作用不这么看。在西安事变和平解决不久，托派在《时事新报》《文化建设》等杂志上发表文章，攻击苏联和中国共产党和平解决西安事变方针是“斯大林分子投降”，提出“打倒国民党”等一些挑拨性的口号，并指责全国各界救国会上层领导人投降[③]。2 月 10 日，中国共产党为促进国共合作的实现，发表《中共中央给中国国民党三中全会电》，提出五项要求和四项保证。对此，托派机关报《斗争》在第 2 卷第 2 期上刊登了题为《国民党三中全会与斯大林党》的文章，攻击中国共产党实现国共合作、建立抗日民族统一战线的政策是向国民党

① 《托派张慕陶等阴谋企图破坏和平统一》,《新中华报》第 327 期，1937 年 2 月 6 日。

② 《除灭汉奸托洛斯基派》,《新中华报》第 327 期，1937 年 2 月 6 日。

③ 《瓦尔加关于中国主要发展趋势的报告的基本论点》(1937 年 4 月 20 日于莫斯科)，中共中央党史研究室第一研究部译:《共产国际、联共（布）与中国革命档案资料丛书》第 15 卷，第 305 页。

“忏悔”，表明中共“已经变成了资产阶级爱国主义政党”。[①]1937年2月21日，中国托派通过了《目前局势与我们的任务》的政治决议案，认为“西安事变之发展及其解决，完全是在英帝国主义的直接指挥下”。指责“第三国际与斯大林主义者在主观与客观上都做了蒋介石与英帝国主义的工具”。[②]

在中华民族处于严重危机情况下，托派反对建立抗日民族统一战线，左右开弓，既反对国民党，又反对共产党，逆历史潮流而动，是不得人心的。针对中国托派的活动，共产国际执行委员会书记处于3月5日致电中共中央书记处，指示：“要采取果断措施反对托洛茨基分子，因为他们竭力企图破坏和平调整中共和国民党的相互关系，挑起一切内部冲突，以有利于日本侵略者。必须仔细审查党的机关、红军周围的人员，并对可疑分子和挑拨分子采取必要措施。”[③]

根据共产国际的指示，4月3日，中共中央宣传部发出的宣传大纲《国民党三中全会后我们的任务》中，特地把“揭露中国托派的汉奸面目”作为宣传的主要内容。宣传大纲认为，托派说国民党三中全会一点没有改变政策，攻击“中国共产党投降了”，提出“要反对一切帝国主义而不要抗日运动”，目的就是执行托洛茨基的“不要阻止日本占领中国”。并指责“托派在世界范围内，成为法西斯蒂的走狗，在中国问题上则成为日本的走狗”。[④]

在这一段时间里，中国共产党反对托派的斗争主要是采取了以下几项举措：

1. 陆续在报纸上刊登介绍苏联审判“反苏托洛茨基平行总部”

① 《瓦尔加关于中国主要发展趋势的报告的基本论点》（1937年4月20日于莫斯科），中共中央党史研究室第一研究部译：《共产国际、联共（布）与中国革命档案资料丛书》第15卷，第305页。

② 《斗争》第3卷第2期。

③ 《共产国际执行委员会书记处给中共中央书记处的电报》（1937年3月5日于莫斯科），中共中央党史研究室第一研究部译：《共产国际、联共（布）与中国革命档案资料丛书》第15卷，第285页。

④ 中央档案馆编：《中共中央文件选集》第11册，第173—174页。

案的情况。《新中华报》在3月6日、3月29日、4月3日、4月6日分别刊发了《托派是日德忠实走狗》《托派的反革命组织——联合总部与平行总部》《托派的反革命阴谋》《克尼亚节夫供词》《拉迪克供词》等文章，以揭露“托洛斯基派的罪恶”，强调“他们与日本强盗勾结，并且答应帮助日本来侵略中国”，提醒“这次案件更值得我每一个中国人民注意”[①]。

2. 向广大民众解释中共中央致国民党三中全会电为什么作出让步和妥协，抨击托派的主张。毛泽东在与史沫特莱的谈话中，回答关于“外面传说共产党现在的政策是向国民党屈服和牺牲”的提问时，指出：共产党给国民党三中全会电报提出的要求及让步是必要的，“因为这种让步是建立在一个更大更重要的原则上面，这就是抗日救亡的必要性与紧急性”，是为了“团结一致抗日”。毛泽东批评把这种让步称作“屈服投降或悔过”的人为“阿Q精神”[②]。《新中华报》于2月16日在社论中指出：“二月十日中国共产党致国民党三中全会的通电”，“是我们一年来民族统一战线主张的一贯执行的结果。为着中华民族的解放与复兴，为着举国一致同抗暴日，一切为着实现民族统一战线，我们必须有如此的让步和妥协。这一让步和妥协，对中华民族和人民大众是只有益处，而没有害处。”社论抨击托派反对妥协，是“反对民族统一战线的实现”，“是反对中华民族的解放，给日寇灭亡中国扫清道路”，号召“为实现全国的民族统一战线奋斗！”[③]

3. 发出告全党同志书，要求党内警惕托派阴谋。4月15日，中共中央发出《告全党同志书》，指出：自西安事变和平解决与国民党三中全会之后，中国革命的形势已经进入了一个新的阶段。这个阶段的任务，即是要巩固已经取得的国内和平，争取民主权利与实现对日

① 《托洛斯基派的罪恶》，《新中华报》1937年3月29日。

② 《中日问题与西安事变——毛泽东与史沫特莱列的谈话》，《新中华报》1937年3月29日。

③ 《新中华报》社论《实现二月十日通电的主张》，1937年2月16日。

抗战。要求“全党同志对于日寇汉奸亲日派，托洛斯基派的阴谋活动，必须有最高度的警觉性与严密的戒备”，号召“对于他们一切挑拨内战利用国内矛盾以达到掠夺目的的阴谋诡计，必须坚决揭发，给予致命打击。”[①]5月10日，博古在苏区党代表会议上作的《苏区党代表会议组织问题报告提要》和6月6日张闻天在白区党代表会议上作的《白区党目前的中心任务》报告，都重申了对托派要警惕和进行“坚决打击，使之瓦解与消灭的方针”。[②]

4. 对与张慕陶有关系的人员进行判刑、关押。被指控“与张慕陶反革命派有关”的人员有黄子文、张文华二人，其中黄子文被判刑三年，张文华被判刑二年。

很明显，围绕对待西安事变的态度问题，在共产国际的指示和影响下，中国共产党对托派的态度发生了变化。同1929年相比，西安事变后中国共产党反对中国托派斗争呈现出新特点：

第一，非真实信息的互动性。莫斯科对“反苏托洛茨基平行总部”案审判，指控皮达可夫、拉迪克等人“帮助日本侵占中国”，这本是当时斯大林独断专行，苏联政治生活极端不正常情况下的产物，属于子虚乌有之事。共产国际将此作为重要事件通报中国共产党，要求中共“吸取严重的教训”，开展声势浩大的反对托洛茨基派斗争。西安事变后主张杀蒋之人不在少数，就连在中国共产党和红军中也有许多人主张杀蒋。张慕陶主张杀蒋，只不过是众多的要求杀蒋者之一。由于他和托派有过接触，他的活动被共产国际和中共视为托派活动。而他支持孙铭九等人为救张学良不惜同南京政府开战的主张，以致此后孙铭九等杀害主张和平解决西安事变的王以哲，则被视为“是日本强盗阴险的特务”，是破坏抗日民族统一战线“汉奸阴谋家之毒计”。同时，由于中国托派反对和平解决西安事变，被视为“反对民族统一战线的实现”，“给日寇灭亡中国扫清道路”。这些非真实信息

① 中央档案馆编:《中共中央文件选集》第11册，第200页。

② 中央档案馆编:《中共中央文件选集》第11册，第222、226页。

反馈到莫斯科，则成为更证明托派勾结日本的依据，从而验证“托洛茨基分子也是中国人民不共戴天的死敌”。非真实的信息互动，形成了中国托派为“汉奸”“日本特务”“日本走狗”的结论，对以后中国的“肃托”问题发生了重要影响。

第二，由过去开展“反对党内机会主义与托洛斯基主义反对派”转向采取“给予致命打击”“瓦解与消灭”中国托派。1929 年，中国共产党是将托派作为党内的反对派即“反革命的工具”打击的，方法是肃清“所散布的非列宁主义的思想，消灭他在党内的任何活动”。主要是从思想上理论上展开斗争，对于其领袖人物“毫无留恋地开除出去”，“对于参加这一组织的分子，主要是用教育的方法，说服其自觉地向党声明退出这一组织并承认其错误”，在劝说无效的情况下，才进行“严重的制裁以至开除出党”。①而在西安事变后，在共产国际的指示下，中国共产党改变了一度采取的联合托派抗日的方针，把托派作为日本的帮凶、民族败类和凶恶敌人来对待的，采取揭露其“阴谋”活动，使之瓦解和消灭的方针。

第三，“反托”重点集中在党外，而不是党内。1929 年“反托”，主要是清除党内的反对派。这次“反托”重点是在党外，目标对准的是中国托洛茨基派的言论、主张和活动，没有在党内开展大规模的“反托”。因此，这次“反托”斗争尽管在莫斯科审判“反苏托洛茨基平行总部”的影响和共产国际指示下发生的，对张慕陶活动的定性是错误的，将托派定为“日本走狗”、日本的“特务”也是不妥的，但总体上讲，没有在党内造成严重损失。

① 中央档案馆编:《中共中央文件选集》第 5 册，第 405、409 页。

## 二

1937年7月7日全国抗战爆发后，中国共产党对托派的态度有所松动。8月19日，中华苏维埃政府主席团赦免了因“与张慕陶反革命派有关，破坏苏维埃法令，违反党的路线”[①]而被捕判刑的黄子文、张文华二人。8月23日，陈独秀被国民党释放。陈独秀要求会见驻南京的中共代表，表示愿意回到党领导下工作。与此同时，曾任中国托派“中央委员”的罗汉到南京也同叶剑英等晤谈，并以个人名义致信中共中央，提出联合抗日的要求。罗汉曾称周恩来对他说：“所谓中国的托派，事实上亦很复杂，如何分野，个人亦不十分清楚，不过我大约可以将其分为四派：一派是赞成抗日的，你和陈独秀等均属之；一派是和第四国际直接发生关系的；一派是受了拉狄克影响的孙大（即莫斯科中山大学——引者注）学生；一派是转变到其他方面去活动的分子。”[②]9月初，经叶剑英等介绍，罗汉到西安通过林伯渠与中共中央取得联系。9月10日，张闻天、毛泽东致电林伯渠，提出了对托派分子的原则：“（甲）我们不拒绝同过去犯过错误而现在真心悔悟，愿意抗日的人联合，而且竭诚欢迎他们的转变。（乙）在陈独秀等托派分子能够实现下列三条件时，我们亦愿与之联合抗日。（一）公开放弃并坚决反对托派全部理论与行动，并公开声明同托派组织脱离关系，承认自己过去加入托派的错误。（二）公开表示拥护抗日民族统一战线政策。（三）在实际行动中表示这种拥护的诚意。（丙）至于其他关系，则在上述三条件实现之后，可以考虑。”[③]可见，随着全民族抗日热潮的发展，中国共产党对中国托派进行区别对待，

① 《新中华报》1937年8月19日。

② 转引自唐宝林著：《中国托派史》，台湾东大图书公司1994年版，第232页。

③ 中共湖北省委党史资料征集委员会、中共武汉市委党史资料征集委员会编：《抗战初期中共中央长江局》，湖北人民出版社1991年版，第77页。

同意有条件的和一些曾是托派分子但愿意拥护抗日统一战线并脱离托派组织的人联合抗战。

但在这时，共产国际对中国的“反托”斗争要求却加强了。王明在巴黎《救国时报》九一八特刊上发表了《日寇侵略的新阶段与中国人民斗争的新时期》一文，根据斯大林“托洛茨基主义已经变成了赤裸裸的、无原则的、按照外国侦探机关的指令而活动的破坏者、危害者、侦探、杀人凶手等等的匪帮”的论断，认为“中国革命的敌人——首先是日寇的侦探机关，必然要更加设法安插自己的侦探、奸细、破坏者、暗杀凶手和暗害者等到共产党的队伍来，他们首先是从暗藏的托洛茨基——陈独秀、罗章龙匪徒分子当中，吸收作这种卑劣险毒工作的干部，以便从内部来破坏革命力量，以便从内部来破坏最有战斗能力和他们感觉最可怕的……中国共产党。”“托洛茨基匪徒分子，不只是中国共产党的仇敌，而且是全中国人民的公敌”。王明指责“我们党的队伍底革命警惕性，还是异常薄弱的”；“党所进行的反对敌人侦探、奸细的斗争，还是没有系统的”；“一切党的组织（连党的领导机关在内）审查干部的工作，还是作得异常不充分的”。提出要学习苏联清洗托派的斗争，“清洗国家机关军事机关和党的机关中的奸细和匪徒分子”[①]。

王明的观点被共产国际所接受，1937 年 10 月 10 日，共产国际执行委员会书记处关于中国问题的决议认为，随着“全中国武装抗击日本侵略者的开始和建立民族统一战线事业的顺利推进，标志着中国人民的斗争进入了新的时期”。而“目前，敌人通过分化瓦解，挑拨离间，间谍活动，破坏活动和恐怖活动手段更加加强了他们在中国共产党内的破坏工作。”指示中国共产党要“最大限度地提高革命警惕性，经常不断地审查干部和党机关周围人员，坚决清除党内和红军内部的一切可疑的和不可靠的分子，特别是暗藏的托洛茨基分子、陈

① 《解放》第一卷第二十六期，第 12、14 页。

独秀分子和罗章龙分子，是当前刻不容缓的任务。”共产国际批评中国共产党在这方面“做得还远远不够。对待托洛茨基分子像对待一个政党或一个派别那样，是完全错误的”。批评中共中央于1936年4月25日发表的《为创立全国各党各派的抗日人民阵线宣言》“提出能否让托洛茨基分子参加抗日民族统一战线的问题”是不正确的，认为“这是绝对不能允许的”。指示“应当尽一切手段加强同充当日本军国主义代理人的托洛茨基分子的斗争。”①

共产国际的决议有以下两点需要注意：第一，强调中国共产党要从党内和红军内来清除托洛茨基分子，并把这作为当前刻不容缓的任务，且要用尽一切手段。第二，强调不能把中国托派分子作为政党和政治派别来对待，而应当作“日本军国主义的代理人”来对待。

## 三

全国抗战爆发后，共产国际对中共中央能否适应新形势下的工作表示担心，认为“党中央、它的全体人员，它的机构和它周围的人们，还能否进行工作，这是一个很严肃的问题。”“需要能在国际形势中辨明方向、有朝气的人去帮助中共中央。中共本身也需要帮助，特别是在战争时期”②。正是从这种认识出发，共产国际决定让王明和康生回国。1937年10月21日，王明、康生给斯大林写信，要求说：“最近我们要去中国。临行前我们恳请您接见我们，以便得到您对一系列重大问题的建议。这不仅对于我们，对于我们今后的工作具有极大的意义，而且对于中国共产党的整个活动和全中国人民的解放斗争

---

① 《共产国际执行委员会书记处决议（书记处专门委员会的建议）》（1937年10月10日），中共中央党史研究室第一研究部译：《共产国际、联共（布）与中国革命档案资料丛书》第18卷，中共党史出版社2012年版，第10页。

② 《季米特洛夫在共产国际执委会书记处讨论中国问题会议上的发言》（1937年8月10日），中共湖北省委党史资料征集委员会、中共武汉市委党史资料征集委员会编：《抗战初期中共中央长江局》，第71页。

也具有极大的意义。”[①]

11 月 11 日，斯大林在克里姆林宫接见了王明、康生和王稼祥，季米特洛夫陪同接见。斯大林认为共产国际执行委员会书记处 10 月 10 日关于中国问题的决议已经过时，嘲笑说：“这就是人们坐在办公室里冥思苦想的结果！”他认为决议中“要用一切手段加强对托派的斗争……是不够的。托派必须追捕、枪毙、消灭。他们是全世界的奸细、最恶毒的法西斯走狗！”[②]这时，斯大林正准备着对所谓“右派和托洛茨基分子联盟”公开审判，布哈林、李可夫等 21 人将面临着被处决的命运。因此，从斯大林谈话的意思看，对中国托派的斗争也要升级，仅仅在报纸上进行揭露是不行的，还必须要从肉体上进行消灭。

很明显，王明、康生回国，一个重要的任务就是要贯彻共产国际、斯大林关于强化同中国托派斗争的指示。

11 月下旬，王明、康生从苏联回国，还未到延安，就开始了“反托”活动。王明、康生经过新疆迪化（今乌鲁木齐市），受到盛世才的款待。据在新疆工作的江泽民[③]说：“1937 年冬天，王明过新疆时对盛世才说，我们这些人都不是好人，不是托派，就是反革命。”[④]刘进中[⑤]在回忆中也说：“王明、康生 1937 年冬经新疆回延安，他们在乌鲁木齐说：到新疆工作的人全部是托派，不能在此工作。”[⑥]

王明为什么说在新疆工作的同志是托派呢？主要是这些人来自莫

① 《王明和康生给斯大林的信》（1937 年 10 月 21 日于莫斯科），中共中央党史研究室第一研究部译：《共产国际、联共（布）与中国革命档案资料丛书》第 18 卷，第 12 页。

② ［保］季米特洛夫著，马细谱、杨燕杰、葛志强等译：《季米特洛夫日记选编》，广西师范大学出版社 2002 年版，第 59、60 页。

③ 在新疆工作时化名吴德铭。

④ 中共新疆维吾尔自治区委员会党史研究室：《二十世纪三十年代共产国际苏联在新疆的活动》，新疆大学出版社 1996 年版，第 16 页。

⑤ 在新疆工作时化名陈培生。

⑥ 中共新疆维吾尔自治区委员会党史研究室：《二十世纪三十年代共产国际苏联在新疆的活动》，第 122 页。

斯科中山大学。1928 年王明在中山大学的时候，就深得当时的校长米夫的赏识，积极参与中山大学内的“反托”斗争。王明于 1929 年回国后，中山大学于 1930 年春又进行了新一轮的“反托”斗争，有 200 多名中国学生被捕。在被捕的人当中，一些人虽表示悔改，但没有被遣送回国，原因是怕他们回国后会增加中国托派的力量，而被遣送到苏联的边疆地区[①]。笔者认为，这些人中有部分被遣送到新疆。根据有关回忆资料，1930 年至 1934 年进入新疆工作的熊效远、胡鹏举、卞方明、陈冰（钱绮天）、王育生等，均是被作为“托派分子”遣送到那里的莫斯科中山大学学生[②]。1935 年 5 月，应盛世才的请求，苏联又派 25 人去新疆工作，其中有不少人也有在莫斯科中山大学学习过的经历。其中俞秀松[③]在莫斯科中山大学时曾同王明宗派主义错误进行过斗争，后被王明等人诬陷为反党组织“江浙同乡会”负责人。但此事经共产国际监委、联共监委、中共中央代表团联合组成的审查委员会审查，予以否定。

1934 年初，王明曾派人到新疆工作。据曾是中共六大代表后又脱党的朱秀春说：“一九三四年一二月间，当时中共驻共产国际代表王明叫我回国到新疆盛世财（才）军队工作”[④]。但朱秀春回国后没有去新疆，不久即脱党。目前尚未见到王明派其他人去新疆工作的材料。但朱秀春的回忆从一个侧面说明，王明向新疆派人没有成功，而在新疆工作的同志又不是经他认可的。这应该说是王明指责在新疆工作的同志为托派的又一个原因。

被王明指认为“托派”的同志，时任新疆行政、军事、文化、交通、情报等部门和一些地方的要职。他们工作努力，成绩显著，受到新疆人民的称赞，也使盛世才产生了猜忌和不安。盛世才以王明

① 见王凡西：《双山回忆录》，东方出版社 2004 年版，第 129—130 页。

② 见中共新疆维吾尔自治区委员会党史研究室：《二十世纪三十年代共产国际苏联在新疆的活动》，第 47、98—99 页。

③ 在新疆工作时化名王寿成。

④《中国共产党第六次全国代表大会大连籍代表相关资料》（未刊稿）。

指认这些人为“托派”借口，先后逮捕了俞秀松、江泽民、张义吾、任岳[①]、王一[②]、郑一俊[③]、赵云蓉（郑一俊的妻子）、张逸凡[④]、熊效远、胡鹏举、满素尔等。1935年到新疆工作的被捕人员经苏联驻新疆总领事请示莫斯科后，要求盛世才释放，送回苏联。后来，俞秀松在苏联“大肃反”中被拷打致死，张逸凡被遣送到靠近北极的一个煤矿上做苦役。其他人经反复审查无事，另行分配了工作。1930年进入新疆工作的熊效远、胡鹏举后来被盛世才杀害。

笔者认为，王明、康生在新疆贯彻共产国际、斯大林“反托”的指示，是当年中山大学“反托”斗争的继续，同时也揭开了中国共产党反对中国托派第三波的序幕。被盛世才逮捕的人中熊效远、胡鹏举虽是“托派”，但他们已经表示悔改，并在新疆已做出了成绩，其他人则与“托派”毫无关系。因此，新疆“反托”是王明、康生回国制造的第一个冤案，给新疆工作造成的损失是不言而喻的。不仅如此，还为盛世才以后打击由苏联进入到新疆工作的中共党员提供了借口。1936年受共产国际派遣进入新疆工作的刘进中，任新疆边务处第二副处长。由于他不是中山大学的学生，不认识王明，没有牵涉进去。但在1940年他被盛世才诬为“托派”，“是日本派到新疆的特务头子”[⑤]。1940年10月，经苏联政府的交涉，才回到苏联。

11月29日，王明、康生到达延安。12月9日至14日，中共中央召开政治局会议，王明在会上传达了共产国际的指示。12月25日，由王明起草的《中国共产党对时局宣言》中，将“托派”称为“托匪”，和“汉奸、敌探”并列，认为他们“正在加紧挑拨离间以破坏我国民族力量团结的阴谋”，是中国抗战“目前最大难关”[⑥]。可

---

① 在新疆工作时化名刘贤臣。

② 任岳的妻子，在新疆工作时化名高秀影。

③ 在新疆工作时化名郑义钧。

④ 在新疆工作时化名万献廷。

⑤ 中共新疆维吾尔自治区委员会党史研究室：《二十世纪三十年代共产国际苏联在新疆的活动》，第122页。

⑥ 中央档案馆编：《中共中央文件选集》第11册，第411页。

见，这个文件把“反托”作为当时党的一项重要任务，由此正式开始了大张旗鼓的“反托”运动第三波。此后的第11天，即1938年2月5日，《新中华报》[①] 开始刊登“组织巩固的后方，肃清汉奸托匪！”的大幅通栏标题。这个大幅通栏标题一直刊登到2月25日。

在新一波“反托”运动开始后，首当其冲的是陈独秀。

王明在《中共50年》里说：“1937年底，在我回到延安之后，便得知毛泽东已和陈独秀的代表罗汉达成协议，因此毛泽东允许托陈集团的成员全部恢复党籍（由于我回到延安，‘恢复党籍’的计划才未实现）。这一事实证明，毛泽东当时已准备同帝国主义反动派的积极帮凶——托派分子勾结起来。”[②] 王明这段话自然是歪曲历史事实的，如前所述，张闻天、毛泽东在致林伯渠的电报中，只是在坚持原则的条件下，同意与陈独秀、罗汉等联合抗日，并未达成全部恢复他们的党籍的协议。但王明的这段话从另一面可以看出毛泽东并未将陈独秀、罗汉作为敌人看，而是考虑作为一种可以联合的力量来对待。在王明到延安的前9天，即在11月20日，延安《解放》第一卷第二十四期“时评”栏目发表了《陈独秀先生到何处去》的文章，表示：“陈独秀先生恢复了自由以后，大家都在为陈先生庆幸，希望他在数年的牢狱生活里虚心地检讨自己的政治错误，重振起老战士的精神，再参加到革命的行伍里来。”文章注意到陈独秀出狱后在武汉发表的演讲与“中国的托洛斯基派的主张已大有差别”，同时批评了他的“思想却是表现着倒退，倒退到‘五四’时代去。”认为“陈独秀先生的贵体是自由了，但是他的思想却是资产阶级底俘虏！”[③] 可以看出，这时中共对陈独秀的态度是团结和批评，充满了期待，方式方法是正确的。

---

① 《新中华报》原为苏维埃政府机关报，为适应全国抗战爆发后的新形势，从1937年9月9日改为陕甘宁边区政府机关报。

② 王明著：《中共50年》，东方出版社2004年版，第184页。

③ 《解放》第一卷第二十四期，1937年11月20日出版，第61页。

王明批评了中共中央对待陈独秀的态度，认为“我们和什么人都可以合作抗日，只有托派是例外。在国际上我们可以和资产阶级的政客军阀甚至反共刽子手合作，但不能与托洛茨基的信徒们合作。在中国我们可以与蒋介石及其属下的反共特务等等合作，但不能与陈独秀合作。”[①] 由于王明是带着共产国际1937年10月10日的决定中反对陈独秀分子和清除党内托洛茨基分子的精神回来的，因此，1937年12月4日，《解放》周刊转载了前述王明在巴黎《救国时报》九一八特刊上发表的《日寇侵略的新阶段与中国人民斗争的新时期》文章。紧接着，康生在《解放》第二十九、三十期上发表了《铲除日寇暗探民族公敌的托洛茨基匪徒》的长篇文章，称陈独秀、彭述之、罗汉等组织的“托匪中央”曾和“日本侦探机关”谈判，“谈判结果是：托洛茨基匪徒‘不阻碍日本侵略中国’。而日本给陈独秀的‘托匪中央’每月三百元津贴，待有成效后再增加之。这一谈判确定了，日本津贴由陈独秀托匪中央的组织部长罗汉领取了，于是，中国的托匪和托洛茨基匪首，在日寇的指示下在各方面扮演着不同的角色，就大唱其帮助日本侵略中国的双簧戏。”[②] 文章还列举了陈独秀参与“破坏抗日”的种种活动。康生文章中给陈独秀定的“罪名”，同王明的《日寇侵略的新阶段与中国人民斗争的新时期》一样，是从莫斯科审判“反苏托洛茨基平行总部”案加给皮达可夫、拉迪克、索科里尼科夫等人的“罪名”和斯大林“托洛茨基主义已经变成了赤裸裸的、无原则的、按照外国侦探机关的指令而活动的破坏者、危害者、侦探、杀人凶手等等的匪帮”的论断推演而来，事实证明完全是没有依据的。

康生的文章无中生有，在当时引起了一场风波，陈独秀因此事对中国共产党十分不满，原本可以拉近同中共的关系由此而渐行渐远。虽然以陈独秀的性格，对前述张闻天、毛泽东提出的三个条件也是不会接受的，但也不至于将关系搞得像后来那么僵。一些头面人物和学

---

① 张国焘著：《我的回忆》（第三册），现代史料编刊出版社1981年版，第422、423页。

② 《解放》第三十期，第12页。

者名流也为陈独秀辩解、抱不平；一些别有用心的人借机攻击中国共产党。这场风波损害了中国共产党的形象，使一些有社会影响的人物对中国共产党的政策产生怀疑，他们中本来可以成为中共朋友的人由此远离而去。

抓捕、声讨张慕陶成为这次“反托”运动的又一重要活动。西安事变后张慕陶在阎锡山处仍得到重用，阎准备派他到晋东南当专员。中共北方局决定山西省委组织斗争张慕陶。2 月 4 日，张慕陶到山西临汾民族革命大学讲演，遭到中共山西省委组织的数千学生、群众的围攻。阎锡山以“逮捕”为名，将张慕陶押送到临汾高等法院，实际上是保护了起来。2 月 5 日，由牺盟会、民族革命大学召开群众大会，声讨张慕陶的“托匪活动”，以“扩大肃清托匪宣传”。大会提出：“一、要求阎司令长官肃清全山西托匪活动。二、要求蒋委员长肃清全国托匪活动。”与会群众提出：“(一) 组织公审，(二) 要求枪毙，(三) 没收财产。”①

山西临汾抓捕、声讨张慕陶的消息传到延安后，各机关、团体、学校召开代表会议，决定于 2 月 20 日召开“群众反汉奸反托匪大会”。从 2 月 17 日起，延安各单位开始进行广泛动员，准备在群众中大张旗鼓讨论“揭破汉奸托匪对中国民族解放运动的罪恶与肃清托匪汉奸的具体办法”。②2 月 20 日，由陕甘宁边区抗敌后援会等群众团体发起，延安各界 5000 多人在东门内操场举行“反托匪群众大会”。大会主席团代表首先讲话，认为：“托匪是法西斯蒂的走狗，在中国，托匪的罪恶更大：它破坏民族统一战线，破坏中国人民抗日的神圣事业，替日寇做侦探，帮助日寇进攻中国。”表示最近在山西临汾抓住张慕陶一事，“是我们抗战一个最大的胜利”。康生在会上作“托匪在中国活动情形”报告。康生列举的“托匪”罪状如下：1. “日寇进

① 《新中华报》1938 年 2 月 20 日。

② 《新中华报》1938 年 2 月 20 日。

攻上海时，托匪黄公度[①]在广西后方倒（捣）乱”；2.“日寇进攻山西时，托匪张慕陶在晋南做种种帮助日寇的行动”；3.“日寇进攻西北时，托匪则在甘泉洛川组织兵变”；4.“日寇进攻津浦线时，托匪则在徐州帮助日寇组织别动队。”另外，康生还指控“张慕陶曾用阴谋杀害察北抗日的吉鸿昌将军”，重提张在“西安事变时，鼓动枪杀力主和平之王以哲将军”[②]。大会发出致全国人民通电，认为“肃清托奸是全国人民贯彻抗战到底，争取最后胜利的一个重要任务。”号召“广泛地开展反托运动”。大会还公布了“消灭破坏统一战线的汉奸托匪”、“消灭破坏全国抗战的汉奸托匪”、“托匪是中华民族公敌”、“托匪是日寇最阴险的侦探”[③]等十三条“肃清托匪汉奸运动”标语口号。

延安这次“反托”群众集会，从声势上讲，把“反托”运动推向了高潮。对此，从莫斯科回国的王明、康生起了主要作用。但这时，中国共产党“反托”运动的开展，主要还是依据王明、康生传达共产国际的指示精神，尚没有见到共产国际的正式文件。运动的主要矛头先后对准的是陈独秀和张慕陶，并未在中共内部进行清洗“托派”的行动。

## 四

1938年2月，苏联对布哈林、李可夫等21人的所谓“右派和托洛茨基分子联盟”案的审讯已近尾声，共产国际根据联共（布）中央二月全会决议作出了《关于与法西斯主义的奸细——托洛茨基分子作斗争的决议》，决议将托洛茨基主义定性为“法西斯走狗”。认为资本主义国家中的共产党和共产国际有许多工作人员未曾表现应有

① 应为王公度。

② 《新中华报》1938年2月25日。

③ 《新中华报》1938年2月25日。

的警惕性以对付托洛茨基主义，而且没有及时指出托洛茨基主义与法西斯主义结合的过程，“对于党员政治思想的教育工作之没有一贯进行，结果使得一些地方党的组织在政治上的锻炼程度还不足以阻止法西斯——托洛茨基的侦探与奸细混进他们的队伍之中”。因此，共产国际指示：（一）共产国际各支部须在会议上以及在报纸上开展有系统的斗争以反对法西斯走狗——托洛茨基主义，采用法庭审判反苏联的季诺维也夫——托洛茨基总部以及反苏联的平行的托洛茨基总部之材料。方法上采取发动工人群众以反对托洛茨基分子的奸细活动，要达到把这些当法西斯走狗的分子赶出工人运动的队伍以外。（二）在党校课程中须增加一课，专授反对法西斯主义及其托洛茨基走狗的斗争。（三）须有系统地在党的一切组织内进行口头上的和刊物上的广大宣传工作，以解释法西斯走狗托洛茨基主义底反革命作用。（四）须发动党的组织，去揭露那些不同意党的策略方针、倾向于托洛茨基主义的分子。（五）须使党的组织清洗出那些为阶级敌人所暗派到共产党内来捣乱的两面手腕的托洛茨基分子。决议要求各国党从党的高级机关（党的政治局与中央）起，至党的初级组织止，讨论本决议。并强调：“反对托洛茨基主义的斗争，并不是一时的政治运动，而是党的每个组织、每个共产党员的日常的经常的任务，而是器重自己队伍的完整与纯洁的工人组织之事业；须顾及揭穿托洛茨基主义乃是工人阶级反法西斯主义、反战争、争取劳动对资本的最后胜利、争取社会主义在全世界上的胜利之斗争的组成部分。”①

这是共产国际向各国党发出的反托洛茨基主义的正式文件，是最新精神。文件的中心思想是阻止“法西斯——托洛茨基的侦探与奸细混进”共产党的队伍之中。文件不但要求各国共产党从思想上、组织上清除托洛茨基主义分子，而且要求将反托洛茨基主义作为一项日常工作，在思想上将弦绷得紧紧的，并将此的重要性与能否争取反法西

---

① 《解放》第三十二期，1938年3月5日出版，第4页。

斯战争的胜利和无产阶级在世界范围内胜利联结起来。

根据共产国际的决议精神，《解放》周刊 1938 年 4 月 1 日、4 月 5 日，连续两期出了“苏联大叛国案审判特辑”，先后刊登了《苏联大叛国案起诉书》《论苏联叛国案之公审及其意义》《托派是全人类与全中华民族的公敌》《苏联大叛国案检察官的论告》《苏联大叛国案最高法院的判决书》和《苏联舆论拥护判决》，详细介绍了苏联审判“右派和托洛茨基分子联盟”案的情况，公布了有关文件，并对托派的“罪行”进行了系统的批判。

《论苏联叛国案之公审及其意义》一文认为，“‘右派与托派同盟’反革命案件的破获、公审与判决，不仅是苏联全体人民的一个很大的胜利，并且也是全世界无产阶级、被压迫民族与一切爱好和平人士的一个很大胜利。特别是，在目前我国对日抗战时期，这也是我国人民的一个胜利。”并认为“苏联当局对于这次叛国案件解决的坚决，正合乎人民的要求，正足为我国当局之借鉴。”①

《托派是全人类与全中华民族的公敌》一文，从托派提出打倒国民党、反对共产党、破坏民族统一战线、打倒一切帝国主义、打倒苏联等口号，论证“托派汉奸所反对与破坏的，是全民族的利益，是全民族一切抗日爱国党派的利益，是全民族内一切抗日爱国党派的统一战线事业，是全民族英勇抗战争取独立解放的神圣事业。”值得注意的是，文章把国共第二次合作后出现的国民党顽固派制造的反共磨擦同“反托”运动联系起来，认为中国托派善于利用国民党内的一小部分人对共产党与民众的怀疑与不安，害怕共产党力量扩大，寻找损害和削弱共产党力量的方法，以反共“能手”自荐，以便在“反共”的烟幕弹的掩护下，进行汉奸活动。号召“全国各抗日党派，决不应允许那一个党有利用托派的饮鸩止渴的行为，而应当同心协力把这一共同的敌人

① 《解放》第三十三期，1938 年 4 月 1 日出版，第 15、16 页。

铲除”。文章表示：“我们尤其希望，领导抗战的蒋介石先生，能够领导肃清破坏抗战的汉奸托派的运动，各地抗日当局将领与各党派，能够协同民众广大的深入的开展这一运动。我们更热烈希望在开展反对汉奸托派的运动中，由于破坏国共两党关系破坏民族统一战线的奸细分子的扫除，能够使两党以及全民族的精诚团结，更进一步的巩固起来加强起来，以更有力地争取抗战的伟大胜利。”①

关于托派同国民党反共派结盟的观点，张闻天在1938年2月2日与到延安的苏联上尉安德里阿诺夫的谈话中就表示过。张闻天告诉安德里阿诺夫：国民党内的反动势力和托洛茨基分子结成联盟，国民党《扫荡报》刊登了托洛茨基分子的文章。托洛茨基分子提出的口号是：“现在应该只有一个政府，一支军队，一个政党和一个领袖，而只有现存的国民党政府才是这唯一的政府，国民党军队才是这唯一的军队，国民党才是这唯一的政党，蒋介石才是这唯一的领袖。其余的都应该取消。”②任弼时于1938年3月上旬到莫斯科后，在向共产国际报告中国抗日民族统一战线形势时，也表达了相同的观点，并举了张闻天和安德里阿诺夫谈话时所举的同一个例子。不过，任弼时明确指出，这些口号是复兴社上层与托派一起，根据蒋介石的意图提出来的。此外，任弼时还向共产国际报告了1938年1月17日汉口《新华日报》编辑部被捣毁的情况。当时，《新华日报》是受叶青、贺衷寒指使的国民党暴徒所捣毁。事发当天，中共中央长江局作出决议，认为这一事件是“汉奸、托匪挑拨国共的合作，企图破坏抗日民族统一战线”③的阴谋。因此，任弼时在向共产国际汇报中国抗日民族统一战线的情况时，也把此作为国民党反共势力与托派结合破坏抗日民族统一战线的一个重要事例。

---

① 《解放》第三十四期，1938年4月5日出版，第18、19页。

② 《安德里阿诺夫同中共中央书记张闻天谈话的简要记录》（1938年2月2日于延安），中共中央党史研究室第一研究部译：《共产国际、联共（布）与中国革命档案资料丛书》第18卷，第24页。

③ 《中共中央长江局关于〈新华日报〉馆被捣毁问题的决议》（1938年1月17日），中共湖北省委党史资料征集委员会、中共武汉市委党史资料征集委员会编：《抗战初期中共中央长江局》，第146页。

从上述可以看得出来，中共力图通过反托运动将矛头指向破坏统一战线的国民党内反共势力，指向国民党一党专政和蒋介石独裁，向蒋介石施加压力，要求其限制国民党内的反共势力的活动，开放政治民主。但这个努力并没有成功。

1938 年 4 月以后，中国共产党“反托”运动的声势逐渐退潮，报刊上不再发表“反托”的专门文章，但是，托派作为“汉奸”“匪帮”，是中国抗日战争最凶恶的敌人，在抗日根据地内产生了严重影响。1939 年，山东抗日根据地发生了“湖西事件”，数百人因被错误地当作“托匪”而遭到杀害。1942 年山东根据地的泰山区和滨海区又发生了类似湖西的“肃托”事件。1943 年 4 月，延安中央研究院文艺研究室特别研究员王实味被错误逮捕，其罪名之一便是“托派”分子。尽管这些冤案、错案是发生在党内，但从总体上看，中国共产党的“反托”斗争的主要方向仍然是对外。

通过上述分析论述，笔者得出以下结论：

第一，在民族危机日益加深的情况下，中国共产党从团结各种政治力量共同抗战的愿望出发，曾先后两次打算调整对中国托派的政策。由于苏联先后发生所谓“反苏托洛茨基平行总部”案和“右派和托洛茨基分子联盟”案，在此影响和共产国际的指示及干预下，打断了中国共产党对托派政策的调整。中国托派反对国共合作建立抗日民族统一战线，对它进行批驳揭露，清除其影响是必要的。但将其作为日本的走狗和最凶恶的敌人，则是不正确的。因为中国托派是反对日本侵略的。共产国际要求中国共产党把中国托派作为最凶恶敌人来反对，中国共产党在“反托”斗争出现的失误，共产国际应负主要责任。王明、康生带着共产国际、斯大林的指示回国，推动中国共产党的“反托”运动走向高潮，负有直接的责任。

第二，随着苏联“肃托”的升级，共产国际要求中国共产党反对托派的斗争力度越来越大，托派的罪名由“日本侵略者的直接帮凶”发展到“全世界的奸细、最恶毒的法西斯走狗”；斗争方式从组织、思想清除发展到包括肉体消灭、监禁在内的全方位的斗争；并多次强调斗争范围要从外部转到内部。但是，对于共产国际的“反托”斗争指示，中国共产党并没有机械地执行。中国共产党接受了共产国际对托派的定性，但对于共产国际要求在内部大规模开展“肃托”斗争没有执行，而是力图把“反托”目标转向制造国共磨擦的反共分子。正是由于中共把“反托”的目标主要对外，尽管也出现了一些冤、假、错案，但只是发生在局部地区和个别人，没有发生像苏联那样大规模的清洗托派，造成大量冤、假、错案的情况。

（本文原载《中共党史研究》2010 年第 11 期，获中共中央党史研究室 2010 年度优秀论文奖）

# 1927年夏至1930年春联共（布）、共产国际与陈独秀的关系

关于大革命时期联共（布）、共产国际与陈独秀关系问题，史学界研究成果已经很多。但从大革命失败到陈独秀因接受托洛茨基主义并进行托派小组织活动被开除党籍前后，联共（布）、共产国际与陈独秀的关系如何，研究成果却很少，即使在权威性的陈独秀研究著作中谈到的也不多。笔者认为，对这一时期联共（布）、共产国际与陈独秀的关系的研究不能忽略。近年来，随着联共（布）、共产国际与中国革命关系新的档案材料的大量公布，使我们对这一时期联共（布）、共产国际与陈独秀的关系能够有一个比较清楚的了解。

## 一

从1927年夏到1930年春，联共（布）、共产国际与陈独秀的关系，可以分成两个阶段：第一阶段为1927年夏到1929年夏；第二阶段为1929年夏到1930年春。先考察一下1927年夏到1929年夏联共（布）、共产国际与陈独秀的关系。

1927年蒋介石发动四一二反革命政变后不久，共产国际驻华代表罗易在给联共（布）中央政治局和共产国际执行委员会的电报中，屡屡指责陈独秀，建议将陈独秀召到莫斯科去。6月14日，联共（布）

中央政治局接受了罗易的建议，“认为有必要召陈独秀到莫斯科来商议”。[①]6月15日，联共（布）中央政治局又对14日决定作出补充，认为“如果可以避开警察的监视，建议陈独秀动身。”[②]7月12日，遵照共产国际的指示，中共中央进行改组，成立临时常务委员会，陈独秀离开中共中央最高领导岗位。当日，鲍罗廷按照联共（布）中央政治局的决定，要陈独秀动身去莫斯科，讨论中国革命问题。与此同时，陈独秀受到了共产国际的严厉指责。1927年7月10日，共产国际执委会政治书记处负责人布哈林在苏联《真理报》上发表了《中国革命的转折关头》一文，批评陈独秀是中国共产党内“机会主义倾向最严重的领袖”[③]。7月16日，曼达粱在《真理报》上发表了《中共领导为何失败？》一文，称陈独秀为“中国共产党最突出、最地道的机会主义代表”[④]。对于联共（布）和共产国际的指责，陈独秀是想不通的，认为大革命的失败，不能完全归于他本人，联共（布）和共产国际也“应该负责任的”[⑤]。因此，陈独秀拒绝去莫斯科。

尽管陈独秀拒绝去莫斯科，但联共（布）、共产国际对此事并没有作罢。1927年9月5日，共产国际东方书记处副主任索洛维约夫在致联共（布）中央政治局中国委员会的信中提到：“在去年秋天，维经斯基同志就和陈独秀一起提出后者来莫斯科参加[共产国际执委会]第七次扩大全会并短期呼吸一下莫斯科的空气和情绪的问题。”“后来，已是在今年春天，又提出了陈独秀来莫斯科的问题，以

---

① 《1927年6月14日征询政治局委员意见》，中共中央党史研究室第一研究部译：《共产国际、联共（布）与中国革命档案资料丛书》第4卷，第317页。

② 《1927年6月15日征询政治局委员意见》，中共中央党史研究室第一研究部译：《共产国际、联共（布）与中国革命档案资料丛书》第4卷，第317页。

③ 安徽大学苏联问题研究所、四川省中共党史研究会编译：《苏联〈真理报〉有关中国革命的文献资料选编》第1辑，第503页。

④ 安徽大学苏联问题研究所、四川省中共党史研究会编译：《苏联〈真理报〉有关中国革命的文献资料选编》第1辑，第522页。

⑤ 《陈独秀告全党同志书》（1929年12月10日），中共中央党史研究室第一研究部编：《共产国际、联共（布）与中国革命档案资料丛书》第6卷，第357页。

便他能回国后参加中共第五次代表大会。”“这两次，问题都被否决了，没有同意让陈独秀来莫斯科”。他认为：“很可能，如果当时陈独秀来莫斯科的话，就可以和他一起制定中国党较为正确的路线。”[①] 由此可见，索洛维约夫认为陈独秀之所以犯机会主义错误，主要是因为没有来莫斯科的缘故。索洛维约夫的意见受到了联共（布）中央政治局的重视。9 月 15 日，联共（布）中央政治局会议决定：“最好让陈独秀同志来莫斯科”。并“将此问题交由共产国际执委会政治书记处作最后决定。”[②]10 月 11 日，共产国际执行委员会致电驻上海的代表诺罗夫，表示：“我们再一次坚决邀请陈独秀来莫斯科。”这时，有风传共产国际准备将陈独秀开除的消息，为此，共产国际在这个电报中特意辟谣，强调：“关于开除陈独秀的报告，是恶毒的谣言。”[③]

根据共产国际的指示，瞿秋白多次和陈独秀见面，劝说陈独秀去莫斯科。但性格倔强的陈独秀坚决拒绝了共产国际的邀请。

不久，中国共产党内发生了瞿秋白“左”倾盲动错误，11 月 9 日至 10 日，在上海召开的中共中央临时政治局扩大会议，给南昌起义和湘赣边界秋收起义的领导人及省委的负责人周恩来、谭平山、毛泽东、彭公达等以政治纪律处分，其中谭平山被开除党籍。由于对中共临时中央政治局制定的策略路线产生不满，谭平山在上海联络部分脱党的中共党员和国民党左派分子，成立“国民党左派联合办事处”，准备建立第三党。陈独秀并未参与建立第三党，但所谓陈独秀和谭平山一起被推为第三党首领的消息却通过在莫斯科学习的中共党员的渠道，报告给了共产国际执行委员会东方书记处。索洛维约夫即

① 《索洛维约夫给联共（布）中央政治局中国委员会的信》（1927 年 9 月 5 日于莫斯科），中共中央党史研究室第一研究部译：《共产国际、联共（布）与中国革命档案资料丛书》第 7 卷，第 33 页。

② 《联共（布）中央政治局会议第 124 号（特字第 102 号）记录（摘录）》（1927 年 9 月 15 日于莫斯科），中共中央党史研究室第一研究部译：《共产国际、联共（布）与中国革命档案资料丛书》第 7 卷，第 70 页。

③ 《共产国际执行委员会给诺罗夫的电报》（1927 年 10 月 11 日于莫斯科），中共中央党史研究室第一研究部译：《共产国际、联共（布）与中国革命档案资料丛书》第 7 卷，第 121 页。

于 1928 年 2 月 6 日致信布哈林，称："据丘贡诺夫[①]同志报告，有一位中国同志接到自己的一个可以完全信任的同志的信，报告了以下情况：1. 一批中共领导人由于对中共中央现领导的最近政策不满，公开号召成立新的似乎是真正共产主义的政党。2. 这些领导人推举陈独秀和谭平山为该党首领。"[②]

2 月 11 日，正在莫斯科参加共产国际执行委员会第九次全会的向忠发致信共产国际执行委员会主席团，在介绍了谭平山准备成立第三党的情况后，称："陈独秀、周恩来和其他非广州的同志现在正摇摆于谭集团和中共中央之间。"[③]2 月 15 日，向忠发又致信共产国际执行委员会，对中共党内的情况进行了分析，认为，"解除这样或那样一些同志（如陈独秀、张国焘等）的党内领导工作，不能不给他们造成某种共同的委屈，这是可以理解的。但是，委屈变成了对自己党——共产党的敌视，这又是小资产阶级性格所固有的现象，对他们来说，个人利益高于党的利益。"表示："党的任务是坚定不移地同这些人划清界限，为加强党的布尔什维主义领导而进行坚决的斗争。"向忠发还说："陈独秀同志很容易受他周围人的影响。所以很难说他是否会同谭平山走到一起去。"[④]

向忠发是在 1927 年 10 月率中国工农代表团去苏联的，这时他离开国内已经四个来月，他给共产国际的信中所谈的消息来源于中山大学的一些中国学生，无疑是国内未经证实的传言，是与事实不符合的。

索洛维约夫和向忠发的信反映了这样一种情况，即中共党内有一

---

① 即周达文，丘贡诺夫是化名，曾在莫斯科中山大学当翻译。时在国际列宁学校学习。

② 《索洛维约夫给布哈林的信》（1928 年 2 月 6 日于莫斯科），中共中央党史研究室第一研究部译：《共产国际、联共（布）与中国革命档案资料丛书》第 7 卷，第 301 页。

③ 《向忠发给共产国际执行委员会第九次全会主席团的信》（1928 年 2 月 11 日于莫斯科），中共中央党史研究室第一研究部译：《共产国际、联共（布）与中国革命档案资料丛书》第 7 卷，第 304 页。

④ 《向忠发给共产国际执行委员会的信》（1928 年 2 月 15 日于莫斯科），中共中央党史研究室第一研究部译：《共产国际、联共（布）与中国革命档案资料丛书》第 7 卷，第 314 页。

些人怀疑陈独秀同谭平山有联系，主张对陈独秀开展斗争。

共产国际对谭平山准备成立第三党是非常关注的，共产国际执行委员会第九次全会作出的关于中国问题的决议认为："中国共产党应当对某些原是共产党员的人（如谭平山等）想要建立所谓的'真正共产党'、'工农党'新党而实际上是资产阶级改良主义政党的企图，进行无情的斗争。因为这种政党实质上是孟什维克党，是反对工人和农民的党，是蒋介石和其他屠杀工人阶级和农民的刽子手的驯服工具。同工农运动中这种反革命的右倾危险作斗争，是党的当务之急。"① 从这个决议的内容看，共产国际对谭平山成立第三党的谴责是非常严厉的，当成了敌人对待。值得注意的是，共产国际的决议并没有把陈独秀同第三党联系起来。可见，共产国际没有听信索洛维约夫和向忠发报告的关于陈独秀同谭平山一起建立第三党的传言。

1928 年春，中共六大召开之前，共产国际和中共中央要陈独秀前往莫斯科参加六大，几次催促，都遭陈独秀拒绝。鉴于陈独秀一直不到莫斯科去，1928 年 7 月 24 日，时任共产国际执行委员会东方书记处副主任的米夫致电在上海的共产国际执行委员会联络部驻华代表阿尔布列赫特，敦促："请再次邀请陈独秀来莫斯科。我们保证他能从事理论工作和返回中国。"②

共产国际三番五次要陈独秀去莫斯科，并作出许诺，保证他能从事理论工作和回国；六大后的中共中央也向陈独秀解释了他去莫斯科的必要，陈独秀为了应付，答应前去莫斯科，但就是拖着不去③。

值得注意的是，1929 年 5 月 20 日，联共（布）中央政治局会议

---

① 《共产国际执行委员会第九次全会关于中国问题的决议》（1928 年 2 月），中国社会科学院近代史研究所翻译室编译：《共产国际有关中国革命的文献资料（1919—1928）》第一辑，第 353 页。

② 《米夫给阿尔布列赫特的电报》（1928 年 7 月 24 日于莫斯科），中共中央党史研究室第一研究部译：《共产国际、联共（布）与中国革命档案资料丛书》第 7 卷，第 513 页。

③ 参见中央档案馆编：《中共中央文件选集》第 5 册，中共中央党校出版社 1990 年版，第 550 页。

作出了一个决定。尽管这个决定是关于鲍罗廷的，但笔者认为，间接同陈独秀有一定的关系。联共（布）中央政治局的决定指出：“鲍罗廷同志在其在华工作中犯了重大的机会主义性质的政治错误，对共产国际执行委员会和联共（布）中央有重大违反纪律的过失（公然不执行指示、向中共中央隐瞒这些指示），造成了严重的不良后果。”[①]这个决定表明经过了一段时间的沉淀，联共（布）中央政治局对中国大革命失败的原因有了新的说法，即不只是陈独秀犯了“机会主义”错误，鲍罗廷也犯了“机会主义”错误，鲍罗廷对中国大革命的失败负有重要责任。而且以陈独秀为首的中共中央之所以犯错误，也有鲍罗廷隐瞒共产国际指示的原因。

## 二

再考察一下1929夏到1930年春联共（布）、共产国际与陈独秀的关系。

1928年，被苏联遣送回国的托洛茨基分子区芳、梁干乔、陈亦谋等，在上海成立了托派小组织，自称“中国布尔什维克——列宁主义者反对派”（该派出版刊物《我们的话》，因此又称为“我们的话派”）。1929年6月，共产国际得到了“我们的话派”出版的刊物，立刻引起了注意。6月7日，米夫致信远东局，告知出现中国托派的消息，并说“中国托派把工作集中在共产党人中间，在共产党内部有隐蔽的托洛茨基分子在做瓦解工作”。米夫要求远东局速告“为克服托洛茨基主义危险，党在做什么工作”。他还请远东局“将托派在苏联瓦解情况告诉中国同志”。[②]

---

① 《联共（布）中央政治局会议第81号记录（摘录）》（1929年5月23日于莫斯科），中共中央党史研究室第一研究部译：《共产国际、联共（布）与中国革命档案资料丛书》第8卷，第114页。

② 《米夫给共产国际执行委员会远东局的信》（1929年6月7日于莫斯科），中共中央党史研究室第一研究部译：《共产国际、联共（布）与中国革命档案资料丛书》第8卷，第121页。

三个月后，米夫和库丘莫夫在致远东局的信中，再次提到中国托派小组织的问题，询问："党对它的出现作出反应没有？"并指示开展反对托派小组织的斗争，要"采取揭露和彻底消灭托派的各种措施"，"无论如何不能让托派组织发展"。在同一封信中，米夫和库丘莫夫还就陈独秀问题指示远东局："建议（以中央决定的形式）陈独秀立即就党的策略问题作出表态。继续不明确的态度是不能允许的。必须要么争取使他在彻底承认错误和接受党的路线的基础上实际参加党的工作，要么决定他的党籍问题。"① 从这封信的内容判断，由于相隔距离遥远的关系，共产国际还不知晓中国共产党在六届二中全会已经注意到中国托派的活动，并提出"坚决的与之斗争"② 的消息，更不知道陈独秀这时已接受托洛茨基关于中国革命的主张，反对党的六大政治路线。这封信说明了这样一个问题：鉴于陈独秀迟迟不去莫斯科，不承认自己在大革命中的错误，不明确表示接受党的六大路线，共产国际十分恼火，已开始考虑开除陈独秀的党籍问题。

陈独秀是在1929年春开始接触到托洛茨基论述中国革命的文件，并引起思想上共鸣的。经过一段时间的思考，陈独秀接受了托洛茨基关于中国革命的理论和策略。同年8月至10月，陈独秀多次给中共中央写信，反对中共六大制定的路线，提出了同党对立的主张③。

与陈独秀接受托洛茨基主义交织在一块的还有对中东路事件的看法问题。1929年7月，中国东北地方当局在国民党南京政府的授意和支持下，破坏1924年中苏共管中东铁路的协定，以武力强行接管中东铁路，解除苏方人员的职务，引起中苏之间的武装冲突。根

---

① 《米夫和库丘莫夫给共产国际执行委员会远东局的信》（1929年9月7日于莫斯科），中共中央党史研究室第一研究部译：《共产国际、联共（布）与中国革命档案资料丛书》第8卷，第162页。

② 中央档案馆编：《中共中央文件选集》第5册，第167页。

③ 为了篇幅问题，笔者在这里不展开介绍陈独秀主张的具体内容，详见中共中央党史研究室著：《中国共产党历史》（第一卷）（上册），中共党史出版社2002年版，第345页。

据共产国际的指示，中共中央从7月12日起，先后发表宣言和发出党内通告，指出中东路事件“乃是整个国际帝国主义向苏联进攻的表现”。[①] 提出“拥护苏联！打倒替帝国主义做进攻苏联的国民党！”“准备以国内阶级战争消灭帝国主义战争，变反苏联的战争为拥护苏联的战争！”[②] 等口号，并计划在8月1日举行抗议进攻苏联的示威活动。陈独秀于7月28日致信中共中央政治局常委会，对中共中央自中东路事件以来的宣传口号提出了不同意见。陈独秀认为：中东路事件“在中国发生，事件本身又和中国社会有直接利害关系”。“在这样情形下，我们的宣传方法，似乎不能象别国的兄弟党那样简单，即是说单是世界革命的大道理，不能够解答群众心中所需要解答的实际问题。”“我们的宣传，太说教式了，太超群众了，也太单调了，对于中东路收回这一具体问题，没有正确的解释”。他不同意用“反对进攻苏联”和“拥护苏联”作为动员群众的中心口号，认为这样的口号不能使群众明白在推翻帝国主义在中国的统治之前，收回中东铁路只是一个幻想，起到动员广大群众的作用，而且使国民党有空子可钻，“把他们‘拥护中国’的口号和我们‘拥护苏俄’的口号对立起来，听群众自己选择一个。”那么如何宣传好呢？陈独秀认为应当着力向群众宣传“帝国主义者之间必然因互夺中东路迟早要导入第二次大战”，从而“在中国做战场，或是帝国主义利用中国进攻苏俄所加于中国民族的灾难”。这样宣传，“稍有常识的人，一经指出，都能懂得，即不倾向革命的中立分子，也能了解”。“只有这样的宣传，才能够把国民党拥护民族利益的假面具打得粉碎，然后提出反对国民党政府对于中东路的卖国政策或‘误国政策’（这个名词更能使群众亲切的了解），然后提出反对帝国主义利用国民党，借中东路问题向苏联进攻的阴谋，才能够得到广大群众的

① 《布尔塞维克》第2卷第8期，第7页。

② 中央档案馆编：《中共中央文件选集》第5册，第387、388页。

同情。”[1]由此可见，在反对国民党进攻苏联这个大的方面，陈独秀同中共中央并没有分歧。他只是希望中共中央认真分析中东路事件的国际国内背景、发展趋势及其对中国民族的影响，注意宣传方式，提出能够动员广大群众的口号。陈独秀的建议是中肯的，含有很大合理成分。

8月3日，中共中央复信陈独秀，严厉批评他的观点是“帮助了帝国主义与国民党的宣传”。[2]11日，陈独秀复信中共中央，对自己的主张进行了辩解。中共中央为了批判陈独秀对中东路事件的意见，在《红旗》上开辟了《两个口号——误国政策与拥护苏联》专栏，公布陈独秀与中共中央往来信件，刊登批判陈独秀的文章。

针对陈独秀的动向，共产国际执行委员会远东局一面和中共中央派代表同陈独秀谈话，要其放弃托洛茨基主义观点，一面将陈独秀和中国托派组织的联系及同中共中央的争论报告共产国际。9月30日，远东局秘书雷利斯基致信共产国际执行委员会东方书记处，报告：“陈独秀同托派结成了联盟，他们一起建立了自己的中心并将自己的活动纳入到这个组织里。安徽市委作出了反对中央的决定。上海的一个支部也站出来反对中央。……毫无疑问这是陈独秀和托洛茨基分子做了工作。”“陈独秀一直是中央的反对派，现在着手出版给中央的信。……政治局公布了陈独秀的信件并作了答复。公开进行了辩论。陈独秀的信无疑是机会主义的，甚至是反苏的。”[3]如前所述，陈独秀在中东路问题上同中共中央的宣传口号有分歧，但在反对国民党进攻苏联问题上是一致的。雷利斯基说陈独秀“甚至是反苏的”是不符事实的。

---

① 中央档案馆编：《中共中央文件选集》第5册，第394、395、396页。

② 中央档案馆编：《中共中央文件选集》第5册，第390页。

③ 《雷利斯基给共产国际执行委员会东方书记处的信》（1929年9月30日于上海），中共中央党史研究室第一研究部译：《共产国际、联共（布）与中国革命档案资料丛书》第8卷，第171页。

10 月 3 日，雷利斯基给中共中央政治局寄去了由远东局撰写的一篇批判陈独秀书信的文章[①]，要求应尽快在《红旗》第一版上刊出。但嘱咐中共中央："不要在文章的结尾加任何署名。也不要提及这是代表团的文章。"[②]

同月，远东局在作出的《关于共产国际执行委员会第十次全会决议的决议》中认为："陈独秀同志表达了最右倾机会主义的，而且常常也是反革命的观点。"决议再次提到陈独秀对中东路问题的态度，认为反对"保卫苏联"的口号是"机会主义的左翼国民党观点"。针对陈独秀鼓动一些人起来反对党的路线，并且秘密进行小组织活动，决议指出，"陈独秀和他的拥护者的错误不是暂时性的，相反，它们还在沿着反共、反党方向发展。因此，陈和他的拥护者只有在承认和纠正他们的倾向、承认党和共产国际的路线的正确性并接受和执行党和共产国际的一切决议的情况下，才能继续留在党和共产国际的队伍内。"[③]

远东局的举措得到了共产国际的支持，10 月 26 日，共产国际执委在致中共中央委员会的信中指示："党应当执行无情的斗争，反对陈独秀的取消主义的政纲"[④]。共产国际对中国党开展的反对托陈取消派斗争十分关注，11 月 14 日，远东局委员、青年共产国际驻华代表马西在莫斯科向共产国际执行委员会东方书记处会议作报告，介绍中国党和共青团的状况时，用了相当部分介绍了同托陈取消派的斗争。马西称"陈独秀是个十分明显的机会主义者，他以机会主义的方式提出了中国共产党所面临的直接任务。""陈独秀现在正在成为集聚党内

---

① 笔者查阅这一时期出版的《红旗》，没有找到这篇文章。

② 《雷利斯基给中共中央政治局的信》（1929 年 10 月 3 日于上海），中共中央党史研究室第一研究部译：《共产国际、联共（布）与中国革命档案资料丛书》第 8 卷，第 178 页。

③ 《共产国际执行委员会远东局关于共产国际执行委员会第十次全会决议的决议》（1929 年 10 月于上海），中共中央党史研究室第一研究部译：《共产国际、联共（布）与中国革命档案资料丛书》第 8 卷，第 195—196 页。

④ 中央档案馆编：《中共中央文件选集》第 5 册，第 799 页。

所有对立的机会主义分子的中心。”[①]

在一段时间里，为了教育、挽救陈独秀，远东局代表和中共中央的负责人几次找陈独秀谈话，要其站在中共六大政治路线的立场上，但均遭拒绝。看挽救无望，中共中央政治局决定将陈独秀开除党籍。据郑超麟回忆，在开除陈独秀前，远东局代表曾同他作最后一次谈话，结果不欢而散[②]。11 月 15 日，中共中央政治局通过决议案，开除陈独秀党籍。远东局对中共中央决定表示赞同。同月 21 日，远东局致信共产国际执行委员会，对开除陈独秀作了说明：“政治局要求陈独秀写出关于自己对这些决议的态度，陈寄来了声明，说他赞同托洛茨基的观点。这当然是厚颜无耻的蛊惑宣传。他不过是想避开他的机会主义。政治局决定把陈开除出党，我们认为这是正确的，并请求给以批准。”[③]

1930 年 1 月 13 日，共产国际执行委员会政治书记处政治委员会召开会议，听取了执委会书记皮亚特尼茨基关于陈独秀问题的报告，研究了如何处理陈独秀。共产国际执行委员会没有马上批准远东局关于开除陈独秀的请求，而是决定再给陈独秀最后一次机会。1 月 18 日，共产国际执行委员会主席团委员飞行表决通过中共中央给陈独秀的电报，电报说：“共产国际执委会决定给您机会参加主席团审议是否批准中共中央关于将您开除出党的决定问题的会议。主席团讨论这一问题的会议应不晚于两个月举行。共产国际执委会书记处在通知您关于主席团这决定的同时，建议您尽快通过中共中央给予答复，您是否打算参加审议关于开除您出党问题的会议。”电报表示：“如您拒绝参加或两个月内未收到您的答复，这一问题将列入共产国际执委会主

① 《马西在共产国际执行委员会东方书记处会议上的报告》（1929 年 11 月 14 日于莫斯科），中共中央党史研究室第一研究部译：《共产国际、联共（布）与中国革命档案资料丛书》第 8 卷，第 229 页。

② 见《郑超麟回忆录》（下），东方出版社 2004 年版，第 385 页。

③ 《共产国际执行委员会远东局给共产国际执行委员会的信》（1929 年 11 月 21 日于上海），中共中央党史研究室第一研究部译：《共产国际、联共（布）与中国革命档案资料丛书》第 8 卷，第 221 页。

席团的议程。”[①]

2月8日，中共中央政治局将共产国际执行委员会主席团的电报转交陈独秀，并要他在一星期内给予书面答复，以便通知共产国际。同月17日，陈独秀复信共产国际，表示拒绝去莫斯科参加审议开除他党籍的会议。与此同时，陈独秀加紧了托派活动，成立了以他为首的托派组织“中国共产党左派反对派”，并于3月1日创办了机关刊物《无产者》。鉴于此，3月3日，共产国际执行委员会远东局致信共产国际执行委员会，告知陈独秀不想去莫斯科，“我们认为共产国际应尽快发表批判他的正式声明。”[②]3月23日，共产国际执行委员会政治书记处政治委员会召开会议，听取了东方书记处请求批准关于将陈独秀开除出共产国际的决定并在报刊上予以公布的报告，决定“在不削弱对陈独秀的思想斗争的同时，必须遵守给陈独秀的考验期限。”[③]虽然决定仍坚持“遵守给陈独秀的考验期限”，但这只是按规定办事而已，实际上，共产国际已经对陈独秀不再抱什么希望了。至此，联共（布）、共产国际与陈独秀的关系可以画上一个句号。

## 三

上述考察说明了以下几个问题：

第一，大革命失败后，联共（布）、共产国际是把陈独秀当作犯了严重错误的同志来对待的。陈独秀是中国共产党的创始人，第一至

---

① 《根据共产国际执行委员会主席团委员飞行表决结果作的第24号记录》（1930年1月18日于莫斯科），中共中央党史研究室第一研究部译：《共产国际、联共（布）与中国革命档案资料丛书》第9卷，第32页。

② 《共产国际执行委员会远东局给共产国际执行委员会的信》（1930年3月3日于上海），中共中央党史研究室第一研究部译：《共产国际、联共（布）与中国革命档案资料丛书》第9卷，第74页。

③ 《共产国际执行委员会政治书记处政治委员会会议第47号记录（摘录）》（1930年3月23日），中共中央党史研究室第一研究部译：《共产国际、联共（布）与中国革命档案资料丛书》第9卷，第83页。

五届中共中央最高领导人，在中国党内有较高的威望，并在各国共产党中也有一定的影响。因此，联共（布）、共产国际在处理陈独秀问题时，不能不考虑到这些。虽然联共（布）、共产国际指责陈独秀为“机会主义代表”，应对中国大革命失败负责，但它们在处理陈独秀时是很慎重的，不是用简单地像对待敌人的办法一棒子打死。所以，在1927年10月有风传共产国际准备将陈独秀开除的消息时，共产国际进行辟谣，认为这“是恶毒的谣言”。同时，共产国际也没有听信1928年2月中国党内关于陈独秀参与分裂党，同谭平山一起建立第三党的传言。谭平山在大革命失败前后，同陈独秀一起受到了联共（布）、共产国际的指责，但联共（布）、共产国际对待陈独秀的态度是与谭平山建立第三党有明显区别的，而后者是被当作革命的凶恶敌人。

第二，联共（布）、共产国际认为陈独秀之所以犯“机会主义”错误，很大原因是在中国大革命的关键时刻没有到莫斯科，没有受到联共（布）、共产国际领导人的影响，从而接受联共（布）、共产国际的策略路线；同时也有鲍罗廷等隐瞒共产国际指示的原因。因此，在中国大革命失败后，它们希望陈独秀能到莫斯科，以便说服他接受联共（布）、共产国际关于中国革命的理论观点。为此，它们多次敦促陈独秀到莫斯科。为了消除陈独秀的顾虑，联共（布）、共产国际甚至作出了让陈独秀能做理论工作，并保证能够回国的许诺。联共（布）、共产国际一直为陈独秀到莫斯科作出努力，直到1930年3月下旬才彻底放弃。

第三，陈独秀接受托洛茨基主义并进行分裂党的托派小组织活动，共产国际及其驻华代表机构远东局一方面对陈独秀的取消主义进行批判，一方面派代表和中共中央的代表一起多次同陈独秀谈话，劝告陈独秀能放弃错误立场，承认共产国际和中国共产党的路线的正确性，并接受和执行共产国际和党的一切决议。即使陈独秀被中共中央开除党籍后，共产国际执行委员会主席团还坚持给陈独秀最后一次机会，要其去莫斯科参加共产国际审议开除他党籍的会议。应该说，为了挽救陈独秀，共产国际执行委员会和远东局采取的方式、方法基本上是正确的。但对陈独秀关于中东路事件的主张，共产国际及其驻华机构的指责是不正确和不实事求是的。

第四，陈独秀坚持不去莫斯科是不对的。一些研究陈独秀的学者认为，陈独秀去莫斯科的话，不会有好的结果。笔者不大赞成这样的假设和推断。从组织关系上讲，中国共产党是共产国际的一个支部，共产国际是中国共产党的上级，共产国际召陈独秀到莫斯科讨论中国革命问题，陈独秀应该服从。在大革命失败的问题上，联共（布）、共产国际无疑是有责任的，以陈独秀为代表的中共中央也有责任，作为中国共产党前最高领导人，陈独秀这时候也应该冷静反思大革命失败的原因，前往莫斯科，同联共（布）、共产国际领导人讨论大革命失败问题，以总结经验教训。这样对革命事业是有利的。陈独秀虽然离开了中共中央总书记的岗位，但仍是一个共产党员。党员应该坚持党性，以党的事业为重，以革命事业为重，把个人得失、个人意气放在一边。陈独秀虽然接受了马克思主义，但不是一个好的马克思主义者，没有以无产阶级党性要求自己，以个人情绪、个人恩怨代替了党性，拒绝了联共（布）、共产国际和中共中央的多次劝告，坚持不去莫斯科。这是他接受托洛茨基主义，走上分裂党的道路的主要原因。陈独秀没有去莫斯科，并没有好的结果，这是事实。这是陈独秀的悲剧。

（本文原载《中共党史资料》2005 年第 2 期，获中共中央党史研究室 2005 年度优秀论文奖）

# 南昌起义前夕张国焘传达共产国际指示析论

南昌起义前夕，张国焘奉中共中央之命，到南昌向中共中央前委传达共产国际的指示，主张一定要得到张发奎的同意后方能举行起义。此举受到了前委成员的激烈反对，否决了这个意见。共产国际当时有什么指示？张国焘在南昌究竟是如何传达共产国际指示的？目前史学界尚未进行更深入的研究。笔者认为，这个历史问题不可忽视，对此进行深入研究，一方面有助于弄清一个历史事实，另一方面也有助于我们进一步研究八一精神。

## 一、共产国际关于南昌起义的指示内容

大革命失败后，中国共产党不畏极其严重的白色恐怖，面对建党以来空前的困难局面，勇敢地担当起独立领导中国革命继续前进的重任。1927 年 7 月中旬，新成立的中共中央临时常委会做的第一件大事，就是初步决定以“东征讨蒋”口号下云集九江、南昌一带的贺龙率领的国民革命军第二十军、叶挺率领的第十一军第二十四师和朱德原领导的第三军军官教育团及第四军第二十五师第七十三团和第七十五团等为基础，在南昌举行武装起义，并指定周恩来为中共前敌委员会书记，领导起义。根据苏联军事顾问加伦的提议，中共中央计

划在南昌起义后，起义军南下广东，恢复广东革命根据地，重新北伐。中共中央为什么这样计划？吴玉章在《八一革命》中说："武汉是必争之地，南京上海是帝国主义势力最大的地方，且不容易得手，只有广东民众及工农已有相当的组织，且富于革命性，而有海口，交通便利，又是财富之区，有这几个理由，所以在武汉形势险恶的时候，就决定以广东为我们革命的根据地。"①

当时，党掌握的武装力量，主要是在张发奎任总指挥的国民革命军第二方面军中。大革命后期，汪精卫反革命面目日趋暴露时，党为了保存革命力量，应付突然事变，将一些党员转移到张发奎的部队中工作。被转入张发奎指挥部任上尉参谋的徐向前曾在回忆录中说："张发奎当时还打着'革命'的旗号，自称与共产党'合作到底'，所以我们的处境还比较安全。"②

张发奎暂时没有反共，主要的原因是保存实力。他知道，其部之所以在北伐战争中赢得了"铁军"的美名，主要是靠以共产党员为骨干组建的叶挺独立团，以及以后以叶挺独立团发展而来的第四军第二十五师、第十一军第二十四师。汪精卫继蒋介石反共后，国共合作的北伐战争中途夭折，但国民党新军阀之间的矛盾却尖锐起来。湖南、湖北是新崛起的唐生智的地盘，张发奎很难在此立足；广东被李济深及与之关系密切的新桂系军阀占据；东部的江西是朱培德的领地，再往东就是蒋介石的地盘江浙地区；北部是冯玉祥控制的区域。张发奎要有自己的地盘，只有从哪里来还到哪里去，回广东与李济深、黄绍竑进行争夺地盘。由于有了这个意向，张发奎没有在汪精卫"分共"后立即在自己部队中"清共"。因为他害怕这样做会使其部队战斗力大打折扣，不利于其与李济深、黄绍竑争雄。所以，张发奎这时对于"清共"是处于观望、犹豫的态度。

在大革命即将失败的关头，联共（布）、共产国际给中国共产党

① 吴玉章：《八一革命》，中国人民大学出版社 1992 年版，第 99 页。

② 《徐向前元帅回忆录》，解放军出版社 2005 年版，第 34 页。

发来指示："共产党人必须留在国民党内，并在国民党的一切组织中和在一切拥护它的群众中，为改变国民党的政策和改组其领导机关人员进行坚决的斗争。""必须要求召开国民党代表大会，举行真正的民主选举"，"在此基础上改组国民党领导的问题"。[①] 根据共产国际的指示，1927 年 7 月 13 日中共中央发表的《对政局宣言》中，一方面谴责"国民党中央多数领袖公开的赞助反革命军官"，"使武汉同化于南京，变成新式军阀的结合与纷争"，"使国民革命陷于澌灭"，宣布"撤回参加国民政府的共产党员"；另一方面表示"一切革命工作，中国共产党都要和国民党党员群众一切真正革命分子，共同去实行——因此共产党员决无理由可以退出国民党"。[②]7 月 24 日，中共中央又在《对于武汉反动时局之通告》中提出："我们要团结下层左派分子在〈国〉民党内组织在野反对派，反对中央的反动政策。"[③] 此即后来中共中央所提的建立"左派国民党"的策略。由于张发奎在大革命中与共产党人合作较好，被视为国民党"左派"，暂时还没有反共，并与盘踞在广东的李济深、黄绍竑有矛盾，有南下广东意向，中共中央在建立左派国民党的策略之下，筹划南昌起义时，自然把张发奎作为联合的对象。

中共中央作出南昌起义初步计划后，先期到达九江的李立三等人发现"张发奎态度虽仍表示反唐，却已深受汪之影响，高唱拥汪，并表示对我们不满，有'在第二方面军之高级军官中的共产党分子如叶挺等须退出军队或脱离共产党'之表示，军事上已到了极严重之时期，而张尚徘徊于武汉，则张之不可靠，更可证明。"因此，他们认为"依靠张为领袖之回粤运动，很少成功之可能，甚至为三、六、九军包围而完全消灭。纵然回粤成功，我们亦必在张、汪协谋之中而

① 《联共（布）中央政治局紧急会议第 116 号（特字第 94 号）记录（摘录）》（1927 年 7 月 8 日于莫斯科），中共中央党史研究室第一研究部译：《共产国际、联共（布）与中国革命档案资料丛书》第 4 册，北京图书馆出版社 1998 年版，第 398 页。

② 中央档案馆编：《中共中央文件选集》第 3 册，第 204、205、207 页。

③ 中央档案馆编：《中共中央文件选集》第 3 册，第 225 页。

牺牲”[①]。

7月20日，谭平山、李立三、恽代英、邓中夏、叶挺、聂荣臻和一些中央委员等举行碰头会，商讨起义问题。碰头会最后决定放弃依靠张发奎的打算，“在军事上赶快集中南昌，运动二十军[②]与我们一致，实行南昌暴动，解决三、六、九军在南昌之武装。在政治上反对武汉、南京两政府，建立新的政府来号召”[③]。

会后，李立三和邓中夏即上庐山与瞿秋白商议。瞿秋白赞同这个意见。

7月24日，九江碰头会的意见立刻得到了中共中央常委和共产国际代表的同意，并转报联共（布）中央政治局。7月25日，联共（布）中央政治局给罗米纳兹、加伦回电：“如果有成功的把握，我们认为你们的计划是可行的。”同时又指示：“我们认为乌拉尔斯基和我们其他著名的合法军事工作人员参加是不能容许的。”[④]

7月26日，周恩来在陈赓的陪同下到达九江。在同日下午四时，中共中央常委和共产国际代表召开了一个会议，传达了联共（布）中央政治局的电报指示。根据张国焘的回忆，会议开始后，由加伦首先介绍了会见张发奎的情况。加伦说张发奎已同意将他所统率的第四军、第十一军和第二十军三个军集结在南昌和南浔线上，不再东进，逐渐转移，返回广东。加伦认为：“张如同意回师广东，并不强迫叶挺等退出CP，在此两条件下，我们可以和张氏一同回师广东。”并指出“与张同返广东，在军事上有利，如在南昌与张氏分家，参加暴动的兵力不过五千至八千，在优势敌军阻击之下，恐难到达东江。除非张氏不同意上述两条件，那就只有在南昌行动起来。”接下来是罗米

① 李立三：《“八一”革命之经过与教训》（1927年10月），中共中央党史研究室第一研究部编：《李立三百年诞辰纪念集》，第37、38页。

② 第二十军军长贺龙这时还不是共产党员，但受共产党很大影响。

③ 李立三：《“八一”革命之经过与教训》（1927年10月），中共中央党史研究室第一研究部编：《李立三百年诞辰纪念集》，第38页。

④ 《征询政治局委员意见》（1927年7月25日），中共中央党史研究室第一研究部译：《共产国际、联共（布）与中国革命档案资料丛书》第7册，第17页。

纳兹发言，“首先说到目前没有经费可供南昌暴动使用，莫斯科已有电令禁止俄国顾问们在任何情形之下参加南昌暴动。除了这两件不如意的事外，他更进而报告共产国际的回电[①]，其内容是：倘若这暴动无成功希望，最好不要发动，张发奎部的共产党人可全部退出，并派他们到农民中工作。”[②]

将7月25日联共（布）中央政治局给罗米纳兹和加伦的指示与张国焘回忆中共产国际的指示进行对照，在强调起义成功把握性和苏联军事顾问不参加起义这两个问题上，基本是一致的。有区别的地方是关于经费问题和若无起义把握的情况下将共产党员撤出张发奎部队派到农民中工作这两点上。

张国焘的回忆录是在多年后写的，是否完全真实，有待于研究。但至少可以说，误差是有的；同时也掺杂有为自己辩护的因素。即便如此，从中也看得出，加伦意思是尽量争取张发奎，如张不答应条件，南昌暴动还是要进行的。罗米纳兹是把莫斯科不能提供经费，和不让苏联顾问参加这两个困难条件摆出来，让起义领导者了解这些情况，并提出了在起义无成功把握下如何做的预案，并没有明确阻止起义，而是给起义领导者留下余地，让他们计划得更周密一些。

由此，笔者认为，无论是加伦的建议还是罗米纳兹传达的共产国际指示，都没有把联合张发奎作为一个必要条件。

## 二、张国焘所传达的共产国际指示

7月26日当晚，张国焘奉命到南昌向中共中央前委传达共产国际的指示。关于此行，张国焘在回忆中称：中央交给他的任务“不只是

① 这应该是指联共（布）中央政治局1927年7月25日的电报指示。

② 张国焘：《我的回忆》（第二册），现代史料编刊社1989年版，第282—283页。

送信，而是考察情况并参与决策。”①

7月27日一早，张国焘到达了九江。他找到了贺昌、高语罕、恽代英、廖乾五和关向应等，召开了一个会议。会上，张国焘简要传达了此前一天召开的中央常委会议精神。他将加伦和罗米纳兹的主要精神曲解为“阻止暴动的举行”②，要求重新讨论起义问题。

与会者激烈反对张国焘的主张，一致表示南昌暴动势在必行，已无讨论的余地，尤其是恽代英表现最为激烈。张国焘质问恽代英：为什么不能重新讨论？恽代英表示，没有必要等他来到再讨论，因为事情已经决定了。由于不知道是张国焘曲解了加伦和罗米纳兹的原意，恽代英对共产国际和中共中央改变主意表示不满，说：现在南昌暴动的一切准备好了，忽然又来了什么国际指示，阻止我们的行动，我是誓死反对的。③他甚至对张国焘说，如果你再动摇人心，就要打倒你。文质彬彬的恽代英说出这样的话来，可见当时大家对起义的决心！

由于交通问题的耽搁，张国焘滞留九江。7月29日，张国焘从九江给中共中央前委发去两份密电，称：“暴动宜慎重，无论如何候他到再决定。”④

周恩来接到张国焘电报后，同前委其他成员进行商议，果断地决定：暴动决不能停止，继续进行一切准备工作。

7月30日早晨，张国焘到达南昌，前委立即召开紧急会议。张国焘在会上称：“中央意见宜慎重，国际电报如有成功把握，可举行暴动，否则不可动，将在军队中的同志退出，派到各地农民中去。所以目前形势，应极力拉拢张发奎，得到张之同意，否则不可动。”⑤

---

① 张国焘著：《我的回忆》（第二册），第284页。

② 张国焘著：《我的回忆》（第二册），第283页。

③ 见张国焘著：《我的回忆》（第二册），第293页。

④ 李立三：《“八一”革命之经过与教训》（1927年10月），中共中央党史研究室第一研究部编：《李立三百年诞辰纪念集》，第39页。

⑤ 李立三：《“八一”革命之经过与教训》（1927年10月），中共中央党史研究室第一研究部编：《李立三百年诞辰纪念集》，第39页。

将张国焘这个传达内容与7月25日联共（布）中央政治局给罗米纳兹和加伦的电报指示，以及7月26日中共中央临时常委会议上罗米纳兹传达的共产国际指示进行对照，其前一句话基本上是相符的，后一句则完全是张国焘个人的意见。

由上可以看到，肩负中共中央传达共产国际指示并参与起义决策重要任务的张国焘，把共产国际留有余地的指示、把加伦有条件地联合张发奎的建议，变成了联合张发奎是南昌起义的先决和必要的条件。可见，张国焘在南昌中共中央前委会议上传达的是打着共产国际旗号而实际上是他个人主张的指示。

## 三、中共中央前委对张国焘传达的所谓“共产国际指示”的态度及体现的精神

在当时同中共中央、共产国际没有直接联系的情况下，张国焘以共产国际指示为名提出极力拉拢张发奎、否则不能轻易起义的主张，对于不知情的中共中央前委来说，就意味着“尚方宝剑”。然而，以周恩来为首的中共中央前委并没有按照这个所谓的“共产国际指示”行事，而是一致激烈反对，并说服了张国焘同意南昌起义，体现了以下精神：

第一，一切从实际出发、实事求是的精神。当时张发奎虽然没有公开表示反共，但李立三等从各方面判断，张发奎不可靠，南昌起义不能依赖张发奎。这是一个符合实际的判断。在革命处于万分危急情况下，依赖张发奎，犹豫不决，延迟起义，只能给张发奎解决党掌握的武装力量的时间。而党掌握的这些武装力量，主要是从成立铁甲车队、独立团发展而来的，是辛辛苦苦培养出来的军事骨干力量。在经过认真准备，箭已在弦上的时候，若因过分依赖张发奎而错失起义良机，造成掌握的武装力量严重损失，这与陈独秀右倾机会主义是没有

什么区别的。中共中央前委坚决依靠自己的力量举行起义，是一切从实际出发、实事求是精神的具体体现。

第二，独立自主、敢于担当的精神。联共（布）中央政治局、共产国际虽然赞同起义，但对中国共产党人领导起义能力还是心存疑问的，同时不许苏联军事顾问参加起义。张国焘则打着共产国际的旗号要求联合张发奎，实际上则是阻止起义。中共中央前委不依靠苏联的经费和军事顾问，坚信自己的能力，坚决依靠自己的力量领导起义，同时并冒着联共（布）中央、共产国际和中共中央的责难，甚至是严重的组织处理的风险，义无反顾地决定举行起义，充分体现了独立自主、敢于担当的精神。

第三，高举武装斗争旗帜、坚持革命的精神。大革命失败后，大批共产党员、共青团员和革命的工农群众惨遭国民党反动派杀害。在极其严重的白色恐怖之下，敢不敢革命？怎样坚持革命？是摆在中国共产党面前的两个根本性问题。中共中央前委否决了张国焘的主张，打响了武装反抗国民党反动派的第一枪，在全党和全国人民面前树立起革命武装斗争的旗帜，宣告了中国共产党人不畏强暴、坚持革命的坚强决心。南昌起义，标志着中国共产党独立地领导革命战争、创建人民军队和武装夺取政权的第一步，鲜明地体现了中国共产党高举武装斗争旗帜、坚持革命的精神。

（本文原载《江西科技师范大学学报》2017 年第 3 期）

# 李德来华的身份及任务

关于李德的身份，多数中共党史著作包括权威的著作都认为是共产国际派来的军事顾问[①]，但从20世纪80年代开始，李德的身份受到了质疑，伍修权、师哲先后在回忆中认为李德不是共产国际派来的军事顾问[②]。由于伍修权当过李德的翻译，师哲在1938年曾任中共驻共产国际代表任弼时的秘书，因此一些学者把他们的回忆作为否定李德是共产国际派来的军事顾问的重要依据，并由此引发了史学界关于李德来华后的真实身份的争议[③]。目前，无论是坚持李德是共产国际派来的军事顾问的学者，还是持相反观点的学者，所依据多是回忆材料，档案材料很少，因而缺乏说服力。笔者认为，李德是一个与中国现代历史有着密切关系的重要人物，弄清他的身份，有助于我们研究共产国际与中国革命的关系，总结历史经验教训。笔者试根据俄罗斯

---

① 见中共中央党史研究室：《中国共产党历史》（第一卷）（上册），中共党史出版社2002年版，第479页；中共中央文献研究室编：《毛泽东传（1893—1949）》（上），中央文献出版社1996年版，第319页；中共中央文献研究室编：《周恩来传（1898—1949）》（上），中央文献出版社1998年版，第333页；中国工农红军第一方面军史编审委员会：《中国工农红军第一方面军史》，解放军出版社1993年版，第409页。

② 见伍修权：《我的历程》（1908—1949），解放军出版社1984年版，第68页；师哲口述、师秋朗笔录：《我的一生》，人民出版社2001年版，第110页。

③ 认为李德不是共产国际派来的军事顾问的文章主要有刘杰诚：《李德是共产国际派的军事顾问吗》，《光明日报》1992年10月18日；费侃如：《也谈李德是谁派来中国的》，《中共党史研究》1995年第2期；郑瑞峰：《李德的“军事顾问”身份之谜》，《党史纵横》2007年第9期；朱鸿召：《李德在中国的真实身份之谜》，《档案春秋》2007年第10期。认为李德是共产国际派来的军事顾问的文章主要有：刘志青：《李德不是共产国际派来的军事顾问吗？》，《中共党史研究》1994年第3期；谢一彪：《关于李德来华与在华身份再探讨》，《中共党史研究》1996年第1期。

近年来新公布的档案材料，对李德到华后的身份和任务进行探讨，以就教于史学界同人。

## 一、李德到中国时的身份

李德在自己的回忆录《中国纪事》中曾说："1932 年春，我在莫斯科伏龙芝军事学院毕业，接着由共产国际执行委员会派往中国。粗略地说，我的任务是，在中国共产党反对日本帝国主义的侵略和反对蒋介石反动政权的双重斗争中，担任军事顾问。"[①]可见，李德自称他是由共产国际派到中国担任中国共产党的军事顾问的。然而，李德在回忆中又说，他直至 1932 年秋才到上海，同共产国际驻中国的代表、远东局书记阿瑟·尤尔特（也译作埃韦特）接上关系。正是由于这个"时间差"问题，引起了研究者对李德身份的疑问：李德既然自称是共产国际派往中国任中国共产党的军事顾问，为什么没有马上到上海向共产国际远东局报到？

那么，李德在同共产国际驻中国共产党代表埃韦特接上关系前，到底是什么身份？对此，师哲的说法是："李德是德国人，苏联的情报机关利用德日友好的关系，派李德这个德国人到我国东北活动，搜集日本情报。但李德到东北后，形势很严峻，无法立足，他自己就跑到了上海去了。"[②]费侃如根据前德意志民主共和国作家尤利乌斯·马德尔写的《佐尔格的一生》中有关李德的内容，认为"李德是由苏军总参谋部派到中国搞情报工作的"[③]，到中国后曾执行过给苏联情报人员佐尔格送巨款，以贿赂国民党政府官员营救被捕的鲁格（也译作鲁

① ［德］奥托·布劳恩：《中国纪事》，东方出版社 2004 年版，第 1 页。
② 师哲口述、师秋朗笔录：《我的一生》，第 110 页。
③ 费侃如：《也谈李德是谁派来中国的》，《中共党史研究》1995 年第 2 期。

埃格）任务[①]。显然，师哲、费侃如的说法都强调了李德到华后的身份是苏联情报人员。这也是目前一些学者否定李德是共产国际派来的军事顾问的依据。

笔者查到 1932 年 12 月初埃韦特致共产国际执行委员会主席团委员、政治书记处委员皮亚特尼茨基的第 2 号报告，其中说："给我们派来一位邻居。""他那个局把他置于我们的管辖之下，财务方面也由我们管。"[②] 埃韦特说的"邻居"和"他那个局"，俄罗斯方面在编辑档案资料时分别注明"指 O. 布劳恩"和"指工农红军参谋部第四局"。这个档案材料证明：李德不是如他在回忆中所说的那样，从莫斯科伏龙芝军事学院毕业后，直接由共产国际执行委员会派往中国担任中国共产党的军事顾问。他到中国后在与埃韦特接上关系之前这段时间，确切的身份是苏联红军参谋部第四局人员，受苏联红军参谋部第四局的领导，还未担任中国共产党的军事顾问。苏联红军参谋部第四局也称军事侦察局[③]，的确是情报部门。但这个材料同时又清楚地说明：李德不是像师哲所说的那样，因中国东北形势严峻，无法立足，而自己跑到上海去的。他是由苏联红军参谋部第四局派到驻上海的共产国际远东局工作的，并开始接受远东局的领导。而且，李德一到远东局，埃韦特就报告了共产国际。显而易见，李德到远东局工作的事情，共产国际是清楚的。

---

① 俄文名字为鲁德尼克，在中国化名牛兰，共产国际执行委员会国际联络部工作人员。1928 年至 1931 年在共产国际执行委员会国际联络部上海站工作。1931 年 6 月，鲁德尼克在上海公共租界被英国巡捕逮捕，后被引渡到南京。佐尔格和他的人员奉命通过包括宋庆龄在内的各种关系，对鲁德尼克开展营救活动。

② 《埃韦特给皮亚特尼茨基的第 2 号报告（摘录）》（1932 年初于上海），中共中央党史研究室第一研究部译：《共产国际、联共（布）与中国革命档案资料丛书》第 13 卷，第 264 页。

③ 见中共中央党史研究室第一研究部译：《共产国际、联共（布）与中国革命档案资料丛书》第 7 卷，第 36 页。

## 二、苏联红军参谋部第四局与共产国际的关系

李德是苏联红军参谋部第四局人员，为什么会被派到共产国际远东局工作？研讨李德来华的身份和任务，必须要弄清这个问题。为此，必须先考察分析一下苏联红军参谋部第四局同共产国际有什么关系？其在华人员和共产国际驻中国的机构是什么关系？

1927 年 7 月大革命失败后，中国共产党在汉口召开了八七会议，确立了实行土地革命和武装斗争的方针。在八七会议前，中国共产党已领导了八一南昌起义，之后，又相继领导了湘赣边界秋收起义、广州起义等一系列起义。鉴于武装斗争在中国共产党的工作中日渐重要，联共（布）、共产国际加强了在军事方面的指导，不仅向中国共产党派出代表，而且还派出了军事顾问。同时，苏联红军参谋部第四局承担了向联共（布）中央政治局和共产国际执行委员会提供中国共产党领导的武装斗争情况及中国政治、经济、军事等方面情况的任务，以供它们决策参考，如 1927 年 9 月 14 日，苏联红军参谋部第四局召开了关于南昌起义的会议，讨论南昌起义军南下广东的前景问题，参加者有戈列夫、契赫伊泽、切尔尼科夫、瓦西里耶夫、捷斯连柯、泽涅克、斯卡洛夫、沃尔金等。他们多为大革命时期苏联驻华军事顾问。又如 1928 年 1 月，越飞致信共产国际执行委员会东方部副部长索洛维约夫，转交了他在 1927 年 12 月 4 日给加拉罕的报告草稿和苏联红军参谋部第四局局长别尔津 1927 年 12 月 13 日关于广东形势的评估。越飞在信中要求索洛维约夫将这两个文件看后转交共产国际执行委员会东方部部长拉斯科尔尼科夫和共产国际执行委员会书记曼努伊尔斯基[①]。再如，1928 年 1 月，别尔津作出《对中国目前形势

① 见中共中央党史研究室第一研究部译：《共产国际、联共（布）与中国革命档案资料丛书》第 7 卷，第 185 页。

的评价》的书面报告。报告中详细地介绍了中国的经济形势、农民运动，并提出建议："共产国际执行委员会的任务是：向每个省委或者至少向每个主要省委和向中央各派一名同志去，以帮助中共完成它所面临的任务。"① 上述三份材料清楚地说明，苏联红军参谋部第四局不仅仅是为苏联搜集中国的各种情报，而且讨论和分析中国共产党的军事和政治斗争等状况，向共产国际决策层提出报告和建议。它对中国的工作性质和共产国际有着密不可分的关系。

1928 年 3 月 22 日，为了加强对中国共产党的军事指导，共产国际执行委员会东方书记处决定成立军事委员会，选举别尔津为该委员会主席，并听取了别尔津起草的《关于中共中央军事工作的决议草案》②。这意味着苏联红军参谋部第四局开始直接介入共产国际执行委员会东方书记处的工作，并且主要任务是指导中国共产党的军事工作。3 月 29 日，在别尔津的主持下，共产国际执行委员会东方书记处军事委员会举行会议，听取了关于中共中央军事部工作的指示草案，并责成委员会根据大家的意见进行修改。此后，凡涉及中国共产党的军事工作，时任共产国际执行委员会东方书记处副主任的米夫，也都征求别尔津的意见。如 4 月 6 日米夫致布哈林的信中，在谈到准备采取对中国共产党军事工作支援的五条措施时，特意注明："上述各条已与别尔津同志商妥。别尔津同志认为军事主管部门方面的第（1）、（2）、（4）、（5）条是可以实现的。"③ 同年 6 月，中国共产党第六次全国代表大会在莫斯科即将召开之际，共产国际执行委员会东方书记处在为中国共产党起草各种决议案时，苏联红军参谋部第四局的别尔津、盖利

---

① 《别尔津的书面报告〈对中国目前形势的评价〉》（1928 年 1 月于莫斯科），中共中央党史研究室第一研究部译：《共产国际、联共（布）与中国革命档案资料丛书》第 7 卷，第 274 页。

② 见中共中央党史研究室第一研究部译：《共产国际、联共（布）与中国革命档案资料丛书》第 7 卷，第 387 页。

③ 《米夫给布哈林的信》（1928 年 4 月 6 日于莫斯科），中共中央党史研究室第一研究部译：《共产国际、联共（布）与中国革命档案资料丛书》第 7 卷，第 398 页。

斯、马马耶夫参加了军事决议案的起草[①]。由上可见，从1928年3月起，苏联红军参谋部第四局的一些主要成员，作为共产国际执行委员会东方书记处的工作人员，主管指导中国共产党的军事工作。

中共六大召开期间，共产国际鉴于以往派驻中国的代表屡犯错误和中国白色恐怖的严重情况，决定改变派代表到中国指导革命的办法，采取在莫斯科设中共驻共产国际代表团，协助共产国际指导中国革命的新措施。但在中共六大之后还不到半年，共产国际执行委员会东方书记处远东部负责人库丘莫夫便认为没有共产国际代表具体指导中共中央的工作不行，于1928年12月10日给联共（布）、共产国际领导人斯大林、莫洛托夫、布哈林和皮亚特尼茨基写信，认为："绝对有必要尽快派来一名共产国际执行委员会有威信的代表，长期同中国共产党中央委员会一起工作。"并建议："成立共产国际执行委员会远东局，以便指导中国、日本、朝鲜、菲律宾和印度支那共产党的工作并同他们进行联系。"[②]库丘莫夫的建议得到了共产国际的采纳。1929年2月27日，皮亚特尼茨基在给联共（布）中央书记助理托夫斯图哈的便函中，答复了联共（布）中央政治局监察机关有人向他询问共产国际执行委员会驻华代表一事，说："共产国际执行委员会代表已经委派。"[③]这说明，最迟在1929年2月，共产国际已经决定成立远东局并委派了其成员。另外，从米夫曾在1929年6月7日致远东局的信中有关内容可以断定，最迟在1929年5月间远东局的

① 见中共中央党史研究室第一研究部译：《共产国际、联共（布）与中国革命档案资料丛书》第7卷，第496页。

② 《共产国际执行委员会东方书记处远东部给斯大林、莫洛托夫、布哈林和皮亚特尼茨基的信》（1928年12月10日于莫斯科），中共中央党史研究室第一研究部译：《共产国际、联共（布）与中国革命档案资料丛书》第8卷，第50页。

③ 《皮亚特尼茨基给托夫斯图哈的便函》（1929年2月27日于莫斯科），中共中央党史研究室第一研究部译：《共产国际、联共（布）与中国革命档案资料丛书》第8卷，第82页。

成员们已经到达上海[①]。

远东局成立时的成员是：格哈德·埃斯勒，化名罗伯特、罗伯特斯，共产国际执行委员会驻华代表，系德国人，曾为德国共产党中央候补委员；雷利斯基，化名奥斯藤，远东局秘书，系波兰人，曾为波兰共产党中央委员；乔治·哈迪，化名格奥尔格，红色工会国际驻华代表，系英国人，曾为英国共产党中央委员、政治局委员；别斯帕洛夫，化名维利、年轻人，青年共产国际驻华代表，系俄罗斯人，曾任俄罗斯共产主义青年团中央委员。从远东局的成员看，没有负责军事方面的人员。

从 1929 年 12 月起，中共中央和远东局发生了严重的意见分歧，共产国际执行委员会政治书记处政治委员会在 1930 年 7 月 29 日听取了周恩来和雷利斯基、别斯帕洛夫的关于双方分歧的报告后，一方面就分歧问题作出决议，一方面根据东方书记处的建议改组了远东局，决定“任命米[夫]同志为远东局书记和成员，雷[利斯基]、罗[伯特斯]、斯托[利亚尔]、别[斯帕洛夫]和米林同志为远东局成员。”[②] 值得注意的是，这个远东局除了明确米夫任书记，以斯托利亚尔代替乔治·哈迪之外，增加了米林。米林是盖利斯的化名[③]。盖利斯从 20 世纪 20 年代起，在苏联红军参谋部第四局工作，1925 年至 1926 年为联共（布）中央政治局中国委员会委员、书记。他不仅是远东局的成员，而且是中共中央军事顾问组的负责人。

盖利斯是在 1930 年 9 月底到达上海的，和他同时到达的还有军事顾问组成员马雷舍夫、费尔德曼，其中马雷舍夫原为苏联红军参谋部第四局第四处处长助理。盖利斯在到达后，于 10 月 20 日给别尔津写信，报告了中国共产党在工业中心和生活中心的工人中的影响和国

---

① 见中共中央党史研究室第一研究部译：《共产国际、联共（布）与中国革命档案资料丛书》第 8 卷，第 119 页。

② 《共产国际执委会政治书记处政治委员会决议（摘录）》（1930 年 7 月 29 日于莫斯科），中共中央党史研究室第一研究部译：《共产国际、联共（布）与中国革命档案资料丛书》第 9 卷，第 231—232 页。

③ 盖利斯还化名为奈伯格、托姆、弗赖利希。

民党统治区的工会工作，但重点是报告中国苏区问题和他到上海后参与中共中央军事部制定中国工农红军的编制和组织序列表的工作[①]。此后，盖利斯多次给别尔津写信，报告中国共产党方面的军事工作。由此看来，盖利斯的工作直接对苏联工农红军参谋部第四局负责。这说明：一方面盖利斯是远东局的成员，参加远东局的工作；一方面仍受苏联红军参谋部第四局的领导，在中国具体指导中共中央军事部的工作。

那么，苏联红军参谋部第四局在中国的情报人员同远东局和共产国际执行委员会有什么关系呢？根据有关研究李德的文章，1936 年以前，苏联红军参谋部第四局在中国有三个中心站，其中一个在哈尔滨，另外两个在上海[②]。著名的“佐尔格小组”就是苏联红军参谋部第四局在上海的情报组织。共产国际执行委员会国际联络部驻华人员莱谢 1932 年 1 月 14 日在给共产国际执行委员会国际联络部的工作报告中曾提到：“我于 [1931 年 ]8 月 2 日抵达上海后，在军事侦察机构人员佐尔格和波兰人约翰的帮助下与奥斯藤建立了联系。……军事侦察机构的人，考虑到自己工作的特殊性，不愿再与中国共产党保持联系。”[③] 莱谢在这个报告中，还多次提到苏联军事侦察机构从美国领事馆和德国军事顾问那里得到的情报，并将有关内容转交苏区。

档案材料说明共产国际与佐尔格在工作上也有一定联系。1932 年 5 月 3 日，皮亚特尼茨基致电佐尔格，告知：“从 [1931 年 ]12 月至 [1932 年 ]1 月，我们向你们转去 3 万美元以便转交给朋友们[④]。请

---

① 见中共中央党史研究室第一研究部译：《共产国际、联共（布）与中国革命档案资料丛书》第 9 卷，第 410—420 页。

② 见费侃如：《也谈李德是谁派来中国的》，《中共党史研究》1995 年第 2 期。

③《莱谢给共产国际执行委员会国际联络部关于在华工作的报告》（1932 年 1 月 14 日于莫斯科），中共中央党史研究室第一研究部译：《共产国际、联共（布）与中国革命档案资料丛书》第 13 卷，第 90 页。

④ 指中国共产党的组织。

结算一下，你们总共收到多少，确切交给当地朋友多少。”[①]同年7月25日，皮亚特尼茨基又一次致电佐尔格，说：“据说您通过你们的机关[②]收到2万美元，请将其中1万美元立即转给中国朋友。如果您只收到1万美元，那就将它们全部转给中国朋友，另外的1万美元，您很快就会收到。”[③]佐尔格和共产国际也有书信联系，如1932年5月，佐尔格曾致信皮亚特尼茨基，告知：“迄今为止，我们一直同病人[④]和律师保持着联系。现在您的机关重新得到改善，也就是说又重新在发展，我们觉得，您的人可以抓这项工作的时候到了。这倒不是因为我们不愿做这件事，而是因为我们的事情不是那么好，以致我们不能再轻率地把这种联系揽在自己身上。对于根据我们的意见在这里出版的报纸[⑤]也是一样，您自己可以判断，它发展得很好。遗憾的是，我们必须指出，我们确实未从您手下代表那里得到任何帮助，而这里的线人[⑥]对此事也毫不感兴趣，完全让我们自己来张罗一切。您知道这对我们这里意味着什么。我们在这里是些可怜的小技术员。我们没有本事像政治督察员那样行动。因此，我们不能承担责任，特别是在您这里的人当中早就有一些业务精通的人的情况下。我们请求坚决解除我们这种超负荷的重担。这不是因为我们懒惰（曼努[伊尔斯基][⑦]曾经这样说过我，但这不对），而是因为我们的处境不允许我们再从事这些联络了。”[⑧]

以上情况说明，苏联红军参谋部第四局在华有两种性质不同的

① 《皮亚特尼茨基给佐尔格的电报》（1932年5月3日于莫斯科），中共中央党史研究室第一研究部译：《共产国际、联共（布）与中国革命档案资料丛书》第13卷，第149页。

② 即苏联红军参谋部第四局。

③ 《皮亚特尼茨基给佐尔格的电报》（1932年7月25日于莫斯科），中共中央党史研究室第一研究部译：《共产国际、联共（布）与中国革命档案资料丛书》第13卷，第191页。

④ 共产国际的约定术语，病人就是被捕的人，这里指牛兰。

⑤ 指共产国际资助在上海出版的英文报纸《中国论坛》。

⑥ 指的是共产国际执行委员会国际联络部驻上海代表格伯特。

⑦ 时任共产国际执行委员会书记。

⑧ 《佐尔格给皮亚特尼茨基的信》（1932年5月于上海），中共中央党史研究室第一研究部译：《共产国际、联共（布）与中国革命档案资料丛书》第13卷，第158—159页。

人员：一种是作为中共中央的军事顾问，其负责人同时也是远东局成员，其工作属共产国际系统；另一种是情报组织，如“佐尔格小组”，主要任务是搜集各种情报，其工作不属共产国际系统。但情报组织有时也利用便利条件为共产国际远东局、国际联络部驻上海工作站和中共党组织做一些如联络、转交经费和营救被捕人员这样的工作。同时，它们也把获得的对中国共产党有用的军事、政治情报转交给中国共产党和苏区。

鉴于苏联红军参谋部第四局对中国工作的性质以及它同共产国际的密切关系，李德被派到远东局工作，并担任中共中央军事顾问，就没有什么奇怪和不正常的了。

## 三、李德到远东局工作的由来及任务

如前所述，1930 年 7 月 29 日共产国际执行委员会改组远东局后，盖利斯为远东局成员并担任中共中央军事顾问组的负责人。1931 年 3 月 30 日，鉴于上海的白色恐怖非常严重，远东局致电共产国际执行委员会，表示：“你们关于要更谨慎地安排工作的建议不能保证盖利斯（军事工作人员）和米夫（前东方书记处副主任）不被逮捕。我们面临着出现新的叛变的危险。盖利斯和米夫继续逗留是非常危险的。请允许让他们动身。由于技术方面的原因动身日期不应晚于 4 月 20 日。”电报还提请共产国际执行委员会注意，盖利斯和米夫走后，“这里只剩下远东局两名成员了。必须赶紧派来接替者。”①

米夫和盖利斯离去后，1931 年 12 月，以博古为首的中共临时中央请求共产国际再派一个代表到中国来。12 月 27 日，共产国际执行

① 《共产国际执行委员会远东局给共产国际执行委员会的电报》（1931 年 3 月 30 日于上海），中共中央党史研究室第一研究部译：《共产国际、联共（布）与中国革命档案资料丛书》第 10 卷，第 210 页。

委员会政治书记处政治委员会会议在听取了中国共产党的请求后，决定："责成库西宁、皮亚特尼茨基和米夫同志物色一位外国[①]同志去中国。"[②]1932 年 3 月 4 日，共产国际执行委员会政治书记处政治委员会会议根据皮亚特尼茨基和库西宁的建议，决定派东方书记处副主任、前德共中央委员埃韦特任共产国际执行委员会驻华代表、远东局书记[③]。

共产国际执行委员会派了新任驻华代表，但未派人接替盖利斯，远东局里仍缺军事人员，因此，中共中央于 1932 年 6 月 20 日致电共产国际执行委员会，告知："在最重要的苏区和 [ 中共 ] 中央之间已建立了无线电联系。可以用上海 ×× 的评论来指导军事行动[④]。请你们派一名军事专家来帮助 [ 中共 ] 中央。"[⑤]笔者虽然没有查到共产国际对于中共中央的请求是如何答复的，但埃韦特到任后，苏联红军参谋部第四局把李德派到远东局工作，无疑是满足中共中央关于派军事专家帮助工作请求的。显然，李德到远东局工作后，就成为中共中央的共产国际军事顾问组成员。李德的回忆也说明了这个问题。他在《中国纪事》中说："在中央委员会秘密办事处，尤尔特同志和我同中央委员会书记博古（秦邦宪）和洛甫（张闻天）所谈论的，都是一些紧急的政治问题和军事问题。"[⑥]

李德到远东局后，最初的任务是花三个月的时间，整理出一份关于苏区和红军军事状况的报告，以便联共（布）、共产国际对中国工农红军的军事行动实行统一的系统的指导。这份报告，从主要内容

---

① 这里的外国人是指非苏联人。

② 《共产国际执行委员会政治书记处政治委员会会议第 204（ Б ）号记录（摘录）》(1931 年 12 月 21 日于莫斯科)，中共中央党史研究室第一研究部译:《共产国际、联共（布）与中国革命档案资料丛书》第 13 卷，第 83 页。

③ 见中共中央党史研究室第一研究部译:《共产国际、联共（布）与中国革命档案资料丛书》第 13 卷，第 133 页。

④ 原文如此。联系上下文，这句话的意思应是可以通过上海的无线电台来指导军事行动。

⑤ 《中共中央给共产国际执行委员会的电报》(1932 年 6 月 20 日于上海)，中共中央党史研究室第一研究部译:《共产国际、联共（布）与中国革命档案资料丛书》第 13 卷，第 177 页。

⑥ 奥托·布劳恩著:《中国纪事》，第 4 页。

看，其中不乏正确的估量和判断。

王明在共产国际执行委员会第十二次全会上曾报告："目前我们已拥有26个军，15个独立师及一些其他部队，根据地的面积扩大了许多倍，在军事技术方面，如果不计空军和重炮部队，可以说我军与国民党军相差无几了"。齐华在《国际新闻通讯》第106期、第108期上发表的文章中提到："在华北（保定地区）建立了一些稳固的苏区，第4军（应为红四方面军——引者注）有兵力3.5万人，已胜利推进到陕西省。江西中央军团（红21、3、5军）及红10军有兵力15万人，占领了许多城市，其中包括乐安、宜黄、龙南、邵武。夺回了洪湖地区的苏区。红4军和红2军以不可阻挡之势在向四川胜利推进。在鄂豫皖根据地彻底粉碎了国民党军的进攻。"纽约的《工人日报》甚至认为中国苏区已"占中国四分之一的土地，有人口1亿。"李德在报告中认为这些数字是"过分夸大"的，并批评道："甚至这里的中共中央政治局委员们，不核实具体情况，也持这种观点"。他认为"需要根据详实的材料对其加以驳斥"。李德根据苏区党组织和红军部队代表给中共中央报告中的数字，制定了一个"目前苏区土地面积（人口及军队人数）表"，统计出苏区面积有11.28万平方公里，人口700万，红军最少时为5.7万人，最多时为8万人。他认为"这些数字基本上是准确的。如果算上苏区之外50%暂时处于我们影响之下或我们影响还不够稳定的地区，即我军暂时占领的地区或游击战地区及其相应的人口，则总面积将达到17万平方公里，总人口将达1000万。与拥有400万平方公里领土和4亿人口的18个内陆省份相比，以上面积仅占1/24，人口只占1/40。"

李德在报告中还分析了敌我力量的对比，认为"上述红军部队总起来说抵抗敌军不少于60个师，……敌军总数约为60到70万人，目前闽赣两省就占其中的一半，即35万人，而且是经德国教官改编的最精锐的部队"。"敌我双方的绝对兵力对比都是在1∶6至1∶10之间，而实际兵力对比，因不计算不参与作战行动的敌军（守备部队和讨伐军），则可确定为这些比数的一半。”

关于武器装备，李德在报告中说：“红军实际上只有步枪和很有限的机枪，弹药数量也很少，即使在决定性的战斗中，每支步枪分到子弹也很少超过 10 到 15 发。实际上，我们根本没有火炮，即便是轻型火炮也没有。缴获的野战炮，由于没有炮弹和缺乏经验，未能派上用场。……可见，红军不得不依然使用冷兵器与敌人作战，这就加大了攻克敌人防御工事的难度。”而敌人方面，“武器装备的质量在不断提高，其机枪和火炮的配备程度已接近现代化军队的水平（1 个营有 1 个机枪连；1 个师有 1 个炮兵营；1 个军即由几个师组成的兵团，有 1 个炮兵旅）。”

李德在报告中还从土地革命的进一步发展；中日民族矛盾上升，国民党当局实行对日妥协投降政策；国民党新军阀之间的矛盾；国民党军占领苏区后采取的反动措施，如将土地归还地主，催交租赋，毁坏庄稼，消灭整个村庄和居民等等，分析了中国共产党和红军在政治方面的有利因素，认为：“尽管在力量对比上不太有利，但毫无疑问，这些因素足以使我们在实行适当的战术情况下取得巨大的胜利。”①

李德这个报告说明：其一，李德到远东局工作，和王明没有什么关系。其二，报告重要的意图是“缩水”，即当时国际间关于中国红军兵力、根据地的面积和人口的数字过分夸大，不真实。其三，报告是提供联共（布）、共产国际和远东局估量中国苏区军事形势作参考用的。其四，李德的报告含一定的价值成分。

1933 年 3 月 11 日，埃韦特在给皮亚特尼茨基的第 4 号报告中，特意提出将李德的报告附上报给共产国际，认为“这个报告提供了目前我军兵力的准确数字”。并指出，“尽管我已经提醒过党的领导不

---

① 《布劳恩关于中央苏区形势的书面报告》（1933 年 3 月 5 日于上海），中共中央党史研究室第一研究部译：《共产国际、联共（布）与中国革命档案资料丛书》第 13 卷，第 330—341 页。

要作出不可信的夸大，但在就（巴黎）公社周年日写给法国共产党的信中，还是讲苏区人口有1亿。就算这个数字大致准确，那么每个人都要提出这样的问题：在这种情况下，有一二百万人的红军能够和应该在什么地方呢？”[①]这说明埃韦特对李德报告中的观点是十分赞同的。

除了整理出上述中国苏区和军事状况报告外，李德还协助埃韦特指导各苏区的军事斗争。由于远东局这时已与中央苏区、红四方面军和鄂豫皖苏区建立起电讯联系，从1932年11月下旬开始，远东局通过电报直接给中央苏区、红四方面军[②]、鄂豫皖苏区发出军事指令和指示，指导他们的军事行动。李德是起草这些军事指令和指示的参与者。埃韦特在1933年2月7日给皮亚特尼茨基的第3号报告中曾说：“我建议您参阅一些除含有军事性质的建议和指令外，还含有我们作出的一些政治方面的指示的军事报告。不言而喻，我们从来不能给自己提出从这里领导战役的任务；但是，有瓦格纳（即李德——引者注）在，还是能在一些紧迫问题上提出某些建议、警告和指示的。”[③]

由上可见，李德到远东局后的任务是整理中国苏区的军事报告，供联共（布）、共产国际高层进行有关决策参考。同时，作为中共中央的军事顾问协助远东局书记埃韦特指导中国苏区的军事行动。

---

① 《埃韦特给皮亚特尼茨基的第4号报告》（1933年3月11日于上海），中共中央党史研究室第一研究部译：《共产国际、联共（布）与中国革命档案资料丛书》第13卷，第342页。

② 由于张国焘的轻敌，红四方面军在第四次反“围剿”中失利，主力2万余人于1932年10月中旬撤离鄂豫皖根据地。

③ 《埃韦特给皮亚特尼茨基的第3号报告》（1933年2月7日于上海），中共中央党史研究室第一研究部译：《共产国际、联共（布）与中国革命档案资料丛书》第13卷，第309页。

## 四、李德到中央苏区的前后经过

中央苏区第五次反“围剿”失败，李德负有不可推卸的责任。李德是怎么到中央苏区去的？一些学者认为，共产国际没有派李德去中央苏区指导军事工作。李德到中央苏区是博古邀请去的[①]。从近年来俄罗斯公布的档案材料看，这个说法值得商榷。

首先对远东局计划向苏区尤其是中央苏区派遣军事顾问的过程作一个考察。

1930年七八月间，鉴于中国红军尤其是朱德、毛泽东领导的红军的蓬勃发展，共产国际指导中国革命的方针也发生了重大改变。7月上旬，共产国际执行委员会致电中共中央，指示：“在苏区成立有权威的中央局，采取一切措施最大限度地加强红军。现在就必须最大限度地集中和保证党对红军的领导。”[②] 7月29日，共产国际执行委员会就红军建设和游击运动问题给中共中央发出指示信。信中除了对红军中党的建设、红军和苏维埃等问题作出指示外，还特别强调要建立根据地，指示要“牢牢占领并保持具有巩固和进一步扩大苏维埃政权的足够政治经济前提的根据地”。“越是迅速地具有这样的根据地，越是迅速地把武装斗争从各种独特的游击战形式转变为正规军作战形式，我们就越能迅速地保证从组织上掌握农民革命运动，就越能迅速地保证无产阶级对农民的领导，从而保证革命的胜利。”[③]8月8日，共产国际执行委员会致电中共中央政治局，更明确

---

① 见刘杰诚：《李德是共产国际派来的军事顾问吗》，《光明日报》1992年10月18日；郑瑞峰：《李德的“军事顾问”身份之谜》，《党史纵横》2007年第9期。

② 《共产国际执行委员会给中共中央的电报》（早于1930年7月10日），中共中央党史研究室第一研究部译：《共产国际、联共（布）与中国革命档案资料丛书》第9卷，第216页。

③ 《共产国际执行委员会就红军建设和游击运动问题给中共中央的指示信》（1930年7月29日于莫斯科），中共中央党史研究室第一研究部译：《共产国际、联共（布）与中国革命档案资料丛书》第9卷，第241—242页。

地指示："建立一支坚强的、组织严密的、政治上坚定的、有充分供应保障的红军，是中共工作中目前的中心环节"。为此，共产国际提出："必须选择和开辟能保证组建和加强这种军队的根据地。对根据地的基本要求是：相当程度的农民运动，从容组建的可能性，获得武器的前景和保证今后能夺取一个有足够工人居民的大的行政政治中心的发展前景。目前显然赣南、闽南、粤东北地区首先能够成为这样的根据地。"[①] 这些指示说明，共产国际指导中国革命的方针开始由以城市为中心开始转变为以组建红军、建立巩固的根据地为中心。

为了贯彻共产国际1930年7月下旬到8月上旬的一系列指示，共产国际远东局与六届三中全会后的中共中央政治局在10月中旬决定在毛泽东、朱德创建的赣南、闽西苏区成立中央局，"由项英、少先队员[②]、毛泽东、工会和青年代表组成"。并决定中共苏区中央局还要"再加上几位外国同志"。尽管当时共产国际代表进入中央苏区比较困难，远东局表示："哪怕有10%的把握"，也要"把几位非中国同志送到那里去"[③]。由此可见，远东局决定在朱、毛红军创建的赣南、闽西苏区设立中共苏区中央局时，对中国同志的独立能力不放心，还要派几位代表前去指导。前面所提到共产国际新任命的远东局委员、中共中央军事顾问组负责人盖利斯在到上海后给别尔津的第一份报告中，就提到派共产国际的军事顾问去苏区的问题。报告说："我们去苏区问题——这是我们局以及我们同中国人的会议的议事日程上不断提出的一个问题。……可是，直到现在这问题还没有解决。考虑过各种可能的方案，但毫无结果。一个外国人现在进入苏区要比中国人更困难。……现在中国人已派侦察人员去探听进入

---

① 《共产国际执行委员会给中共中央政治局的电报》(1930年8月8日)，中共中央党史研究室第一研究部译:《共产国际、联共(布)与中国革命档案资料丛书》第9卷，第278页。

② 指的是关向应。

③ 《共产国际执行委员会远东局给共产国际执行委员会的信》(1930年10月20日于上海)，中共中央党史研究室第一研究部译:《共产国际、联共(布)与中国革命档案资料丛书》第9卷，第396页。

苏区的可能性，但是这需要时间。正在采取某些措施，组织通过汉口和厦门的路线。可是这样做是否会有结果，我不知道。”盖利斯抱怨说：“我们当中谁都不掌握旅行用的英语。总之一句话，事情很糟糕。这个问题简直使我绝望了，因为大家都感到，我现在不能履行责成我去完成的指示（去苏区）。”他认为：“那里（指中央苏区——引者注）极其需要领导。我觉得，在那里只要有稍微正确一点的军事领导，就可以有所作为。苏区在很大程度上需要有财经政策和执行土地政策等方面的政治领导。即使中央局和我在那里，也需要有一些熟悉这些问题的人。如果弄清楚前往苏区可能性的问题之后，共产国际执委会决定再往那里派去一位在政治上经过很好培训的同志，那就最好不过了。”他建议：“可以从我们局（指远东局——引者注）派一个人去。”①

从盖利斯的报告中可以看出这么几点：第一，从1930年10月起，共产国际远东局就开始与中共中央商讨派顾问到中央苏区去，而且准备派的不止一人。第二，盖利斯等人到达上海后，就开始着手做去中央苏区的准备。只是因当时外国人进入中央苏区十分困难，才未成行。第三，远东局轻视苏区中国共产党人的军事斗争能力，认为自己高明，在酝酿派顾问到苏区时，不仅想派军事顾问，而且还打算派政治顾问，只不过是把派军事顾问放在第一位。

远东局一直在为派盖利斯等人到中央苏区而努力，但遇到很大困难。1930年12月2日，时任远东局书记的米夫在给共产国际执行委员会的信中报告：“军事三人小组②直到现在还呆在这里，因为没有任何机会把他们派出去。现在中国人正在建（联络）站，所以可能要过两周或三周他们才能动身。”③

① 《盖利斯给别尔津的报告》（1930年10月20日于上海），中共中央党史研究室第一研究部译：《共产国际、联共（布）与中国革命档案资料丛书》第9卷，第418页。

② 即盖利斯、马雷舍夫、费尔德曼。

③ 《米夫给共产国际执行委员会的信（摘录）》（1930年12月2日于上海），中共中央党史研究室第一研究部译：《共产国际、联共（布）与中国革命档案资料丛书》第9卷，第509页。

1931年1月28日[①]，远东局经与中共中央协商后，盖利斯与马雷舍夫在中共方面的安排下，与任弼时和王稼祥同乘日本轮船经海路前往中央苏区。但是，他们在上船之前受到了船长及十多名日本人（其中一人自称是日本使馆工作人员）的盘查。盖利斯和马雷舍夫是以某个社团名义出发的，但船长和日本人出示了该社团秘书的证明，这位秘书说他根本不认识盖利斯和马雷舍夫。尽管盖利斯和马雷舍夫解释、表示抗议，船长仍拒绝让他们乘船。后来，他们被送到一艘小汽艇上，回到了岸上。这次前往中央苏区未能成功，盖利斯在2月28日向别尔津报告了此行的情况，并说："我试图安排新的旅行，但我不抱幻想"。还抱怨道："我的同伴的情况很不妙：他说英语带很重的俄语口音，而且说得很蹩脚（他学语言进展很慢）。他一个人无论如何不能进行这种旅行，同我一起去也很困难，因为我们操不同的语言。"并告知："我们还要在这里的局里讨论旅行的问题，我将把结果专门向您通报。"[②]

盖利斯等去中央苏区的行动受阻后，远东局又向共产国际执行委员会请示从远东局成员中再派人去苏区。共产国际执行委员会政治书记处政治委员会在1931年3月18日会议决定："尽快答复远东局关于远东局成员中谁应前往中国苏区的询问。答复可以口头协商，不召开会议。期限两天。责成库西宁同志准备答复的意见。"[③]笔者虽没有查到库西宁的答复意见，但共产国际执行委员会的决定仍可以证明，远东局把派顾问到苏区去作为一项重要任务。同年3月28日，远东

① 1931年2月28日盖利斯在给别尔津的信中说："决定于11月28日乘日本轮船动身前往西南部"。从前引米夫1930年12月2日给共产国际执行委员会的信看，不可能是1930年11月28日。另据王稼祥1968年写的《我的履历》中有中共中央1931年初"决定由任弼时和我带两个俄国军事顾问一同进入中央苏区"的记载，笔者认为"11月28日"系"1月28日"的笔误，故推断盖利斯和马雷舍夫从上海出发赴中央苏区的日期为1931年1月28日。

② 《盖利斯给别尔津的信》（1931年2月28日于上海），中共中央党史研究室第一研究部译：《共产国际、联共（布）与中国革命档案资料丛书》第10卷，第151页。

③ 《共产国际执行委员会政治书记处政治委员会会议第128号记录（摘录）》（1931年3月18日于莫斯科），中共中央党史研究室第一研究部译：《共产国际、联共（布）与中国革命档案资料丛书》第10卷，第173页。

局在给共产国际执行委员会的信中，关于派人到苏区去是一个重要内容。信中说："尽管现在很难派我们的代表[①]去那里，但是需要这么办，不是派一名，而是要派三名代表到三个最重要的地区。中央（苏）区不应有任何疑问。至于第 1 军[②]，那里有同样有利的前景，那里非常需要有我们的一名代表，……贺龙那里的情况也一样。"[③]很明显，远东局计划向苏区派出三名军事顾问，不仅准备向中央苏区派出军事顾问，而且准备向鄂豫皖苏区、湘鄂西苏区派出军事顾问。但首先是向中央苏区派军事顾问。

由于在 4 月份米夫和盖利斯因安全问题离开中国，远东局一时没有书记和负责军事的成员，派顾问到苏区去的计划暂时搁置。

由上可以看出，从 1930 年 10 月起一直到 1931 年 3 月，远东局就一直计划向中央苏区派遣顾问，并在 1931 年 1 月下旬进行过派盖利斯和马雷舍夫到中央苏区的尝试，只是没有成功。

前面已经提到，盖利斯返回莫斯科后，中共中央于 1932 年 6 月 20 日给共产国际执行委员会发出电报，要求共产国际派一名军事专家帮助中共中央。在同一封电报中，中共中央还表示："我们可以把外国人护送到苏区，希望你们尽快派专家来。"[④]电报十分清楚地说明了两个问题：第一，原先一直困扰共产国际顾问去往苏区的交通难题这时经过中国共产党的努力解决了。第二，早在李德到远东局的半年前，中共中央就向共产国际要求派顾问到苏区去。而这时博古等人还不知道李德是何许人也。由于中国共产党迫切要求派军事顾问到苏区，因此李德 1932 年秋到远东局后，埃韦特即在 12 月初给皮亚特尼茨基的报告中说："他暂时在这里按自己独特的题目在加工材料。可

---

① 这里的"代表"是顾问的同义语。

② 即鄂豫皖根据地的红一军。

③ 《共产国际执行委员会远东局给共产国际执行委员会的信》（1931 年 3 月 28 日），中共中央党史研究室第一研究部译：《共产国际、联共（布）与中国革命档案资料丛书》第 10 卷，第 205 页。

④ 《中共中央给共产国际执行委员会的电报》（1932 年 6 月 20 日于上海），中共中央党史研究室第一研究部译：《共产国际、联共（布）与中国革命档案资料丛书》第 13 卷，第 177 页。

能稍后我们要把他派到苏区去。”[①]

同年12月31日，皮亚特尼茨基致电负责管理经费的共产国际执行委员会国际联络部驻上海代表格伯特，明确指示：“瓦格纳应去苏区。行前发给他每月200元的薪金和去苏区的旅费。在那儿他应从当地的朋友们那里领取薪金。请在你们的报告中告诉我发给他的确切数目。”[②]可以看出，是共产国际亲自批准派李德到苏区去的。

既然共产国际在1932年12月底就已经批准远东局派李德到苏区去的请示，那么为什么李德在1933年9月份才开始成行呢？主要是基于两个原因：第一，这时正是中央苏区反对国民党军第四次“围剿”开始及红四方面军主力到达陕南准备开辟通（江）南（江）巴（中）根据地的时候，联共（布）、共产国际和远东局加强了对中国红军作战的指导，而被任命为军事代表、中共中央军事总顾问的曼弗雷德·施特恩[③]在美国一时尚未到任，远东局缺乏军事人员，所以留李德协助指导中国各苏区的作战。第二，1933年5月下旬，冯玉祥在张家口成立察哈尔抗日同盟军，揭起抗日旗帜。远东局和中共上海中央局[④]在讨论了局势后，决定指示中共北方党组织动员群众支持冯玉祥。李德奉远东局之命前往北京，计划与中共北方党组织取得联系，然后一同到张家口拜会冯玉祥，“以便依据共产国际执行委员会的指示签署具体协定”[⑤]。由于准备与之接头的人被捕，李德无功而返上海。北京之行，使李德又耽搁了一些赴中央苏区的时间。

---

① 《埃韦特给皮亚特尼茨基的第2号报告（摘录）》（1932年12月初于上海），中共中央党史研究室第一研究部译：《共产国际、联共（布）与中国革命档案资料丛书》第13卷，第264页。

② 《皮亚特尼茨基给格伯特的电报》（1932年12月31日于莫斯科），中共中央党史研究室第一研究部译：《共产国际、联共（布）与中国革命档案资料丛书》第13卷，第288页。

③ 在中国化名为弗雷德。

④ 中共临时中央在1933年1月迁入中央革命根据地后，在上海成立中央局，作为中共临时中央在国民党统治区的派出机构。

⑤ ［德］奥托·布劳恩著：《中国纪事》，第29页。

共产国际军事代表、中共中央军事总顾问曼弗雷德·施特恩是在1933年4月下旬或5月上旬到达上海的。由于军事总顾问已经到任，李德从北京回到上海后，于9月启程赴中央苏区。

以上探讨和分析可以证明：李德的确是共产国际派到中共中央的军事顾问。李德到中央苏区指导军事工作是远东局提议经共产国际批准的，不是博古个人邀请李德到中央苏区去的。

（本文原载《近代史研究》2009年第1期，获中共中央党史研究室2009年度优秀论文奖）

# 关于盛世才秘密加入联共和中国共产党问题

20世纪30年代，在苏联的帮助下，盛世才掌握了新疆的军政大权。盛世才为了巩固自己的统治地位，提出“反帝、亲苏、民平、清廉、和平、建设”六大政策，一度表示左倾，并先后提出参加联共和中共。关于盛世才提出“入党”问题，一些专家学者在文章中有所涉及，但似欠准确。笔者根据自己所见到的新材料，对这个问题进行考辩，以就教于史学界方家。

## 一、盛世才是否加入了联共

近年来，一些学者认为，1938年8月盛世才访问苏联，经斯大林同意，秘密加入了苏联共产党①。笔者认为，这个问题需要重新研究。

先查考一下盛世才最初是在什么时候提出加入联共的。

曾在新疆工作过的张义吾在回忆中曾说：“我知道盛世才曾向苏联副领事提出过要求加入联共，未同意。什么时间我不清楚。”②

张义吾于1926年加入中国共产党，1927年5月由中共中央选派

① 见李嘉谷：《新疆军阀盛世才秘密加入苏联共产党》，《百年潮》2000年第8期。

② 中共新疆维吾尔自治区委员会党史研究室：《二十世纪三十年代共产国际苏联在新疆的活动》，新疆大学出版社1996年版，第97页。

到苏联学习，1930 年受苏联的派遣进入新疆，受苏联驻迪化（今乌鲁木齐市）领事馆副领事卡宁领导，在塔城金树仁部骑兵连先后任副连长、连长。1933 年新疆四一二政变后，盛世才上台，为了表示亲苏，邀请张义吾到迪化工作。1933 年底，张义吾曾受盛世才委托，带领苏联红军解除马仲英对塔城之围，此后颇得盛世才的重用，曾任新疆保安总局副局长兼代局长、新疆公安管理处处长等要职。从张义吾当时的身份看，他是知情人，其回忆应该是可靠的。可以判断，盛世才在苏联红军帮助他稳定住新疆局势后，出于维护自己在新疆的统治目的，向苏联驻迪化副领事卡宁提出加入联共，时间应在 1933 年底或 1934 年初。这是盛世才第一次提出加入联共。盛世才是新疆的督办，系特殊人物，作为苏联驻新疆的副领事，卡宁当然不可能贸然答应其加入联共的要求。

由于未得到苏联副领事卡宁的同意，1934 年春盛世才派张义吾陪新疆教育厅厅长张馨到苏联治疗眼病，再次提出了加入联共的要求。对此，张义吾回忆道："他向我提出过要求，是在我陪张馨厅长去莫斯科治眼睛之前，在莫斯科，我向联共反映了盛的要求，联共没同意，只是说以后再说。回新疆后我向盛世才转达了苏联的意思，他未表示什么。"[①] 这是盛世才第二次提出加入联共。很明显，对于盛世才的要求，联共是很慎重对待的，没有同意，但也没有直接拒绝，比较婉转，留有余地。

上述查考说明，对于盛世才两次提出加入联共的要求，联共都没有同意。

1938 年 8 月下旬，盛世才访问苏联，向斯大林等直接提出了加入联共问题。这是盛世才第三次提出加入联共。一些学者认为这次斯大林同意了盛世才的要求，主要依据盛世才给蒋介石的信、20 世纪 50 年代盛世才的回忆录以及俄罗斯档案中存有一份 1938 年 9 月 2 日盛

① 中共新疆维吾尔自治区委员会党史研究室：《二十世纪三十年代共产国际苏联在新疆的活动》，第 97 页。

世才与斯大林、莫洛托夫、伏罗希洛夫会见时的谈话记录。笔者对这三个主要依据作些分析。

盛世才 1942 年 7 月给蒋介石的信中说："嗣职于一九三八年九月间赴苏，面见斯大林，请求入党，他们赞成先入联共，后再入中共，彼时我很希望和确信能转入中共，因为职系中国人，愿为中国革命努力。后来总没有人来给职办理转党手续。"[①] 盛世才 20 世纪 50 年代回忆，1938 年 8 月他访问苏联时对斯大林说："我是马列主义的忠实信徒。一九三七年，我通过陈绍禹、康生和邓发，申请加入中国共产党，中国共产党政治局的毛泽东、朱德、周恩来、陈绍禹、康生、邓发、陈云和任弼时等人对此一致同意了，但又说要与第三国际商量之后再作决定。""我希望能迅速受到党的考验和教育。所以，我也很渴望知道你们关于我加入中国共产党的决定。""斯大林立刻明确地回答说：'你现在就可以入党。你回新疆之前，我会再次和你谈这个问题。'""当我们准备返回的时候，一位党的官员带着斯大林的指示来旅馆拜访我。根据这个指示，这位格鲁吉亚独裁者个人的意见是给予我特殊的照顾，立即吸收我加入苏联共产党。换句话说，即使我是中国人，也可以做俄国共产党员！这位特使又要我签署了服从莫斯科政治局的宣誓书，而在这之后我将被'批准'加入中国共产党。……以后不久，第二位官员给我带来了党证，号码是 1859118 和一本党章。"[②]

上述依据有以下两个疑点：其一，根据盛世才的说法，不是他主动提出加入联共，而是斯大林主动提出要他加入联共的。而在此前，盛世才曾两次提出加入联共，没有得到联共同意。两者之间是矛盾的。其二，盛世才叙述自己加入联共的过程是很含糊和矛盾的。在给蒋介石的信中说没有人来给他办理转党手续，而在回忆中却说斯大林派人让他签署了服从联共政治局的宣誓书，并给他一个党证和一本

① 《百年潮》2000 年第 8 期。

② 《百年潮》2000 年第 8 期。

党章。加入共产党是要有严格手续的，要有申请书、志愿书、介绍人，并要参加党的一个组织，过组织生活。盛世才在回忆中没有提到这些。

再看第三个依据。1938 年 9 月 2 日，盛世才同斯大林、莫洛托夫、伏罗希洛夫会见时的谈话记录，其中有“莫洛托夫同志问，督办（即盛世才——引者注）有什么问题没有。督办回答说，如果你们有时间，那么他对斯大林同志有一个私人问题。当即对他说，为了事业他们总是有时间的。这时督办宣称，他的宿愿是加入共产党。他不止一次地向阿布列索夫（苏联驻迪化总领事——引者注）提出了这个申请，并在王明路过新疆时，也就此问题同他谈过话。王明表示欢迎督办的这个愿望，并答应为他介绍。他解释说，他的入党愿望是由于他认识了马恩列斯学说之后，他懂得了这是必须遵循的惟一学说，尤其是根据自己的经验，他确信世界上只有社会主义国家的政府才不是在口头上，而是在事实上给弱小和被压迫的民族以援助，因而坚定了他的入党志愿。现在他得到了这样幸福的机会——亲自同世界无产阶级领袖斯大林同志谈话，因此，决定利用这个机会提出自己的请求。如果斯大林同志认为有可能接受他加入党的行列，那他将是非常幸福的。”“斯大林同志回答说，如果督办非要坚持，那他不反对。但是，伏罗希洛夫同志提出反对，他说这会妨碍督办的工作，因为蒋介石或是杨大使（中国驻苏大使杨杰）知道了这件事，将会不满意的。督办回答说，这可以保守秘密，无论是蒋介石或是杨都不会知道。斯大林同志反驳说，这种事保密是很难的，因为要把你安排到某一个组织中去，因此便会有几个人知道。伏罗希洛夫补充说，任何一个党员都可能不再是党员或者转入别的党派，那时这个秘密便会为外人所知。斯大林同志问蒋介石会不会想，这是用暴力恐吓和强迫督办入党的。督办反驳了这种想法，他声称，关于此事蒋介石是不会知道的。他重新坚持自己的请求。这时，斯大林同莫洛托夫和伏罗希洛夫同志商量了一下回答说，他们原则上不反对，如果督办不坚持的话，他们同意。

莫洛托夫指出，在入党之后，督办便会产生新的权利和新的义务。督办对此回答说，任何义务他都不怕，并且愉快地去执行一切。最后，又回到接纳督办入党的问题上。伏罗希洛夫同志再次警告说，入党这个事实可能给督办的工作带来危害，但由于督办重新坚持其申请，便同意他了。”[①]

这个谈话记录说明：第一，是盛世才主动提出并坚持要加入联共的，而不是像盛世才给蒋介石的信和自己的回忆录中所说是斯大林主动提出要他加入联共的。第二，联共领导人对盛世才提出加入联共的要求是不大同意的，尤其是伏罗希洛夫明确表示反对。第三，斯大林等只是口头上同意盛世才加入联共。

上述分析说明，盛世才给蒋介石的信和他的回忆录与俄罗斯档案中所存的谈话记录是不一致和相互矛盾的。那么，盛世才这次到苏联是不是真正加入了联共了呢？我们再看一下当年在新疆工作的老同志的回忆。

刘进中（当时化名陈培生）1980年在回忆中说：“盛1938年秋去访斯大林，……盛后给我讲过，他提出加入联共，斯大林婉言谢绝，说你还是以党外人士身份出面有利”[②]。1987年，刘进中在接受新疆党史工作部门的访问时，再次明确地说盛世才根本不是联共党员。并说：“他1938年9月去莫斯科见斯大林说了要入党的事，斯大林劝他没必要入党，你的入党，蒋介石有整你的借口，日本说你赤化。斯大林说的是真话，抗战了，新疆是大后方需要安全，不要引起国际上对新疆的怀疑，因此，斯大林婉言拒绝了。他一计不成，回疆后，他要成立自己的党即六大政策党。……他把去莫斯科要参加党没参加成，自己组织政党的事告诉了我们，我向组织汇报，组织上说不要

① 《百年潮》2000年第8期。

② 中共新疆维吾尔自治区委员会党史研究室：《二十世纪三十年代共产国际苏联在新疆的活动》，第118页。

理他。”[①]

刘进中 1936 年至 1940 年受共产国际和苏联政府的派遣进入新疆工作，任主要从事情报工作的督办署边务处副处长。处长由盛世才亲自兼任，两人接触很密切，因此，刘进中的回忆应该是可靠的。

不仅是刘进中的回忆，而且 1937 年任中国共产党驻新疆代表的滕代远在回忆中也说：“听说，盛直接走斯大林路线，想直接加入苏共，斯大林未同意，盛有意见。”[②] 另外，1937 年 4 月，随红军西路军左支队进入新疆，先后任新疆民众反帝联合会秘书长、审判委员会委员长、阿克苏区代理行政长的黄火青，也曾说：“1938 年盛世才跑到苏联见斯大林，想加入联共，斯大林也拒绝了他。”[③]

综上分析，笔者的结论是，1938 年 8 月下旬至 9 月上旬盛世才访问苏联，在他坚持下，斯大林等联共领导人只是口头答应其加入联共，并没有给其办理组织手续。也就是说，盛世才实际上并未加入联共。

## 二、关于盛世才加入中共问题

1936 年 3 月 15 日，盛世才曾给王明写了一封信，信中说：“1929 年我曾给孙扶瑶先生写信，请求他推荐我加入中国共产党，但不幸的是，由于孙（扶瑶）先生在日本被捕并被关入监狱，我未能实现自己的愿望。虽然我当时未能入党，但是我加入共产党的愿望始终没有改

① 中共新疆维吾尔自治区委员会党史研究室：《二十世纪三十年代共产国际苏联在新疆的活动》，第 123、124 页。

② 中共新疆维吾尔自治区委员会党史工作委员会、中共乌鲁木齐市委员会党史工作委员会编：《八路军驻新疆办事处》，新疆人民出版社 1992 年版，第 90 页。

③ 中共新疆维吾尔自治区委员会党史工作委员会、中共乌鲁木齐市委员会党史工作委员会编：《八路军驻新疆办事处》，第 80 页。

变。”并表示：“我非常希望得到您的指导和中国共产党的领导。”[①] 一些学者据此认为盛世才这是向王明表示要求加入中国共产党。笔者对此作些分析。

盛世才主政新疆前后，进入新疆的中共党员是以联共党员身份活动的。他们遵守苏联政府和盛世才达成的协议，不公开身份，不发展组织，不公开进行共产主义宣传。因此，当时在新疆没有中国共产党的组织，盛世才只与苏联政府和联共联系，没有也不可能和中国共产党产生直接联系。从盛世才写给王明的信的内容看，主要是出于以下几个动机：第一，由于日本的侵略加深，蒋介石坚持实行“攘外必先安内”的妥协退让政策激起了全国人民的反对，出现了抗日民主运动高涨的形势，盛世才判断：“如果蒋介石还不抵抗日本而继续‘围剿’红军，那么毫无疑问，将会出现全国人民和蒋介石所属的军队起来援助红军并向红军投诚的危险，其结果必然是蒋介石和国民党死亡或被歼灭。”第二，中央红军和红二十五军长征到达陕北后，西北的革命形势迅速发展。盛世才认为，红军一方面“很容易依靠西北丰富的物质资源来补充人员、马匹、武器和干部，从而不仅能够轻而易举地发展起来，而且也能够使蒋介石的进攻变得困难重重”。另一方面“红军也有希望得到苏联的武器援助，因此今后红军不但有光辉的前景，并能容易发展壮大，而且这个希望也会造成一种威胁，这就是蒋介石对共产党人‘围剿’有可能转变成共产党人对蒋介石的‘围剿’。”第三，国民党内反蒋的呼声越来越高，盛世才判断蒋介石将陷入“走投无路的境地”[②]。

显然，盛世才从当时中国的政治局势看，认为共产党领导的红军发展壮大，而蒋介石由于其对日妥协投降，遭到全国人民的反对，内

① 《盛世才给王明的信》（1936 年 3 月 15 日于乌鲁木齐），中共中央党史研究室第一研究部译：《共产国际、联共（布）与中国革命档案资料丛书》第 15 卷，第 169 页。

② 《盛世才给王明的信》（1936 年 3 月 15 日于乌鲁木齐），中共中央党史研究室第一研究部译：《共产国际、联共（布）与中国革命档案资料丛书》第 15 卷，第 172 页。

部也不稳，统治地位摇摇欲坠。善于观风的盛世才，从维护自己在新疆的统治地位出发，在给王明的信中发出了“亲共”的信号。因此，笔者认为，盛世才给王明的信不能看作是提出加入中国共产党的要求。

那么，盛世才在什么时候向中国共产党人提出了加入中共的要求？1937 年 4 月底，时任中共中央政治局委员的陈云（化名施平）、滕代远（化名李光）、冯铉（化名肖立）、段子俊、李春田等奉中共中央之命由莫斯科抵达迪化，迎接红军西路军左支队进入新疆。此后，陈云、滕代远任中国共产党驻新疆代表。此时，盛世才和中国共产党发生了直接的联系。黄火青在回忆中说：“开始，他还要求入党，表现得很积极，说朱总司令也是我的总司令，还喊毛主席万岁。他也想镀金，想加入共产党。陈云在时他也提过。我们那时候说，你不加入比较自由些，你说话起的作用大些，这是我们拒绝他的话。我们没有答应他。”① 这说明，盛世才第一次直接向中国共产党提出入党要求是在 1937 年春，是向陈云提出的，但没有得到同意。从黄火青的回忆看，盛世才此后还向在新疆工作的其他中共党员提出过入党要求。对于盛世才这样的人物，像陈云具有中央政治局委员职务的中共领导人尚不能答应其入党要求，何况其他党员呢？

1937 年 11 月底，王明、康生从苏联回国，途经新疆时曾经会见盛世才。据盛世才 1942 年 7 月给蒋介石的信，他当时向王明提出了加入中共的要求，王明答应将盛的要求向中共中央政治局转达。在同一封信中，盛世才还说：“中共中央政治局要员任弼时赴苏联，路过新疆，答复关于以上问题谓：职入党业经毛泽东、朱德、陈绍禹、康生、彭德怀、任弼时等通过，将职加入党籍。同时，职之加入中共，他们认为异常光荣，不过以职地位关系，不能即时加入，曾经中共中

① 中共新疆维吾尔自治区委员会党史工作委员会、中共乌鲁木齐市委员会党史工作委员会编：《八路军驻新疆办事处》，第 80 页。

央报告第三国际，而第三国际批示盛督办早已具备入党资格，新疆文化落后，恐被英帝国主义及中国国民党所知悉，于新疆有所不利，不能成立党部，应暂缓介绍入党等语。”①

笔者认为，联系到 1936 年 3 月 15 日盛世才给王明的信和曾向陈云提出过加入中共要求，盛世才在给蒋介石的这封信中说王明等经过新疆时，他又一次提出加入中共应是有这回事的。但盛世才信中所说任弼时经迪化前往苏联时对于其入党问题的答复，则是需要分析和考订的。

1938 年 12 月 18 日，林彪到苏联养病，途经乌鲁木齐时与邓发一起见了盛世才。林彪受中共中央之命，向盛世才转达：“1. 在目前召开的中国共产党第六次（中央）全体会议（指 1938 年 9 月 29 日至 11 月 6 日在延安召开的扩大的中共六届六中全会——引者注）上，召集了各省的共产党员，出席会议的还有毛泽东、周恩来、王明、康生、朱德等同志。会上作出了关于秘密接受督办（即盛世才——引者注）为中国共产党党员的正式决定（上述同志作出的决定）。2. 请盛世才同志立即加入中国共产党在乌鲁木齐的组织并正式参加党的（工作）生活。”②

盛世才询问此事是否得到共产国际的批准以及苏联政府是否知道。林彪答复共产国际和苏联都不知道。盛世才说：共产国际和苏联政府过去都不同意我在目前形势下加入中国共产党，因为时机还不成熟，没有批准，并问林彪到达莫斯科后是否向共产国际和苏联政府报告这件事。林彪回答：根据中国共产党的指示，暂时不向共产国际和苏联政府报告。

盛世才表示：这件事不报告共产国际和苏联政府是不合适的，因

---

① 《百年潮》2000 年第 8 期。

② 《督办盛世才同苏联驻乌鲁木齐总领事馆负责人奥夫季延科谈话记录》（1938 年 12 月 21 日于莫斯科），中共中央党史研究室第一研究部译：《共产国际、联共（布）与中国革命档案资料丛书》第 18 卷，中共党史出版社 2012 年版，第 118 页。

为五年来我对苏联政府和斯大林没有任何保密的事情，所以我不应该有任何对他们保密的事情。

对于盛世才的担心，邓发认为事情可以这样解决：将来中国共产党在正式向共产国际报告盛世才加入中国共产党以前，首先通知盛世才，以便盛世才本人能先行将此事报告苏联。如果中国共产党不把此事告诉共产国际，希望盛世才也不要把此事告诉苏联。

林彪向盛世才表示，他在这件事情上不应感到有任何为难，中国共产党将承担全部责任。当共产国际和苏联问这件事时，他可以说，是中国共产党不让他讲这件事并承担全部责任的。

12 月 19 日，林彪和邓发与盛世才第二次谈话。盛世才表示：关于接受他加入中国共产党的问题不应该是对共产国际和苏联保密的，因为中国共产党不应该对共产国际有保密的事情，而他本人也不应该有对苏联保密的事情。如果这样做，也就是说对共产国际和苏联保密，那么由此只能对中国共产党产生损害。这种损害可能引起共产国际和苏联对中国共产党不好的感情和不满情绪。接着，盛世才婉言拒绝了林彪转达的中共中央秘密接受他加入中共的决定，理由是新疆目前的形势不便于这样做，因为这可能造成这种危险，即南京政府、蒋介石、帝国主义者以及新疆落后的伊斯兰部族，如维吾尔人等，可能知道此事。此外，可能造成对中国抗战有害的危险性[①]。

上述俄罗斯档案资料明确说明这几个问题：1. 中共六届六中全会决定接受盛世才为中共党员；2. 中共中央认为接受盛世才为中共党员是中国共产党的事情，没有必要必须报告共产国际和苏联政府同意；3. 盛世才以不报告共产国际和苏联不合适，目前新疆形势这样做容易造成危险而予拒绝。由此证明，盛世才在给蒋介石的信中关于任弼时赴苏途经乌鲁木齐所谈关于中共中央同意盛的入党的事是不

---

① 见《督办盛世才同苏联驻乌鲁木齐总领事馆负责人奥夫季延科谈话记录》（1938 年 12 月 21 日于莫斯科），中共中央党史研究室第一研究部译：《共产国际、联共（布）与中国革命档案资料丛书》第 18 卷，第 119—121 页。

实的。

12 月 21 日，即在同林彪、邓发会见后的第三天，盛世才即约见苏联驻乌鲁木齐总领事馆负责人奥夫季延科，将与林彪、邓发会见所谈情况向他作了通报。盛世才此举是为了表示对自己对苏联“没有任何保密的事情”。在没有取得对方同意的情况下，将双方之间的谈话内容和盘托给苏联，可能产生苏联对中国共产党的不满。盛世才这一招是很阴险的。

盛世才 1937 年春提出入党时，中共中央没有同意。中共中央同意盛世才入党时，盛世才又予以拒绝。这是为什么呢？

如前所述，盛世才表示“亲共”和提出加入中共时，主要是当时红军长征到达陕北，西北革命形势迅速发展，推动抗日民主运动高涨，蒋介石的攘外安内政策遭到全国人民的强烈反对，就是国民党阵营内部的一些具有民族意识的人士和地方实力派也要求抗日，反对蒋介石的不抵抗政策。尤其西安事变的发生，更加重了盛世才对中国共产党和红军在中国政治中地位的估量。同时，从地域上讲，陕甘宁离新疆最近，当时同蒋介石有矛盾的盛世才，企图同借助于中共和红军的力量巩固和扩大自己的势力，同蒋介石闹独立性。所以他一度表现非常左倾，表示要加入中共。但全国抗日战争爆发后就不一样了，国共两党第二次合作，红军改编为国民革命军第八路军，两党军队共同对日作战。在蒋介石及其军队抗日后，得到了中国社会各阶级、各阶层、各界、各党派、各团体的支持，原先的统治危机消除。同时，苏联、共产国际从维护苏联的安全出发，在支持中国抗战、指示中国共产党与国民党结成抗日民族统一战线时，更重视的是国民党与蒋介石。另外，全国抗战爆发后，中国共产党与盛世才建立了统一战线，在新疆设八路军办事处。应盛世才的邀请，从 1937 年至 1939 年，中共中央先后选派一百多名同志到新疆工作，被盛世才派到政府、军队、新闻、文教、群众团体等部门任职。中国共产党人的模范行为和辛勤工作，使新疆的政治、经济、财政、文教等方面呈现出新气象，但也为盛世才所疑虑，害怕中国共产党人在新疆的工作会威胁到他的统治。因此，善于望风使舵的盛世才，从局势发展趋向的考虑，为使自己以后左右逢源，这时不再要求加入中国共产党了。

中国共产党为什么在盛世才提出加入中共时没有明确表态，而在中共六届六中全会决定接受盛世才为中共党员呢？这也是需要分析的。

当盛世才向陈云提出加入中共时，中共和盛世才刚刚建立联系。在对盛世才没有更多了解的情况下，中共中央不可能答应盛世才入党的要求。中共和盛世才建立统一战线关系后，沿袭了苏联在新疆的做法。黄火青回忆当时的情况曾说："实际上我们的工作不归中共中央领导，我们在这里做具体工作，不是延安给我们发指示，是按苏联在这里的政策办事。我们在这里不成立支部，不发展党员。""……不搞群众运动，不搞群众斗争，不过党的生活，这是苏联和盛世才商定的。""我们在新疆时，中共中央的重要文件书刊，到办事处是可以看到的，但不能根据中共中央的指示讨论布置工作。"① 采取苏联处理与盛世才关系的模式，对在新疆工作的中国共产党人有很大束缚，对此他们是有看法的。黄火青说："这样搞，我们不习惯，别扭极了。""苏联那一套搞法，我们也不是没有意见。"② 在实际工作中，中国共产党人突破了苏联模式。如共产党员聚集在八路军办事处邓发那里召开会议，讨论党的事务问题；在新疆一些书店里输入和销售马克思列宁主义的书籍。盛世才对此非常不满，借口"这一方面可能引起帝国主义走狗在新疆居民中散布挑拨性谣言，另一方面可能造成工作分散和不必要的误会"，"产生对六大政策的怀疑"，等等③，要求邓

① 中共新疆维吾尔自治区委员会党史工作委员会、中共乌鲁木齐市委员会党史工作委员会编：《八路军驻新疆办事处》，第78、79页。

② 中共新疆维吾尔自治区委员会党史工作委员会、中共乌鲁木齐市委员会党史工作委员会编：《八路军驻新疆办事处》，第79页。

③《督办盛世才同苏联驻乌鲁木齐（中国西部）总领事馆负责人谈话的简要记录》（1938年12月9日于乌鲁木齐），中共中央党史研究室第一研究部译：《共产国际、联共（布）与中国革命档案资料丛书》第18卷，第114、116页。

发停止这样的活动。

新疆是中国抗战的重要后方之一，也是连接苏联的国际交通线。对于新疆的战略地位，中共中央是十分重视的。但是，仅靠派人到新疆帮助工作，不发展共产党的力量，不发展进步力量，这种统一战线很难巩固，存在着很大危机，只要形势一变，盛世才就会变脸。中共中央同意盛世才加入中国共产党，就是为了试图改变这种状态。因为让盛世才入党，参加党的组织活动，也就为新疆党的组织活动开了绿灯。笔者认为，中共六届六中全会决定接受盛世才为中共党员，实际上反映了中共与共产国际、苏联在如何与盛世才建立统一战线问题的意见碰撞和分歧。

1939 年 5 月上旬，盛世才通过苏联政府的渠道，将中国共产党人在新疆的活动情况和中共中央决定接受他为中共党员之事转报共产国际执行委员会。5 月 21 日，季米特洛夫和任弼时联名致电中共中央："1. 接受盛世才入党是不合适的。2. 暂时不要在该省建立党组织。[ 中共 ] 中央可以在乌鲁木齐成立党的三人小组，该小组将通过中国共产党系统与负责同志保持联系。3. 可以同意盛 [ 世才 ] 的建议，把中文版的马列主义书籍只分发给比较可靠的政治人物。4. 如果方林（即邓发——引者注）与盛世才的关系像我们感觉到的那样极其紧张，那就要考虑派另一位同志作为 [ 中共 ] 中央的代表。"① 这个电报基本上接受了盛世才的意见，自此之后，中国共产党不再提盛世才入党问题了。

（本文原载《近代中国与文物》2010 年第 2 期）

① 《季米特洛夫和任弼时给中共中央的电报》(1939 年 5 月 21 日于莫斯科)，中共中央党史研究室第一研究部译:《共产国际、联共（布）与中国革命档案资料丛书》第 18 卷，第 137 页。

# 后　记

近几年来，中共党史出版社给了我很大支持。我的《穿越历史时空看长征》于2016年出版，并获第七届中华优秀出版物奖和2016年中国好书等奖项，产生了很好的社会反响。另外，《铁的红军是怎样炼成的》《血火鏖战——中央苏区反“围剿”斗争》也由中共党史出版社出版。《拨雾——联共（布）、共产国际与中国革命》仍交由中共党史出版社出版。因此，向中共党史出版社表示深深的谢意！

我能在联共（布）、共产国际与中国革命问题研究领域里取得一些学术成就，要特别感谢原中央党史研究室第一研究部主任黄修荣老师。黄老师是党史界著名的老前辈李新先生的硕士研究生，早在1980年准备撰写毕业论文时，李新先生就指导他选定《共产国际与第一次国共合作的形成》作为论文题目。因此，黄老师是国内较早一批从事共产国际与中国革命关系的研究者之一。1989年，黄老师的《共产国际与中国革命关系史》由中共中央党校出版社出版。这是一部63万字的大部头著作，完整地反映了自中国共产党酝酿成立至共产国际解散这23年间共产国际与中国革命的历史，是黄老师从事这个学术领域研究十年的结晶。20世纪90年代至21世纪初，黄老师先后担任第一研究部副主任、主任，主持翻译、编辑《共产国际、联共（布）与中国革命档案资料丛书》。这套丛书共21卷，共1100万字，是档案资料方面的鸿篇巨制和巨大工程，从1997年起，到2012年全部出齐，历时14年。其中，前12卷是在黄老师在职期间主编出版的，后9卷是在黄老师退休后主编出版的。这套档案资料有很高的价值，它的出版不仅可以使党史界专家、学者更加全面深入地把握联共（布）、共产国际对华政策的重点、目标及其形成和变化的历史脉络，而且还可以更深入地了解联共（布）、共产国际领导人在不同历史时期对中国各军事、政治集团和重要人物的态度和策略，更具体地弄清共产国际驻华代表、苏联驻华使节及顾问在华活动情况以及他们之间的共识和分歧，从而进一步深化中共党史、中国革命史、中国现代史、中苏关系史、国共关系史、共产国际与中国革命史以及一些重要历史人物的研究，拓展和改变了过去许多对重大历史事件的认识。可以说，这套资料丛书的出版，对学术界产生的影响是无法估量的。这是黄老师对学术界的重要贡献。我在1997年春转到第一研究部后，一直在黄老师领导下工作，黄老师在学术上给我很大的帮扶，总是鼓励我努力搞好学术研究，多出成果。近水楼台先得月，第一研究部翻译、编辑的《共产国际、联共（布）与中国革命档案资料丛书》每出版几卷后，总是在第一时间发到我们手里，使我们最先了解其中内容。有时，该书甚至还在校样阶段的时候，黄老师还送我看，以便利用这些资料尽早出研究成果。《共产国际与中央红军战略转移的决策》一文就是这样写出来，并在红军长征胜利70周年纪念活动产生很大影响。收入本书的文章，主要就是依靠《共产国际、联共（布）与中国革命档案资料丛书》。没有这套丛书，我就没有也不可能在联共（布）、共产国际与中国革命研究领域里取得这些学术成就！

还需要特别感谢的是已经仙逝的原中共中央党史研究室第三研究部副主任马贵凡译审。马老师早年曾经被国家公派到苏联留学，在列宁格勒大学度过了七年岁月。因此，马老师有深厚的俄文功底。我到中共中央党史研究室工作时，马老师在编译处工作。他在《党史通讯》及其后的《中共党史研究》上，经常发表一些自己所译的俄罗斯方面公布的共产国际档案资料，深受研究者的欢迎。他是《共产国际、联共（布）与中国革命档案资料丛书》翻译的组织者和主要翻译者之一，这套丛书能够有序推进、各卷能够不断出版，马老师有很大贡献。我写联共（布）、共产国际与中国革命的有关论文时，曾得到马老师的指点。作为这套档案资料丛书的受益者，当然不能忘记为翻译这套丛书作出很大贡献的马老师。

在我的学术道路上，中国浦东干部学院学报执行主编郭彦英老师、中国延安干部学院学报执行主编张海波老师给予很大鼓励和支持，谢谢他们！

在过去的岁月中，很多领导和同事们帮助过我、支持过我，对他们表示衷心的感谢！

王新生

2023 年 4 月 19 日于育新花园